Hayward **Heilige Welt**

SPHINX

Jeremy Hayward
mit Karen Hayward

Heilige Welt

Die Shambhala-
Krieger im Alltag

Aus dem Amerikanischen
von Götz Ferdinand Kreibl

Die Originalausgabe erschien unter dem Titel
Sacred World
bei Bantam Books, einer Tochter von Bantam Doubleday
Dell Publishing Group, Inc., New York.
© Jeremy Hayward und Emily Sell 1995

Die Zitate auf den Seiten 42 f. und 154 f. entstammen dem Band »Der
Mann, der seine Frau mit einem Hut verwechselte« von Oliver Sacks,
© Rowohlt Verlag GmbH 1987. Abdruck mit freundlicher Genehmigung
des Rowohlt Verlags, Reinbek.
Das Zitat auf Seite 75 entstammt dem Band »Hüter der Erde« von
Harvey Arden und Steve Wall, © Frederking & Thaler Verlag 1992.
Abdruck mit freundlicher Genehmigung von Frederking & Thaler,
München.

Die Deutsche Bibliothek – CIP-Einheitsaufnahme
Hayward, Jeremy W.:
Heilige Welt : die Shambhala-Krieger im Alltag / Jeremy
Hayward mit Karen Hayward. Aus dem Amerikan. von Götz
Ferdinand Kreibl. – München : Hugendubel, 1997
  (Sphinx)
  Einheitssacht.: Sacred world <dt.>
  ISBN 3-89631-178-6
NE: Hayward, Karen:

© der deutschen Ausgabe Heinrich Hugendubel Verlag,
München 1997
Alle Rechte vorbehalten

Lektorat: Barbara Imgrund, München
Umschlaggestaltung: Zembsch' Werkstatt, München
Produktion: Tillmann Roeder, München
Satz: SatzTeam Berger, Ellenberg
Druck und Bindung: Huber, Dießen
Printed in Germany

ISBN 3-89631-178-6

*Dieses Buch ist Chögyam Trungpa Rinpoche,
dem Dorje Dradul von Mukpo Dong,
und allen bekannten und unbekannten
Shambhala-Kriegern der Vergangenheit,
Gegenwart und Zukunft gewidmet.*

Inhalt

Drala

Bei deinem Bemühen, Himmel und Erde zu verbinden,
Beschütze dich der unveränderlich sich gleichbleibende
Krieger jederzeit.
Mögest du langes Leben, Gesundheit, Ruhm und stets
größere Würde dein eigen nennen!
Möge dein edles Windpferd
Auf ewig und immer mehr verherrlicht werden!

Geschrieben vom Dorje Dradul
im Palast des Dorje Dzong

Danksagung

Viele Freunde und Shambhala-Krieger haben dieses Manuskript in unterschiedlichen Stadien seiner Entstehung gelesen, mich ermuntert, mir Ratschläge gegeben oder auch ganz konkret Kritik geübt. Vor allem möchte ich Sam Bercholz, David Brown, Jan Cressman, Ken Friedman, Bill Gordon, Andrew Holecek, Lodro Dorje Hom, Carol Hyman, Sherab Chodzin Kohn, Peter Lieberson, Mark Matthews, Jill Morley, Douglas Penick, Shelley Pierce, David Rome und Alan Sloan danken. Dank sei auch Leslie Meredith, meiner Lektorin bei Bantam, für ihre einfühlsamen und klugen Vorschläge gesagt.

Ich habe viele Briefe von Shambhala-Kriegern mit persönlichen Berichten erhalten, in denen sie ihre eigene Reise auf dem Weg schildern. Denn sie glaubten, damit auch anderen helfen zu können. Dank ihnen allen, daß sie sich so rückhaltlos und offen geäußert haben! Ich habe ihre Namen geändert, da einige unter ihnen lieber anonym bleiben wollten.

Emily Hilburn Sell hat erheblich dazu beigetragen, daß dieses Projekt überhaupt gestartet werden konnte. Mehrere Monate arbeiteten wir gemeinsam an einem ersten Entwurf, verständnisvoll unterstützt von unserem Agenten Jeff Stone. Ich bin Emily für ihre Mithilfe in dieser Phase des Schreibens sehr dankbar.

Karen arbeitete bei der Niederschrift eng mit mir zusammen und besprach jedes Detail geduldig und mit großem Durchblick mit mir. Sie hat mich inspiriert, indem sie mit ihrem Herzen voll bei der Sache war und mich immer wieder mit den Dralas verband.

EINFÜHRUNG

Es gibt viele Wege, die Heiligkeit und den Zauber des menschlichen Lebens zu entdecken bzw. wiederzuentdecken. Im Grunde ähneln sie sich alle, da sie immer wieder aufzeigen, daß das Leben eine Reise und ein Abenteuer ohne Ende ist: eine Suche mit dem Ziel, die inneren und äußeren Erfahrungen – Geist und Körper – miteinander zu verbinden, für die eigentliche Realität wach zu werden und ein echter Mensch zu sein. Den Weg, den ich in diesem Buch beschreibe, nennt man den Shambhala-Weg des Kriegers. Die Shambhala-Lehren beschreiben das in seiner Fülle gelebte, gewöhnliche menschliche Leben als einen Weg der Kriegerschaft. Ein Krieger zu sein, gleichgültig ob als Mann oder Frau, bedeutet, aufrichtig zu leben, auch angesichts von Angst, Zweifel, Depression und von außen kommender Aggression. Krieger zu sein bedeutet nicht, Krieg zu führen. Krieger zu sein heißt vielmehr, den Mut zu haben, sich selbst ganz zu ergründen. Mag man sich für gut oder schlecht halten, glücklich oder deprimiert, jung oder alt, neurotisch oder gesund – als wahrer Krieger erkennt man, daß der Mensch prinzipiell gut und daß dieses Gute tiefer und dauerhafter ist als das vergängliche Auf und Ab des Lebens. Ist jemand echt, das heißt so, wie er wirklich ist, dann kann er sich für dieses prinzipiell Gute in sich selbst und auch in anderen öffnen, selbst wenn es völlig verdunkelt und verschüttet zu sein scheint. Krieger ergeben sich niemandem, auch sich selbst nicht.

Ein Shambhala-Krieger lebt aus dem Herzen – jedoch nicht aus einem oberflächlich romantischen oder gefühlsseligen Herzen, wenngleich auch an diesem Punkt die Entdeckung des eigenen Herzens beginnen kann. Leider bleiben viele Menschen bei der Verwirklichung der Wahrheit des Herzens in diesen oberflächlichen Emotionen stecken. Das Herz besitzt jedoch weit größere Tiefe. Aus dem Herzen leben bedeutet nicht, sentimental oder verschwommen, sondern im Gegenteil äußerst präzise und intelligent zu sein. Das Herz fühlt, daß jedes Ding einzigartig ist. Es hat die Fähigkeit zu urteilen und alles, mit dem es in Berührung kommt, tief zu lieben.

Der Name Shambhala bezieht sich auf ein altes Königreich, in dem einst ganz gewöhnliche Menschen den Weg des Kriegers gegangen sind. Edwin Bernbaum beschreibt dies in seinem Buch »The Way to Shambhala« (deutscher Titel: »Der Weg nach Shambhala«) folgendermaßen: »Statt weltliche Aktivitäten und Interessen aufzugeben und ein Einsiedler oder Mönch zu werden, gebrauchen die Menschen Shambhalas alles, sogar die Ablenkungen des Luxus und des Familienlebens, als Mittel, Erleuchtung zu erlangen. Gerade mit Hilfe der Dinge, durch die andere gebunden werden, gehen sie ihren Weg in die Freiheit.«

Das Königreich Shambhala soll tatsächlich auf Erden existiert haben. Gleichzeitig stellt es aber auch eine innere Vision dar. Das Königreich Shambhala verkörpert Reinheit und Klarheit, das prinzipiell Gute, das jeder Mensch in sich trägt. In diesem Sinne ist die Suche nach dem Königreich Shambhala die Suche nach einem wahrhaftigen Leben in einer Welt, die als heilig erfahren wird. Shambhala ist kein von unserer Welt abgetrenntes himmlisches Gebiet. Es ist eine heilige Welt, innerhalb der gewöhnlichen Welt, die wir mit unseren normalen Augen und Ohren wahrnehmen, existierend. Bernbaum sagt von dem inneren Blick, der es uns erlaubt, diese Welt wahrzunehmen: »Manchmal... werden Menschen einer verborgenen, fast leuchtenden Tiefe in den gewöhnlichsten Gegenständen, etwa Blumen oder Steinen, gewahr. Ein neues Staunen, eine Erinnerung an ihre Kindheit ergreift sie dann, und sie spüren eine tiefere Dimension der Welt.«

In den Shambhala-Lehren wird die Vision eines menschlichen Lebens und einer Gesellschaft, die auf der Wahrhaftigkeit und Heiligkeit der Welt beruhen, durch die »Große Östliche Sonne« symbolisiert. Die physische Sonne geht immer wieder auf, als stetige Quelle von Wärme und Licht, und sie ist immer da – wir müssen nur unsere Augen aufmachen, um sie zu sehen. Die symbolische Sonne – das prinzipiell Gute und die Heiligkeit der Welt – ist eine unergründliche Quelle des Schöpferischen; auch sie ist immer da, wir müssen nur Bewußtsein und Augen dafür öffnen. Groß wird die Vision dieser Sonne genannt, weil sie weit über enges menschliches Vorurteil hinausgeht.

Es ist eine ursprüngliche Vision, die sich in allen historischen Kulturen findet, von keinem Dogma oder moralischen Bewertungen wie »gut« und »böse« abhängig. Und sie erweckt Menschen, wie die im Osten aufgehende reale Sonne, zu Wachheit, Frische und Freude. So wie wir uns morgens beim Aufwachen gern der Sonne zuwenden, so zeigt uns die Vision der Großen Östlichen Sonne, wie wir den Weg der Kriegerschaft beschreiten können. Die Vision der Großen Östlichen Sonne steht im Gegensatz zu einer inneren »Schlafhaltung«, die durch die untergehende Sonne symbolisiert wird. Die untergehende Sonne ist Symbol für Erniedrigung, Verzweiflung und Sinnlosigkeit, Gefühle, die in unserem modernen Leben ja so häufig sind. Eigentlich dürfte diese »Vision« aber gar nicht als Vision bezeichnet werden.

Leitfaden der Shambhala-Lehren ist die positive Vision einer »erleuchteten« Gesellschaft. Shambhala-Krieger streben danach, eine Gesellschaft aufzubauen, die anerkennt, daß der Mensch, alle Lebewesen, die uns erhaltende Mutter Erde und der uns umgebende Raum prinzipiell gut sind. Diese Gesellschaft wäre so organisiert, daß ihre Menschen danach streben können, dieses prinzipiell Gute zu fördern, statt sich vor ihm zu verstecken und es zu leugnen. Seine Schilderung, wie er in Geschichte, Geographie, mündlichen Berichten, Reisen und durch innere Arbeit Shambhala suchte, beendet Bernbaum mit den Worten:

»Die Shambhala-Prophezeiung aber enthält noch weit mehr als nur das Erwachen des einzelnen. Sie sagt die Heraufkunft eines goldenen Zeitalters voraus, in dem jeder Mensch der Erleuchtung einen großen Schritt näherkommen wird. Daraus erhellt, daß die innere Reise nicht auf Weltflucht hinausläuft, sondern diese Welt zu einem Ort machen möchte, wo die Befreiung aller Menschen leichter erreicht werden kann.

Indem wir nach der Erweckung unseres tieferen Selbst streben, streben wir nach einer neuen Achtsamkeit, durch die wir auch anderen bei ihren Bemühungen, sich vom Netz der Illusionen zu befreien, helfen können... Sobald wir uns der Heiligkeit aller Dinge und Wesen um uns herum bewußt werden, hören wir auf, Menschen und Dinge als bloße Gegenstände zu betrachten, die es zu quälen und auszubeuten gilt. Statt dessen werden wir sie, so wie sie sind, lieben und mit äußerster Rücksicht und Achtung behandeln. Gelingt es uns, diesen Sinn für das Heilige in unserer Welt in uns zu erwecken, so haben wir die Möglichkeit, das goldene Zeitalter, von dem so viele Mythen und Träume sprechen, heraufzuführen.«

Eine solche Gesellschaft aufzubauen ist tatsächlich praktisch möglich. Es ist auf dieser Erde schon viele Male gelungen und kann wieder gelingen. Mehr und mehr Menschen erkennen heute, wie dringend notwendig der Aufbau einer solchen Gesellschaft ist, und arbeiten einzeln und in Gruppen, jeder auf seine Weise, an diesem großen Ziel. Die Shambhala-Lehren sind ein Weg, der diese einzelnen verbindet und jedem den Anschluß an die weltweite Gemeinschaft ermöglicht.

Chögyam Trungpa war es, der den Shambhala-Weg des Kriegers entwickelte und lehrte. Er war einer der ersten tibetischen Lehrer, die die Praxis des tibetischen Buddhismus in den Westen brachten. Im Zusammenhang mit den Shambhala-Lehren erhielt er den weltlichen Shambhala-Namen »Dorje Dradul«, das heißt »Unbesiegbarer Krieger« oder »Meisterkrieger«.

Der Dorje Dradul wurde in Tibet als sogenannter Tulku geboren. In der Überlieferung des tibetischen Buddhismus ist ein Tulku die Wiederverkörperung eines Menschen, der kein ichbezogenes Selbst im üblichen Sinne mehr besitzt, sondern ein Gelübde abgelegt hat, immer wieder auf die Erde zurückzukehren, um dort für alle lebenden Wesen zu wirken. Der Dorje Dradul war die elfte Wiederverkörperung in der Trungpa-Folge. Der Trungpa-Tulku ist einer der ältesten in Tibet bekannten Tulkus – der erste Trungpa wurde im 14. Jahrhundert geboren. Der elfte Trungpa, der Dorje Dradul, wurde von frühester Kindheit an zum Meditationsmeister und bis zum Grad eines Khenpo ausgebildet – im Westen entspricht das einem Doktortitel. Er war nicht nur eine wichtige Figur im tibetischen Buddhismus, sondern wurde auch als weltlicher Gouverneur des Kham-Gebiets in Osttibet, gemäß den klassischen Herrschaftstraditionen Chinas und Tibets, eingesetzt.

1959 wurde der Dorje Dradul von den chinesischen Kommunisten aus Tibet vertrieben. Er floh über den Himalaja, wobei er seine Freunde und Anhänger in diesem außerordentlich gefahrvollen und abenteuerlichen Unternehmen anführte. Er beschreibt diese Erlebnisse in seiner Autobiographie »Born in Tibet« (In Tibet geboren). 1963 reiste er nach England und studierte an der Universität Oxford westliche Philosophie und vergleichende Religionswissenschaft. Hier lernte er fließend Englisch sprechen, außerdem erlernte er Ikebana und wurde ein Meister in dieser japanischen Kunst des meditativen Blumensteckens. In dieser Zeit gründete er auch in Eskdalemuir in Schottland ein buddhistisches Meditationszentrum.

1969 hatte der Dorje Dradul einen Autounfall, der große Auswirkungen auf die Art seiner Lehrtätigkeit haben sollte. Im Epilog zu »Born in Tibet« beschreibt er, was damals geschah. Er schildert die Situation folgendermaßen:

»Ich zögerte noch, ob ich mich ganz der Vermittlung des Dharma im Westen verschreiben, den spirituellen Materialismus an seiner Wurzel angreifen und mehr Vertrauen und Liebe in die Welt bringen sollte. Mehrere Monate schwankte ich unentschlossen und konnte trotz einiger kleiner Hinweise keine klare Antwort finden. Aber eines Tages fuhr ich durch Northumberland, wurde am Steuer meines Wagens bewußtlos, kam von der Straße ab und krachte mitten ins Schaufenster eines Ladens mit Scherzartikeln... endlich war die Botschaft durchgekommen! Ich empfand Erleichterung, ja fühlte sogar eine gewisse Komik in der Situation.

Läßt man sich vollständig und ehrlich auf eine Lehrtätigkeit dieser Art ein, so kann man anderen nicht mehr seine eigenen Illusionen vorsetzen. Ich erkannte, daß ich jetzt keine Privatsphäre, keine besondere Identität oder Legitimation mehr beanspruchen durfte. Ich konnte mich nicht mehr hinter dem Gewand eines Mönchs verstecken und eine undurchdringliche Miene zur Schau tragen, was im Gegenteil gerade ein Hindernis gewesen wäre. Im Bewußtsein, ich müßte mich ganz im Sangha [der Gemeinschaft der Buddhisten] verlieren, entschloß ich mich, meine Mönchsgelübde aufzugeben. Mehr denn je hatte ich das Gefühl, mich ganz dem Buddhismus widmen zu müssen.«

Damals heiratete der Dorje Dradul auch die junge Engländerin Diana Pybus. Einige Monate später – Anfang 1970 – wurde er als Lehrer in die Vereinigten Staaten eingeladen und ließ sich dort nieder. Bis zu seinem Tod im Jahre 1987 setzte er seine Lehrtätigkeit fort und reiste unermüdlich durch die Welt.

Der Dorje Dradul erkannte, daß viele Menschen in Nordamerika und Europa nach einem inneren Entwicklungsweg hungerten, der ihnen jedoch entweder aufgrund ihrer früheren Erfahrungen mit »Religion« versperrt war oder aber durch ihre Überzeugung, das moderne wissenschaftliche Weltbild vertrage sich nicht mit spirituellen Erkenntnissen. Sein Bestreben war es, auf eine Weise zu lehren, die den in unserer modernen Welt lebenden Menschen wirklich weiterhalf – einer Welt, die zunehmend von Schnellebigkeit und Haß geprägt ist. 1977 begann er eine rein psychologische Schulung anzubieten, eine Methode, das normale Leben zu vertiefen und zu bereichern, ohne von dem Glauben an einen äußeren Erlöser oder ein religiöses Dogma abhängig zu sein. Diese Lehren wurden später in der Shambhala-Schulung systematisiert.

Die Shambhala-Schulung macht die Teilnehmer mit einer einfachen Übungspraxis der Achtsamkeit und Bewußtheit vertraut. Diese grundlegende Übung stammt aus der buddhistischen Meditationspraxis und stimmt mit der Lehre des Buddha überein, ist jedoch nicht damit identisch. Alle lebendigen heiligen Traditionen fußen auf denselben praktischen Grundsätzen. Manche Teile der Shambhala-Schulung stammen aus der vorbuddhistischen tibetischen und chinesischen Kultur. Neben Achtsamkeit und Bewußtheit werden die Teilnehmer außerdem in einer »Kriegerpraxis« unterrichtet, die sie in die Lage versetzt, die Hindernisse, die sie von der heiligen Welt trennen, zu überwinden.

16

Diese Übungen entlehnte der Dorje Dradul tibetischen schamanistischen Methoden. Sie entstanden teils aus der tiefen, von Mitleid geprägten Einsicht heraus, wie wichtig Mut und Angstlosigkeit im Leben sind, teils aus der Erkenntnis, daß sich in den nächsten fünfhundert Jahren eine große Menschheitsfamilie herausbilden muß, wenn Gleichgewicht und Harmonie auf Erden wiederhergestellt werden sollen. Die Shambhala-Schulung ist insofern neu, als sie die der geistigen Gesundheit dienenden Übungen zum Erwerb von Achtsamkeit und Bewußtheit mit Methoden aus Traditionen der Urvölker verbindet, mit Methoden also, die uns für die Energie und Kraft der heiligen Welt öffnen und uns mit ihnen verbinden.

Dieses Buch ist also eine Anleitung, wie man das prinzipiell Gute im Menschen entdecken und in der heiligen Welt, die gleichzeitig tief, alltäglich und magisch ist, leben kann. Wer den Shambhala-Weg gehen will, muß ein paar grundsätzliche Dinge lernen. Es ist wie bei einem Kind, das laufen lernt – oder wie mit dem Einüben von Tonleitern. Zuerst gilt es, sich hinzusetzen und ins Auge zu fassen, was eigentlich in uns vorgeht – was wir, wenn wir nicht durch Handlungen und Gespräche abgelenkt sind, wirklich denken und fühlen. Es gilt, die enge Begrenztheit unseres Verstandes zu erfahren – dieses Gefängniswärters, der uns davon abhält, das Heilige zu erkennen.

Als nächstes müssen wir dann lernen, den tatsächlich grenzenlosen Raum zu spüren – in unserem Denken, in unserem Körper, in unserer Umgebung. Zuerst werden wir dabei erkennen, daß wir uns selbst in einen Kokon eingesponnen haben, der uns von der frischen Luft draußen trennt und unsere Impulse und Ansätze zu lebendigen Beziehungen erstickt. Dann sind wir auch imstande zu erkennen, wie wir uns selbst aus diesem Kokon befreien können, um uns selbst und die Welt wirklich zu erleben. Achtsamkeit und Bewußtheit sind die Werkzeuge, die wir gebrauchen lernen müssen, um sowohl auf uns selbst als auch auf unsere Umwelt zu achten.

So werden wir nach und nach zu Kriegern und können allmählich zu größeren Schritten übergehen. Shambhala-Krieger haben keine Angst vor sich selbst. Sie haben den Mut, ihrer

Angst ins Gesicht zu sehen und sie dadurch zu verlieren. Ein Krieger weiß, wie man Kriege gegen sich selbst und andere sanft beendet. Als Krieger – demütig, aber energiegeladen – können wir dann einen großen Sprung in eine Welt hinaus tun, zu der ein Feigling, der sich in seiner verdorbenen Welt ängstlich duckt, niemals Zugang finden wird. Wir entdecken die Macht und den Zauber, die einem Leben im Hier und Jetzt – im zeitlosen Raum – innewohnen. Der Weg der eigentlichen Kriegerschaft, also eines Lebens in Würde und Tapferkeit, tut sich vor uns auf.

Ich biete hier keine »orthodoxe« Version der Shambhala-Schulung oder des Shambhala-Weges – glücklicherweise gibt es einen derart schmalen Weg nicht. Zweifellos könnte man die Shambhala-Lehren auch auf viele andere Arten darlegen. Aber dieses Buch ist mein persönliches Verständnis von der Shambhala-Kriegerschaft. Es beruht auf meinen eigenen Erfahrungen und denen von Kollegen und Schülern.

Gern möchte ich mich noch dazu äußern, warum ich dieses Buch geschrieben habe. Von frühester Jugend an habe ich das Bedürfnis verspürt, sowohl mein intuitives Verständnis der Welt als auch mein begriffliches Wissen über sie zu erweitern. Als ich siebzehn Jahre alt war, begeisterte ich mich für Physik, nachdem ich »The Mysterious Universe« (Geheimnisvolles Universum) von James Jean gelesen hatte. Jeans Beschreibung der Welt der Physik eröffnete mir eine Welt, in der Körper, Geist und Seele nicht voneinander getrennt waren. Als ich jedoch später Physik studierte und an der Universität molekularbiologische Forschungen betrieb, war die Enttäuschung groß, und ich verlor das Interesse an diesem Fach. Der an der Universität gebotene Lehrstoff hatte Anfang der sechziger Jahre wenig oder gar nichts mit einer unmittelbaren Erfahrung der Realität zu tun, ja klammerte diesen Bereich offenbar mit voller Absicht aus. Das akademische Studium hatte so gut wie keine Berührungspunkte mit meiner intuitiven Wahrnehmung der Fülle und Schönheit des Lebens, genausowenig mit der Angst und dem Streß, den so viele Menschen damals empfanden und immer noch empfinden.

Da entstand in mir ein immer verzweifelteres Bedürfnis, wirkliche Wahrheit in meinem Leben zu finden: das echt empfindende Herz und die wahre Menschlichkeit. Einige Jahre verbrachte ich in einer Gruppe, die die Lehren G. I. Gurdjieffs studierte und im Leben anzuwenden suchte. Gurdjieff war ein russischer spiritueller Lehrer, der den »Weg des Praktikers« lehrte – er lehrte, wie man auch im Alltag ein spirituelles Leben führen kann. Dabei benutzte er Methoden, die er auf seinen Reisen in den Osten kennengelernt hatte, und vereinigte sie zu einem den Bedürfnissen des modernen Menschen angepaßten System. Es sollte dem Menschen dazu verhelfen, sich aus der dauernden Hypnose, dem Wachschlaf, in dem er sich nach Ansicht Gurdjieffs befindet, zu befreien.

Als ich dem Ursprung der Lehren Gurdjieffs nachforschte, entdeckte ich, daß die Punkte, die mir am meisten zusagten – insbesondere die Übung der Bewußtheit –, aus dem Buddhismus stammten. 1970 traf ich den Dorje Dradul, begann mich mit dem Buddhismus zu beschäftigen und ihn unter Anleitung des Dorje Dradul auch zu leben. In den nächsten Jahren half ich bei der Gründung des Karme Choling, eines buddhistischen Kontemplationszentrums in Vermont. Der Dorje Dradul sprach in einer so einfachen und doch tiefen Art über die alltäglichsten Dinge – Arbeit, Sex, Geld und Bewußtheit –, daß ich mich, als ich ihm damals zuhörte, immer wieder fragte: »Warum hat mir das nicht schon früher jemand gesagt?«

Der tibetische Buddhismus verspricht, laut dem Dorje Dradul, keine endgültige Antwort, aber er brachte mir bei, *für mich selbst zu sorgen*. Einer der Kernsätze, die ich vom Dorje Dradul hörte, war: »Die Frage ist die Antwort.« Offenheit und Sehnsucht tragen schon in sich selbst den Keim zur Lösung – zu einem weiteren Sich-Öffnen in einer niemals endenden Reise von Herz und Verstand.

1974 eröffnete ich, gemeinsam mit anderen Studenten, die kein Interesse mehr am traditionellen Universitätsstudium hatten, unter Anleitung des Dorje Dradul das Naropa-Institut. Dieses Institut bietet einen College-Abschluß an und betrachtet das Lernen als persönliche Reise des Sich-Öffnens – als Reise zum Erwachen des Herzens und Verstandes. Von 1975 bis zu seinem Tod war ich Stellvertreter des Dorje Dradul am Naropa-Institut.

Karen und ich lernten uns im Naropa-Institut kennen, an dem sie Studienberaterin war. Auch Karen war seit 1971 Schülerin des Dorje Dradul. Später wurde sie Lehrerin im Rahmen der Shambhala-Schulung und war die erste Direktorin des Kalapa Ikebana, einer neuen Schule des japanischen Blumensteckens, die der Dorje Dradul gegründet hatte.

1982 wurde die Möglichkeit diskutiert, ein Buch mit den Gesprächen des Dorje Dradul über die Shambhala-Lehren zu veröffentlichen. Er gab schließlich seine Zustimmung zur Publikation dieser Gespräche, die unter dem Titel »Shambhala: The sacred Path of the Warrior« (Shambhala: Der heilige Weg des Kriegers) veröffentlicht wurden. Zur selben Zeit bat er mich, ein weiteres Buch über den Shambhala-Weg, und zwar aus der Perspektive eines Schülers, zu schreiben. Seit 1977, als der Dorje Dradul den Weg des Shambhala-Kriegers zu lehren begann, hatte ich bei der Entwicklung und Durchführung der Shambhala-Schulung eng mit ihm zusammengearbeitet, weshalb er diese Bitte an mich richtete.

Eine erste Fassung dieses Buches schrieb ich im Winter 1983 nieder, doch hatte ich damals den Eindruck, die Lehren noch nicht genügend verstanden zu haben, um meiner Aufgabe gerecht werden zu können. Auch mußte ich zuerst noch meinen eigenen Weg gehen, nämlich wissenschaftliche mit spiritueller Erkenntnis harmonisch verbinden. Der erste Entwurf führte zu meinem Buch »Der Zauber der Alltagswelt«. Zwar beruhte es auf den Shambhala-Lehren, war jedoch in erster Linie ein Buch darüber, wie Wissenschaftsgläubigkeit unsere Wahrnehmung und unser Bewußtsein konditioniert, wie aber umgekehrt eine Untersuchung des Wesens der Wissenschaft uns helfen kann, diese Konditionierung zu durchschauen.

Im Mai 1991 wurde ich von den Verlegern des Dorje Dradul erneut gebeten, das von ihm gewünschte Buch aus der Sicht des Schülers, der den Weg des Shambhala-Kriegers geht, zu schreiben. Das Ergebnis ist das vorliegende Buch. Ich erzähle darin so manche Geschichte von Kriegern und Übenden auf dem Weg. Diese Geschichten machen den Weg zu einer lebendigen Realität und wecken das Verständnis für die subtilen und zugleich drastischen Veränderungen, die der Weg des Kriegers hervorrufen kann. In meinem eigenen Leben und dem meiner Freunde und Schüler konnte ich sehen, wie wirksam diese Lehren sind – und wie sie Menschen geholfen haben, ihr Leben urplötzlich oder auch ganz allmählich zu ändern.

Der Weg, auf dem unsere Reise verläuft, ist schon oft gegangen worden. Er ist breit ausgetreten, mit dem »dicken Fell« der Beharrlichkeit und Standhaftigkeit so manchen Schülers »ausgelegt«. »Verziert« worden ist er mit den offenen Herzen der Krieger.

Teil I des Buches läßt den Leser einen Blick auf die »heilige Welt« aus der Perspektive der Shambhala-Lehren werfen. Hier stelle ich das Konzept der Achtsamkeit auf die Urenergie des Kosmos vor, in dem alles entsteht, lebt und wieder zurückkehrt. Ich stelle außerdem die Dralas vor, die Kraftlinien, die sich dem Achtsamen zeigen – auch als »Götter« bekannt –, durch die wir mit dem Kosmos kommunizieren und unsere Feste mit ihm feiern können. Die Kenntnis der Dralas ist uralt, sie ist Bestandteil der Welt des tibetischen Buddhismus und indigener Kulturen auf der ganzen Erde.

Teil II behandelt die in der Angst wurzelnden Hindernisse, die der Erkenntnis entgegenstehen, daß sowohl wir selbst als auch die Welt prinzipiell gut sind. Hier gebe ich praktische Anleitungen zur Selbstschulung, so daß man Zugang zur heiligen Welt gewinnen, sein Leben durch das ruhige Vertrauen in die Große Östliche Sonne erhellen lassen und die Dralas in seine Welt einladen kann. In Teil II gebe ich auch praktische Ratschläge am Ende jedes Kapitels und im Text selbst.

Probieren Sie diese Ratschläge ganz gemütlich aus, experimentieren Sie damit – und genießen Sie sie. Sie geben Hinweise darauf, wie Sie das Thema jedes Kapitels in eigener Arbeit und für sich selbst fruchtbar machen können. Ich hoffe, sie helfen Ihnen, die Lehren für sich persönlich anzuwenden. Aber lassen Sie sich ruhig Zeit dabei, es besteht kein Grund zur Eile. Manches verstehen Sie vielleicht auf Anhieb, anderes erst nach Jahren. Ihr Weg wird sich ganz allmählich vor Ihnen öffnen – in dem Maße, wie Sie Achtsamkeit und Bewußtheit üben.

Denken Sie daran, was die Weisen aller Zeiten gelehrt haben: Verlasse dich nicht auf Autoritäten oder die Lehren anderer – erfahre die Wahrheit selbst! Wang Yangming, einer der gebildetsten und einflußreichsten Denker der chinesischen Geschichte, vereinte Taoismus, Zen-Buddhismus und Konfuzianismus in seinen Lehren. Zugleich hatte er führende Positionen in der Verwaltung inne und zeichnete sich als Feldherr aus. Die Schule des Neokonfuzianismus, die in der großen Epoche der frühen Ming-Dynastie dem Konfuzianismus neues Leben einhauchte, beruht größtenteils auf seinen Lehren.

Dennoch schärfte Wang Yangming den Menschen ein: »Aufrichtiger Glaube [an die Lehren der Weisen] ist sicherlich richtig, aber noch wichtiger ist, die Lehren in sich selbst zu erfahren. Wenn du die Wahrheit in der Gegenwart mit deinem Verstand nicht gefunden hast, wie kannst du dann den Lehren der Vergangenheit dogmatisch folgen, ohne sie auf ihre Richtigkeit überprüft zu haben? Das Chaos in der Welt entsteht nur durch den Triumph der leeren Worte und den Niedergang des aufrichtigen Handelns.«

Teil III beschäftigt sich mit der Aktivität des Kriegers in der Welt, mit dem Ziel, eine »erleuchtete« Gesellschaft zu schaffen. Echte Krieger sehnen sich danach, eine »erleuchtete« Gesellschaft zu verwirklichen – durch Vertrauen und Offenheit, durch liebevolle Hilfe und Liebe zum prinzipiell Guten. Die heilige Reise der Kriegerschaft bedeutet weit mehr, als persönliche Zuversicht oder Freude zu entdecken oder zu versuchen, ein spiritueller Mensch zu werden. Wenn Sie Ihr wahres Herz entdecken, werden Sie ganz von selbst ein anständiges Leben führen und mit anderen beim Aufbau einer wirklich guten Gesellschaft zusammenarbeiten wollen. Shambhala-Krieger sein bedeutet also, einen authentischen Beitrag zum Wohl der Menschheit zu leisten. Sie sind dazu imstande, wenn Sie den Mut aufbringen und den Wunsch haben, in einer Welt aufzuwachen, die sich von Ihrer gewohnten unterscheidet – einer Welt, die dem angsterfüllten Gemüt tatsächlich fremd erscheinen mag. Es geht hier um harte Arbeit, die weder erhaben noch schrecklich ist. Sie kann sogar Freude bereiten. Sie ist magisch. Sie ist die heilige Reise.

TEIL I
VISION DER HEILIGKEIT

1. HEILIGE WELT

Die gewöhnliche Welt ist immer schon heilig und ist es stets gewesen. Das bedeutet, die Welt ist ganz und ihrem Wesen nach rein – unverdorben durch Gut und Böse. Alles lebt und ist mit allem anderen auf eine Weise verbunden, die für die Existenz der Welt unabdingbar ist. Unsere Erde hängt im Himmelsraum und dreht und bewegt sich darin. Der Himmel läßt auf die Erde regnen und die Bäume wachsen. Die Bäume tragen zur Bildung der Luft bei. Tiere atmen, Vögel fliegen in der Luft, Blumen locken Bienen an, Körper haben Leber und Herz, Gehirn, Nerven und Muskeln, Zähne und Nägel und so weiter. Jeder Sturm hat seine eigene Kraft und Energie, ebenso jede Tulpe und jede Mücke. Wir verfügen über Wahrnehmung und Bewußtsein und können daher all diese Schönheit und Kraft der Welt auch erfahren. Alles arbeitet mit allem zusammen. Das ist etwas so Triviales, daß wir normalerweise gar nicht darüber nachdenken. Doch beim zweiten Blick auf diese gewöhnliche Welt entpuppt sie sich als heilig und magisch. Wir müssen sie nur spüren, sehen, hören und all unsere Sinne für ihre Tiefe öffnen.

Diese heilige Welt zu beherrschen oder zu erobern ist unmöglich, würden wir auch einen Großteil unseres Lebens darauf verwenden. Aber verbinden können wir uns mit ihr und spüren, daß auch wir ein heiliger Teil von ihr sind. Würden wir einmal all unsere Vorstellungen und Theorien über sie loslassen und nur sehen und hören, wie sie ist, so würden wir uns direkt mit ihr verbinden. Diese Erfahrung einer direkten Verbindung scheint etwas sehr Einfaches zu sein, doch ist es auch etwas sehr Tiefes. Wir erblicken dabei die heilige Welt.

Solche Blicke auf die heilige Welt ereignen sich häufig in unserem Alltag, doch ignorieren wir sie gewöhnlich in unserem Drang, Ziele zu erreichen, die uns wichtiger erscheinen. Ein

Sonnenstrahl dringt durch den bewölkten Himmel und heitert uns auf. Wir sehen einen schönen bunten Vogel, wir hören ungewöhnliche Musik, es steigt uns plötzlich der Geruch frischen Düngers in die Nase. Wir sind erschüttert von der Gewalt eines Gewitters, oder jemand streicht uns liebevoll über den Arm. Ein plötzlicher gellender Schrei, das Aufblitzen einer Farbe oder ein unerwarteter bitterer Geschmack auf der Zunge – also gar nicht unbedingt die Schönheit der Dinge – dringen in unser Bewußtsein ein. Solche Blicke auf die heilige Welt sind wie eine frische Brise und machen uns aufmerksam und wach für das, was sich gerade in diesem Augenblick in der heiligen Welt ereignet. Wir müssen wach sein, um die Schönheit in den gewöhnlichen Dingen erleben zu können, und brauchen uns keineswegs von unserer Welt abzuwenden, um das Heilige zu finden. Der christliche Mystiker Neal Donner sagt: »Man braucht das Weltliche nicht abzulehnen, um sich dem Heiligen zuzuwenden, um die letzte Realität zu finden.«

Wir alle sind zu derartigen Erlebnissen fähig. Solche Augenblicke sind unterschiedlich intensiv. Sie reichen von einem oberflächlichen Aufblitzen bis zur tiefsten Erschütterung. Doch wir alle erleben solche auf die Heiligkeit unserer Welt hindeutenden Momente. Wenn unsere normalen Ängste einmal zeitweise zur Ruhe kommen, spüren wir die lebendige Energie der Welt, von der wir ein Teil sind. Wir entdecken, daß es in unserem Leben echte Werte, ja sogar eine Art Komik gibt, die ihm Sinn und Ganzheit verleihen.

Auch haben die Menschen oft Kindheitserinnerungen, die noch die Macht besitzen, den Hauch der Heiligkeit heraufzubeschwören. So erzählt zum Beispiel Frederick Franck, Maler und Zen-Zeichenlehrer, von einem derartigen Kindheitserlebnis:

»An einem dunklen Winternachmittag – ich war elf oder zehn – wanderte ich auf einer Landstraße. Zu meiner Linken zog sich ein Acker mit Reihen krauser Grünkohlköpfe hin, zu meiner Rechten wuchsen schon gelb werdende Rosenkohlpflanzen. Ich spürte, wie auf meiner Backe eine Schneeflocke zerging, und weit vorn sah ich, wie sich am schiefergrauen Himmel ein Schneesturm näherte. Ich blieb stehen.

Einige Flocken fielen jetzt auf die Erde zu meinen Füßen nieder, ein paar davon schmolzen, als sie den Boden berührten, andere blieben ganz. Und plötzlich hörte ich das Rieseln des Schnees, ein ganz zartes, säuselndes Prickeln.

Ich stand wie angewurzelt und lauschte... Und wußte, was nicht ausdrückbar ist, daß die Natur etwas Übernatürliches ist... Daß, was außen ist, in mir geschieht, daß Außen und Innen untrennbar sind.«

Wenn wir diese Heiligkeit als Erwachsene wiederentdecken, erinnert uns das oft daran, daß wir als Kinder mit dieser heiligen Welt noch eins waren. Ich hatte erst vor kurzem die Shambhala-Lehren kennengelernt und verbrachte gerade eine Woche damit, Sitz-Meditation zu praktizieren. Dabei saß ich in einer winzigen Hütte auf einer Wiese. Zahlreiche Gedanken und Gefühle der verschiedensten Art durchzogen mich – des Zorns und Ärgers, des geschlechtlichen Verlangens und der Leidenschaft, der Sehnsucht und ungeduldiger Erwartung. Immer wieder mußte ich mir ins Gedächtnis zurückrufen, daß ich mir diesen Urlaub nicht genommen hatte, um meine Vergangenheit zu rekapitulieren oder meine Zukunft zu planen. Immer wieder versuchte ich, bewußt im Augenblick zu leben und entsprechend zu üben. An einem dieser Tage machte ich einen Spaziergang über die Wiesen. Plötzlich verwandelte sich meine Wahrnehmung: Das hohe Gras und die weißen, roten und gelben Blumen waren auf einmal von Leben durchglüht. Der Unterschied zwischen dieser Wahrnehmung und der Art, wie ich die Welt normalerweise sah, war wie der Unterschied zwischen einem Schwarzweißfoto von einem Kornfeld und einem Van-Gogh-Gemälde mit dem gleichen Feld. Gleichzeitig hatte ich die Empfindung kristallener Klarheit und Freude. Die Wiese begann vor Leben zu schwingen und zu vibrieren, wie wenn sie vorher ein Standfoto gewesen, jetzt aber plötzlich ein beweglicher Film geworden wäre oder als ob sie flach gewesen und jetzt dreidimensional geworden wäre.

Diese Wahrnehmung löste die Erinnerung an ein Ereignis aus, das ich seit zwanzig Jahren vergessen hatte. Als kleiner Junge hatte ich eine ähnliche Verwandlung der Wahrnehmung erlebt. Ich lag im Bett und hatte gerade eine fiebrige Krankheit überstanden. Ich schaute auf die Karos meiner orange und rosa gemusterten Bettdecke, und plötzlich schien sich das Muster selbständig zu machen und zu glühen. Eine außergewöhnlich starke Empfindung der Liebe für diese Decke erfüllte plötzlich das ganze Zimmer. Ich dachte: So also ist die Welt wirklich! Als Kind hatte ich noch mehrere ähnliche Erlebnisse dieser Art, doch ab elf, zwölf Jahren vergaß ich sie wieder. Sie hatten also in mir geschlummert, bis ich sie, zwanzig Jahre später, bei einem Wiesenspaziergang wiederentdeckte.

Diese heilige Welt ist also etwas ganz Gewöhnliches. Aber unsere Erfahrung des Gewöhnlichen kann durchaus magisch sein. Wir können einen Blick auf die Heiligkeit erhaschen, sobald wir die ganz banale, uns vertraute Welt wieder neu sehen, wie zum erstenmal. Der Fotograf Freeman Patterson beschreibt das sehr schön:

»Ist Ihnen schon einmal aufgefallen, daß Ihre Sinne die Einzelheiten Ihrer Wohnung sehr scharf bemerken, wenn Sie von einem Urlaub zurückkommen? In der Tür stehend blicken Sie umher, und für ein paar Minuten kommen Ihnen die Dinge im Haus völlig fremd vor. Sie stellen fest, daß der Efeu am westlichen Fenster ganz sonderbar aussieht und daß die Wände des Wohnzimmers eher cremeartig als elfenbeinfarben sind. Sie bemerken das Flimmern des Abendlichtes auf dem kleinen Teppich unter den Stühlen und können sich nicht erinnern, dergleichen jemals gesehen zu haben. Aber diese Augenblicke sind schnell wieder vorbei, das gewohnte Leben geht weiter, alles steht an Ort und Stelle, und Sie hören wieder einmal auf, klar zu sehen.«

Es steckt ein wahrer Zauber in der Entdeckung, daß die Welt und alles darin gut, sinnvoll und ganz sind, in dem plötzlich wachwerdenden Bewußtsein für die immer neue herrliche Welt, die uns ja schon immer umgibt, in dem Gefühl, daß wir uns in ihrem Mittelpunkt befinden, und in dem Wissen, wer wir sind und was wir sind, durch und durch – schließlich auch in der Entdeckung, daß wir lieben, was wir da sehen. Es steckt auch ein Zauber in der Möglichkeit, anderen Menschen helfen zu können. Da wir an uns selbst und unserer eigenen Welt Anteil nehmen können, können wir auch an anderen Anteil nehmen, einschließlich der Ameise, die die Krümel von der Anrichte zu holen sucht.

Auch in unserem Herzen finden wir diesen Zauber. Wir finden ihn, indem wir lernen, schön zu leben, mit Herz und Seele und Güte, mit weit geöffneten Augen. Wir finden ihn, indem wir das Heilige in einem Grashalm entdecken, indem wir die Götter wiederentdecken, die uns mit ihrer Energie umgeben und uns aufwecken. Wir entdecken ihn im magischen Schrei der Haubentaucher auf dem stillen See oder im unaufhörlichen Prasseln des Regens auf das Fensterbrett. Wir entdecken ihn in der Energie der Sonne und Sterne oder im rhythmischen Wogen eines Weizenfeldes, durch das der Wind fährt.

Den Zauber zu entdecken, heißt auch, Freude, Trauer und Liebe zu entdecken. Es heißt zu wissen, was wir annehmen oder ablehnen sollen – wie wir mit hellem Bewußtsein voranschreiten und uns weigern können, im dunklen neurotischen Bewußtsein, dem Bewußtsein, das sich wie die untergehende Sonne schlafen legt, weiterzustolpern. Den Zauber zu entdecken heißt, Erleichterung zu verspüren, wenn man sich am Ende mit müheloser Energie und heiterem, gutem Gewissen in die Welt »fallen« läßt. Das hat mit Sentimentalität nichts zu tun. Es ist etwas ganz Klares und Wahres.

Das prinzipiell Gute ist das allen Dingen innewohnende Wesen

Die Heiligkeit der Welt zu erkennen und zu nähren ist der eigentliche Inhalt der meisten spirituellen Überlieferungen und Heilertraditionen der Erde. Die Erfahrung der Welt als heilig ist den ursprünglichen Völkern Nord- und Südamerikas, Afrikas, Indiens, Chinas, Japans und Australiens gemeinsam. Doch den modernen technischen Gesellschaften ist dieser Sinn für das Heilige in großem Umfang abhanden gekommen. Dennoch ist es uns Gefangenen der modernen Welt möglich, die Welt als heilig zu erfahren und diese Erfahrung zu einem wesentlichen Faktor in unserem Leben zu machen.

Diese Möglichkeit, diese uns allen innewohnende Fähigkeit, an uns selbst und der Welt Anteil zu nehmen, ist Ausdruck des prinzipiell Guten im Menschen. Dieses Gute liegt in unserer Fähigkeit, intensiv, leidenschaftlich, lebendig und wach zu leben, in unserer Fähigkeit, uns unseres Lebens voll bewußt zu sein und es mit vollem Einsatz zu leben, gleichgültig, welche Wendung unser Schicksal nimmt, und in unserer Fähigkeit, an anderen und uns selbst Anteil zu nehmen.

Die moderne Gesellschaft hat die Vorstellung, der Mensch sei prinzipiell gut, absolut verworfen. Die Überzeugung, der Mensch sei von Grund auf und unausrottbar schlecht – mit der »Erbsünde« behaftet –, hat sich sogar bei Menschen durchgesetzt, die die traditionellen Religionen ablehnen. Schuld- und Schamgefühle wegen irgendwelcher Fehler, die uns aus dem Gedächtnis entschwunden sind, haben sich von Generation zu Generation bis zur Gegenwart fortgepflanzt. Wir haben das vage Gefühl, daß wir vor langer, langer Zeit etwas sehr Schlechtes getan haben, etwas, das nun nicht mehr aus der Welt zu schaffen ist und weshalb wir nichts mehr wert sind. Da diese Vorstellung tief in uns steckt, fällt es uns sehr schwer, die Idee, prinzipiell gut zu sein, anzunehmen oder überhaupt zu verstehen.

Der Glaube an unsere prinzipielle Schlechtigkeit ist in unserer Erziehung so fest verankert, daß wir ihn fraglos als die letzte Wahrheit über das Wesen des Menschen akzeptieren. Aber er ist keineswegs eine universelle Wahrheit. Chögyam Trungpa, der Dorje Dradul, sagt in diesem Zusammenhang:

»Aus einer Kultur stammend, die das prinzipiell Gute im Menschen betont, war ich geradezu schockiert, als ich der westlichen Vorstellung von der Erbsünde begegnete... Anscheinend ist dieser Begriff der Erbsünde nicht nur wesentlicher Bestandteil der westlichen Religion, sondern des westlichen Denkens überhaupt, besonders des psychologischen Denkens. Patienten, Wissenschaftler und Therapeuten beschäftigen sich immer wieder mit der Vorstellung, früher irgend etwas falsch gemacht zu haben, was jetzt Leiden, als eine Art Strafe für diesen Fehler, hervorruft. Ein gewisses Schuldgefühl, die Empfindung eines tiefsitzenden Traumas, ist weit verbreitet. Ob die Menschen nun konkret an die Erbsünde und in diesem Zusammenhang an Gott glauben oder nicht – offenbar haben sie das Gefühl, früher etwas falsch gemacht zu haben und jetzt dafür bestraft zu werden.«

Der Begriff »Sünde« hat bis zu einem gewissen Grade seine Berechtigung, wenn wir Sünde als destruktives Verhalten, Selbstzweifel und Selbsthaß verstehen, die generationenlang von Eltern auf die Kinder vererbt wurden. Der Begriff ist nützlich, solange er uns an unsere Tendenz zur Selbstsucht und Selbstzufriedenheit erinnert – an die Tendenz, die die Shambhala -Lehren als unseren »Kokon« bezeichnen. Doch der Begriff der Erbsünde als einer Grundgegebenheit unseres Wesens, von der wir uns niemals befreien könnten, erzeugt nur noch mehr Selbstzweifel und Selbsthaß. Wie der Dorje Dradul ausführt, hat sich die Vorstellung von einem unheilbaren Riß im Wesen des Menschen unbemerkt in viele Institutionen, die unser Leben bestimmen, eingeschlichen: in die Wissenschaft, ins Erziehungswesen, sogar in die Volkswirtschaftslehre und in viele psychotherapeutische Schulen.

Wir spüren, daß unserem Leben etwas Entscheidendes fehlt. Wir drücken dieses Gefühl auf viele Arten aus – wir sprechen davon, daß wir uns leer fühlen, mutlos, antriebslos, deprimiert, voller Angst oder entfremdet. Manchmal spüren wir die Empfindung sogar körperlich als ziehenden Schmerz in der Brust. Und dieser tiefe, innere Mangel wird überall in der Gesellschaft gefühlt, sogar bei Menschen, die in relativ guten äußeren Umständen und in einem noch vor einem Jahrhundert unvorstellbaren Wohlstand leben. Unsere Erziehung gibt uns kaum eine Orientierung an die Hand, wie wir diesen Hunger stillen könnten. Statt dessen wachsen wir mit sehr beschränkten und einseitigen Lebensperspektiven auf. Wir werden von leeren und sinnlosen Zielen, zu denen wir gar keine wirkliche Beziehung haben, vorwärtsgetrieben. Wir treiben auf einem Meer der Angst und Orientierungslosigkeit umher. Wir haben den Kontakt zu unserem ursprünglichen Menschsein und unserem prinzipiellen Gutsein verloren. Viele Menschen fragen sich heutzutage doch: »Was will ich denn eigentlich wirklich?« Das ist gewiß keine oberflächliche Frage. Es ist eine Frage, die das Herz zutiefst bewegt.

Wir möchten gern einen Sinn des Lebens finden, einen wirklichen Wert, Ursprünglichkeit und Tiefe. Wir möchten etwas Wirkliches finden – intensiv und ganzheitlich empfinden und erleben. Doch was wir konkret wollen, wird uns niemals ganz klar. Wie genau wir es auch zu definieren versuchen, immer bleibt doch eine unausgesprochene Sehnsucht zurück. Diese Sehnsucht bezieht sich auf etwas Tieferes als auf die Dogmen der spirituellen, Heiler- und religiösen Überlieferungen. Sie berührt eine aktuelle Erfahrung, die heute allen Menschen gemeinsam ist. Die Sehnsucht nach Ursprünglichkeit ist so intensiv, daß wir unbedingt etwas in dieser Richtung unternehmen wollen, daß wir nach einer anderen Art Leben suchen. Bei dieser Suche handelt es sich nicht nur um den Wunsch nach Selbstverwirklichung. Es ist ein Wunsch nach Gemeinschaft, Gemeinschaft mit anderen Menschen und allem Lebendigen, das mit uns diese Erde bewohnt. Viele von uns sehnen sich danach, eine gute menschliche Gemeinschaft aufzubauen, die die Erde und alle darauf lebenden Geschöpfe pfleglich behandelt – eine Gemeinschaft, die das prinzipiell Gute am Menschen erkennt und nährt. Alle Heiler- und spirituellen Traditionen gehen davon aus, daß jeder von uns dazu imstande ist.

Statt ein beengtes und verbogenes Leben ertragen zu müssen, haben wir die Möglichkeit, Fülle und Güte zu erfahren, eine Ganzheit, die Innen und Außen, Geist und Materie nicht mehr trennt. Wer das prinzipiell Gute im Menschen entdeckt, hat auch den Ausgangspunkt für jeden echten spirituellen Weg entdeckt, ebenso den Schlüssel zur inneren Verwandlungsarbeit, die manche moderne Psychotherapien anstreben. Der Psychotherapeut Thomas Moore zum Beispiel schreibt in »Care of the Soul« (deutscher Titel: »Seel-Sorge«): »Darin besteht das Ziel des Seelenweges – das Dasein wirklich zu spüren. Nicht den Konflikten und Ängsten des Lebens zu entrinnen, sondern es aus erster Hand kennenzulernen und ganz gegenwärtig zu sein!« Für Moore ist die Seele »nicht ein Ding, sondern eine Qualität, eine Dimension, in der das Leben und wir selbst erfahren werden. Sie hat zu tun mit Tiefe, Wert, Beziehung, Herz und Persönlichkeitssubstanz.« Viele von uns haben den Kontakt zur Seele verloren, und unsere große Sehnsucht geht dahin, uns mit dem prinzipiell Guten in uns wieder zu verbinden und Anteil daran zu nehmen.

Der Glaube an das prinzipiell Gute im Menschen ist die Grundlage der buddhistischen Lehren sowie der taoistischen und konfuzianischen Lebensauffassung, die alle die Shambhala-Lehren beeinflußt haben. In der buddhistischen Lehre ist das prinzipiell Gute im Menschen als unsere »Buddha-Natur« bekannt. Das Wort »Buddha« bedeutet buchstäblich »wach sein«. Wie der große zeitgenössische tibetische Yogi und Lehrer Ugyen Tulku Rinpoche sagt:

»Die Buddha-Natur ist in uns selbst und in jedem anderen Menschen, ohne irgendeine Ausnahme, gegenwärtig... Unsere Buddha-Natur... wird als leer und als erkennende, aus sich selbst existierende Wachheit bezeichnet. Der Aspekt der Leere, die Essenz, ist wie ein Raum, der alles durchdringt. Doch untrennbar von dieser Qualität der Leere ist die natürliche Fähigkeit, zu erkennen und wahrzunehmen. Das ist die grundlegende Wachheit. Als ›aus sich selbst existierend‹ wird die Buddha-Natur bezeichnet, weil sie aus nichts gemacht und von niemandem erzeugt ist. Diese aus sich selbst existierende Wachheit ist in allen Wesen ohne irgendeine Ausnahme gegenwärtig.«

Jeder Mensch besitzt die Buddha-Natur, tief verborgen in einem Wirrwarr konditionierter, starrer und enger Glaubens- und Verhaltensweisen, wie ein in einem Haufen Müll verborgenes Juwel. Ugyen Tulku Rinpoche fährt fort:

»Die Buddha-Natur ist immer schon gegenwärtig als Kern unseres Bewußtseins, wie der unveränderliche Glanz der Sonne, die am Himmel scheint. Doch wegen unseres dualistischen Denkens ist uns diese Sonne der Buddha-Natur nicht offenbar, wir sehen sie nicht... Die begrifflichen Vorstellungen, von denen wir Tag und Nacht erfüllt sind, verdunkeln unsere Buddha-Natur, so wie die Sonne am Himmel zeitweise von Wolken bedeckt ist. Wegen der über sie hinziehenden Wolken der Unwissenheit erkennen wir unsere Buddha-Natur nicht.«

Aber jeder Mensch besitzt die Möglichkeit, aufzuwachen, seine Buddha-Natur zu entdecken und voll zu entfalten. Doch wie jeder Buddhist weiß, erfordert es außerordentliche Anstrengung und Hingabe, ursprünglich zu sein, als Voraussetzung für die Entfaltung unserer Buddha-Natur. Jeder Buddhist kennt die allgegenwärtige Schlacke, die Tendenz, dualistisch und in Begriffen von Gut und Böse, Dein und Mein zu denken, die unsere Buddha-Natur verhüllt. Doch ist für den Buddhisten die Schlacke wie Abfall, der in nährenden Dünger für ein herrliches Blumenbeet verwandelt werden kann, statt uns für immer vom prinzipiell Guten in uns zu trennen.

Ebenso sahen die konfuzianischen und taoistischen Traditionen das prinzipiell Gute im Menschen sowie die Notwendigkeit, es zu üben und dadurch zum Vorschein zu bringen. Mencius, der von 371–289 v. Chr. lebte, war der erste Anhänger des Konfuzius, der ausdrücklich das prinzipiell Gute im Menschen lehrte:

»Läßt du das Volk seinen Empfindungen [seiner ursprünglichen Natur] folgen, wird es imstande sein, das Gute zu tun. Das ist damit gemeint, wenn es heißt, der Mensch sei dem Wesen nach gut. Wenn der Mensch Böses tut, liegt das nicht an seinem eigentlichen Wesen. Das Gefühl des Mitleids findet sich bei allen Menschen. Wir nennen es Menschlichkeit. Menschlichkeit wird uns nicht von außen andressiert. Wir tragen sie ursprünglich in uns. Nur denken wir nicht daran, wie wir sie finden könnten. Deshalb heißt es: ›Suche, und du wirst sie finden, vernachlässige sie, und du wirst sie verlieren.‹«

Fast gleichzeitig mit Mencius lebte ein anderer konfuzianischer Autor, Hsün-tzu (298–238 v. Chr.), der behauptete, das Wesen des Menschen sei böse, weshalb der Mensch so erzogen werden müsse, daß dieses Böse überwunden werden könne. Doch glaubte Hsün-tzu an eine fast unbegrenzte Veränderbarkeit des Menschen. Für Mencius ist gerade diese Fähigkeit ein Aspekt des dem Menschen innewohnenden Guten, der beweist, daß die Tendenz zum Bösen nicht fundamental ist. Der Meinungsstreit zwischen Anhängern des Mencius und Hsün-tzu währte jahrhundertelang, aber die Differenzen sind im Grunde gar nicht so gravierend. Der Neokonfuzianer Tai Chi schrieb im 13. Jahrhundert:

»Mencius spricht über das grundsätzliche Wesen des Menschen. Und was er das Gute nennt, bezieht sich auf die Offenheit und Größe des Menschen. Diese Eigenschaften wollte er bestärken. Hsün-tzu aber spricht über das bedingte Wesen des Menschen. Und was er die Schlechtigkeit des menschlichen Wesens nennt, bezieht sich auf dessen Fehlerhaftigkeit und Primitivität. Seine Absicht war, das eigentliche Wesen wieder herzustellen und die Herrschaft darüber zu erlangen. So zielen die Lehren des Mencius darauf ab, das schon Reine zu bestärken, so daß die Verunreinigungen von selbst verschwinden, während Hsün-tzus Lehren darauf hinauslaufen, die verunreinigenden Handlungen zu beseitigen.«

Diese Diskussion gleicht sehr derjenigen, die auch heute im Westen noch im Gange ist. Ist das menschliche Wesen von Grund auf sündig, in moderner Terminologie: »aggressiv«, oder sind diese Eigenschaften nur die Schatten, die uns vom prinzipiell Guten in uns trennen? Die Anschauung der Großen Östlichen Sonne in bezug auf das Wesen des Menschen wird von dem Weisen Wang Yangming, der im 16. Jahrhundert lebte, prägnant formuliert: »Jeder Mensch besitzt einen Weisen in seiner Brust. Nur glauben die Leute leider nicht an diesen Weisen und begraben ihn in sich.« Und der taoistische Weise Liu I-Ming aus dem 18. Jahrhundert sagte: »Grundsätzlich ist das Wesen des Menschen gut. Ursprünglich gab es keinen Unterschied zwischen dem Weisen und dem gewöhnlichen Menschen. Nur durch die wirksam werdenden, sich immer mehr anhäufenden Gewohnheiten entsteht ein Unterschied zwischen dem Weisen und dem gewöhnlichen Menschen.«

Das prinzipiell Gute ist un-bedingt

Das prinzipiell Gute existiert nicht im Gegensatz zu irgend etwas Bösem in uns. Das Gute würde nicht erst dann in Erscheinung treten, wenn wir all unsere schlechten Gewohnheiten ausgerottet oder herausgefunden hätten, was unsere Eltern bei unserer Erziehung alles falsch gemacht haben, oder wenn wir schlank, schön und reich geworden wären oder unser Ideal einer vergeistigten Persönlichkeit verwirklicht hätten. Das prinzipiell Gute in uns ist nicht die »gute« Seite einer in Gut und Böse gespaltenen Welt. Wenn wir die Welt auf diese Weise einteilen – und sei es auch nur in Gedanken –, stellen wir allen Dingen um uns herum automatisch Bedingungen und betrachten ein Ding als gut, wenn es diese Bedingungen erfüllt, und als schlecht, wenn es das nicht tut. Doch das prinzipiell Gute ist unbedingt, weil es nicht von irgendwelchen Begrenzungen, Beschränkungen oder Bedingungen abhängig ist. Es ist wie ein Felsen, über den ein Fluß strömt. Der Felsen ist da, ob der Fluß warm oder kalt ist, ob er schnell oder langsam oder überhaupt nicht strömt.

Was den eigentlichen Grund unseres Daseins betrifft, so verfügen wir schon über alles, was wir brauchen, um das Fest unseres Lebens auf diesem Planeten zu feiern. Unser Körper verbindet uns durch die Sinnesorgane mit der Wirklichkeit, so daß wir wach werden und die Heiligkeit der Dinge wahrnehmen können. Wir können unsere Welt als gesund, unmittelbar und wirklich wahrnehmen. Wir müssen nur bereit dafür sein. Wenn wir fest auf der Erde stehen, trägt sie uns auch – wir versinken normalerweise nicht im Treibsand. Wenn wir atmen, atmen wir lebenschenkenden Sauerstoff ein – normalerweise keine Giftgase. Wenn wir essen, nähren wir unseren Körper mit guten, in der Erde gewachsenen Nährstoffen – normalerweise nicht mit Gift. Wenn wir baden, reinigen wir uns in frischem, sauberem Wasser – normalerweise nicht in einer chemischen Brühe. Die Erde sorgt für uns, und wenn wir für sie sorgen, wird sie weiter für uns sorgen. Sie ist vertrauenswürdig und gut. Das ist ganz entscheidend.

Aber das prinzipiell Gute ist noch entscheidender. Es ist der weit offene, schöpferische, lebendige Raum, der alles durchdringt und erleuchtet. Ohne diesen Raum könnten wir weder sehen noch hören oder uns bewegen, ja überhaupt leben. Das ist das Wichtigste am prinzipiell Guten. Das Gute existiert vor jedem Denken und vor jeder Geburt. Alles wird von diesem Raum erzeugt und lebt darin. Jeder von uns ist von ihm durchdrungen. In ihm leben wir, bewegen wir uns und haben wir unser Dasein. Der lebendige Raum ist keine abstrakte Idee. Er ist uns so nahe und innig mit uns verbunden wie das Wasser mit dem Fisch.

Über diesen tiefsten Grund des prinzipiell Guten läßt sich kaum nachdenken, aber man kann ihn spüren. Wenn sich Menschen zusammendrängen, entsteht eine Menschenmenge. Wenn sich Töne zusammendrängen, entsteht ein Geräusch. Wenn sich Gedanken zusammendrängen, bekommt man Kopfweh, dann verengt sich die Welt, man bekommt Platzangst, grundsätzliche Angst. Läßt man aber den Raum des prinzipiell Guten ins Bewußtsein eindringen, werden die Gedanken erleuchtet – wie wenn man in einem dunklen Raum das Licht anschaltet.

Sieht man den einen Gegenstand umgebenden physischen Raum, so sieht man auch diesen Gegenstand klar und hell. Man sieht jede Einzelheit. Wenn Orchesterklänge von Schweigen umgeben sind, hört man jeden Ton. So verwandelt der Raum des prinzipiell Guten die Wahrnehmung. Vermischt man den schöpferischen Raum des prinzipiell Guten mit der Wahrnehmung, so ist die Welt plötzlich wie durch Zauber in all ihrer Wirklichkeit da, so wie sie ist – ursprünglich und gut und heilig. Man entdeckt dann seine Welt des prinzipiell Guten sowohl im Raum als auch in jeder Einzelheit.

Da wir alle dieselbe Erde und denselben schöpferischen Raum des prinzipiell Guten bewohnen, ist unser Leben im tiefsten mit dem jedes anderen verknüpft und verbunden. Das Gefühl der Selbstlosigkeit, das uns mitunter zu großen und kleinen Taten des Edelmuts hinreißt, stammt aus dieser inneren Verknüpfung unseres Daseins. Wir interessieren uns zwar gewöhnlich nur für das Glück einer kleinen Schar Verwandter oder Freunde, doch läßt sich unser Interesse am Wohlbefinden anderer weit darüber hinaus steigern. So dehnt sich unsere Anteilnahme zum Beispiel ganz natürlich auf total Fremde aus, wenn wir im Fernsehen Berichte über Kriege oder Katastrophen sehen. Häufig riskieren Menschen freiwillig ihr Leben, wenn sie das Leben eines vollständig Fremden in Gefahr sehen. Diese grundsätzliche Anteilnahme und dieses Einfühlungsvermögen veranlassen uns auch, miteinander zusammenzuarbeiten, Häuser und Straßen zu bauen, gesunde Nahrung zu erzeugen und zu essen und gute Gesellschaftssysteme zu etablieren und aufrechtzuerhalten. Ohne die Rücksichtnahme und Höflichkeit, die dem prinzipiell Guten entspringen, wäre jede menschliche Gemeinschaft unmöglich. Um aber eine gute menschliche Gemeinschaft aufzubauen, müssen wir mit uns selbst einen Anfang machen, indem wir uns selbst kennenlernen und das prinzipiell Gute in uns als etwas ganz Reales und sehr Persönliches wiederentdecken.

2. GEGENWÄRTIGKEIT IN DER HEILIGEN WELT

Die heilige Welt ist eine lebendige Welt und reicht tief unter die Oberfläche der gewöhnlichen menschlichen Wahrnehmung hinab. Sie steckt voll mächtiger Energien, einem unbegrenzten Potential für neue Muster und Bedeutungen, die in einer Art selbstschöpferischen, kosmischen Schauspiels unaufhörlich entstehen. Dieser große Tanz ereignet sich überall und zu allen Zeiten, man findet ihn in jedem Bereich vom infinitesimal Kleinen bis zum unendlich Großen. »Das sehr Kleine ist wie das sehr Große, wenn die Grenzen fallen. Das sehr Große ist wie das sehr Kleine, wenn man den Umriß nicht sieht«, sagte Seng-ts'an. Dieser Tanz läßt sich beobachten in einem Mückenschwarm, der in den letzten Strahlen der Abendsonne auf- und abschwebt, in der Gewalt eines Hurrikans, der die Küste entlangfegt, oder in dem prachtvollen, schnellen Aufblitzen einer Sternschnuppe am Nachthimmel. Der kosmische Tanz ist auch zu sehen im kleinsten Gedanken, der wiederholt das Bewußtsein durchzuckt, im Wandern einer großen Viehherde oder eines Zugvogelschwarms, im leidenschaftlichen Handeln eines großen Volksführers. Es gibt auch Kraftlinienstrukturen, die nicht so offensichtlich sind, jedoch sichtbar werden, wenn man nur bereit ist, sich für das Unerwartete zu öffnen.

Spürt man die reale, unmittelbare Verbindung mit der heiligen Welt, so stimmt man sich auf die Kraftlinien des Kosmos ein. Sie sind wie die Venen und Arterien der Welt, Transportbahnen für ihr Lebensblut. Die Energie der Welt pulst durch diese Kanäle. Und da wir Teil dieser Welt sind, pulst die Energie der Welt auch durch unsere Venen und Arterien und Nerven. Auf der Empfindungsebene sind diese Kraftlinien einsichtig und wahrnehmbar. Ich spreche hier nicht von irgendwelchen dramatischen Offenbarungen – keine plötzlichen kosmischen Lichtblitze oder Besucher aus dem Weltraum. Ich spreche nur von einer Sensibilität für feinere Energien, die wir im Rhythmus des Windes spüren, im Rindenmuster einer hundertjährigen Fichte, im Schrei der Haubentaucher und Krähen, im majestätisch auf einem kahlen Hügel thronenden Felsen, in einem plötzlichen Wettersturz. Wir können diese feinen Energie- und Kraftlinien der Welt spüren. Mit unserem Herzen können wir sie sehen, da sie stets gegenwärtig, aber normalerweise für unsere grobe, trübe Wahrnehmung unsichtbar sind. Doch wenn wir sie spüren, können wir durch sie mit der heiligen Welt Verbindung aufnehmen.

Verbindung mit den kosmischen Kraftlinien

In den Eigenschaften der Dinge spüren wir diese Kraftlinien. Wenn wir nur die Oberfläche der Dinge sehen, den bloßen, von anderen Gegenständen getrennten Gegenstand, töten wir sie. Dann wird die Welt flach und bedeutungslos. Doch wenn wir für die Eigenschaften der Dinge offen sind, für das Sein, das Wesen der Dinge – die Bläue des Himmels, die Härte des Felsens, das Wirbeln des Windes, den geheimnisvollen Schrei des Haubentauchers – und für die Beziehungen zwischen den Dingen, die feinere Bedeutung der Dinge, dann empfinden wir ihre Energie. Wir empfinden, wie sie durch uns hindurchrinnt, so daß wir darauf antworten können und sie auf uns antworten kann.

Um zu verstehen, wie wir uns mit den Kraftlinien der Welt verbinden können, müssen wir uns daran erinnern, daß es viele andere Arten der Sprache als das bloße Wort gibt. Der Musiker Jim Nollman ist gleichzeitig Ethologe – er erforscht das Verhalten der Tiere. Er hat unter anderem gelernt, wie man Musik zur Kommunikation mit Tieren verwendet. In »Die Botschaft der Delphine« zeigt Nollman, daß wir, um mit Tieren kommunizieren zu können, unsere gesamte Art des Seins, unsere Art des Sehens, Denkens, Fühlens und besonders unser Verhältnis zur Zeit umstellen müssen. Er erzählt, wie er einmal in die »Büffelzeit« eintrat, als er mit einem Filmteam im Yellowstone-Park arbeitete. Das illustriert sehr schön, wie man mittels Kraftlinien kommuniziert.

Das Team wollte einen Film mit Nollman drehen, wie er durch Musik mit Elchen sprach. Sie stießen zwar auf keine Elche, trafen aber unerwartet auf eine Herde mit mehr als hundert Büffeln. Das Team, das fürchtete, die Büffel könnten Nollman angreifen, versuchte ihn davon abzuhalten, sich der Herde zu nähern. Er ging trotzdem, doch er hörte auf die Warnung und bewegte sich sehr vorsichtig. Er brauchte über eine Stunde, um bis auf hundert Meter an die Büffel heranzukommen. Während er ging, wiederholte er unaufhörlich eine Folge von vier Tönen auf seiner Gitarre.

»Langsam, unendlich langsam wurde der Abstand zwischen uns geringer. Dann passierte etwas Seltsames. Plötzlich, fast zu plötzlich, war ich dem nächsten Tier bis auf dreißig Meter nahe. Es war, als ob ich auf einmal an den richtigen Platz gestellt worden und die Erinnerung an die lange, mühsame Stunde der Bewegung im Schneckentempo weggewesen wäre. Vielleicht war das nur die Reaktion meiner eigenen Sinne auf das sehr hypnotische Dröhnen. Vielleicht war es der Schock, unmittelbar in das große braune Auge eines Berges von Büffel hineinzusehen. Alle meine Sinne wurden ja durch die leichte Brise gefiltert, die in fast dreitausend Meter Höhe durch das Flußtal wehte. Alle Formen und Farben kamen mir scharf und erregt vor, die Prärie und die Berge schienen lebendig. Ich halluzinierte fast, nicht ganz, nicht genau. Es war nicht so, daß sich ein bestimmter Teil der Landschaft völlig verändert hätte, vielmehr schien mir jeder Teil viel lebendiger zu sein. Ich lebte in der Büffelzeit.«

Er stand jetzt der Herde direkt gegenüber. Drei Büffelbullen trabten zum Rand des von der Herde besetzten Gebietes heraus:

»Unheimliches passiert. Ich sehe einen schmutzig gelben Schein aus der Herde herauskommen, parallel zu den drei großen Bullen. Wie ein Ring oder ein Zaun legt er sich von außen um die ganze Herde herum. Es ist nicht Licht, es sind vielmehr einzelne Blasen oder Bündel glühender Energie. Brennende Punkte. Der Schein hält genau vor mir an. Wie eine Schranke oder ein Signal, das ein Gebiet begrenzt; es ist eine Grenze, ein sozialer Dunstkreis, die Energieerweiterung der Körpersprache der Herde. Es ist ohne Substanz. Ich habe das Gefühl, es würde verschwinden, wenn ich nur mit der Wimper zuckte.

Daß ich wirklich sah, was ich zu sehen glaubte, unterlag keinem Zweifel, denn wenn ich meinen linken Fuß auf den Ring setzte, begann der größte Bulle, der weniger als dreißig Meter von mir entfernt war, mit seinem Huf auf den Erdboden zu stampfen. Ich ziehe den Fuß weg. Sofort hört der Bulle mit Stampfen auf. Um sicher zu sein, daß die Verbindung so ist, wie ich denke, setze ich wieder den Fuß auf den glühenden Ring. Wieder stampft der große Bulle auf den Boden.«

Mehrere Male vollführten Nollman und der Büffel diesen Tanz. Dann schien der Büffel begriffen zu haben, daß Nollman in freundlicher Absicht, nicht als Feind gekommen war. Plötzlich befand sich Nollman mitten in der Büffelherde, und der Ring war verschwunden. Er wartete ein Weilchen, und langsam trabte die Herde zum Fluß hinunter. Nollman hatte die Büffelzeit betreten und mittels eines Energietanzes und der Musik mit der gesamten Büffelherde kommuniziert. Die Kommunikation war wechselseitig gewesen: Er hatte ihnen seinen Freundschaftstanz vorgeführt, und sie hatten geantwortet. Wie er berichtet, schlug ihn der fast hypnotische Rhythmus der vier Töne ebenso in den Bann wie die Büffel. Doch bei ihm öffnete er die Wahrnehmung für eine Welt jenseits der Sprache.

Normalerweise erfahren wir unsere Welt nicht unmittelbar und antworten auf sie nicht direkt, sondern nur durch das Medium des Wortes. Häufig hören wir ein Geräusch, und zuerst ist eine dazugehörige Empfindung da – positiv oder negativ. Erst dann überlegen wir, wie wir dieses Geräusch benennen sollen. Das Auge und die anderen Sinne arbeiten auf die gleiche Art, so daß wir unsere Welt nur durch einen Filter von Worten wahrnehmen. Das passiert im allgemeinen so schnell, daß wir uns dessen gar nicht bewußt werden, doch geschieht es immer, wenn wir etwas wahrnehmen – wir leben in einer Welt von Worten. Beobachtet man einmal das eigene Bewußtsein in Tätigkeit, so ist es möglich, diesen ganzen Ablauf zu erkennen, sogar beim einfachsten Geräusch oder Anblick.

Manchmal jedoch nehmen wir unsere Welt auch direkt wahr und reagieren direkt, ohne die Schranke der Worte dazwischen. Wenn ein Kind schreit, eilt die Mutter zu ihm. Sie braucht nichts zu sagen oder lange nachzudenken – das kommt erst danach. Es gibt Menschen, die von Augenblicken berichten, wo sie besonders entspannt waren und an nichts dachten und ihr Blick plötzlich auf ein Haustier oder Kind fiel. Für einen kurzen Moment sahen sie dann durch die Augen dieses anderen Wesens. Der Moment selbst ist zwar nur kurz, aber er verändert ihre Einstellung zu diesem Wesen total.

Durch unseren Körper und die subtilen Empfindungen, die er uns übermittelt, können wir uns neuer Schichten der Wahrnehmung und Kommunikation mit der Welt bewußt werden, für die wir normalerweise taub, blind und abgestumpft sind. Auch besitzen wir ein kontinuierliches inneres Körpergefühl, dessen wir uns jederzeit bewußt werden können, das wir aber normalerweise ignorieren. Ein Zauber ergreift uns, wenn sich unser Bewußtsein auf dieses innere Körpergefühl in seiner Gesamtheit abstimmt. Und es ist tragisch, wenn jemand dieses Gefühl vollständig verliert.

Der Neurologe Oliver Sacks berichtet in seinem Buch »Der Mann, der seine Frau mit einem Hut verwechselte« von dem Fall einer Frau, der ihr inneres Körperbewußtsein abhanden gekommen war (ein sechster Sinn, von den Neurologen als Propriozeption bezeichnet). Zuerst war sie völlig unfähig, sich zu bewegen – nicht weil sie ihre Muskeln nicht mehr gebrauchen konnte, sondern weil sie ohne ihr Körpergefühl nicht spürte, wo sich ihre Glieder befanden. Ihre Stimme verlor ihren Klang, ihr Gesicht seinen Ausdruck. Nach vielen Mühen lernte sie wieder Gehen und Sitzen und ein normales Leben zu führen. Dazu mußte sie aber ihr inneres Körperbewußtsein durch ihren Gesichtssinn ersetzen. Solange sie ihre Arme und Beine sehen konnte, konnte sie sie auch gebrauchen. Sacks berichtet:

»Christina ist zu einem Leben in einem unbeschreiblichen, unvorstellbaren Reich verurteilt – ›Nicht-Reich‹ oder ›Nichts‹ wäre vielleicht ein besseres Wort dafür. Manchmal bricht sie unter dem Druck zusammen – nicht vor anderen Leuten, aber bei mir. ›Wenn ich nur etwas *fühlen* könnte!‹ schreit sie. ›Aber ich habe vergessen, wie das ist…‹«

Sacks zeigte Christina Filme, in denen sie selbst vor ihrer Krankheit zu sehen war:

»»Ja, das bin ich!‹ Christina lächelt, aber dann sagt sie mit verzweifelter Stimme: ›Aber ich kann mich mit dieser graziösen Frau nicht mehr identifizieren! Sie ist weg, ich kann mich an sie nicht erinnern, ich kann sie mir nicht einmal mehr vorstellen. Es ist, als hätte man mir etwas entfernt, etwas aus meinem Zentrum.‹«

Wenn wir unser Bewußtsein mit dem Körper vereinigen, werden wir uns des inneren Körpergefühls bewußt. Im Körper wohnen die Empfindungen und tieferen Emotionen der Traurigkeit und Freude, verborgen unter Furcht, Angst und Zorn.

Versuchen Sie einmal zur Probe, Ihr Bewußtsein ins Innere Ihres rechten Vorderarms gleiten zu lassen. Auch mit geschlossenen Augen wissen Sie ganz genau, wo sich der Vorderarm befindet, einfach weil sie ihn wegen seiner Wärme und Lebendigkeit innerlich spüren. Dieses innere Körpergefühl scheint nicht so wichtig zu sein, ist aber in Wirklichkeit entscheidend. Um sich dieses Gefühls auch im Alltag bewußt zu werden und einen Augenblick dabei zu verharren, gibt es eine sehr gute Übung: Man muß nur Bewußtsein und Körper miteinander verbinden und kann dann die Welt direkt, ohne die durch die Sprache verursachte Trennung, spüren und mit ihr kommunizieren.

Versuchen Sie diese Übung einmal: Setzen Sie sich in ein Café oder Restaurant, möglichst eines, in dem Sie Stammgast sind. Wenn Sie so dasitzen, achten Sie, statt sich in Ihren Gedanken zu verlieren, auf die Gegenwärtigkeit ihres Körpers. Lassen Sie nun Ihren Blick umherschweifen und stellen Sie fest, was die Leute anhaben. Achten Sie auf den Klang ihrer Stimmen und die Verkehrsgeräusche draußen, schmecken Sie den schon leicht abgestandenen Kaffee und die Süßigkeit der Hörnchen. Da wird ihre Umgebung plötzlich lebendig, wie wenn Sie aus einem Traum aufgewacht wären! Sie sind wirklich hier, die Welt ist hier!

Wenn Körper und Bewußtsein vereinigt sind, nehmen wir an unserer Welt vollständig Anteil und können mit ihr in einer tieferen Schicht als der der Sprache kommunizieren. Indem wir uns mit Körper und Gefühl in die Welt eines anderen Wesens hineinversetzen, kommunizieren wir mit diesem Wesen. Während man einem Freund zuhört, wie er von seinen Sorgen erzählt, spürt man den Kummer, den er durch seine Körpersprache mitteilt, vielleicht tiefer als durch seine Worte. Steht man mit offenem Herzen neben einer großen Platane, so spürt man das Lebensecho dieses Baumes am eigenen Leib. Oft fühlt man die Anwesenheit eines Menschen, auch wenn er sich uns im Rücken nähert oder man sich in einem dunklen Raum befindet. Manchmal spürt man, wenn man ein Zimmer betritt, wo gerade gestritten worden ist, daß die Aggressionen buchstäblich noch in der Luft hängen. Umgekehrt empfindet man in einem Haus, in dem heilende Kräfte wirksam sind, den Frieden der Atmosphäre.

Ein Kranker, der am Fuß eines Berges sitzt, kann sich plötzlich gesund fühlen. Wer auf einem hohen Felsen steht, kann total desorientiert sein – nicht weil ein starker Wind bläst, sondern weil das Land so tief unter ihm liegt. Jemand, der ruhig und ohne Angst am Sterbebett eines Menschen sitzt, kann ihm Frieden schenken. Aber all dies läßt sich nur empfinden, wenn man in solchen Augenblicken für die Gefühle des eigenen Körpers und die Wahrnehmungen außerhalb des Körpers empfänglich ist. Zu solchen Zeiten denken wir nicht daran, was dein Revier und was mein Revier, was deine Grenzen und was meine Grenzen sind. Wenn wir uns entspannen und einmal nicht mehr auf den alten, eingefahrenen Geleisen fahren, sind unserer Offenheit, Teilnahme und Liebe für die Welt keine Grenzen gesetzt.

In »Die Botschaft der Delphine« berichtet Jim Nollman von einem lustigen, aber sehr erhellenden Ereignis. Er erlebte es in der Welt eines Truthahns, in die er sich mittels dessen Energie einschaltete. Es war in Mexiko. Jeden Tag saß Nollman draußen im Hof, spielte auf seiner Flöte, und jedesmal, wenn er einen bestimmten hohen Ton spielte, ließ der im benachbarten Hof lebende Truthahn als Echo darauf ein kurzes Kollern ertönen.

Den ganzen folgenden Monat verbrachte Nollman eine Stunde am Tag damit, diesem Truthahn immer seltsamere Töne vorzuspielen. Er fragte sich:

»Habe ich mich mit meinem Freund, dem fetten Truthahn, verständigt? Ganz ehrlich gesagt, war ein Teil von mir sehr skeptisch... Aber hier kommt eine andere Ebene ins Spiel, die ich nicht so leicht wegrationalisieren kann. Denn, sehen Sie, ich *habe* die Puterkraft kennengelernt. Es ist sehr schwer, genau zu sagen, was sie ist. Sie hat Wesenszüge, die unserer Sprache und unserer Zeit eigentümlich sind... Es geht um mein Gefühl, mit dem Vogel zusammengearbeitet zu haben, darum, daß der Vogel nach einiger Zeit am Stacheldraht saß und auf mich wartete, um meine eigene Fähigkeit, mich besser in die Stimmungen des Vogels einzufühlen, um unser gemeinsames Behagen und Unbehagen dem Wetter gegenüber, um die Abneigung gegen schnelle Bewegungen, Töne, Veränderungen. Es gilt, in den Dimensionen des Truthahns denken zu lernen, also in seiner Traumzeit zu denken. Das ist etwas ganz anderes als das Erforschen seines Verhaltens. Im Gegenteil beruht die Beziehung nicht auf *Beobachtung*, sondern vielmehr auf *Teilnahme*... Aber was wir beide uns nun eigentlich mitteilten, ist viel schwieriger in Worte zu fassen. Es waren keine Worte. Und auch nicht Gefühle. Nicht genau Gemütsbewegungen. Vielmehr wieder dieser intuitive Schwebezustand: der Austausch reiner Energie, das, was wir so mühelos erzeugen, wenn wir jung und verliebt sind. Das, was begabte Musiker beim Musizieren haben. Für mich war die Erfahrung unmittelbar und sehr direkt.«

Wenn wir selbst einmal für Augenblicke solche Gespräche führen, tun wir sie normalerweise als Einbildung ab, weil wir es mit der Angst zu tun bekommen. Sie passen nicht in unser Weltbild. Menschen, die so etwas besonders lebhaft empfinden, haben solche Angst davor, man könne sie für verrückt oder »unrealistisch« halten, daß sie ihre Erlebnisse und Einsichten sogar vor sich selbst verbergen. Manchmal führt eine solche Weigerung, die eigene Erfahrung zu akzeptieren, zu Depressionen oder gar psychischer Erkrankung. Aber warum sollte man nicht zugeben, daß es sich nicht um Phantasien handelt, und beobachten, wie sich die Welt dabei verwandelt?

Intuitive Einsicht

Wahrscheinlich verfügen Sie über eine gewisse Intuition oder einen Sinn für die »Gegenwärtigkeit« der Welt. Vielleicht macht er sich nur in Kleinigkeiten bemerkbar: Wenn Sie aus dem Gemüseladen zu Ihrem Auto gehen, ahnen Sie vielleicht schon, daß man Sie aus der Schule anzurufen versucht, weil Ihr Kind krank ist, oder Sie wissen schon, wer Sie anruft, bevor Sie den Hörer abheben, oder Sie wissen genau, daß jemand an Sie denkt, oder daß eine Freundin Schwierigkeiten mit ihrem Freund hat. Normalerweise erleben wir solche Intuitionen in Momenten, wo wir gerade nicht mit anderen Dingen beschäftigt sind, als flüchtige Eindrücke. Meistens beachten wir sie dann nicht weiter, selbst wenn sie uns zu Bewußtsein kommen. Erst später, wenn Komplikationen auftreten, weil wir unsere Intuition nicht beachtet haben, fällt uns alles wieder ein, und wir wünschten, wir hätten besser darauf geachtet. Einer meiner Kollegen hatte einen Autounfall mit Totalschaden, als ihm auf einer abschüssigen Bergstraße die Bremsen versagten. Am Morgen desselben Tages hatte er das nagende Gefühl ignoriert, er sollte seine Bremsen überprüfen lassen.

Manchmal werden solche intuitiven Empfindungen weit lebhafter als sonst, besonders wenn starke Emotionen mit im Spiel sind. Doch selbst in solchen Augenblicken mißtrauen wir unserer Wahrnehmung noch, obwohl es dann schwieriger ist, nicht auf die Intuition zu achten. Oliver Sacks berichtet, Christina habe in der Nacht, bevor sie auf so seltsame und tragische Weise ihr Körpergefühl verlor, einen lebhaften Traum gehabt, der ihr sagte, daß ihr ebendies passieren würde. Eine meiner Bekannten sah das Gesicht eines guten Bekannten mehrere Male starr und unbeweglich vor sich stehen, kurz bevor diese Person starb. Unmittelbar nach dem Tod ihrer Mutter fühlte meine Frau intensiv ihre Gegenwart in unserer Wohnung.

Mein Vater ist Bauingenieur, Spezialist für Betonbau, religiöser Agnostiker und Realist, wie er im Buche steht. Eines Tages erzählte er mir eine Geschichte, die seine »Welt bis in die Grundfesten erschütterte«. Seine Mutter war über neunzig und litt an

Altersdemenz. Sie erkannte kaum noch jemanden, außer meinen Vater. Dessen jüngere Schwester Bettina, die damals krebskrank war und nicht mehr lange zu leben hatte, mochte sie sehr. Es war dieselbe Krankheit, der mein Großvater, ein Arzt, vor Jahren zum Opfer gefallen war.

Am Tag nach dem Tod Bettinas rief mein Vater im Krankenhaus an, um es der Krankenschwester zu sagen, bat sie aber, es seiner Mutter nicht mitzuteilen, weil er es ihr am nächsten Tag selbst sagen wollte. Die Krankenschwester aber sagte: »Aber nein, sie weiß es ja schon. Auf ihrem Bettisch lag diesen Morgen ein Zettel, den sie schwarz umrandet hatte, und darauf hatte sie den Namen Bettina geschrieben. Als ich sie fragte, was das bedeuten sollte, gab sie zur Antwort: ›Bettina ist letzte Nacht gestorben.‹«

Als mein Vater am nächsten Tag seine Mutter besuchte, fragte er sie, woher sie gewußt habe, daß Bettina gestorben sei. Sie antwortete: »Diese Nacht kam dein Vater ans Fenster und hielt eine Karte hoch, auf der stand: ›Bettina tot, dieselbe Krankheit‹.«

In dem Buch »The Lost World of the Kalahari« (Die verlorene Welt der Kalahari) erzählt Laurens van der Post, wie er mit Buschmännern jagte. Sie erlegten eine Antilope, was Anlaß zu einem großen Fest gab. Er sagte zu seinem Gefährten Dabe:

»›Was werden wohl unsere Leute an den Brunnen sagen, wenn sie hören, wir haben eine Antilope erlegt?‹

›Entschuldige, Herr‹, sagte da Dabe, bestimmter, als er sonst zu sprechen pflegte, ›sie wissen es schon.‹

›Was willst du damit sagen?‹ fragte ich.

›Sie wissen es per Telegramm‹, erklärte er, wobei mich das überraschende Wort ›Telegramm‹ in seinem Buschmann-Wortschatz stutzig machte.

›Ein Telegramm. Ich habe oft gesehen, wie mein Herr zum D.C. [District Commissioner] in Gemsbok Pan ging und seinen Leuten ein Telegramm schicken ließ, wenn er mit seinem Vieh zu ihnen hinausziehen wollte. Wir Buschmänner haben hier‹ – er tippte sich an die Brust – ›eine Telegrafenstation, die uns Nachrichten übermittelt.‹

Mehr konnte ich nicht aus ihm herausbekommen, aber noch bevor wir zurück waren, bekam unser skeptischer Verstand schon einen Dämpfer ab. Lange bevor wir unsere Feuer von einer Stelle aus, wo wir unsere schwere Last noch einmal umverteilten, erblicken konnten, drang schon durch das Dunkel der Nacht aus weiter Ferne der Gesang der Frauen an unser Ohr.

›Hörst du es, Herr?‹ fragte Dabe und pfiff durch die Zähne. ›Hörst du es? Sie singen das Antilopenlied!‹

Ob nun durch ein ›Telegramm‹ oder sonstwelche geheimnisvollen Mittel: An den Brunnen wußten sie es schon und bereiteten einen großartigen Empfang für ihre Jäger vor.«

»Das Schwert des Nicht-Schwertes«, eine Geschichte über den Schwertmeister Yamaoka Tesshu, enthält eine ähnliche Botschaft:

»Tesshu entwickelte eine Art sechsten Sinn und überraschte seine Schüler häufig damit, daß er ihnen auf den Kopf zusagte, was sie gerade dachten. Über diese magische Kraft befragt, erklärte Tesshu: ›Es ist nichts Außergewöhnliches. Wenn das Bewußtsein leer ist, spiegelt es die Verzerrungen und Schatten eines anderen Bewußtseins wider. In der Praxis des Schwertträgers erlaubt uns die Leere des Bewußtseins, genau zu erkennen, auf welchen Punkt man am besten zielt. Im Alltag ermöglicht sie es uns, einem anderen ins Herz zu blicken.‹«

Geschichten über die Fähigkeit des Menschen, die Stimmungen, Vorstellungen oder Gedanken anderer zu spüren, sind so häufig und etwas so Normales, daß diese Fähigkeit ebensowenig etwas Übernatürliches ist wie die Atomspaltung (die übrigens nicht in gleichem Umfang beobachtet worden ist!). Bei solchen Phänomenen handelt es sich weniger um Gedankenlesen als darum, daß man sich mit dem sensiblen Empfangs- und Seelenorgan im Einklang befindet, das unser Körperbewußtsein darstellt, wenn es in Harmonie mit Himmel und Erde ist. Solche Erlebnisse sind sehr häufig und uns allen vertraut. Der springende Punkt ist nur, daß wir sie nicht ignorieren sollten.

Doch obwohl die Kommunikation durch Einfühlung ein so verbreitetes Phänomen ist, vermeidet es jeder, der einigermaßen ernst genommen werden will, bis heute, offen darüber zu sprechen. Das liegt vor allem daran, daß unsere Welt von einer Philosophie des wissenschaftlichen Materialismus beherrscht wird, die aus dem 19. Jahrhundert auf uns gekommen ist und die wir tief verinnerlicht haben. Die meisten modernen Menschen sind einfach nicht in der Lage, ihren eigenen Sinnen zu trauen, weil ihnen die Lehrer in den naturwissenschaftlichen Fächern, populärwissenschaftliche Illustrierte und Wissenschaftler im Fernsehen immer wieder erklärt haben: »Ein Wissenschaftler *weiß*, daß solche Dinge nicht möglich sind!« Ihrem Wesen nach ist die Wissenschaft nur imstande, sich mit beliebig reproduzierbaren Ereignissen zu befassen. Doch die inneren Erlebnisse, über die wir in diesem Kapitel sprechen, sind jeweils einzigartig. Deshalb sind sie aber nicht weniger wahr als die von der Wissenschaft festgestellten Fakten. Candace Pert, selbst angesehene Naturwissenschaftlerin, sagte in einem Fernsehgespräch mit Bill Moyers in »Heilung und Bewußtsein«: »Es gibt einfach zu viele Phänomene, die unerklärbar sind, wenn man den Körper total reduktionistisch auffaßt... Es gibt ganz andere Erfahrungsbereiche, die nicht unter der Herrschaft der Wissenschaft stehen.«

Seit mehr als fünfzehn Jahren untersucht ein Spezialinstitut in den technischen Labors der Princeton University anormale Phänomene – das heißt Phänomene, die nicht ins wissenschaftliche Weltbild passen. Die Forscher sind dabei auf Beweise gestoßen, daß es Geist überall im Raum gibt. Robert Jahn, Begründer des Labors und Professor für aeronautische Technik, leitete die unter strengster wissenschaftlicher Kontrolle durchgeführten Experimente. Das Buch »Margins of Reality« (Grenzbereiche der Wirklichkeit), das er mit Brenda Dunne, der Laborleiterin, schrieb, demonstriert unwiderlegbar, daß allein schon die Absichten der Versuchspersonen das Ergebnis eines physikalischen Versuches beeinflussen können: zum Beispiel, wie ein Tischtennisball durch eine Anordnung von Nägeln fällt, oder die Reihenfolge der Zahlen, die auf dem Bildschirm eines Zufallsgenerators erscheinen. Jahn und Dunne fanden heraus, daß die erfolgreichsten Versuchspersonen jene waren, die sich irgendwie mit den Geräten identifiziert hatten und sich auf sonderbare Weise mit ihnen verbunden fühlten.

Das Labor hat auch die Möglichkeit des Raum-Hellsehens bewiesen, was für Menschen, die auf ein enges Weltbild fixiert sind, vielleicht noch überraschender ist. Raum-Hellsehen ist die Fähigkeit eines Beobachters, eine weit entfernte Situation, zum Beispiel 6000 Kilometer weit weg, zu beschreiben, in die sich dann eine andere Person Stunden nach der Beschreibung zur Überprüfung begibt. Jahns und Dunnes Ergebnisse sind nach allen wissenschaftlichen Maßstäben, die vernünftigerweise anzulegen sind, hochsignifikant, und andere Wissenschaftler haben sie viele Male bestätigt.

Wir müssen uns natürlich sehr davor hüten, in Wunschdenken zu verfallen. Manchmal würden wir doch vor den Problemen dieser Welt am liebsten in eine andere Welt fliehen. Aber worüber ich hier spreche, ist genau das Gegenteil von Weltflucht. Kommunikation durch Einfühlung bedeutet, Mut zu haben und sich selbst eben nicht zu täuschen. Es bedeutet, im Augenblick zu leben und intelligent all dem offenzustehen, was jetzt und hier zu erleben ist. Diese Formen der Kommunikation vollziehen sich fortwährend, ob wir es wissen oder nicht und ob wir es wollen oder nicht. Wer mit offenem Herzen in die Welt hineinblickt und -hört, wird sie auch erleben. Und selbst wenn sich jemand nicht an ein eigenes Kommunikationserlebnis dieser Art erinnert, ist die Wahrscheinlichkeit groß, daß er es einmal haben wird. Sie sind weit häufiger, als es der moderne Mensch zugeben will. Wenn ich beim Essen mit erfahrenen Fachleuten, einschließlich Wissenschaftlern, die Sprache auf solche Dinge bringe, bin ich immer wieder erstaunt, wie viele plötzlich erleichtert aufatmen und dann von eigenen Erlebnissen berichten. Es ist, wie wenn etwas lange Verborgenes endlich ans Licht käme. Unsere Weltsicht verändert sich allmählich, und zunehmend werden auch solche Erfahrungen und Wirklichkeitsbereiche akzeptiert. Menschen aller Berufe, die früher derartige Erlebnisse, aus Furcht, für verrückt erklärt zu werden oder, noch schlimmer, gleich ins Irrenhaus zu kommen, geleugnet haben, sagen jetzt: »Ja doch, so etwas erlebt man mitunter.«

Wenn wir diese Dinge akzeptieren und zulassen, daß sie unser bequemes, sehr beschränktes Weltbild in Frage stellen, wird sich uns die Welt allmählich in ihrer ganzen Größe zeigen. Wir erkennen dann, daß wir in einer Welt leben, die mannigfaltiger und beziehungsreicher ist, als wir es uns je vorgestellt hätten.

Ein allgemeines Feld einheitlicher Energie und einheitlichen Bewußtseins

Die meisten spirituellen Überlieferungen, einschließlich des Shambhala-Wegs des Kriegers, beruhen auf der Erkenntnis, daß wir tief in einem Bereich existieren, wo Bewußtsein und Energie ungetrennt sind. Aus diesem Bereich gehen sowohl die physische als auch die psychische Welt hervor. Es sieht dann nur so aus, als ob beide voneinander getrennt wären. Diese Überlieferungen beruhen ferner auf der Möglichkeit, die schöpferische Bewußtseinsenergie auch zu erleben. Denn Energie, Bewußtsein und Denken sind ja nur Begriffe, um eine im Grunde unbedingte und unbegrenzte Wirklichkeit zu beschreiben. Sie ist die Ursache all dessen, was benannt und somit begrenzt werden kann. Es ist etwas sehr Einfaches, stößt aber den Verstand vor den Kopf: Es gibt weit mehr Dinge auf dieser Welt, als unsere Schulweisheit – alle Philosophien und Religionen – sich träumen läßt. Indem wir die aus diesem Urgrund auftauchenden Muster erkennen und benennen, geben wir ihnen Form. Indem wir ihnen Form geben, verleihen wir ihnen Existenz. Existenz bedeutet wörtlich »aus einem Hintergrund hervorstehen«.

Im 16. Jahrhundert schrieb der konfuzianische Weise Wang Shihuai, der wie alle chinesischen Gelehrten und Weisen stark vom Taoismus beeinflußt war:

»Die Bezeichnung ›Bewußtsein‹ ist dem Wesen der Phänomene nur aufgesetzt. Die Bezeichnung ›Phänomene‹ ist der Funktion des Bewußtseins nur aufgesetzt. In Wirklichkeit gibt es nur ein einziges Ding, ohne den Unterschied zwischen Innen und Außen und Diesem und Jenem. Was dieses Universum ausfüllt, ist sowohl ganz Bewußtsein als auch ganz Phänomen.

Die Schüler auf dem Weg verstehen unter Bewußtsein fälschlich immer nur das winzige, stückweise Bewußtsein, das irgendwo in ihrem Innern lokalisiert ist, und verstehen die Vielheit der Dinge und Ereignisse, die sich außerhalb ihres Körpers miteinander mischen, fälschlich als Phänomene. Deshalb streben sie entweder nach dem Außen oder konzentrieren sich auf das Innen, statt die beiden zu integrieren. Aber so bewandelt man den Weg nicht.«

Das grenzenlose Reich oder Feld der Bewußtseinsenergie, die sowohl außen als auch innen ist, umgibt uns. In ihr leben und weben wir und haben wir unser Sein. Dieses Feld ist sowohl psychisch als auch physisch oder, um es noch anders auszudrücken, es ist weder physisch noch psychisch im üblichen Sinn. Psychisch ist es, weil wir es als unbedingte Liebe, vorbehaltlose Zuneigung erfahren, die direkt in unser Herz eindringt und unser ursprüngliches Wesen wärmt und nährt. Doch ist dieses Feld des Bewußtseins nicht ausschließlich subjektiv – es ist eins, ein einziges Reich, an dem wir alle teilhaben, und seine Wirkungen erfahren wir als das Medium, in dem sich subtile Kommunikation vollzieht und Energie manifestiert.

Dieses allgemeine Feld ist auch physisch. Es ist sehr wichtig, sich dies klarzumachen, wenn wir die Spaltung zwischen dem Bewußtsein und der gewöhnlichen Welt überwinden wollen, die wir mit unseren Sinnen erleben. Es ist physisch, weil wir es als Energie empfinden, die Körper und Geist belebt. Die chinesischen Qi Gong- und T'ai-Chi-Meister haben immer wieder die physischen Wirkungen der geistigen Energie, »Qi« oder »Chi«, demonstriert. Meister des Qi Gong, T'ai Chi, der Zen-Schwertmeisterschaft und des Aikido konnten außergewöhnliche Leistungen vollbringen, indem sie mit der Chi-Energie arbeiteten. Es gibt einen Film über Ueshiba, den Gründer von Aikido, in dem er als Achtzigjähriger von mehreren seiner Schüler gleichzeitig angegriffen wird. Als die Schüler, die ihn im Kreis umstehen, plötzlich auf ihn einstürzen, befindet er sich von einem Bild zum nächsten (das heißt in einer Sechzehntelsekunde) außerhalb des Kreises, und die Schüler prallen in der Mitte zusammen. Ich bin Zeuge der Vorführung eines japanischen Zen-Schwertmeisters geworden, bei der er nur seine Hand, die Handfläche nach unten, etwa einen Meter über dem Kopf einer auf dem Boden liegenden Versuchsperson hielt. Er forderte die Person, einen großen Mann, auf, sich zu bewegen. Der Mann erzählte mir später: »Ich war völlig außerstande, mich zu bewegen. Nicht daß ich irgendwie hypnotisiert gewesen wäre. Aber ich spürte eine so mächtige Kraft aus der Hand des Mannes hervorströmen und mich zu Boden drücken, daß ich einfach nicht aufstehen konnte.«

In einer Szene von »Ring of Fire« (Ring des Feuers), einem Dokumentarvideofilm zweier Brüder aus England, Lawrence und Lorne Blair, die zehn Jahre auf der vulkanischen indonesischen Inselkette reisend und filmend verbracht hatten, begaben sich die beiden nach Jakarta, der Hauptstadt Indonesiens auf Java, wo sich der eine Bruder von einem Akupunkteur behandeln lassen wollte. Der Akupunkteur behandelte ihn erfolgreich. Dann demonstrierte er sein Chi. Zuerst berührte er die Hand des einen Bruders. Dieser spürte plötzlich intensive Hitze und zog seine Hand schnell zurück. Der Arzt wiederholte das Ganze mit einer der Kamerafrauen, die besonders skeptisch war. Auch sie zog ihre Hand plötzlich zurück. Auf ihrem Gesicht malte sich Überraschung und Freude. Der Arzt erklärte, jeder könne diese Energie erzeugen, wenn er nur »täglich Meditation« praktiziere. Zum Abschluß knüllte er noch eine Zeitung, die ihm das Filmteam gegeben hatte, zusammen und bewirkte, daß sie durch die von seiner Hand ausgehende Chi-Energie Feuer fing. Dabei hielt er die Hand zehn bis zwanzig Zentimeter von der Zeitung entfernt. Die Überraschung auf den Gesichtern der Gebrüder Blair und des Filmteams, in starkem Kontrast zu dem bescheidenen und offensichtlich unschuldigen Gesichtsausdruck des Arztes stehend, läßt wenig Zweifel daran, daß die Szene authentisch war. Der Arzt bemerkte, es sei wichtig, bei der Arbeit mit dieser Energie keine negativen Emotionen oder Aggressionen zuzulassen, weil diese Energie neutral sei und bei einem Mißbrauch eher schade als heile.

Chi ist also die Quelle sowohl für geistiges Erwachen als auch für beträchtliche physische Kräfte. Fortschrittliche Wissenschaftler freunden sich heute mit dem Gedanken an, daß ein solches Energiefeld existieren muß. So hat zum Beispiel der Physiker Hal Puthoff, Direktor des Institute for Advanced Studies in Austin, Texas, theoretisch bewiesen, daß, was wir normalerweise für ein Vakuum – vollständig leeren Raum – halten, in Wirklichkeit kein leeres, passives Gefäß ist, sondern voller Inhalte und Dynamik steckt und mit allem, was sich darin aufhält, in Wechselwirkung steht. Hal Puthoff bereitet gegenwärtig Experimente vor, die die Anwesenheit dieser Energie beweisen sollen. Er nimmt an, Chi sei eine Manifestation dieser Vakuum-Energie, und plant Experimente, die auch diese Hypothese überprüfen sollen. Wie Wang Shihuai sagt: »Das Große und Letzte [das Tao] ist unsere wahre Natur. Es ist das Uranfängliche. Wenn es sich bewegt, ruft es die schöpferische Kraft [Chi] ins Dasein, die von da an zur materiellen Energie, zum Zeitlichen, gehört. Die wahre Natur kann also der materiellen Energie Dasein geben: Die wahre Natur ist nicht außerhalb der materiellen Energie.«

Wir müssen uns immer daran erinnern, daß sich dieses allesdurchdringende Bewußtseinsenergiefeld nicht außerhalb unseres Bewußtseins und Körpers befindet. Auch sollten wir uns davor hüten, es in ein gegenständliches Ding außerhalb von uns zu verwandeln. Hier ist die buddhistische Sichtweise eine gute Hilfe. Suzuki Roshi beschreibt das Phänomen, daß ein Nichts da ist, das trotzdem voll ist, sehr anschaulich:

»Es wurde mir klar, daß es notwendig ist, absolut notwendig, an ›nichts‹ zu glauben. Das heißt, wir müssen an etwas glauben, das weder Gestalt noch Farbe besitzt – etwas, das existiert, bevor alle Gestalten und Farben in Erscheinung treten. Das ist ein äußerst wichtiger Punkt ... Es ist absolut notwendig, an ›nichts‹ zu glauben. Aber damit meine ich nicht Leere. Es gibt etwas, aber dieses Etwas ist stets bereit, irgendeine Form anzunehmen. Bei seinen Wirkungen folgt es Gesetzen, einer Theorie, einer Wahrheit ... Das ist nicht bloße Theorie. Das ist nicht nur die buddhistische Lehre. Es ist absolut notwendig, daß wir unser Leben auf diese Art auffassen.«

Der kosmische Spiegel

Diese uranfängliche Bewußtseinsenergie, aus der Zeit, Raum, Bewußtsein und alle psychischen und physischen Formen entstehen, ist von großer Tiefe und dem Verstand nicht faßbar. In der Shambhala-Überlieferung heißt sie »der kosmische Spiegel«. »Kosmisch« heißt sie wegen ihrer Ausdehnung und Ursprünglichkeit. »Ursprünglich« bedeutet, daß sie vor Raum und Zeit ist, durch nichts verursacht und durch nichts, was außerhalb von ihr liegt, geschaffen oder geformt. Sie ist, in sich selbst, leer von allen Formen, enthält aber alle Möglichkeiten und Potenzen. Die Buddhisten betonen diesen formlosen, leeren Aspekt des kosmischen Spiegels, um nicht der Vorstellung Vorschub zu leisten, er sei etwas Gegenständliches, außerhalb von uns, und um nicht unsere natürliche Tendenz zu begünstigen, diese Energie in einen äußeren Schöpfergott umzuwandeln. Trotzdem erkennen die höchsten Lehren des tibetischen Buddhismus auch den Energie- und Lichtaspekt des Spiegels an.

»Spiegel« heißt der kosmische Spiegel deshalb, weil alles, was wir als gestalthaft und als getrenntes Ding sehen, nichts anderes ist als eine Reflexion in diesem Spiegel. Er hat, wie ein Spiegel, kein Vorurteil, gegen nichts, was in ihm erscheint und von ihm reflektiert wird. Heute verfügen wir über die Analogie des Hologramms. Sie ist vielleicht noch brauchbarer als das Symbol des Spiegels, weil wir durch das Hologramm allmählich begreifen lernen, wie Dinge, scheinbar aus dem Nichts, im dreidimensionalen Raum in voller Lebendigkeit und Farbe in Erscheinung treten können. Aus »Zen Dust« (Zen-Staub): »Die ganze Welt sind deine Augen. Die ganze Welt ist dein Körper. Die ganze Welt ist deine Strahlung. Die ganze Welt liegt innerhalb deiner Strahlung.« Der Dorje Dradul spricht auf seine Art über diese Dinge:

»Das Reich der Wahrnehmung ist grenzenlos, so grenzenlos, daß die Wahrnehmung selbst ein Urphänomen ist, undenkbar, jenseits allen Denkens. Es gibt so viele Wahrnehmungen, daß es jede Phantasie übersteigt. Es gibt unzählige Töne, Töne, die Sie noch nie gehört haben. Es gibt Formen und Farben, die Sie noch nie gesehen haben. Es gibt Empfindungen, die Sie noch nie erlebt haben. Es gibt endlose Reiche der Wahrnehmung.«

Unter Wahrnehmung versteht der Dorje Dradul hier aber nicht das, was jemand so ohne weiteres wahrnimmt, sondern den Akt der Wahrnehmung – die Interaktion zwischen dem Bewußtsein, den Sinnesorganen und dem Objekt der Wahrnehmung. Er fährt dann fort:

»Aufgrund der außerordentlichen Spannweite der Wahrnehmung haben wir die Möglichkeit, mit der Tiefe der Welt zu kommunizieren – der Welt des Sichtbaren, der Welt des Hörbaren, der größeren Welt.

Mit anderen Worten: Ihre Sinnesvermögen geben Ihnen die Möglichkeit viel weitergehender Wahrnehmung. Jenseits der gewöhnlichen Wahrnehmung liegen ›Überklang‹, ›Übergeruch‹ und ›Übergefühl‹ im Bereich Ihrer Möglichkeiten. Aber sie können nur erlebt werden, wenn Sie sich in tiefer Meditation [Bewußtheitsmeditation] üben. Sie beseitigt Verwirrung und Trübung und ruft Genauigkeit, Schärfe und Weisheit der Wahrnehmung hervor – die Jetztheit Ihrer Welt.«

Alles, was wir in unserer Welt wahrnehmen, empfinden und erfahren, erscheint im kosmischen Spiegel. Der kosmische Spiegel ist die Weisheit, die allen Bildern, lebenden Symbolen und Archetypen Dasein schenkt – all jenen tiefen Bedeutungsträgern, die unserem Leben Ordnung und Kraft verleihen. Doch läßt sich diese Weisheit schon in den schlichtesten Wahrnehmungen entdecken: aus dem Schornstein aufsteigender Rauch, Regen, der übers Verdeck eines roten Wagens rinnt, ein durch den Park rufendes Kind. Der kosmische Spiegel liegt jenseits des wertenden Verstandes, der Gegensätze unterscheidet, Eins und Vieles, Gut und Böse, Schwarz und Weiß, Freund und Feind, unsere Partei, ihre Partei, Existenz und Nicht-Existenz. Der begriffliche Verstand spaltet ständig. Er teilt alles in Gegensätze ein. Die meisten modernen Menschen wissen nicht, daß es einen Zustand des Bewußtseins jenseits der Spaltung gibt oder geben könnte. Unsere Erziehung und Politik gehen davon aus, daß der Verstand, der gegensätzliche Meinungen erzeugt, die dann miteinander um die Wahrheit ringen müssen, die höchste Funktion des menschlichen Denkens sei. Kein Wunder, daß es so viele Kriege gibt! Doch ist es eine Tatsache, daß wir zwar imstande sind, Gegensätze zu erkennen, doch keineswegs für die eine oder andere Seite Partei ergreifen müssen. Dadurch haben wir die Möglichkeit, beide Seiten zu harmonisieren. Das Bewußtsein, das solche Spaltungen feststellt, steht nämlich selbst außerhalb der Tätigkeit, die Gegensätze erzeugt und darauf beharrt, also außerhalb der Begrifflichkeit. Und wer ein solches Bewußtsein durch die Übungen, die wir in Teil II beschreiben werden, entwickelt und den Tiefendimensionen der gewöhnlichen Wahrnehmung seine Aufmerksamkeit schenkt, lernt, das Bewußtsein mit der Weisheit des kosmischen Spiegels zu einen.

3. KRAFTLINIENSTRUKTUREN

In den Shambhala-Lehren heißen die Kraftlinien, die wir spüren und mit denen wir kommunizieren können, Dralas. *Drala* ist ein tibetisches Wort und bedeutet »über die Feinde hinaussteigen«. Die Dralas sind unsere Verbindung mit der Realität, die über uns hinaussteigt. Sie verknüpfen die laute, bunte, duftende Welt, die wir empfinden und so gut zu kennen glauben, mit der weiten, unergründlichen Welt der formlosen Energien und grenzenlosen Möglichkeiten, die unsere kleine Welt erhält und nährt. Die Welt, die wir wahrnehmen und in all ihrer Begrenztheit und Differenziertheit kennen, ist nur die Oberfläche der Wirklichkeit. Sie ist nur ein kompliziertes Spiel, eine Art holographisches Ton- und Lichtspektakel. Unser Körper und Denken, unsere Gefühle und Wahrnehmungen und die »Dinge«, aus denen unsere Welt besteht, sind Teil dieses Schauspiels. Indem wir uns nun an die Dralas wenden, ziehen wir die Energie zu uns herab, die dieses Schauspiel in Gang hält, also die unsichtbare Fülle hinter der Oberflächenwelt. Wie der Dorje Dradul sagt:

»Wenn wir die Kraft und Tiefe der weiten Welt in einer einzigen Wahrnehmung bündeln, entdecken wir das Magische darin und beschwören es herauf! Unter Magie verstehen wir keine übernatürliche Macht über die Welt der Erscheinungen, sondern die Entdeckung der der Welt, so wie sie ist, eingeborenen, ursprünglichen Weisheit. Diese von uns entdeckte Weisheit ist ohne Anfang: natürliche Weisheit, die Weisheit des kosmischen Spiegels.«

Wie wirklich sind die Dralas? Sie sind so wirklich wie wir selbst! So wirklich wie die Bäume, das Wetter, die Milchstraßen, Supernovas und die Kernkraft. Aber wie wirklich ist das alles? Die Dralas sind keine Masken oder Täuschungen, sie stammen weder aus einer »anderen Welt« noch sind sie etwas Übernatürliches. Es wäre ein großer Fehler, sie für von uns getrennte, außerhalb von uns existierende Wesenheiten zu halten, ebenso wie es ein Fehler wäre, uns selbst für fundamental voneinander und von der Welt getrennt zu halten.

Der Dorje Dradul sagt:

»Einer der wesentlichen Punkte bei der Entdeckung des Drala-Prinzips ist, daß Ihre Weisheit als Mensch nichts von der Kraft der Dinge an sich Getrenntes ist. Beide sind sie nämlich Reflexionen der nicht bedingten Weisheit des kosmischen Spiegels. Deshalb besteht keine fundamentale Trennung, kein Dualismus zwischen Ihnen und Ihrer Welt. Wenn Sie diese beiden Faktoren gemeinsam erleben können, als ein und dasselbe sozusagen, gewinnen Sie Zugang zu großartigen Visionen und Kräften in der Welt – und Sie stellen fest, daß sie unterschwellig mit Ihren eigenen Visionen, Ihrem eigenen Sein verbunden sind.«

Trotzdem können wir Beziehungen zu den Dralas aufnehmen, wie wenn sie etwas anderes als wir selbst wären, ebenso wie wir uns als Menschen aufeinander beziehen. Wir können sie anrufen und ihre Antwort und Hilfe erbitten. Sie werden uns zwar nicht vor uns selbst retten – das ist unsere Angelegenheit. Aber sie können uns helfen und sind auch bereit zu helfen. Die Dralas treten in unsere Welt ein und machen sich uns bekannt, solange wir uns mit der Sehnsucht des Herzens, motiviert durch echte Anteilnahme an uns selbst und anderen, an sie wenden.

Aber die Dralas sind nicht lediglich subjektive Strukturen des menschlichen Bewußtseins, wie uns moderne Psychologen gelegentlich glauben machen wollen. Eine solche Vorstellung würde das menschliche Ich in den Mittelpunkt rücken, da sie alles nur auf menschliche Wahrnehmungen und Überzeugungen bezöge. Eine Schlange nimmt in ihrer Welt keinen »Baum« wahr, ein Fisch keine »Luft«, eine Ameise keine »Wolken«. Für uns wäre die Wahrnehmung der Dralas etwa der Art vergleichbar, wie ein Präriehund eine Büffelherde wahrnimmt – eine Staubwolke, ein donnerndes Geräusch, erzitternder Erdboden. So etwas liegt noch im Erfahrungsbereich des Präriehundes. Aber vielleicht kommuniziert er mittels des Kreises von gelbem Licht mit den Büffeln, wie es Jim Nollman tat! Ed McGaa, »Adlermann«, ein

Oglala-Sioux, formuliert das Problem so: »Was sind die Geister? Wer sind sie? In gewisser Weise ist diese Frage vergleichbar der Überlegung, was ein Grashüpfer über eine Lokomotive, die an ihm vorbeischnaubt, wissen kann. Zweifellos würde sich der Grashüpfer diese Frage stellen, wenn er die Fähigkeit und den Verstand zum Sprechen hätte. Und zweifellos würde er entdecken, daß die Lokomotive weit über das Begriffsvermögen eines Wesens hinausgeht, das auf der Erde kriecht und nur einen Sommer lang lebt.«

Die Dralas können wir nicht empfinden, geschweige denn mit ihnen tanzen, solange wir in unserer engen Verstandeslogik gefangen bleiben, in unseren fixen Ideen, bezogen aus Büchern, von Lehrern oder in Schulen, die sie ihrerseits aus der Vergangenheit übernommen haben. So verewigen wir eine bestimmte Weltanschauung, einen modernen Mythos, ohne uns klarzumachen, daß es nur *ein* Schöpfungsmythos unter vielen anderen ist. Unsere Überzeugungen erzählen nur ein winziges Stück der Geschichte des Kosmos, und es wäre Hochmut zu glauben, unser Mythos sei der einzige Mythos, die endgültige Lösung für das nie lösbare Rätsel des Kosmos.

Wir müssen gar keine großen Schamanen oder besonders talentiert sein, um die Dralas in unsere Welt einzuladen. Wir sind alle sowohl gewöhnliche Menschen als auch besonders talentiert. Wir alle können uns an die Dralas wenden und brauchen dazu nur die richtige Einstellung und Absicht. Aus einer besitzergreifenden, ehrgeizigen Einstellung heraus lassen sich die Dralas nicht anrufen. Wir können die Verbindung zu ihnen nicht dadurch herstellen, daß wir weiter auf unsere Art denken und überlegen. Mit den Dralas können wir uns nur in Verbindung setzen, wenn Verstand und Herz »freundlich« und vollkommen entspannt sind. Wir müssen all unsere fixen Ideen über uns selbst, unsere Vergangenheit und das Wesen der Welt fallenlassen. Wir können loslassen und Körper und Denken gleichzeitig entspannen, loslassen und entspannen, entspannen, entspannen... bis unser Bewußtsein leer ist. Mit einem derart offenen, empfänglichen Bewußtsein können wir dann die Dralas anrufen.

Die Dralas empfinden wir nicht eher, als bis wir all unsere Gewißheit preisgegeben haben und die Welt spüren, richtig spüren. Wir empfinden sie nicht eher, als bis wir unser Bewußtsein in einem Wirbel der Ungewißheit aufgehen lassen, einem Nebel der Verwirrung. Wie wunderbar! Endlich einmal kapitulieren zu können! Wahrscheinlich haben wir schon immer gewußt, daß wir in Wirklichkeit nichts wußten. Jetzt können wir das endlich einmal zulassen. Jetzt können wir die vielen Fragen, die in unseren Hirnen und Herzen umherschwirren, endlich einmal ins Auge fassen. Haben Sie als Kind diese Fragen noch gespürt? Wohin sind sie verschwunden? Wodurch sind sie gestorben?

Lassen Sie diese Fragen wieder lebendig werden, erleben Sie, wie Ihr kleiner Verstand sich in einem herrlichen Fragenrausch auflöst. Empfinden Sie wieder Ehrfurcht, seien Sie ganz von Ehrfurcht durchdrungen: Die Welt ist herrlich, wunderbar, heiß und kalt, harnig und kotig, schwingend, öde, außergewöhnlich, mächtig, entsetzlich, heiter. Spüren Sie jetzt die Energie der Dralas?

Wir müssen uns in die Drala-Zeit und den Drala-Raum begeben, der jetzt und hier existiert, um mit der Wirklichkeit kommunizieren zu können. Die Dralas sind wie Blasen, die immer größer werden und schließlich platzen. Knallend und krachend zerplatzen sie. Wir können mit ihnen zerplatzen. Wenn wir mit ihnen zerplatzen, sind wir Teil derselben Energie. Aber wir müssen jetzt, auf der Stelle, mit ihnen zerplatzen. Wir müssen bereit sein, unser Bewußtsein jetzt, auf der Stelle, explodieren zu lassen.

Wenn wir loslassen und uns platzen lassen, hören wir die Dralas im Schrei der Haubentaucher, im Geräusch des Windes und Geprassel des Regens. Wir spüren sie, wenn die Blätter im Sonnenschein zittern und rascheln, wenn der Frühlingsbach den Berg hinunterrauscht und kleine kalte Wasserspritzer auf unseren Händen hinterläßt, wenn sich Gewitterwolken auftürmen und mitten an einem heißen Sommernachmittag ihren Segen über unsere Köpfe ausgießen. Wir spüren die Dralas, wie sie sich auf Dingen konzentrieren, die wir gern haben, an heiligen Stätten, an Kraftorten auf dem Land, in bedeutsamen Zufällen, in

Zeiten schöpferischer Inspiration und überall auf der Welt – wenn wir nur darauf aufmerksam sind und Anteil daran nehmen.

Daß die Welt so auf uns antworten kann, mag für unsere materialistischen Gemüter schockierend sein. Die meisten modernen Männer und Frauen glauben in ihrem Hochmut, Menschen und Tiere seien die einzigen Lebewesen, die empfinden und sich mitteilen können, obwohl intelligente, fühlende Menschen überall auf der Welt seit Zehntausenden von Jahren mit kleineren und größeren Kraftlinien zusammen gesungen und getanzt haben.

Das Drala-Prinzip ist bei den meisten Völkern zu Hause

Das Drala-Prinzip ist seit Menschengedenken bei allen Völkern zu Hause. Man findet es in Gestalt der Ahnen, Helfer und Geister der amerikanischen Ureinwohner, der heidnischen Götter der Griechen, Römer, Germanen und nordischen Völker, bei afrikanischen Stämmen und den australischen Aborigines. Man findet es in Gestalt der japanischen Kamis, die die Grundlage der schamanistischen Shinto-Naturreligion sind. Menschen mit großer persönlicher Ausstrahlung stehen oft so unmittelbar mit Himmel und Erde in Verbindung, daß es so aussieht, als tanzten sie mit den Natur-Dralas.

Der Dorje Dradul sagt:

»Es gibt viele Beispiele dafür, wie Menschen äußere Dralas [Natur-Dralas] beschwören. So habe ich zum Beispiel gelesen, daß amerikanische Indianer im Südwesten der USA Gemüse im Wüstensand anpflanzen. Objektiv betrachtet ist der Boden total unfruchtbar. Würde man dort lediglich eine Handvoll Samen ausstreuen, würde nichts wachsen. Aber die Indianer haben diesen Boden seit Generationen kultiviert. Sie haben eine tiefe Beziehung zu dieser Erde und pflegen sie. Für sie ist es heiliger Grund, und deshalb wachsen ihre Pflanzen. Das ist wahre Magie. Wer die Natur als heilig empfindet, ruft die Dralas herbei.

Sie können in einer schmutzigen Hütte ohne Fußboden und mit nur einem Fenster leben. Aber wenn Sie diesen Raum als heilig betrachten, wenn Sie ihn mit Herz und Verstand pflegen, wird er zum Palast.«

Er führt dann aus, daß die sogenannten heidnischen Religionen Europas auch Verbindungen zu den Dralas besaßen:

»Die Griechen und Römer wußten etwas von den Natur-Dralas und legten ihre Städte entsprechend an. Sie mögen sagen, es sei Zufall, daß ein Brunnen in der Mitte eines Platzes oder auf einer Wegkreuzung steht. Stehen Sie aber an diesem Brunnen, so merken Sie, daß das keineswegs ein Zufall ist. Er steht genau am richtigen Platz und scheint dem ihn umgebenden Raum Kraft einzuflößen. Wir Modernen denken nicht sehr hoch von den Römern mit ihrer Sittenverderbnis und ihren korrupten Politikern. Wir unterschätzen die Weisheit ihrer Kultur gern. Sicher, Korruption vertreibt die Dralas. Aber es gab Kraft und Weisheit in der römischen Kultur. Das sollten wir nicht übersehen.«

Unsere moderne Zeit gewinnt allmählich ein neues Verständnis für das Drala-Prinzip. Da die heutigen Menschen nicht genau wissen, wie sie sie nennen sollen, fangen sie wieder an, sie als »Engel« zu bezeichnen. Aber das ist ein sehr kümmerlicher Ausdruck, belastet durch die christliche, religiöse Tradition. Es gibt wirklich sehr törichte Geschichten über Engel, die Menschen aus der Not helfen – zum Beispiel wenn ein Lastwagen wie aus dem Nichts mitten in einem Schneesturm auftaucht. Dralas tauchen nicht auf wunderbare Weise als Lastwagenfahrer auf, obwohl es schon des Nachdenkens wert ist, warum ein *Mensch*, der einen Lastwagen fährt, gerade dann auftaucht, wenn er gebraucht wird. Denn darin könnte eine Kraftlinie stecken, die über unsere normale Erfahrung hinausgeht.

Die außergewöhnlichen Experimente im Garten von Findhorn in Nordschottland sind ein Beispiel in unserer Zeit und Kultur für die Kommunikation mit den Dralas. Es ähnelt sehr der Beschreibung des Dorje Dradul, welche Verbindung die amerikanischen Ureinwohner mit den Dralas ihres Landes haben. Dorothy Maclean erzählt von ihren Erfahrungen in Findhorn:

»Ja, ich spreche mit Engeln, mit großen Wesen, deren Leben alles in der Natur schafft und beeinflußt. Zu einer anderen Zeit oder in einer anderen Kultur wäre ich vielleicht in einen Konvent oder einen Tempel eingeschlossen gewesen oder, schlimmer noch, als Hexe auf dem Scheiterhaufen verbrannt worden... Da ich eine praktische Frau bin und mit beiden Beinen auf der Erde stehe, hatte ich niemals das Ziel, mit Engeln sprechen zu lernen, noch die Vorstellung, daß so ein Kontakt möglich oder gar nützlich sei. Als sich diese Begegnung jedoch herauszustellen begann, geschah das in einer Weise, die ich nicht in Frage stellen konnte. Ein konkreter Beweis entwickelte sich im Garten von Findhorn... Dieser Garten war in den Sand gepflanzt, und zwar unter Bedingungen, die wenig Gastfreundschaft und Anreiz zum Wachsen boten, außer für die widerstandsfähigen schottischen Büsche und Gräser, die kaum Feuchtigkeit und Nahrung benötigten. Es wurden jedoch durch meine telepathischen Verbindungen mit den Engelwesen... spirituelle Hilfe und spezifische Anweisungen gegeben. Der daraus entstehende Garten, der sogar allmählich tropische Pflanzenarten in sich barg, war in seinem Wachstum und in seiner Vitalität so erstaunlich, daß selbst Bodenexperten und Gartenarchitekten innerhalb der bekannten Methoden organischer Landwirtschaft keine Erklärung dafür finden konnten; sie mußten schließlich die unorthodoxe Interpretation einer Hilfe von Engeln annehmen.«

Maclean spricht dann darüber, warum es so wichtig ist, die Verbindung mit den Dralas wiederaufzunehmen, und wie schwierig das ist:

»Mit Engeln sprechen zu lernen bedeutet tatsächlich, mit sich selbst und anderen auf neue und weiterreichende Weise ins Gespräch zu kommen. Es ist eine Lehre, wie man offener mit unserem Universum verkehren, sich mehr in die Rolle des Mitschöpfers einstimmen und an der Entwicklung teilnehmen kann. Die modernen Kommunikationswege haben sich sehr schnell und eindrucksvoll im physikalischen und technologischen Bereich entwickelt, aber tiefere und feinere Formen der Kommunikation blieben unberührt. Für unsere und unserer Welt Zukunft müssen wir jetzt beginnen, solche tieferen Formen zu erschließen...

Es erfordert eine freudige Bereitschaft, unsere Ansichten von der Realität zu erweitern, eine Bereitschaft, uns selbst und unserer Umgebung gegenüber offen zu sein, dazu eine bewußte Neigung, unsere eigene Ganzheit zu umfangen.«

In jeder Kultur stoßen wir auf die Zusammenarbeit zwischen Menschen und dralaähnlichen Energien. Doch sind diese Energien, wie die Elektrizität, neutral. Ob daher das Ergebnis einer solchen Zusammenarbeit segensreich ist oder Schaden bringt, hängt ganz von der Erfahrung und den Absichten der Beteiligten ab.

Der englische Schriftsteller D. H. Lawrence, ein ungewöhnlich guter Kenner der Spiritualität der Urvölker Mexikos, schreibt:

»Die Indios halten sich nicht für von Gott geschaffen und daher als außerhalb von Gott stehend oder Geschöpfe Gottes. Für sie gibt es keinen genau definierten Gott. Die Schöpfung ist ein großer Strom, ewig fließend, in kleinen oder schrecklichen Wellen vorwärtseilend. In allem leuchtet der Glanz der Schöpfung, niemals nur die Endlichkeit des Geschaffenen. Nirgends gibt es eine Unterscheidung zwischen Gott und Gottes Schöpfung oder zwischen Geist und Materie. Alles, alles ist der herrliche Glanz der Schöpfung, sei es der tödliche Glanz des Blitzes oder der Wut in den kleinen Augen des Bären, sei es der anmutige Glanz des springenden Hirsches oder der sich unter leichter Schneelast sanft wiegenden Tannenzweige...

Es gibt bei ihnen keinen Gott in unserem Sinn des Wortes. Aber alles ist göttlich. Es gibt keinen großen Geist, der das Universum regiert. Doch das Geheimnis der Schöpfung, das Wunder und die Faszination der Schöpfung schimmern in jedem Blatt und Stein, in jedem Dorn, jeder Knospe, in den Giftzähnen der Klapperschlange genauso wie in den sanften Augen des Rehs. Die gegensätzlichsten Dinge – und doch sind sie rein...

Es ist eine weitherzige alte Religion, größer als alles, was wir kennen, auf hüllenlosere, ›nacktere‹ Weise religiös... In der ältesten Religion war alles lebendig. Es gab nur immer tiefere Ströme des Lebens, Schwingungen des Lebens, oder auch immer weitere Räume. In diesem Sinne waren Felsen lebendig. Aber ein

Berg besaß tieferes und weiteres Leben als ein Stein. Ein Mensch hatte es viel schwerer, seinen Geist, seine Energie, mit dem Leben des Berges zu verbinden und so, wie aus einem großen Lebensbrunnen, Kraft aus ihm zu schöpfen, als mit einem Stein Kontakt aufzunehmen. Und zu diesem Zweck mußte er sich in religiöser Hinsicht sehr große Mühe geben. Denn das ganze Leben des Menschen war eine einzige Bemühung, sich direkt mit dem elementaren Leben des Kosmos zu verbinden: dem Berg-Leben, Wolken-Leben, Donner-Leben, Luft-Leben, Erden-Leben, Sonnen-Leben. In unmittelbar gespürten Kontakt damit zu gelangen und so Energie, Kraft und eine Art dunkler Freude zu erfahren.«

Ein moderner Sprecher für eine der Traditionen der amerikanischen Ureinwohner, Wallace Black Elk, ein Lakota, beschreibt seine Kommunikation mit Geistern folgendermaßen:

»Ich erfuhr von dem Geist, wo sich diese Steine mit den heiligen Pulverfarben befinden... Wir begeben uns [in die Badlands] und beten... und sehen dabei, wie die Steine in der Dunkelheit glühen. Sie sehen wie kleine farbige Lichter aus. Man sieht die Farben, die im Innern sind. Wir gehen also hin und holen uns die Farben, die wir brauchen... Ich erlernte ihre Lieder, aber es gibt viele Lieder dort draußen, zahllose Lieder. Zum Beispiel das Feuer: Es hat sein Lied. Das Feuer bildet und gestaltet alles Leben, und jede Gestalt hat ihr Lied. Und die Steine, auch die Steine haben ihre Lieder. Zum Beispiel der Stein, den ich hier um den Hals trage: Er hat sein Lied. All die Steine hier, jeder spricht seine eigene Sprache. Sogar die Erde hat ihr Lied. Wir nennen es Mutter Erde. Wir nennen sie Großmutter, und sie hat ihr Lied. Dann das Wasser – es hat ein Lied. Das Wasser erzeugt herrliche Klänge. Das Wasser trägt die Klänge der Welt. Und erst das Grün! Dieser Baum, jede Pflanze hat ein Lied. Sie haben ihre eigene Sprache. Es ist Leben in ihnen...

Wenn du einen Baum siehst, steht er still. Er spricht nicht und bewegt sich nicht. Du siehst ihn einfach. Du siehst einfach einen Baum. Das ist alles. Aber Bäume sprechen. Sie haben ihre eigene Sprache. So ist es mit allen Pflanzen, die du siehst – sie sprechen...

Auch jeder von dem Volk der Geflügelten hat ein Lied. Genauso ist es mit dem vierfüßigen und dem kriechenden, krabbelnden Volk. So kommt es, daß wir ein Adlerlied, ein Büffellied, sogar ein Schlangenlied, eine Schlangensprache haben... Was ich euch sagen will, ist, daß ihr eine Unmenge zu lernen habt. Was ihr jetzt wißt, ist nur sehr wenig, wie ein Augenzwinkern. Also, diese Kraft ist gewaltig.«

Duchan Gersi verbrachte viele Jahre bei den Schamanen der haitianischen Voodoo-Überlieferungen. Über seine Erlebnisse berichtet er in »Faces in the Smoke« (Gesichter im Rauch). Im Voodoo-Kult heißen die Dralas »Loas«. Voodoo stand lange Zeit unter dem Verdikt der katholischen Kirche und ist deshalb in Verruf geraten. Aber, wie Gersi ausführt, »die Theologen fangen allmählich an, Voodoo in einem anderen Licht zu sehen, als etwas Heiligeres und Ernsteres als vorher. Voodoo ist sogar mehr als eine Religion. Es ist Mystik, eine ganze Kultur, eine Philosophie, ein Lebensstil. Und da es eine lebendige, dynamische Religion ist, die nicht auf Dogmen und starrer Moral beruht, wie die meisten Religionen des Westens, sondern Einweihungs- und metaphysischen Charakter hat, ist es unmöglich, Voodoo mit den gewöhnlichen Begriffen zu beschreiben. Man kann es nur erleben.«

Nach Gersi »befindet sich die unsichtbare Welt rings um uns und unter uns, hinter dem kosmischen Spiegel. Sie ist wie eine Widerspiegelung unserer sichtbaren Welt. Ihre Bewohner haben dieselben Bedürfnisse und Leidenschaften wie wir. Sie ist von den Seelen der Verstorbenen und einer unendlichen Anzahl Loas bevölkert. Die Loas sind die ursprünglichen Bewohner dieser Welt. Manchmal auch als Geister oder Engel bezeichnet, sind sie Energien oder Wesenheiten, die göttlich geworden sind. Sie unterteilen sich in Familien, Gruppen und Untergruppen. Einige von ihnen besitzen große Macht.«

Die Loas stehen den Menschen als Führer in der sichtbaren Welt und Verbindungsglieder zur unsichtbaren Welt zu Diensten. Loas an sich sind im allgemeinen weder gut noch böse, können aber für gute oder böse Zwecke eingesetzt werden. Doch, so betont Gersi, »Voodoo ist eine Religion auf der Suche nach dem Heiligen. Sie gebraucht die kosmische Energie nur in positivem Sinn. Die Loas werden niemals für schlechte Zwecke mißbraucht.«

Die mächtigsten Loas stammen aus afrikanischen Kulturen, besonders aus der Yoruba-Kultur, die ähnlich entwickelt und ebenso kraftvoll und schön war wie die »Hochkulturen«, mit denen der Mensch des Westens vertraut ist. Diese Loas stehen in Verbindung mit den Naturelementen. Eines ist zum Beispiel der Vater und Beschützer aller Eingänge, Schwellen und Türen. Ein anderes ist die Energie der Fruchtbarkeit, symbolisiert durch eine Schlange. Ein drittes ist der Schutzherr der Kreuzwege, wieder eines die Kraft des Krieges, versinnbildlicht durch ein Stück Eisen. Weitere Loas sind die Energie des Donners und des Blitzes, die Energie der Leidenschaft und des Geschlechtes, die Energie des Meeres (symbolisiert durch ein Schiff) und die Wächter der Toten, deren Häuptling der große Held ist (symbolisiert durch ein Kreuz oder Grab).

In der japanischen Shinto-Tradition heißen die Dralas »Kamis«. Die Schöpfung in der Welt wird nicht von einem Schöpfergott vollbracht, sondern von den Kamis, die bei ihren Aufgaben harmonisch zusammenwirken. Nach Seigow Matsuoka »hat ein Kami keinen physischen Körper. Sein Körper und äußeres Sein sind ein Vakuum, vollkommen materieleer. Aber ›leer‹ heißt nicht, daß gar nichts da wäre... Anfangs glaubte man, der Kami besuche die Berge und das Meer und wohne vorübergehend darin. Die Silhouette der Berge und Hügel gegen den Himmel und der Horizont über dem Meer waren die Kulissen des Kami. Hier pflegten die Kamis einzutreten und sich aufzuhalten... Kamis bleiben nicht. Ihr Wesen ist es, zu kommen und zu gehen. Das japanische Wort *otozureru*, das »besuchen« bedeutet, ist aus *oto* (Geräusch) und *tsure* (bringen) zusammengesetzt. Gewiß nahmen die alten Japaner die ungeheuer geheimnisvollen und feinen Geräusche wahr, die einen Kami-Besuch begleiteten. Zweifellos war es nichts anderes, als was heute von Menschen, die sich mit Kampfsport und Meditation befassen, als Chi empfunden wird... Diese Vorstellung vom Kami als der Chi-Atmosphäre, die die Leere ausfüllt, hat der japanischen Kultur ihr eigentümliches Gepräge verliehen. Die europäische Kultur hat sich [im Gegensatz dazu] das aristotelische Prinzip des *horror vacui* zu eigen gemacht.

Nach Sokyo Ono sind die »Kamis die Wächtergeister des Landes, der Berufe und Fähigkeiten, die Geister der Volkshelden, also der Männer, die hervorragende Taten vollbrachten oder über besondere Eigenschaften verfügten, und überhaupt aller Menschen, die bedeutende Beiträge zu Zivilisation, Kultur und zum Wohl der Menschheit geleistet haben«. Es gibt Kamis, die mit Naturgegebenheiten wie Sonne, Bergen, Flüssen, Bäumen und Felsen, mit Naturphänomenen wie Wind und Donner, mit Funktionen wie Wachstum, Fruchtbarkeit und Zeugung, wieder andere, die mit Tieren und den Ahnengeistern assoziiert sind.

Jeder Kami hat seine besonderen Merkmale und Aufgaben und gilt als Schutzgeist für ein bestimmtes Ding oder Phänomen. Einer zum Beispiel ist für die Verteilung des Wassers zuständig, ein anderer für die Herstellung von Arzneien und wieder ein anderer für den Heilungsvorgang selbst. Es gibt Schutz-Kamis, die so wirken, daß zum Beispiel ein Mensch sein wirkliches Wesen und sein Selbst erst finden kann, wenn er seinem Kami auf die richtige Art Achtung erweist. Ono erzählt:

»Die Japaner selbst haben keine klar umrissene Vorstellung von den Kamis. Sie sind sich zwar der Kamis in den Tiefen ihres Bewußtseins bewußt und kommunizieren unmittelbar mit ihnen, ohne jedoch das Kami-Prinzip begrifflich oder theologisch ausgearbeitet zu haben. Es ist unmöglich, etwas schon seiner Natur nach so Vages klar zu definieren.«

Joseph Campbell erzählt, wie er einmal auf einer Tagung über Religion in Japan hörte, daß ein amerikanischer Delegierter, Sozialphilosoph aus New York, zu einem Shinto-Priester sagte: »Wir haben jetzt so viele Zeremonien kennengelernt und einige eurer heiligen Schreine gesehen, aber ich kapiere eure Ideologie einfach nicht, ich kapiere eure Theologie nicht.« Der Japaner schwieg eine Weile wie in tiefen Gedanken, schüttelte dann langsam den Kopf und sagte: »Ich glaube, wir haben gar keine Ideologie, wir haben keine Theologie... Wir tanzen nur!«

Die meisten älteren Japaner, seien es Buddhisten, Christen, Shinto-Anhänger oder Konfessionslose, respektieren die Kamis. Sie spüren ihre Gegenwart und akzeptieren die Notwendigkeit, mit ihnen zu kommunizieren, damit die richtigen Energien in ihrem Leben fließen. Selbst wenn ein Geschäftsmann irgendwo eine neue Bank errichtet, wird er die entsprechenden Zeremonien vollziehen und den Kamis der Gegend, wo der Bau stehen soll, seine Achtung erweisen. Und während der Bauzeit gibt es weitere Zeremonien, um die Energie und Kraft der Kamis anzuziehen. Selbst der Kaiser verwendet viel Zeit darauf, Zeremonien zu Ehren der Kamis durchzuführen.

Dieser sehr knappe Überblick soll nur ein Hinweis darauf sein, daß sich das Drala-Prinzip in vielen Kulturen rings um die Welt findet, seien es kleine Stammesgruppen oder große, auf ganzen Völkern und städtischer Kultur basierende Zivilisationen. Das Drala-Prinzip zeigt sich in vielen Formen. Ihnen allen aber ist ein Kern gemeinsam. Es sind Wege, auf denen sich Menschen mit der Energie, Tiefe und Kraft der wirklichen Welt verbinden. Manche dieser Kulturen mögen unserer Denk- und Lebensweise sehr fremd sein, und die Frage ist, ob es auch für uns einen Weg geben könnte, mit den Dralas Verbindung aufzunehmen.

Ja, es ist möglich! Sogar in unserer modernen Kultur können wir uns mit den Dralas wieder verbinden und ihre Energie in unsere Welt einfließen lassen. Dadurch wird die Welt geheilt und wieder lebendig, und unser Leben wird geheiligt. Dies ist eine der Hauptbotschaften der Shambhala-Lehren. Aber sie bleiben nicht bei der vagen Behauptung stehen, es sei möglich, sich mit den Dralas zu verbinden. Sie stellen auch Methoden für diese Verbindung zur Verfügung, die im Kontext des modernen Lebens praktikabel und durchführbar sind.

Die Shambhala-Dralas

Wie die Kamis sind die Shambhala-Dralas ein Naturphänomen, von keinem religiösen Dogma abhängig, sondern jedem verfügbar, der ihnen Einlaß gewährt. Die Auffassung der Dralas nach den Shambhala-Lehren geht auf die ursprüngliche Bon-Religion zurück, die in Tibet vor der Einführung des Buddhismus im 10. Jahrhundert n. Chr. existierte. Die buddhistische Philosophie und Psychologie schließt die Existenz der Dralas keineswegs aus. Tulku Thondup Rinpoche sagt: »Im tantrischen (esoterischen) Buddhismus Tibets gibt es Übungsmethoden und insbesondere Riten, wie etwa die Anrufung von Göttern oder Geistern, die der Bon-Religion entstammen bzw. von ihr beeinflußt sind... Der Buddhist glaubt, daß es zahllose Klassen von Lebewesen neben den uns sichtbaren gibt. Was uns daran hindert, sie wahrzunehmen, ist nur, daß uns ein gemeinsames Karma fehlt und die Fähigkeiten unserer Augen beschränkt sind.«

Immer, wenn der Buddhismus in ein neues Land kam, übernahm er die dort heimischen Gottheiten und erkannte sie an, ohne jeden Versuch, sie zu unterdrücken. Gleichzeitig stellte er den umfassenderen spirituellen und psychologischen Rahmen zur Verfügung, um diese Gottheiten als weder rein menschliche Erfindungen noch auch völlig vom Menschen getrennt und ihm äußerlich auffassen zu können. So hat der Buddhismus auch seit seiner Einführung in Japan Seite an Seite mit der indigenen Shinto-Überlieferung existiert.

Der Dorje Dradul wurde in Tibet als »Tertön« anerkannt und ausgebildet, als ein Mensch mit der Fähigkeit zur Entdeckung von »Bewußtseins-Terma«, das heißt von Lehren, die große Lehrer der Vergangenheit im Schutz entsprechender Dralas für die Zukunft aufbewahrt hatten. Solche Termas werden dann von großen Lehrern wie dem Dorje Dradul wiederentdeckt oder ihnen offenbart (nicht so sehr durch eigene denkerische Bemühung) und wie in einer Art Diktat niedergeschrieben. Diese Lehrer sind für eine derartige Tätigkeit gründlich ausgebildet. In »Hidden Teaching of Tibet« (Die verborgenen Lehren Tibets) beschreibt Tulku Thondup Rinpoche die Terma-Überlieferung:

»Diese Überlieferung besitzt zwei Aspekte: Erstens können geeignete Lehren von erfahrenen Menschen entdeckt werden, oder sie erscheinen ihnen vom Himmel, von den Bergen, Seen, Bäumen und Tieren her, spontan, je nach Wunsch und geistiger Fähigkeit. Zweitens können diese erfahrenen Menschen Lehren in Büchern und auf andere Arten ›einhüllen‹ und sie dann den Göttern anvertrauen... die sie schützen und zur geeigneten Zeit der richtigen Person wieder übermitteln.«

Der Tertön-Vorgang ist eine Art Schamanismus, der wahrscheinlich auf die alte Bon-Tradition zurückgeht. Kurz vor seiner einjährigen Einkehrzeit 1977 entdeckte der Dorje Dradul die ersten Shambhala-Texte als Terma. Auf diesem Shambhala-Terma begründete er nach seiner Einkehr das Shambhala-Ausbildungsprogramm. Seine Heiligkeit Dilgu Khyentse Rinpoche, einer der ersten Lehrer des Dorje Dradul und selbst als einer der großen Tertöns Tibets beglaubigt, bestätigte später die Shambhala-Texte als ursprüngliches Terma.

In seiner Eigenschaft als Tertön, mit der Fähigkeit begabt, die irdische Welt mit der Macht und Weisheit der Dralas und des kosmischen Spiegels zu verbinden, wies der Dorje Dradul die Merkmale sowohl eines Schamanen als auch eines großen Lehrers und Führers der buddhistischen Überlieferung auf. Dennoch gibt es einige wichtige Unterschiede zwischen dem Schamanismus des Dorje Dradul und dem Schamanismus älterer, mehr auf das Stammesleben beschränkter Kulturen. Im allgemeinen traten früher Schamanen in bestimmten Stammesgesellschaften auf und wirkten nur für ihren Stamm als Lehrer und Heiler. Der Dorje Dradul aber erschloß die Lehren und die sehr wirksamen Shambhala-Krieger-Übungen und -Zeremonien für jedermann, der den Weg des Kriegers beschreiten will.

Der Dorje Dradul bezeichnete sich nicht selbst als Schamane oder behauptete, er sei einer, doch war er stolz auf die Tatsache, daß sein Familienname Mukpo war. So hieß nämlich auch der tibetische Stamm, aus dem der große Krieger Gesar hervorgegangen war. Auch pflegte er zu seinen Shambhala-Schülern zu sagen: »Ihr alle gehört zur Mukpo-Familie.« Aber damit erhob er nicht irgendeinen Exklusivanspruch oder verlangte von den

Schülern, ihre eigenen Familientraditionen über Bord zu werfen, sondern er wollte sagen, die von ihm offenbarten Shambhala-Lehren stünden der ganzen Welt offen, ohne Rücksicht auf Volks- oder Familienzugehörigkeit. Jeder, der diese Lehren leben wollte, war in der Mukpo-Weltfamilie willkommen.

Dreißig Jahre lang hat Ruth-Inge Heinze von der University of California in Berkeley das Leben der Schamanen und die Schamanenrituale erforscht. Die in ihrem Buch »Shamans of the Twentieth Century« (Schamanen des 20. Jahrhunderts) niedergelegten Ergebnisse zeigen, daß sich heute sogar traditionelle Schamanengesellschaften, wie in Indonesien, Thailand und China, auch in Nordamerika, nach außen zu öffnen beginnen.

»Schamanen spielen auch heute noch eine wichtige Rolle in ihren Gemeinschaften und erfüllen spezielle Bedürfnisse, die sonst unerfüllt blieben. Doch muß ich hinzufügen, daß ›Gemeinschaft‹ im 20. Jahrhundert nicht notwendigerweise bedeutet, daß Menschen am selben geographischen Ort zusammenleben...

Doch wenn sich Menschengruppen zunehmend an einem Schamanen orientieren, braucht das nicht notwendigerweise zur Entstehung eines neuen Kultes zu führen. Solche offenen Beziehungen entgehen in der Regel einer starren Kodifizierung, der die Weltreligionen im allgemeinen anheimfallen.«

Ein Leben hat lang hat Heinze den Schamanismus erforscht und persönlich erlebt. Einer der Hauptgründe, weshalb sie ihr Buch schrieb, war es, »zu zeigen, daß der Mensch die Dienste eines Schamanen benötigt, wenn die Beziehung zwischen ihm und dem Universum geschwächt oder unterbrochen ist. Schamanen befinden sich noch nahe bei der ›Quelle‹. Man braucht sie als Mittler zwischen dem Heiligen und dem Profanen.«

Nach Heinze reagieren Schamanen stets sensibel auf Änderungen von Ort und Zeit:

»Heute, im zwanzigsten Jahrhundert, ist es nicht möglich, das Erbe des Paläolithikums wiederzubeleben. Niemand kann die Vergangenheit zurückholen. Unsere Umwelt, unsere Gesellschaft, sogar das Klima haben sich unaufhörlich verändert, und also natürlich auch die Formen des Schamanismus. Wie eine sich häutende Schlange hat sich der Schamanismus, von innen her, immer wieder erneuert. Menschen, die alte Traditionen wieder aufgreifen, machen daher einen Fehler, wenn sie die alten Muster aus Gründen ›religiöser Pietät‹ nur unverändert übernehmen. Sie kennen das Glaubenssystem nicht, in dem die ›alten‹ Rituale allein sinnvoll waren, und so blockiert ihre ›blinde‹ Nachahmung jede rituelle Entwicklung. Mit anderen Worten: Jedes Ritual gehört einer bestimmten Zeit an.«

In einer Ansprache an Schüler in der Gampo-Abtei, dem vom Dorje Dradul gegründeten tibetisch-buddhistischen Kloster in Neuschottland, behandelte Kenchen Thrangu Rinpoche einmal die Dralas. Thrangu Rinpoche war einer der engsten Mitarbeiter und Freunde des Dorje Dradul und übernahm auf dessen Einladung das Amt des Abtes oder spirituellen Führers in diesem Kloster. Er erzählt:

»Trungpa Rinpoche sagte mir einmal, die westliche Welt habe sich weit entwickelt und habe es zu großem Wohlstand gebracht. Doch sei die Lebenskraft des Landes durch die vielen Fabriken, Bergwerke usw. stark in Mitleidenschaft gezogen und geschwächt worden, weshalb sich die Dralas zurückgezogen hätten. Um dieses Leben wieder aufzufrischen und die Wunden zu heilen, habe er die Drala-Übungen usw. eingeführt, so daß die Menschen der Natur und ihrem Körper Glanz und Würde, ihrer Sprache Kraft, ihrem Wesen Mut und Herzensstärke zurückgeben könnten. Dadurch würden sie, teils aufgrund dharmischer [spiritueller], teils aufgrund weltlicher Aktivitäten auch selbst wieder Glanz und Würde erfahren können. Die mündlichen Unterweisungen, die er in diesem Sinne gab, sind außerordentlich wichtig. Bitte vergessen Sie sie nicht.«

Die Dralas sind Ausdruck der schöpferischen Zusammenarbeit aller mit allen. Dralas, Menschen, Felsen – sie alle existieren nur innerhalb des gemeinsamen Gewebes der Existenz, das sich unaufhörlich verwandelt und in dem alle Wesen schöpferisch miteinander zusammenarbeiten.

Die umfassendsten und in diesem Sinne tiefsten oder auch höchsten Dralas werden mit dem tibetischen Namen »Rigden« bezeichnet. Rigdens sind die Gegenwart, die Weisheit und das unwandelbare Mitleid im kosmischen Spiegel. Sie sind die Dralas, die das kosmische prinzipiell Gute verkörpern. Man könnte geneigt sein, den Begriff Rigden mit »Gott« gleichzusetzen, doch wäre das nicht richtig. Kein Drala – auch nicht das höchste Drala des prinzipiell Guten – existiert als objektive Wesenheit, als äußerer Heils- oder Gnadenbringer, wie es die westliche Gottesvorstellung normalerweise sieht. Es gibt kein Schöpfer-Drala.

Die Überlieferungen der amerikanischen Ureinwohner verfügen über viele Ausdrücke, die dem Begriff Rigden näherkommen als der Begriff Gott. Das wird sehr schön in der Anmerkung des Herausgebers zu dem großartigen Buch »Hüter der Erde – Begegnungen mit Indianern Nordamerikas« von Steve Wall und Harvey Arden herausgearbeitet. Er schreibt:

»Die heute üblichen Begriffe ›Gott‹, ›Schöpfer‹ und ›Großer Geist‹ sind keine adäquaten Bezeichnungen für ›Sakoiatisan‹, ›Wakan Tanka‹, ›Taiowa‹ und ›Kitche Manitou‹. Der Begriff ›Gott‹ weckt die Vorstellung von einem menschenähnlichen Wesen, das außerhalb von Mensch und Natur existiert. Der Begriff ›Schöpfer‹, der ebenso wie ›Gott‹ dem Kern des Seins ein männliches Geschlecht zuordnet, berücksichtigt nicht, daß es mehrere Schöpfer gab... Geistwesen, die Welten und andere Lebensformen erschaffen und männlich oder weiblich sein konnten. ›Taiowa‹ und ›Wakan Tanka‹ sind keine männlichen Gottheiten. Diese Namen bezeichnen die Summe aller Dinge, allen Seins. Auch der Begriff ›Geist‹, ›Großer Geist‹ ist dafür zu eng, versucht er doch, etwas zu definieren und einzugrenzen, was unbegreiflich und unbegrenzt ist. Wenn die Hüter und Hüterinnen der Weisheit die Begriffe ›Gott‹, ›Schöpfer‹ und ›Großer Geist‹ benutzen, so wollen sie damit die Vorstellung von einem Sein vermitteln, in dem alle Dinge miteinander verbunden und gleichwertige Teile des Ganzen sind: in dem wir Regentropfen gleichen, die eines Tages zum Meer zurückkehren werden, in dem wir Kerzen sind, angezündet vom Feuer der Sonne und immer Teil von ihr.«

Die Dralas sind in den Dingen, sie sind die Energie, die Seele, die den Dingen innewohnende Strahlkraft. Man könnte diesen »Ort« der Dralas auch als ihren »Raum« oder ihr »Reich« bezeichnen. Aber gleichgültig, ob man von Orten, Räumen oder Reichen spricht: Der Weg, sich mit den Dralas zu verbinden, führt nicht aus der gewöhnlichen Welt heraus – sie sind kein »Raum außerhalb« oder irgendein »anderes Reich«, sondern befinden sich hier, an Ort und Stelle. Der lebende Raum der Dralas durchdringt die gewöhnliche Welt, so wie der physikalische Raum alle Materie durchdringt, obwohl die materiellen Gegenstände fest zu sein und Raum einzunehmen scheinen, so daß es so aussieht, als unterscheide sich der Raum der Materie von dem Dazwischen. Die Dralas verkörpern Eigenschaften wie Freundlichkeit, Mut und Verstandesschärfe. Sie sind mit dem Körper und der Natur verbunden, mit Naturgegebenheiten wie Bäumen und Felsen und Seen und Bergen, mit Naturereignissen wie Regen und Sturm und mit menschlichen Tätigkeiten wie Kochen, Weben, Schnitzen und Bauen.

Wer sich durch Riten und indem er auf die Heiligkeit der Welt achtet mit den Dralas verbindet, bringt Harmonie ins Verhältnis zwischen Individuum und Gruppe. Diese Harmonie beginnt im eigenen Innern als Harmonie zwischen Körper und Geist und erzeugt dann auch Harmonie mit anderen Menschen, innerhalb der Gemeinschaft, zwischen verschiedenen Gemeinschaften und mit dem Kosmos. All diese Arten von Harmonie sind für die Ganzheit und Gesundheit des Individuums notwendig.

Doch Harmonie sollte nicht mit Seligkeit oder ruhigem Frieden verwechselt werden. Man faßt dieses Wort heute gern so auf, weil wir so an Streit und Krieg gewöhnt sind, daß wir Harmonie nur als Gegensatz dazu verstehen können. Harmonie ist aber statt dessen nur das richtige Funktionieren eines Wesens im Einklang mit seiner Natur. So steckt zum Beispiel gewaltige Harmonie in einem Wirbelsturm, einem Vulkanausbruch oder der Explosion eines Sternes. Harmonie steckt im Donner und im Gewitterregen, der die Felder bewässert. Harmonie steckt auch in einem zornigen Gebrüll, wenn es gerade am Platz ist. Harmonie ist wach, leidenschaftlich, kraftvoll und makellos. Um sie in diesem Sinne zu bewahren, werden die Dralas angerufen.

In Harmonie zu sein bedeutet Gesundheit. Wenn die Harmonie zerbrochen ist, entstehen Krankheit und Disharmonie, und es bedarf der Heilung. Sich mit den Dralas zu verbinden, kann eine Hilfe beim Heilen sein, doch ist das nur eine sekundäre Wirkung der Dralas. Geheilt werden müssen wir nur, wenn wir uns krank fühlen. Der entscheidende Punkt ist, gar nicht erst krank zu werden. Und dafür ist die Verbindung mit den Dralas so wichtig. Stammesgesellschaften stellen die Beziehung zu ihren Dralas in Tanz, Lied und Ritus her, um ihre Gesundheit zu *bewahren.*

Die Japaner stellen die Wechselwirkung und Zusammenarbeit zwischen Menschen und ihren Dralas in Form des Schattentheaters, des Wayang, dar. Wayang-Spiele werden gewöhnlich nachts, vor allem für die lokalen »Götter«, Ahnen und alle Arten von Geistern und Dämonen aufgeführt – das menschliche Publikum ist Nebensache. Ein Wayang-Spiel ist Ausdruck der japanischen Weltanschauung. In einem solchen Spiel gibt es, wie in der wirklichen Realität, viele Welten und Zeiten zugleich – der Dralas der gewöhnlichen Natur, der Helden der Vorfahren, der alten Götter und der Menschen-Harlekine. Sie alle sind miteinander verbunden.

Die Aufführung eines solchen Spiels gilt selbst als Begegnung, als bedeutungsvolles Zusammentreffen von Dralas und Menschen, ja diese Begegnungen machen das Eigentliche des Wayang aus. Nach dem Anthropologen Alton Becker stellt das Wayang die Gegenwart in den Kontext der Vergangenheit und die kleine Menschenwelt in den Kontext der Energien und Mächte von Natur und Kosmos.

»Wayang vermittelt Einsicht in die umfassendsten und vollständigsten Zusammenhänge, in denen sie leben, und ist selbst der beste Weg, diese Zusammenhänge zu ergründen. Das Schattentheater vermittelt, wie jede lebendige Kunst, eine Vision von der Welt und vom Ort des Menschen darin, die ganz und heil und bedeutungsvoll ist. Eine solche Kommunikationskunst ist deshalb für eine gesunde Gesellschaft ebenso wichtig wie frische Luft, gesunde Nahrung und Arzneien zur Heilung von Irrtümern. In seinen höchst vielschichtigen Bedeutungszusammenhängen ist ein gut dargebotenes Wayang eine Vergegenwärtigung geistiger Gesundheit.«

Harmonie in den menschlichen Tätigkeiten bedeutet, die Dinge so zu sehen, wie sie sind, und entsprechend zu handeln. Wenn wir erwachen und voll gegenwärtig sind, hier und jetzt, ist es möglich, einen Blick auf diese Drala-Kraftlinien zu werfen. Wir sehen dann, wie die Dinge wirklich sind, ihr eigentliches Wesen. Aber die Reihenfolge läßt sich auch umkehren. Wir können mit Geist und Körper, mit unserer psychischen und physischen Wirklichkeit arbeiten, um diese Drala-Kraft zu kultivieren und in unser Leben einzubeziehen. Dann helfen uns die Dralas, wach zu werden und zu sehen, wie die Dinge wirklich sind. Wir können sie anrufen, ja ihr Erscheinen sogar provozieren.

Die Dralas zeigen sich uns hier und jetzt. Sie bieten uns ihre Hilfe an, um uns zu heilen und aufzuheitern, um die Erde und ihre Bewohner auf ein höheres Niveau zu heben und uns wieder ganz zu machen. Doch wenn wir vor ihnen davonlaufen, erreichen sie uns natürlich nicht und können unsere Lage gar nicht erst erkunden. Sie können erst etwas für uns tun, wenn wir uns mit ihnen verbinden und mit ihnen kommunizieren. Alles, was sie tun können, ist, den Samen in unsere Herzen zu pflanzen und darauf zu warten, daß wir uns ihnen öffnen. Wie der Oglalasioux Ed McGaa sagt: »Das Geistervolk der Geisterwelt wird im Yuwipi, der Zeremonie des Geisterrufens, beschworen. Ihr Reich ist höher und von den Zwängen von Zeit und Raum viel freier als das unsere. Deshalb können sie uns helfen, wenn wir sie auf die richtige Art bitten.«

Eine der beeindruckendsten Sitzungen, die ich beim Dorje Dradul je erlebte, war, als er uns über die Dralas zu unterrichten begann. Er stellte die Frage: »Was ist in der modernen Gesellschaft schiefgegangen? Warum haben wir den Kontakt zum prinzipiell Guten und zur Heiligkeit der Welt verloren?« Dann fing er an, über die Dralas zu sprechen, und erklärte, wie bei der Zerstörung der heidnischen Welt die Beziehungen zu den Dralas abgebrochen worden seien. In diesem Augenblick schien mir der ganze Raum wie elektrisch geladen zu sein und zu leuchten. Ich schaute zu meiner Frau hinüber, die mit unserer Tochter schwanger war, und sah sie wie durch einen Hitzeschleier. Es war, wie wenn eine ursprüngliche Kraft, in der westlichen Welt so lange unterdrückt, wieder in ihre Rechte eingesetzt worden wäre.

Aber der Dorje Dradul betonte auch, daß er nicht der einzige sei, der direkt Verbindung mit den Dralas aufnehmen könne – auch wir könnten ihnen direkt gegenübertreten. Er stellte klar, er führe uns nur zu ihnen hin, und es sei jetzt die Reihe an uns, sie anzurufen. »Ich habe euch diesen Damen und Herren nur vorgestellt«, sagte er. »Jetzt warten sie darauf, euch kennenzulernen.« Tatsächlich hatten, als er noch lebte und auch seit seinem Tod einige seiner Schüler sehr starke Erlebnisse bei der Begegnung mit Drala-Energie.

Die Dralas besitzen die Kraft, Frieden und Harmonie zu bringen, weil sie schon die bloße Vorstellung von Feindschaft nicht kennen und deshalb völlig frei von jeder Aggressivität sind. Berühren wir diese Energie, so fühlen wir, daß die Welt lebendig, authentisch, kostbar ist. Die Drala-Energie zu empfinden, spornt uns an, ganz für unsere Welt dazusein. Wenn die Welt lebendig ist und man Teil dieser lebendigen Welt ist, hat man kein Interesse mehr daran, sie zu verwunden, genausowenig wie man einen anderen Menschen oder ein anderes Lebewesen verwunden will. Die Dralas unterstützen und beschützen die natürliche Ordnung und dynamische Harmonie des Kosmos. Wer sich mit ihnen verbindet, empfindet diese größere Harmonie. Jeder kann seinen eigenen Platz in dieser natürlichen Ordnung finden und mit seinen Kräften dazu beitragen, daß die größere Harmonie unterstützt wird.

Es ist wichtig, daß wir die Welt, die uns gegeben ist, auch wirklich schätzen. Es hilft gar nichts, sie abzulehnen und nach etwas Besserem zu suchen – dumpf und taub zu werden und uns vor den Kräften, die zu uns kommen wollen, zu verschließen. Es hilft nichts, allem und jedem wegen unseres eigenen Mangels an Verbindung zur Welt Vorwürfe zu machen. Ebensowenig hilft es etwas, nur immer schöne und großartige Dinge sehen und hören zu wollen. In jedem dieser Fälle verschließen wir uns vor den Dralas. Manchmal ist die Wirklichkeit eben schmerzhaft, langweilig und häßlich, aber wirksam ist sie immer – auch ihre groben und problematischen Eigenschaften können wir noch schätzen.

Wenn wir die Welt auf diese Weise richtig schätzen, erfahren wir sie als heilig und haben auch den Wunsch, Anteil an ihr zu nehmen. Es gibt keine Trennung zwischen heilig und profan – in der Welt der Dralas ist alles heilig. Die Heiligkeit zu schätzen beginnt damit, daß man ein Interesse an allen Einzelheiten des Lebens nimmt. Sogar die scheinbar sehr irdischen Aspekte Ihres Lebens – wo Sie leben, was Sie anhaben, aus welchen Tellern und Schüsseln Sie essen – können zu diesem Allgemeinsinn für Heiligkeit und zur Empfindung der Drala-Gegenwart beitragen. Wir müssen die Dinge einfach intensiver befragen und genauer betrachten: auf die Menschen lauschen, die Frösche, das Geräusch des Regens, in die Tiefe der Dinge statt nur auf ihre Oberfläche blicken. Wir müssen unser Herz von den Dingen berühren lassen und aufhören, über sie nur als zu lösende Probleme nachzudenken. Wir müssen damit beginnen, den Zauber und das Geheimnis unseres Lebens wirklich zu schätzen. Wenn wir mit solchen Einstellungen und Zielsetzungen leben, werden wir die Dralas auch zu uns heranziehen, so daß sie uns helfen können, aufzuwachen und uns mit der Harmonie, Schönheit und Macht der heiligen Welt zu verbinden.

Teil II
Die Praxis
der Kriegerschaft

4. Der Kokon

In diesem zweiten Teil werden wir lernen, wie wir uns für die heilige Welt öffnen und mit ihr verbinden. Wir werden die Ausbildung des Kriegers durchlaufen. Um jedoch damit beginnen zu können, müssen wir uns selbst fragen, warum wir das prinzipiell Gute in uns und die Heiligkeit unserer Welt spüren und daraus leben. Wenn Heiligkeit universell und uns in unserem Inneren ganz nahe und ursprünglich ist, warum erfahren wir sie dann nicht ständig und stimmen unser Handeln auf sie ab? Würden wir unser Handeln und unsere Beziehungen, unsere Politik und Kultur auf das prinzipiell Gute und die Heiligkeit abstimmen, würde die Welt sicher ganz anders aussehen. Was hält uns davon ab?

Wie intensiv unsere erste Entdeckung des prinzipiell Guten auch sein mag, sie wird auf jeden Fall nur sehr kurz sein, gleichgültig, ob wir versuchen, sie festzuhalten oder loszulassen. Sie verschwindet wieder, sobald wir zum monotonen Alltag unserer alten Denk-, Fühl- und Körpergewohnheiten zurückkehren. Ungeheuer schnell werden Frische und Klarheit unseres Bewußtseins und unsere Herzenswärme wieder von den uns so vertrauten Wolken der Depressionen zugedeckt. Manchmal haben diese Wolken rosa Ränder – wir verlieren uns in romantischen Phantasien und sind verliebt. Zu anderen Zeiten sind sie dunkel und drohend und begleiten phantastische Mordgedanken. Häufig reflektieren diese Wolken Erinnerungen an traumatische Verletzungen oder ein vergangenes Glück, die wir uns dann unablässig wiederholen. Aber wenn wir auf unserem Weg etwas weitergekommen sind, werden wir verstehen, daß nicht einmal diese Wolken – seien sie rosa oder grün, blau oder schwarz – vom prinzipiell Guten wirklich getrennt sind. Vorläufig jedoch fühlt es sich tatsächlich so an, als ob sie einen kostbaren Fund wieder zudeckten und uns wieder unserem altvertrauten Ich überließen.

Der Weise Liu Wenmin, Konfuzianer und Taoist aus dem 16. Jahrhundert, sagte: »Wenn du den eigentlichen Ursprung der zehntausend Handlungen nicht erkennst, versinkst du in Klugheit, Künstlichkeit und degenerierten Gewohnheiten. Alles unter dem Himmel siehst du dann als Wirrwarr unzähliger voneinander verschiedener Erscheinungen. So wird dein Geist geblendet und verwirrt, und dein ganzes Leben ist nur Last und Leiden.«

Doch zeigt sich hier ein Paradox. Obwohl diese Wolken offensichtlich ein frisches, offenes Herz zudecken, von dem wir uns wünschten, es bliebe immer so, empfinden wir sie doch gleichzeitig auch als behaglich und angenehm – denn wir kennen sie! Auch wenn sie sich völlig neurotisch ausnehmen, auch wenn wir sie schon bis zum Überdruß angesehen haben – gerade ihre Vertrautheit scheint ihren Wert für uns auszumachen. Sie sind ein sicheres Versteck für uns. Dort fühlen wir uns »wirklich«.

Warum wir die Heiligkeit der Welt nicht sehen

Meist gelingt es uns nicht, uns auf einfache, ursprüngliche Weise mit uns selbst und unserer Umwelt zu verbinden. Wir gehen uns selbst und der Welt, in der wir leben, aus dem Wege. Manche fühlen sich als Versager und sind deprimiert, während andere Übermenschen sein wollen und sich ständig angespannt fühlen. In beiden Fällen versuchen wir, anders zu sein, als wir eigentlich sind. Wir achten nicht auf unsere eigenen Erfahrungen, sondern messen uns selbst an irgendwelchen imaginären Maßstäben. Wir erfinden uns selbst und unsere Erfahrungen. Manchmal können wir sehr klar sehen, daß andere sich dauernd selbst erfinden, können aber nur schwer glauben, daß wir selbst es ebenso machen. In Wirklichkeit tun die meisten von uns es die ganze Zeit: Wir ersetzen unsere ursprüngliche Persönlichkeit und unsere ursprünglichen Erfahrungen durch eine andere Person, deren Erfahrung nur in unserer Einbildung existiert. Aus irgendwelchen Gründen fühlen wir uns wohler, wenn wir so tun, als ob wir jemand anders wären, statt wir selbst zu sein. Und unser So-tun-als-ob halten wir dann für uns selbst. Wenn wir beginnen, auf unser Leben und Denken zu achten, ist es dieses So-tun-als-ob, das uns als erstes auffällt.

In den Shambhala-Lehren nennt man diese verbrauchte, uns so vertraute Hülle, die mit unseren Denk- und Fühlgewohnheiten verbunden ist, »Kokon«. Gerade seine Verbrauchtheit aber ist der Schlüssel, durch den wir ihn entdecken können – die Gedanken, die wir übernommen, die mentalen Filme, die wir uns angesehen, die Emotionen, die wir empfunden haben. Sobald irgend etwas Frisches, Scharfes oder Ungewohntes unser vertrautes Dasein bedroht, flüchten wir uns in den Kokon zurück.

Der Dorje Dradul beschreibt den Kokon als die Gemütsverfassung eines Feiglings.

»Wenn wir unsere gewohnten Verhaltensmuster ständig reproduzieren, brauchen wir niemals an die frische Luft oder auf unbekanntes Terrain hinauszugehen. Wir hüllen uns stattdessen in unsere feuchtkalte Welt, wo wir in unserem eigenen Mief schmoren. Diesen feuchten Kokon betrachten wir als unser Familienerbstück und -vermächtnis und haben keine Lust, diese schlecht-guten, gut-schlechten Erinnerungen preiszugeben... Es ist so bequem, es läßt sich so gut dabei schlafen!«

Die meisten von uns haben einen solchen Zufluchtsort in ihrem Bewußtsein und ihrem Herzen, wohin sie sich zurückziehen, wenn sie sich verletzt fühlen und Angst haben. Einen Großteil unserer Zeit verbringen wir an diesem Ort. Dort ist es gemütlich, dort sind wir abgeschlossen, sicher und geschützt. Gemütlich ist es, weil dort unser eigener Geruch ist – der Stallgeruch des Ich. Als ich zum erstenmal vom Kokon hörte, erinnerte ich mich an ein Erlebnis als kleiner Junge in England, während des Zweiten Weltkriegs. Das einzige, was oft in ausgebombten Häusern stehenblieb, war das Treppenhaus. Wenn tagsüber ein Luftangriff erfolgte und die Sirenen ertönten, setzten sich meine Schwester, ein Cousin und ich in einen kleinen Verschlag unter der Treppe, in den gerade zwei oder drei Kinder und ein Erwachsener hineinpaßten. Wir nahmen auch Kerzen, etwas zu essen und Spiele mit und fühlten uns dort sehr gemütlich und sicher. Wir verstanden zwar nicht wirklich, was vor sich ging, bemerkten auch die Furcht der Erwachsenen, wenn die Sirenen gellten, doch unter der Stiege fühlten wir uns sicher. Der Ausdruck »unter der Stiege« ist für mich seitdem zum Symbol für ein warmes, gemütliches Plätzchen geworden, wo man sich nicht fürchten muß – einen Kokon.

Heutzutage ist es in Großstädten schon zur Modeerscheinung geworden, sich in Kokons zurückzuziehen. Illustrierte haben dieses Thema bereits aufgegriffen. Wer es sich leisten kann, baut sich einen Kokon in Gestalt seiner Wohnung. Jetzt muß er nicht mehr hinausgehen und sich mit den Gefahren und der Häßlichkeit der Stadt auseinandersetzen. Er kauft sich eine Unzahl elektronischer Geräte, CDs und Videos, bestellt Pizzas und Leckerbissen und bleibt zu Hause.

Ganze Kokon-Städte sind auf diese Weise schon entstanden, zum Beispiel in Green Valley, Nevada. Green Valley wurde von einer Planungsgesellschaft entworfen und realisiert. Es entstehen Häuserblocks in Green Valley, die ringsum von Mauern umgeben sind. Auch jedes Haus ist von einer Mauer umgeben, und die Hausbesitzer müssen sich verpflichten, nichts daran zu ändern. Einer der Architekten erklärte: »Hier ist es sicher und sauber und schön. Die Schulen sind gut, die Verbrechensrate niedrig. So etwas wollen die Käufer.«

Kinder, die außerhalb eines Häuserblocks wohnen, dürfen ihre Freunde in einem anderen nur nach einem Anruf beim Sicherheitsdienst besuchen, der rund um die Uhr tätig ist. David Guterson, der für »Harper's« über Green Valley schrieb, fand einen neunjährigen Jungen mit schmutzigen Fingernägeln und sonnengebleichtem Haar, der allein auf einem kleinen Stückchen unbebauten Landes in Green Valley spielte. Die Architekten hatten es aus irgendwelchen Gründen nicht bebauen können. Der Junge lag auf den Knien und wühlte in einem Loch nach Eidechsen. Er sagte: »Es ist so furchtbar langweilig hier... Alles mit Häusern bedeckt – das ödet mich an.«

Auf Schildern an den Ecken steht: »Jeder Verdächtige wird unverzüglich der Polizei gemeldet!« In den Garagen sind Schilder angebracht: »Dein Nachbar schaut dir zu!« Aber trotz all dieser Regelungen ereignete sich eine Einbruchsserie, und man entdeckte, daß die Einbrecher in Häusern innerhalb der ummauerten Häuserblocks wohnten. Trotz aller Mühe war es den Bewohnern nicht gelungen, die Wirklichkeit aus ihrem Leben auszusperren.

Doch der tatsächliche Kokon befindet sich in unserem eigenen Wesen. Wir alle ziehen Mauern um unser Herz, um alles, was uns stört oder nicht mit uns übereinstimmt, auszusperren. Von Natur aus möchten wir nicht verletzt werden. Also versuchen wir alles, was uns angreifen oder die uns vertraute, warme Gemütsverfassung stören könnte, draußenzuhalten. Manchmal gelingt uns das, manchmal nicht. Wir haben diese Mauern schon zu Zeiten errichtet, an die wir uns nicht mehr erinnern können. Und wenn wir uns ihrer bewußt werden, sind sie schon fest und solide geworden. Der Kokon ist aber nicht nur eine Fassade, die wir vor anderen errichten, sondern mit seiner Hilfe verbergen wir uns auch vor uns selbst. Immer und immer wieder sagen wir uns unsere Lebensgeschichte vor, und jedesmal sieht sie noch ein bißchen besser aus. Wir gehen so in unseren Phantasien, wie wir sind und wer wir sind, auf, daß wir allmählich unsere Unsicherheiten und Ängste und Sehnsüchte nach einem erfüllteren Leben gar nicht mehr spüren.

Der buddhistische Lehrer und Psychologe Jack Kornfield nennt den Kokon einen »Angstkörper«. Er sagt: »Unsere Angst schafft eine verengte und falsche Perspektive auf unser Selbst. Dieses falsche oder kleine Selbst ergreift dann von unserem begrenzten Körper, unseren Gefühlen und Gedanken Besitz und versucht sie festzuhalten. Aus dieser beschränkten Perspektive auf das Selbst entstehen weitere Mangelerscheinungen und Bedürfnisse. Aus der Verteidigungshaltung entstehen Zorn und die Schranken, die wir zu unserem Schutz errichten. Wir haben Angst, uns zu öffnen, zu verändern, aus vollem Herzen zu leben, die Ganzheit des Lebens zu spüren. Die enge Identifikation mit diesem Angstkörper wird uns zur Gewohnheit.«

Wir sehen uns also selbst als Hauptfigur in einem Buch, Film oder Fernsehstück und pressen unseren Körper, bis er in dieses Schema hineinpaßt. Gleichzeitig verdrängen wir, was unser Körper wirklich empfindet – Hunger, Erschöpfung und das Bedürfnis nach Berührung –, ziehen ihn wie ein ungezogenes Kind hinter uns her und betäuben ihn durch Hektik oder Schlaf. Ein dauerndes Summen in unseren Köpfen quält uns, und gleichzeitig empfinden wir ein vages – oder vielleicht auch sehr konkretes – Gefühl der Frustration, des Unglücks und der Leere. Auf andere wirken wir vielleicht tüchtig, erfolgreich und glücklich. Doch innerlich haben wir Angst, unser eigenes Leben zu verpassen.

Vernon Cooper, ein Stammesältester und Heiler der amerikanischen Ureinwohner, sagt:

»Ich bin für die Zeit, in der wir heute leben, einfach nicht gemacht. Jeder hetzt umher, doch niemand hat ein Ziel. Die Menschen leben nicht, sie existieren nur. Sie entwickeln sich von den geistigen Tatsachen fort. Die Leute suchen Wissen, nicht Weisheit. Wissen bezieht sich auf die Vergangenheit, Weisheit auf die Zukunft. Wir leben in einer Zeit, in der alle Menschen schlafen. Sie denken, sie sind wach, doch in Wirklichkeit schlafen sie. Es ist eine sehr gefährliche Zeit, die gefährlichste in der Menschheitsgeschichte bisher. Der Mensch muß aufwachen.«

Unser Kokon zerschneidet die Verbindung zwischen Haupt und Herz, damit wir die Grobheit, Feinheit oder Unvorhersagbarkeit unserer sich ständig ändernden Welt nicht zur Kenntnis nehmen müssen. Wir wohnen hinter den toten Masken, die unser Bewußtsein geschaffen hat und die uns von der Antwort unseres Herzens auf die lebendige Energie draußen isolieren. Paradoxerweise vernichten wir unsere schöpferische Energie, indem wir unseren Kokon beibehalten. Dadurch, daß wir zu leben vermeiden, verurteilen wir uns zum Hungertod.

Unsere Masken: Die vielen Ichs

Sobald wir den Kokon etwas näher betrachten, erkennen wir, daß wir nicht nur *eine* Vorstellung von unserem Ich, sondern viele haben. Für verschiedene Gelegenheiten verfügen wir über verschiedene Ichs. Den spirituellen Traditionen war diese Fragmentierung unseres Wesens immer bekannt, und heute stoßen auch viele Psychologen und Therapeuten auf dieses merkwürdig gut gehütete Geheimnis. Der Psychologe Roberto Assagioli, Begründer der Psychosynthese und einer der ersten, der spirituelle Erkenntnis mit Psychotherapie verband, nannte diese verschiedenen Ichs »Subpersönlichkeiten«. »Die Organisation dieser Subpersönlichkeiten ist höchst aufschlußreich«, sagte er, »und manchmal überraschend, verblüffend, ja sogar erschreckend – in verschiedenen Rollen spielen wir ganz unterschiedliche, oft sogar gegensätzliche Charaktere... Normalerweise geht der Mensch ohne klares Bewußtsein von einer Rolle zur anderen über, und nur ein dünner Faden der Erinnerung verbindet die Masken. Doch in der Praxis sind es ganz verschiedene Wesen.«

Die Subpersönlichkeiten sind wie Rollen, die wir spielen – eine für jede Situation –, oder Masken, die wir aufsetzen, um zu verbergen, wie wir uns wirklich fühlen. Ein Shambhala-Krieger, Adam, beschreibt dieses Phänomen sehr deutlich:

»Wenn ich mit meinem Chef zusammen bin, spiele ich eine unterwürfige Rolle und will ihm möglichst gefallen. Unter Kollegen schlüpfe ich in die Kumpelrolle und versuche klug und witzig zu sein. Doch manchmal ergreift dann auch die Rolle der Niedergeschlagenheit von mir Besitz, und ich möchte einfach weglaufen. Bin ich mit einem alten Freund zusammen, entwickelt sich wieder eine ganz andere Rolle, die dann wie gewohnt abläuft. Und wenn ich allein bin, spiele ich entweder die Planer-, Tagträumer- oder Depressionsrolle. Sie werden mir ebenso unkontrollierbar übergestülpt wie die Rollen, die ich unter Menschen annehme.«

Wir schlüpfen automatisch in unsere Rollen, ohne es überhaupt zu bemerken. Jede Rolle ist mit wieder anderen Gedanken, Empfindungen, Stimmungen, ja sogar Muskelspannungen und Körperhaltungen ausgestattet. Das Schlüpfen von einer Rolle in die andere geschieht so unmerklich, und die Rollen selbst sind uns so vertraut, daß wir einen Wechsel nicht einmal bemerken. Wir glauben, jede Rolle ist dasselbe Ich, das nur jeweils anders fühlt. Wir erkennen den Automatismus dieses ganzen Ablaufs nicht. Würde man uns auffordern, uns selbst zu beschreiben, so würden wir wahrscheinlich die eine oder andere unserer Rollen beschreiben.

Alex, ein anderer Kriegerschüler, berichtet:

»Ich hatte ein wunderbares Wochenende gehabt und kam Montagmorgen ein bißchen zu spät zur Arbeit. Im einen Augenblick saß ich noch im Wagen und verabschiedete mich von meiner Freundin. Ich fühlte mich ein bißchen erregt und ziemlich romantisch, völlig mit mir und dem Leben zufrieden. Aber als ich ins Büro ging und meinen Vorgesetzten sah, begann ich physisch und psychisch zu schrumpfen. Ich wurde ziemlich nervös und dachte schon, ich hätte irgend etwas vermasselt. Mit meiner Rolle als Liebhaber war es für den Rest des Tages vorbei. Doch in meiner Rolle als Untergebener konnte ich etwas pausieren, als ich mit einem Freund Mittag machte. Die ganze Stunde schimpften wir auf den Chef und ärgerten uns über ihn. Wir waren ein Herz und eine Seele. Als ich dann darüber nachdachte, erkannte ich, daß diese drei Rollen – Liebhaber, Untergebener und Mitverschwörer – mir ebenso auf den Leib geschnitten sind wie mein altes T-Shirt.«

Besondere Emotionen sind Teil unseres Selbstbildes in jeder Rolle, und wenn wir von einer Rolle in die andere schlüpfen, legen wir die Empfindungen der früheren Rolle oft ab und können kaum noch glauben, daß wir sie wirklich gehabt haben. Häufig bereuen Männer, die in der einen Rolle ihre Frau und Kinder heftig beschimpfen, dies in einer anderen Rolle und lassen ihre Zankerei. Aber später taucht sie doch wieder auf. All diese Emotionen sind Teil unseres bewußten Selbstbildes im Augenblick – ich bin zornig, ich bin verliebt usw. –, es sind viele Flicken, die den Kokon bilden.

Manche Rollen sind für den Augenblick sehr passend, während andere ein fürchterliches Chaos anrichten. Manche Menschen haben geeignete Rollen für ihr Berufsleben entwickelt, sind erfolgreich damit und fühlen sich wohl. In der Zwischenzeit ist ihr Familienleben chaotisch. Ein erfolgreicher Anwalt berichtete während einer Shambhala-Trainings- und -Gesprächssitzung: »Die Rolle, die ich zu Hause oft spiele, ist wie die eines ungezogenen Jungen, der noch immer etwas will, was er als Vierjähriger nicht bekommen hat.« Das Familienleben anderer Menschen ist harmonisch und heiter, doch in ihren Berufsrollen kommen sie nicht zurecht und fühlen sich deprimiert und als Versager. Viele Menschen haben Rollen entwickelt, die herrlich funktionieren, wenn sie mit anderen zusammen sind, doch wieder allein mit sich spielen sie Rollen der Depression und Konfusion.

Beim Betrachten des Kokons kommt es nicht darauf an, darüber zu urteilen, welche Rollen gut und welche schlecht sind, oder zu versuchen, die »schlechten« loszuwerden und die »guten« zu verstärken. Es kommt einfach darauf an, zu merken, daß ein Großteil unserer Seelenenergie durch diese vollkommen gewohnheitsmäßig und automatisch funktionierenden Denk-, Fühl- und Handlungsweisen absorbiert wird. Aber das Wichtigste ist, zu erkennen, daß es sich bei diesem Kokon nicht um ein festes, dauerhaftes, in sich geschlossenes Etwas handelt, sondern um einen sich unaufhörlich ändernden Strom von Masken und Rollen. Wir haben ihn uns schlecht und recht, schon als wir aufwuchsen, zusammengeschustert, und jetzt ist es dieses Mischmasch, das wir für uns selbst halten.

Sobald wir die vielen Rollen, die wir spielen, und die vielen Ichs, die wir sind, erkennen, machen wir einen großen Schritt vorwärts auf dem Weg der Kriegerschaft. Viele von uns glauben, wir seien eine einzige und in sich geschlossene, wenngleich manchmal etwas neurotische Persönlichkeit. Und wir denken dann, ein immer besserer Krieger zu werden bedeute, diese einzige, aber psychisch nicht sehr gesunde Persönlichkeit in eine gesunde zu verwandeln. Doch wenn wir die Flickeneigenschaft des Kokons erkennen und die vielen Persönlichkeiten, die ihn bilden, steht ein anderer Weg vor unserem Bewußtsein. Wir können dann die Persönlichkeit entdecken, die wir wirklich sind und die bereits psychisch gesund ist. Wir können unsere Ursprünglichkeit fördern, so daß wir fähig werden, ohne Furcht den Kokon zu verlassen, die Rollen, die nützlich sind, beizubehalten und den Rest hinter uns zu lassen. Wir können den Kokon verlassen, wenn wir die Wärme des prinzipiell Guten spüren, ja wir können diese Wärme und Milde sogar auf den Kokon selbst ausdehnen.

Alles, was uns hilft, den Kokon deutlich ins Auge zu fassen, wie in einem Spiegel, ohne noch darin gefangen zu sein, hilft uns auch auf dem Weg der Kriegerschaft weiter. Das Ziel des Weges der Kriegerschaft ist, unser prinzipiell Gutes zu entdecken und uns der heiligen Welt außerhalb des Kokons zu öffnen. Dies ist der Grund, weshalb wir den Kokon ins Auge fassen: Wir wollen ihn verlassen können, immer wieder, statt uns weiter in ihn zurückzuziehen. Manchmal sind wir, wenn wir unseren Kokon zum erstenmal erblicken, von seiner Tiefe, Geschichte und Struktur fasziniert und ganz hingerissen. Diese Faszination kann zum Problem werden. Wir könnten unser ganzes Leben damit verbringen, den Kokon zu erforschen, und niemals erkennen, daß es etwas außerhalb von ihm gibt. Doch statt uns immer wieder mit unserem Leiden zu beschäftigen und in seine Geschichte einzutauchen, sollten wir besser unser prinzipiell Gutes betrachten, gleichgültig wie unbedeutend es sich im Vergleich zu unseren Wunden auch ausnimmt. So groß unser Leiden auch sein mag – immer gibt es Augenblicke des Entdeckens und Sich-Öffnens. Doch wenn sie auftreten, ist es wichtig, daß wir vermeiden, die neue Perspektive auf unser Selbst, die Kriegerschaft, die wir entdecken, in einen neuen Webfaden des Kokons zu verwandeln. Es ist leicht möglich, einen Kokon aus dem Ich, das den Weg der Kriegerschaft beschreitet, zu machen, wenn wir stolz darauf werden und uns daran festklammern.

Den Kokon verlassen

Als Krieger versuchen wir nicht, den Kokon loszuwerden oder ihn zu zerstören, selbst wenn wir es könnten. Der Kokon ist eine notwendige Phase des Hineinwachsens in die menschliche Gemeinschaft. Und in diesem Sinne ist er selbst eine Manifestation des prinzipiell Guten. Er ist die Rüstung und das Waffenarsenal, mit denen wir uns in unserer Umwelt behaupten können. Zu einem bestimmten Zeitpunkt unseres Lebens waren die Gewohnheiten, die unseren Kokon bilden, Hilfe und Schutz für uns. Später können dieselben Gewohnheiten ein Hindernis dafür werden, daß wir verantwortlich leben und uns neue Möglichkeiten eröffnen. Eine junge Frau wuchs in einer Familie mit schmerzhaft angespannter Atmosphäre und vielen unausgesprochenen Verletzungen auf. Ihr Vater war schweigsam, und wenn sie sich mit einem echten Gefühl an ihn wandte, fuhr er sie böse und zornig an. So lernte sie, ihr Herz vor ihm zu schützen. Wenn sie jetzt mit besonders ruhigen Männern zusammen ist, ist sie mißtrauisch und fühlt sich bedroht, da sie denkt, insgeheim brodle etwas in ihnen und sie hätten etwas gegen sie. Es ist ihr zwar theoretisch klar, daß nicht alle ruhigen Männer wie ihr Vater sind, doch fällt es ihr sehr schwer, etwas anderes in ihnen zu sehen.

Der Kokon an sich ist überhaupt kein Problem. Er ist eine Art Naturerscheinung, wie der Kokon, in dem ein Schmetterling sein Leben beginnt. Der Kokon des Schmetterlings ist ein lebender Teil der Raupe und wird von deren Arbeit erzeugt. Doch sobald der Schmetterling geboren ist, vertrocknet der Kokon und wird zur toten Hülle. Genauso wie der Schmetterling beginnen wir unser Leben in einem Kokon. Doch sobald wir sein Gewebe im Licht und der Wärme des prinzipiell Guten erblicken und spüren können, fällt er von selbst von uns ab, und wir können ihn verlassen. Dieses Abfallen geschieht unforciert und unbeabsichtigt. Es ist ein natürlicher Prozeß, so wie sich die Rinde von einer Birke, einem Ahorn oder einem Hickorybaum abschält, wenn er von innen her wächst.

Der Kokon fällt von uns ab, wenn wir ihn im Gegensatz zur Frische eines Augenblicks des prinzipiell Guten sehen, so wie wir die Abgestandenheit der Luft in einem Zimmer erst realisieren, wenn einer das Fenster öffnet und frische Luft hereinläßt, oder wie wir bemerken, daß es dunkel wird, wenn jemand hereinkommt und das Licht anmacht.

Der Dorje Dradul sagt:

»Im Kokon hat man nicht einmal eine Ahnung vom Licht, bis man die Sehnsucht nach dem Offenen verspürt, die Sehnsucht nach etwas anderem als dem eigenen Mief. Sobald wir beginnen, dieses gemütliche Dunkel zu untersuchen – es betrachten, es riechen, es spüren –, erfaßt uns Platzangst. Der erste Impuls, der uns daher aus der Dunkelheit des Kokons ins Licht der Großen Östlichen Sonne ziehen will, ist eine Sehnsucht nach frischer Luft… Mit dieser Sehnsucht nach frischer Luft, einer neuen Freude, schlagen wir die Augen auf und halten nach einer anderen Umgebung Ausschau. Und zu unserer Überraschung sehen wir allmählich Licht, mag es zunächst auch noch trübe sein. Von da an beginnt das Zerreißen des Kokons.«

Wenn wir uns mit einer größeren Welt verbinden können, schwindet unser leidiges Gefühl des Getrenntseins, unser inneres Selbstgespräch verstummt, und wir spüren, es ist möglich, uns für eine neue Welt ohne unseren alten Kokon zu öffnen und die Verbindung mit ihr zu erleben. Albert Einstein sagte:

»Der Mensch ist Teil des Ganzen, das bei uns ›die Welt‹ heißt, ein durch Zeit und Raum begrenzter Teil. Er erlebt sich selbst, seine Gedanken und Gefühle als etwas vom übrigen Getrenntes – in einer Art optischer Täuschung des Bewußtseins. Diese Täuschung ist eine Art Gefängnis für uns, das uns auf unsere persönlichen Wünsche und die Liebe für ein paar uns nahestehende Menschen beschränkt. Aber unser Ziel muß es sein, uns aus diesem Gefängnis zu befreien, indem wir unser Mitgefühl erweitern, bis es alle Lebewesen und die Gesamtheit der Natur in ihrer Schönheit umfaßt. Niemand erreicht so etwas vollständig. Aber das Streben nach diesem Ziel ist selbst schon Teil der Befreiung und eine Quelle innerer Sicherheit.«

Das Wichtigste ist also, zu entdecken, wie man die Verbindung zur wirklichen Welt herstellt – der wirklichen Welt hinter unseren statischen Begriffen. Der einzige Weg zu diesem Ziel besteht darin, daß man den Einzelheiten der gewöhnlichsten Erlebnisse Aufmerksamkeit schenkt. Denn dort wird man das prinzipiell Gute finden. Niemals wird man es dadurch finden, daß man daran glaubt, weil jemand sagt, es sei so, oder daß man um irgendeine andere Wirklichkeit, eine andere Welt, kämpft. Das prinzipiell Gute läßt sich nur hier und nur von jedem für sich selbst erfahren.

Das prinzipiell Gute findet sich zum Beispiel schon in unserer ganz gewöhnlichen Erfahrung, lebendig zu sein: in der Wärme unseres Körpers, in Gerüchen, Blicken und Tönen, im Geschmack einer leckeren Mahlzeit. So einfach es ist – wir erleben es nur selten ganz direkt. Meist sind wir viel zu sehr in Eile oder zu beschäftigt, um diese Freude zu erleben. Es ist uns so vieles selbstverständlich, und bei unserem Kampf ums Dasein und um Erfolg erleben wir solchen Überdruß und solche Angst oder tun alles, um herauszufinden, was eigentlich falsch mit uns läuft, daß wir das Leben selbst kaum mehr schätzen können.

Nehmen wir ein Beispiel: Was immer Sie in diesem Augenblick erleben, Tatsache ist doch, daß Sie *erleben*. Sie spüren Ihren Herzschlag, Ihr Ein- und Ausatmen, das Gewicht dieses Buches in Ihrer Hand. Vielleicht hören Sie das Pfeifen des Windes im Kamin, das Summen des Kühlschranks oder den Verkehr draußen auf der Straße. Wenn Sie um sich blicken, sehen Sie die Gesichter der Leute, die Autos oder die Bilder an Ihrer Zimmerwand und die kleine blühende Topfpflanze, die Wasser braucht.

Und auf all diese Dinge reagieren Sie. Sie halten sie für gut oder für schlecht. Sie sind aufgeregt oder melancholisch. Es ist möglich, daß Sie so in Ihren Urteilen oder Launen gefangen sind, daß Ihnen die Tatsache, überhaupt zu empfinden, ganz unwichtig vorkommt. Denken Sie aber nur einmal an den Zeitpunkt zurück, als Sie gerade eine Erkältung hinter sich hatten – wie frisch und angenehm es da war, einfach einmal zu essen oder spazierenzugehen! Menschen, die schwer krank waren und dem Tod ins Auge geblickt haben, beschreiben fast immer die außergewöhnliche Freude, die sie empfanden, als sie die Welt wieder erleben konnten. Menschen, die zeitweise erblindet oder ertaubt waren, sind extrem dankbar für ein wiederhergestelltes Seh-

oder Hörvermögen. Für uns ist das alles selbstverständlich. Doch in Wirklichkeit ist es ein Wunder.

Und wir alle können lernen, uns unseres Lebens, das wir leben, bewußt zu werden. Das prinzipiell Gute in uns wiederzuentdecken und kennenzulernen, ist ein natürlicher, für jeden Menschen möglicher Prozeß. Die Glaubensüberzeugungen einer bestimmten Kultur und die Erziehung können diesen Prozeß begünstigen oder beeinträchtigen, aber das Erleben selbst ist jedem Menschen möglich – es ist die Erfahrung, wirklich Mensch zu sein. Um dieses prinzipiell Gute zu finden, müssen wir nur aufhören, herumzuhasten und feststellen zu wollen, wer wir sind. Das prinzipiell Gute ist zwar die Grundlage all unserer Erfahrung, aber es läßt sich nicht außerhalb von uns selbst finden – jedenfalls nicht gleich zu Anfang. Das prinzipiell Gute ist kein äußerer Gegenstand. Die Entdeckung des prinzipiell Guten beginnt damit, daß Sie akzeptieren, wer Sie sind und wie Sie sind. Dazu müssen Sie nur für eine Weile innehalten und die Aufmerksamkeit auf sich selbst, ihren Körper, ihre Gedanken, ihre Empfindungen und Gefühle richten.

Epidemische Unbewußtheit

Wenn wir einmal den Entschluß fassen, ein Weilchen ganz bei uns selbst zu sein, lassen wir uns doch oft von unseren Gedanken und Empfindungen nur mitschleifen, wohin sie uns ziehen. Dabei stellt sich dann sehr schnell heraus, daß wir nicht mehr im Augenblick leben. Wir vergessen dann, daß wir in diesem Zimmer sind, auf diesem Stuhl sitzen. Wir vergessen den Anblick, die Geräusche und Gerüche unserer unmittelbaren Umgebung.

Statt dessen denken wir daran, was vor einem Augenblick passiert ist oder vor ein paar Stunden oder gestern oder vor Jahren. Wir erinnern uns an schöne Ereignisse, um uns besser zu fühlen. Immer wieder lassen wir ein verlorenes Spiel vor unserem inneren Auge abrollen, um es zu einem gewonnenen Spiel zu machen. Eine Aufgabe, der wir ausgewichen sind, wird zu einem Sieg, oder wir planen etwas, was wir für später erwarten oder uns für später wünschen. Wir leben weder in unserer aktuellen Erfahrung noch bemerken wir überhaupt, daß wir denken – unsere Gedanken schleifen uns einfach mit. In diesem Sinne sind wir »unbewußt«.

In einem kürzlich erschienenen, sehr erfolgreichen Comic findet eine junge Krankenschwester, die immer mit ihrer Arbeit oder irgendwelchen Plänen beschäftigt ist, endlich einen Augenblick für sich selbst. Mit einem Seufzer und einem zufriedenen Lächeln sagt sie zu sich: »Kein Fernsehen, kein Radio!«, und dann: »Ja, jetzt bin ich allein mit meinen Gedanken!« Auf dem letzten Bild aber schneidet sie eine Grimasse, hält sich ihren Kopf und sagt dabei: »Junge, was für ein Lärm hier drinnen ist!« Genau das ist das Problem. Wenn uns unsere Umgebung nicht ablenkt, ziehen unsere Gedanken unsere Aufmerksamkeit hierhin und dorthin, so daß wir wieder nicht im Augenblick leben können. Nicht, daß unsere Gedanken an sich der Feind wären – wir könnten denken, uns unserer Umgebung und gleichzeitig unserer lebendigen Gegenwart bewußt sein. Aber wir tun es nicht.

Diese Unbewußtheit, diese aktuelle Abwesenheit von unserem Körper, unseren Gefühlen und sogar unseren Gedanken – wie bei einem Autopiloten – ist die Auswirkung des Kokons. Und das gilt fast für hundert Prozent unserer Zeit im Alltag. Manche Menschen denken allerdings, es ist gerade besonders raffiniert, unbewußt zu sein: ein Geschäft zu planen, während man auf der Straße geht, fernsieht oder mit einem Kollegen spricht. Manche kultivieren diese Unbewußtheit absichtlich, um sich von ihrem öden Job abzulenken. Überall spielt Musik, um uns zu entspannen und zu unterhalten. Manchmal sind wir gezwungen, diese Berieselung sogar über uns ergehen zu lassen, während wir am Telefon auf den Teilnehmer warten. Unterhaltung ist weitgehend zur Methode, Unbewußtheit zu erzeugen, geworden – sie entführt uns in eine Phantasiewelt, damit wir mit unseren Gedanken nicht bei unserer täglichen Tretmühle sein müssen.

Ellen Langer, Psychologieprofessorin in Harvard, hat viele Jahre damit verbracht, die Gründe für diese Unbewußtheit und die Kosten, die sie im Alltag verursacht, zu erforschen. In ihrem Buch »Mindfulness« (deutscher Titel »Fit im Kopf«) berichtet sie über ihre Ergebnisse: »Anders als die exotischen Zustände der Bewußtseinsveränderung, von denen wir soviel lesen, sind Bewußtheit und Unbewußtheit so verbreitete Phänomene, daß wir uns nur selten Gedanken über ihre Bedeutung machen oder sie zum Ausgangspunkt dafür nehmen, unser Leben zu ändern.« Ihr Buch handelt von den »psychischen und physischen Kosten, die uns unsere durchgehende Unbewußtheit verursacht und, was wichtiger ist, von dem Gewinn an größerem Überblick, größeren Möglichkeiten und weniger Beschränkungen, den Bewußtheit uns bringen würde.«

Viele Menschen fragen sich am Ende ihres Lebens mit einem nostalgischen Anflug des Bedauerns: »So vieles habe ich gemacht. Aber habe ich wirklich gelebt?« Oder sie klagen: »Das Leben ist an mir vorbeigeflogen, ohne daß ich es eigentlich bemerkt habe. Es war so schnell vorbei!« Aber Kriegerschaft ist, wirklich Ihr Leben zu leben und es nicht unbemerkt vorbeifließen zu lassen. Die Grundlage der Kriegerschaft ist, Ihrem Leben in all seinen lästigen, ekelhaften, schmutzigen, schönen und gelegentlich herrlichen Einzelheiten Ihre Aufmerksamkeit zu schenken. Die Grundlage der Kriegerschaft ist Bewußtheit.

Paula, Teilnehmerin an der Shambhala-Schulung, beschrieb kürzlich, wie sie den Ungehorsam ihres noch ungeschulten Bewußtseins entdeckte. Zum ersten Mal wurde sie in einem Aborigines-Reservat im Kimberley-Gebiet Nordwestaustraliens, der entlegensten und rauhesten Gegend des Landes, dazu gebracht, ihrer Wirklichkeit einmal ins Gesicht zu sehen. Sie hatte ein Stipendium bekommen, um die Schulen dieses Gebietes zu bereisen und Workshops zu veranstalten, wobei sie auf Rollenspiel beruhende Kommunikationstechniken anwandte. Diese Arbeit hatte sie mehrere Jahre lang gemacht, war aber vorher nur einmal in einem Aborigines-Reservat gewesen. Hier ihre Schilderung:

»Im Leben der Aborigines gab es vieles, was meinen amerikanischen Dünkel von Grund auf erschütterte. Ich dachte, ich hätte diesen Dünkel und diese Verletzlichkeit längst abgelegt und mich zu einer linkslastigen, new-age-orientierten, ziemlich antiamerikanisch eingestellten Person entwickelt. Doch die Gesellschaft, mit der ich es jetzt zu tun hatte, stand in solchem Gegensatz zu meiner Begriffswelt, daß mein Ich total unterhöhlt wurde. Es war keineswegs eine ideale Gemeinschaft. Und wenn ich jetzt, Jahre später, noch einmal dorthin zurückginge, bin ich sicher, daß mir das noch mehr auffiele als damals. Nein, der springende Punkt ist, daß mir mein Bewußtsein allmählich durchsichtig wurde. Es war chaotisch, verwirrend, widersprüchlich, eine Kakophonie von Ideen, Feststellungen, Sorgen, Ambitionen, Befürchtungen, Hoffnungen, Wahnvorstellungen usw., und es war ein ununterbrochener Strom. Es gab keine Lücke. Ich fühlte mich verzweifelt und innerlich aus dem Lot, aber jetzt bin ich sehr dankbar dafür.

Die Aborigines erzählten mir, sie hielten die Weißen für krank. Ständig versuchten sie mich mit dem Rauch reinigenden Feuers zu umhüllen oder in irgendeinen heiligen Teich zu tauchen. Sie waren wirklich sehr nett. Dann fragten sie mich, warum ich nicht im eigenen Land mit meinen eigenen Leuten arbeite. Mein Aufenthalt bei ihnen schien ihnen unsinnig, und sehr bald schien er auch mir unsinnig.

Eines Tages entfernte ich mich in einem Zustand extremer Konfusion ein wenig von dieser bizarren Wüstensiedlung. Ich saß oben auf einem riesigen Felsen und blickte über Hunderte von Meilen flacher, roter Wüste, gesprenkelt mit Erdhügeln, die wie große Brustwarzen aussahen. Es war eine unglaubliche Summe aus Himmel, Horizont und Luft, riesige Entfernungen. Und jetzt hörte ich mein Bewußtsein – es schien mir so klein, so verkrampft, von so qualvoller Platzangst ergriffen! Der Raum schien wirklich, aber mein Bewußtsein fühlte sich krank an. Der Gedanke stieg in mir auf: ›Wenn ich jetzt mein Bewußtsein in diesen Raum entlassen könnte, es sich mit diesem Raum vermischen lassen könnte, wäre mir wohl. Es mit dem Atem ausströmen lassen, einfach so! Mein Bewußtsein mit dem weiten Raum vermischen.‹ Vielleicht tat ich es für einen Augenblick sogar, aber es war schnell wieder vorbei. Ich wußte, aus eigener Kraft konnte ich es nicht. Ich brauchte jemanden, der es mir beibrachte.

Drei Jahre später kehrte ich in die Vereinigten Staaten zurück. Ich fing mit der Shambhala-Schulung an, auf Vorschlag meines Therapeuten, der meinte, auf lange Sicht wäre das weit wirksamer und wesentlich billiger als eine Behandlung.

Ich hatte schon genug spirituelle Dummheit kennengelernt und war ungeheuer vorsichtig geworden. Nicht die Vorträge überzeugten mich: Für ein Bewußtsein wie das meine waren Worte wohlfeil und billig. Während einer Stunde, in der Bewußtheit geübt wurde, schlief der Leiter plötzlich ein und wachte mit einem lauten Schnarcher auf. Was mich überzeugte, war die Ursprünglichkeit der Bewußtheitsübung.«

Wenn wir uns hinsetzen und mit uns allein sind, laufen unsere Gedanken und Gefühle wie bei Paula erst einmal Amok. Sie scheinen uns mit sich wegzutragen. Paula konnte nicht einfach dort auf dem Felsen sitzen und ihr Bewußtsein in den weiten Raum hinauswandern lassen, um schlicht im Augenblick zu leben. Aber sie hatte keine Pläne. Sie hatte sich für einen Augenblick aus dem Dorf entfernt, und es gab nichts, was man von ihr erwartete. Sie stellte die Großartigkeit der Landschaft fest und war hingerissen. Sie wollte sich mit ihrem Bewußtsein für einen Augenblick dort aufhalten, konnte es aber nicht. Ihre Aufmerksamkeit weigerte sich einfach, dort mit ihrem Körper und ihrem Erleben zu verweilen. Es wurde ihr klar, daß sie ihr Bewußtsein trainieren mußte.

Versuchen Sie einmal diese Übung: Legen Sie Ihr Buch weg und versuchen Sie fünf Minuten lang, während Sie auf einem bequemen, aber festen Stuhl sitzen, sich der Empfindung bewußt zu werden, wie Ihr Rücken an die Lehne drückt. Achten Sie dabei gleichzeitig auf Ihre Gedanken. Versuchen Ihre Gedanken, Sie von der einfachen Aufgabe, auf Ihren Rücken zu achten, abzuziehen? Haben Sie die Übung schon vergessen und müssen von neuem anfangen?

Mit größter Wahrscheinlichkeit ist es Ihnen so gegangen, daß nach wenigen Sekunden Ihr Bewußtsein von einem Gedanken oder Gefühl mit Beschlag belegt wurde. Sie waren sich Ihrer Körperempfindung nicht mehr bewußt und hatten sogar Ihre ursprüngliche Absicht vergessen. Jedesmal, wenn Sie sich wieder daran erinnerten und von neuem konzentrierten, dauerte es wahrscheinlich nur ein paar Sekunden, bis Sie sich wieder an einen Gedanken verloren hatten. Vielleicht ist es Ihnen nicht ganz genauso ergangen, aber diese Beschreibung kommt der Erfahrung, die die meisten von uns zum erstenmal machen, ziemlich nahe. Viele Menschen sind ganz schockiert, wenn sie entdecken, wie wenig Einfluß sie wirklich auf die Vorgänge in ihrem eigenen Bewußtsein haben – den Teil ihres Wesens, von dem sie überzeugt sind, er sei mit Sicherheit sie selbst.

Noch viel schwerer ist es, mitten in einer Konferenz im Büro bewußt zu bleiben. Im Alltag bewußt zu sein, bei all den Forderungen, die unsere Umgebung und unsere Denkgewohnheiten an unsere Aufmerksamkeit stellen, das ist am Anfang zuviel von uns verlangt. Es ist, wie wenn man einem Anfänger ein Paar Ski an die Füße schnallte und ihn oben an eine Olympiaabfahrtsstrecke stellte. Eine Kurve oder eine kleine Erhebung, und schon würde er stürzen. Ebenso würden wir sofort die Spur verlieren, wenn wir zu uns sagten: »Ja, das ist eine gute Idee, von jetzt an will ich bewußt leben!« Schon in wenigen Augenblicken würden wir uns im erstbesten Gedanken verlieren und hilflos hin- und hertaumeln, wir hätten unseren Vorsatz, bewußt zu leben, sofort vergessen.

Wenn Sie diese Übung gemacht haben, werden Sie wahrscheinlich entdeckt haben, wie ungezähmt Ihr Bewußtsein noch ist. Wahrscheinlich sprang es dauernd von einem Gegenstand zum anderen oder hatte sich in einer Rille festgefahren, aus der Sie es nicht mehr befreien konnten. Das Bewußtsein wünscht allem Anschein nach gar nicht, unmittelbar zu erleben. Also müssen wir Bewußtheit trainieren, Bewußtheit üben. Das ist ein äußerst wichtiger Schritt, der erste Schritt. Wenn wir nicht am Anfang den Ungehorsam unseres Bewußtseins zähmen – zumindest teilweise –, haben wir keine Chance, unsere Reise fortzusetzen.

Praktische Anleitungen

1. Sich selbst begegnen

Verbringen Sie eine Woche lang täglich tagsüber oder abends fünfzehn Minuten mit sich selbst. Wählen Sie jeden Tag wieder eine andere Zeit, legen Sie aber einen bestimmten Termin fest und tragen ihn in Ihrem Kalender ein. Am Montag könnte es zum Beispiel zehn Uhr vormittags, am Donnerstag viertel nach neun Uhr abends sein usw. Ziel dieser Begegnung mit sich selbst ist es, für einen Moment mit dem, was man gerade tut, aufzuhören und nur auf sich selbst zu achten – auf seinen Körper, seine Gedanken und seine Gefühle. Schenken Sie vor allem den Einzelheiten Aufmerksamkeit. Fangen Sie mit Ihrem Körper an: Wie sitzen Sie da? Ist Ihre Haltung gerade oder krumm? Wo empfinden Sie Spannungen – in Ihren Schultern, Ihrem Kiefer? Dann gehen Sie zu Ihren Gedanken über: Was haben Sie soeben noch gedacht? Sind Sie mit etwas beschäftigt, das Sie einfach nicht loswerden können? Sind Ihre Gedanken sprunghaft oder fließen sie träge dahin? Fällt Ihnen gerade ein, was Sie jetzt eigentlich tun müßten? Haben Sie das Gefühl, einer Aufgabe auszuweichen, der Sie sich nicht stellen wollen? Richten Sie Ihre Aufmerksamkeit auf Ihr Allgemeinbefinden: Sind Sie müde, angsterfüllt, unruhig, träge? Achten Sie auch auf Ihre Gemütsverfassung: Sind Sie irritiert, zornig, verärgert, leidenschaftlich, aufgeregt, glücklich? Erkennen Sie in Ihrem jetzigen Zustand irgendwelche Muster oder Gewohnheiten, die sich in Ihrem Leben immer wiederholen? Sitzen Sie häufig in dieser Haltung da und denken und empfinden auf diese Art? Der springende Punkt ist, ganz und ehrlich bei sich selbst zu sein, aber nicht zu ernst und zu streng. Sie brauchen auch nicht zu versuchen, etwas an Ihrem Zustand zu ändern. Doch wenn Veränderungen auftreten, während Sie auf Ihren momentanen Zustand achten, nehmen Sie sie zur Kenntnis. Sie können diese Übung des Sichselbst-Begegnens spontan zu jedem Zeitpunkt, wann sie Ihnen gerade einfällt, durchführen. Das soll aber eine Woche lang mindestens einmal täglich sein.

2. Bekanntschaft mit den eigenen Masken schließen

Schreiben Sie einige der häufigsten Rollen auf, die Sie in Ihrem Alltag spielen. Sie spielen zum Beispiel die Rolle des Arztes, der Mutter, der Ehefrau, des Freundes, der guten Bekannten, des Kollegen. Denken Sie darüber nach, unter welchen Umständen diese Rollen auftauchen und welche Masken Sie bei jeder aufsetzen. Machen Sie es nicht zu kompliziert. In Ihrer Rolle als Arzt tragen Sie vielleicht die Maske der Tüchtigkeit und der Allwissenheit (sogar dann, wenn Sie keineswegs wissen, was Sie tun!) oder die Maske des Mitgefühls (selbst wenn Sie müde sind und eigentlich gar keinen Anteil nehmen). In Ihrer Rolle als Ehefrau setzen Sie vielleicht die Maske der Liebenden auf (selbst wenn Sie wütend sind) oder die des Zorns und Ärgers (selbst wenn Sie Ihren Mann lieben). Sie können die Maske der Liebe aufhaben, auch wenn Sie wirklich gerade liebevoll sind – diese Maske bedeckt dann Ihr weiches, verletzliches Herz. Betrachten Sie Ihre Haltung in jeder dieser Masken. Wie fühlen Sie sich, während Sie sie tragen? Was für Gedanken haben Sie dabei? Rufen Sie sich in Erinnerung, was Sie tun, wenn Sie in Ihren Masken gestört werden. Beobachten Sie nur einfach. Urteilen Sie nicht, ob die jeweilige Maske gut oder schlecht ist, und versuchen Sie nicht zu ergründen, wie man daran etwas ändern könnte.

3. Das ungezähmte Bewußtsein erblicken

Versuchen Sie, eine Weile allein zu Hause zu bleiben. Schalten Sie jetzt den Fernseher, den CD-Player, den Kassettenrecorder und das Radio an, alles auf einmal, alles, was Sie haben. Saugen Sie den Fußboden, fertigen Sie eine Arbeitsliste an, essen Sie und arbeiten Sie eine halbe Stunde so intensiv wie möglich. Dann schalten Sie alles wieder ab, setzen sich an einen gemütlichen Platz in ihrem Lieblingszimmer oder im Freien und lauschen der Stille. Lauschen Sie Ihren Gedanken.

4. Ein Gefühl für den Kokon als Ganzes entwickeln

Dies ist eine Übung, um die extreme Beengtheit Ihres Kokons zu erkennen, sich vorzustellen und zu spüren. Zuerst mag Ihnen das etwas gewollt vorkommen, aber wenn Sie wirklich Ihre Masken durchschauen, werden Sie die Anwesenheit von Gefühlen entdecken, mit denen Sie sich nicht auseinandersetzen wollen. Es ist keine Übung zu dem Zweck, daß Sie sich angenehm oder wohl fühlen, sondern sie soll Ihnen neue Einsicht vermitteln. Zusätzlich zum Gespür für den Druck und die Verbrauchtheit des Kokons besteht der zweite wichtige Aspekt dieser Übung darin, zu erkennen, daß Sie Ihren Kokon selbst spinnen. Im Rahmen der Übung ergibt sich diese Einsicht ohnehin von selbst, aber wenn Sie die Einzelheiten Ihrer Kokonwelt näher unter die Lupe nehmen, sehen Sie, wie kontinuierlich Sie am Aufbau dieser Welt arbeiten.

Machen Sie sich gut mit den Instruktionen vertraut und versuchen Sie die Einzelheiten jedes Übungsschrittes in sich nachzuempfinden. Wenn die Instruktionen zum Beispiel lauten: »Stellen Sie sich Ihren Körper ganz von Drähten umwunden vor!«, empfinden Sie dann, daß Ihr ganzer Körper eng umwunden ist. Stellen Sie sich die Drähte vor. Sind sie dick, schwer, schwarz, wie Seile, oder dünn, blau, wie Fäden? Spüren Sie, wie die Windungen von Ihren Zehen an beginnen und Ihren Körper umschlingen, die Beine hinauf, Zentimeter um Zentimeter, bis sie Ihren Kopf fest zusammendrücken? Ihre Vorstellung muß jeden Körperabschnitt genau registrieren. Kehren Sie am Ende allmählich wieder um und sitzen Sie eine Weile ruhig da. Hier die Übung:

Gehen Sie in ein ruhiges Zimmer, wo Sie allein sind. Legen Sie sich aufs Bett oder setzen Sie sich auf einen bequemen Stuhl. Sie schließen die Augen und lassen den Unterkiefer herabfallen. Fühlen Sie jetzt die Spannung in Ihrem Körper, in Ihrem Bauch, Ihren Armen und Schultern – fühlen Sie, wie sie größer und größer wird. Stellen Sie sich Ihren Körper eng mit Drähten umwunden vor. Fühlen Sie, wie es wäre, wenn Sie sich wirklich im Innern eines Kokons befänden, ohne Licht oder frische Luft. Empfinden Sie, wie der schwarze, dumpfe, luftlose Raum Sie erstickt. Denken Sie: »Das erzeuge ich jetzt selbst. Mein Körper ist beengt und wird zusammengedrückt. Ich erzeuge das selbst!« Lassen Sie nun die Sehnsucht in sich zu, in die Welt hinauszugehen und mit anderen zu sprechen. Spüren Sie die Art, wie Sie sich selbst schützen. Spüren Sie die Mauern, die Sie errichten, um sich in Sicherheit zu bringen und von anderen zu isolieren. Denken Sie: »*Ich* erzeuge das!« Empfinden Sie die Qual des Isoliert- und Alleinseins. Machen Sie sich bewußt, daß Sie auch dies selbst erzeugen. Sie spinnen sich Ihren eigenen Kokon. Ziehen Sie jetzt jede Ihrer Lieblingsmasken in Ihren Kokon hinein – eine nach der anderen. Lachen Sie in der jeweiligen Maske, schneiden Sie Grimassen darin, empfinden Sie das Maskenspiel! Denken Sie: »Ich erzeuge das selbst!« Lassen Sie sich jetzt wieder zu sich kommen. Öffnen Sie die Augen, blicken Sie um sich, seien Sie ruhig.

5. Sich selbst schätzen

Wie Sie über sich selbst denken, hat den größten Einfluß darauf, wie Sie sich und Ihr Leben empfinden. Nachdem Sie Ihre Kokonwelt betrachtet haben, verbringen Sie eine Weile damit, zu empfinden, daß Sie als Person prinzipiell gut sind. Spüren Sie, daß Sie im tiefsten Inneren prinzipiell gut sind, jenseits der Konventionen von Gut und Böse? Hegen Sie Zweifel darüber, daß Sie selbst und andere prinzipiell gut sind? Nachdem Sie Ihre Zweifel zur Kenntnis genommen haben, lassen Sie sie für einen Augenblick los und denken, daß Sie *wirklich* prinzipiell gut sind. Sinnen Sie darüber nach, daß Sie echte Hingabe, Freundlichkeit und Sympathie für andere Menschen, Tiere oder Orte in Ihrem Leben empfinden; daß Sie auch Liebe von anderen empfinden und wie das auf Sie wirkt. Wie zeigt sich das prinzipiell Gute in Ihrem Leben? Haben Sie schon Augenblicke gehabt, in denen Sie die Welt auf einfache, ursprüngliche Weise erlebt haben? Vergessen Sie alle Vorstellungen, Begriffe, jedes Muß und Soll und alle Pflichten. Was macht Sie weinen und lachen? Was ruft Empfindungen in Ihnen hervor? Wo ist Ihr Herz?

Nehmen Sie sich vor, einen ganzen Tag lang die Augenblicke der Frische und Ursprünglichkeit, die im Alltag auftauchen, zur Kenntnis zu nehmen. Sie tauchen immerzu auf, nur bemerken wir sie normalerweise nicht, solange es sich nicht um dramatische Momente handelt. Der Vorsatz, solche Momente wahrzunehmen, ist der erste Schritt, um die Heiligkeit der Welt zu erkennen.

5. Die Bewusstheitsübung

Bei der Shambhala-Schulung benutzen wir eine besondere Technik, um ganz und tief bei uns selbst zu sein. Es ist die Übung des »Sitzens«, die Übung der Bewußtheit, eine Form der Meditation mit weit offenen Augen. Durch sie gewinnen wir Zeit und Raum, um zu entdecken, wer wir wirklich sind, um unser wildes, ungezähmtes Bewußtsein und unsere Ängste zu entdecken und ins Auge zu fassen, und um zu entdecken, daß wir und unsere Welt prinzipiell gut sind.

Übung bedeutet immer auch Vereinfachung. Gitarreüben bedeutet, Tonleitern zu üben, und Footballtraining bedeutet, immer wieder Sprint, Verteidigung und Angriff zu trainieren. Ebenso, wie man nicht zur Gitarre greifen und von einem Augenblick zum anderen wunderbar spielen kann, fällt auch Bewußtheit nicht vom Himmel. Übung erfordert Anstrengung. Doch mit der richtigen Ausrichtung und Einstellung kann die Anstrengung eine Freude sein, weil sie ganzheitlich und gut ist. Übung ist nicht mehr und nicht weniger als eben Übung. Der Sinn des Tonleiterspielens ist es, Gitarrespielen zu lernen. Der Sinn der Sitzübung der Bewußtheit ist es, im Alltag bewußt zu sein.

Bewußtheit, das Gegenmittel zur unbewußten Kokon-Aktivität, hat in Amerika schon eine längere Geschichte, und zwar im Bereich der Psychologie und Therapie. Sie geht mindestens bis auf William James zurück, der sagte: »Die Fähigkeit, die ständig schweifende Aufmerksamkeit willentlich zurückzuholen, immer und immer wieder, ist die Wurzel von Urteilsvermögen, Charakter und Willensstärke. Eine Erziehung, die diese Fähigkeit fördert, ist Erziehung par excellence. Doch ist es leichter, eine solche Forderung aufzustellen, als anzugeben, wie sie in der Praxis zu verwirklichen wäre.«

Auch in jüngster Zeit haben Therapeuten wie Joan Borysenko und Jon Kabat-Zinn gezeigt, daß Bewußtheit ein entscheidender Faktor bei der Arbeit mit chronischem Körperschmerz und Seelenleiden ist. Kabat-Zinn, über den in Bill Moyers Fernsehreihe »Healing and the Mind« berichtet wurde, ist Direktor des Instituts für Streßreduzierung am Medical Center der Universität von Massachusetts. In dem Buch, in dem er sein Programm beschreibt – »Full Catastrophe Living« (Leben mit der Katastrophe) –, schreibt er: »Zu wissen, was man tut, während man es tut, ist der Kern der Bewußtheitsübung... Denn das führt unmittelbar zu neuen Weisen des Sehens und Seins, da der gegenwärtige Augenblick, sobald er bewußt erkannt und beachtet wird, eine ganz besondere, tatsächlich magische Kraft enthält: *Er ist die einzige Zeit, die wir wirklich haben.*«

Nur in Augenblicken, in denen wir auf unser Leben achten, uns unseres Lebens bewußt sind, leben wir wirklich. Nadia Boulanger, eine französische Kompositionslehrerin, unter deren vielen berühmten Schülern auch Aaron Copland und Leonard Bernstein waren, äußerte einmal: »Wer nicht aufmerksam ist, verleugnet sein Leben, sei es beim Fensterputzen, sei es beim Komponieren eines Meisterwerkes.«

Übungen der Bewußtheit und einsichtigen Achtsamkeit stehen auch im Mittelpunkt der buddhistischen und taoistischen Übungspraxis. Erst jüngst haben christliche Lehrer und Gelehrte ebenfalls die Bewußtheitsmeditation als ursprüngliche Wurzel des christlichen Gebetes wiederentdeckt. Pater Laurence Freeman, spiritueller Rektor der »World Community for Christian Meditation«, schreibt: »Allen Religionen gemeinsam ist ein sehr altes Erbe der Meditation, das sich von den ursprünglichen Lehren ihrer Gründer herleitet. In der meditativen Erfahrung begegnen wir dem Kampf des Menschen gegen sein Ich und gegen die Zerstreuung.«

Und Pater George Timko, griechisch-orthodoxer Gemeindepriester, sagt: »Die Christenheit verfiel einst in den Irrtum, beim Gebet müsse man vor allem viele Worte machen und Bitten vortragen. Aber das ist ein Mißverständnis. Das griechische Wort *proseuchomai* [ich bete] bedeutet nur, bewußt und achtsam zu sein. *Theoria* [gewöhnlich mit Kontemplation übersetzt] ist ›schauen‹, einfach ›betrachten‹. Es ist ein inneres Schauen des Bewußtseins, eine erwartungslose Aufmerksamkeit.«

Die Fähigkeit, unsere Aufmerksamkeit bewußt auf unsere Erfahrungen zu richten, wird uns schon in die Wiege gelegt. Doug Boyd, Autor von »Rolling Thunder«, verbrachte viele Jahre mit Medizinmännern verschiedener Völker. Seine Schilderung des Jahres, das er mit Rolling Thunder, einem Heiler und Schamanen der amerikanischen Ureinwohner, verbrachte, ist sowohl realistisch als auch aufschlußreich. Boyd betont die wesentliche Rolle der Bewußtheit in den schamanistischen Ritualen. Spotted Fawn (»geflecktes Reh«), die Frau von Rolling Thunder, erzählte Boyd von den Trommeln, die sie bei Peyote-Ritualen die ganze Nacht durch hörte. »Die Trommeln sprechen«, sagte sie. »Sie sprechen zu dir und helfen dir. Sie halten dich fest. Ich erinnere mich an Augenblicke, wo ich mich davonstehlen wollte, ›verflüchtigen wollte‹, wie man sagt, aber die Trommeln riefen mir zu: ›Paß auf, paß auf, paß auf!‹« Boyd bemerkt dazu: »Das erinnert mich an das nächtliche Reinigungsritual an den heißen Quellen in Carlin, bei dem mir Rolling Thunder diese Worte, ohne zu sprechen, übermittelte. Rolling Thunder stellt, wie vielleicht alle Medizinmänner, die Fähigkeit, seine Aufmerksamkeit zu kontrollieren, also eine eindeutige Ausrichtung beizubehalten, an allererste Stelle. Ohne diese Fähigkeit aller Fähigkeiten gäbe es kein Heilen, kein Meditieren, kein sinnvolles spirituelles Erleben.«

Die Bewußtsheitsübung ist aber nicht nur ein therapeutisches Werkzeug, ein spirituelles Exerzitium oder eine pädagogische Methode. Sie ist ein ganz natürlicher Vorgang. *Mehr als alles andere ist sie das, was uns erst zu Menschen macht.* Wir alle verfügen über die Fähigkeit, uns unseres Körpers, unserer Empfindungen, Wahrnehmungen und Gedanken bewußt zu werden, außer wir sind krank oder hirngeschädigt. Aber die meisten von uns verwenden diese Fähigkeit nur sehr partiell und sporadisch und machen sich kaum klar, was sie da eigentlich tun. In unserer Erziehung gibt es kein Training der Bewußtheit, weshalb wir nichts von der Fülle und dem schöpferischen Potential wissen, das in dieser Übung enthalten ist.

In unserer modernen Gesellschaft sagt uns sowohl das konventionelle religiöse Dogma als auch die konventionelle Wissenschaft, Körper und Geist seien nicht eins, sondern auf ewig getrennt. Doch in Wirklichkeit sind Körper und Geist niemals getrennt gewesen – außer durch die Angst und durch die Wände des Kokons, die den Kopf vom Herzen und vom Körpergefühl trennen. Achtsamkeit und Empfindung befinden sich in unserem Körper, der auch das Gehirn enthält, aber offensichtlich mehr als das Gehirn ist. Die Überzeugung, der Verstand sei irgendwie im Gehirn lokalisiert – oder, im Extremfall, der Verstand sei das Gehirn selbst –, ist in unserer Kultur sehr tief verwurzelt. Die meisten Menschen haben keine Ahnung davon, daß ihr Denken den ganzen Körper ausfüllt und über ihn hinausstrahlt.

In »Healing and the Mind« interviewte der Fernsehmoderator Bill Moyers die Neurologin Candace Pert. Ein Abschnitt ihres Gesprächs lautete wie folgt:

Moyers: Sie sagen, unsere Emotionen seien im Körper gespeichert?

Pert: Genau. Wußten Sie das nicht?

Moyers: Nein, das wußte ich nicht! Ich bin mir nicht einmal sicher, was damit gemeint ist. Was befindet sich denn unterhalb des Gehirns?

Pert: Sie denken immer noch, es sei Ihr Gehirn, aber in Wirklichkeit ist es die Weisheit Ihres ganzen Körpers. In jeder Zelle Ihres Körpers steckt Intelligenz. Das Denken ist nicht auf den Raum oberhalb des Halses beschränkt. Das Denken durchzieht das Gehirn und auch den ganzen Körper.

Wie viele moderne Menschen glaubte Moyers so fest daran, sein Verstand befinde sich lediglich im Kopf, daß er dachte, alles darunter sei »nur« sein Körper. Offenbar hatte er keine Ahnung davon, daß auch im Körper etwas enthalten sein könnte, das mit Denken zu tun hat, oder daß er eine Quelle der Empfindung und Freude sein könnte – solange wir imstande sind zu empfinden. Auf dem Weg der Kriegerschaft üben wir Bewußtheit, um Geist, Körper und Seele wieder miteinander zu verbinden, damit sie als harmonisches Ganzes miteinander zusammenarbeiten. Wir üben Bewußtheit nicht deshalb, um einen Zustand zu erreichen, der von irgendeiner spirituellen Tradition beschrieben wird, oder irgendeine Bewußtseinsveränderung. Auch üben wir Bewußtheit nicht, um uns von Angst oder Schmerz zu befreien, ja nicht einmal, um das prinzipiell Gute zu entdecken. Wir üben Bewußtheit – wir »holen die ständig schweifende Aufmerksamkeit zurück, immer und immer wieder« – einfach deshalb, damit wir im Augenblick leben können. Wenn wir ganz im Hier und Jetzt leben, genießen wir unser Leben und leben wirklich.

Tatsächlich haben wir alle die Möglichkeit, unsere Bewußtheit zu trainieren, wenn wir nur wollen. Das ist ein unverlierbares Vermächtnis, das die spirituellen Traditionen des Ostens der Welt hinterlassen haben: uns an unser menschliches Grundrecht der Bewußtheit zu erinnern und – was William James suchte – »anzugeben, wie es in der Praxis zu verwirklichen wäre«.

Die Sitzübung der Bewußtheit

Die Bewußtheitsübung beginnt damit, daß man sich hinsetzt, allein oder in einer Gruppe, und zwar jeden Tag für eine bestimmte Zeit. Man kann das allein versuchen, aber es ist immer gut, persönliche Anleitung von einem qualifizierten Lehrer zu erhalten, besonders wenn man dann weitermachen will. Auch ist die Sitzübung am Anfang in einer Gruppe oft leichter. Für den Anfang sei hier eine genaue Beschreibung der Übung gegeben.

Halten Sie sich eine spezielle Zeit tagsüber frei, in der Sie ungestört sind, und benutzen Sie dann diese Zeit für Ihre Übung. Am Anfang wirkt das vielleicht ein bißchen ungewohnt, aber wenn Sie weitermachen, kommt es Ihnen allmählich ganz natürlich vor. Nehmen Sie sich vor, die Sitzübung der Bewußtheit für einen bestimmten Zeitraum durchzuführen, vielleicht zwanzig oder dreißig Minuten lang – wäre es weniger, hätten Sie keine Zeit, Ihr Bewußtsein zur Ruhe kommen zu lassen. Doch ist nichts Magisches an diesen zwanzig Minuten. Sogyal Rinpoche bemerkt: »Nirgends in den Schriften habe ich eine Stelle gefunden, wo speziell von zwanzig Minuten die Rede ist. Ich glaube,

diese Idee hat der Westen für sich erfunden, weshalb ich sie die
›Meditations-Standardzeit des Westens‹ nennen möchte.« Sie
können drei Tage pro Woche oder täglich üben – wie es Ihnen
möglich ist. Häufig können es Übende so einrichten, daß sie in
bestimmten Lebensabschnitten bis zu einer Stunde täglich Sitz-
Meditation betreiben.

Es ist aber wichtig, sich auf eine bestimmte Tageszeit und einen bestimmten Zeitraum festzulegen, sonst kann es durch alle
möglichen Ablenkungen immer wieder Aufschübe geben. Versuchen Sie auch zu üben, wenn Ihnen gerade nicht danach zu-
mute ist. In solchen Zeiten erst recht einen Versuch zu machen,
kann besonders fruchtbar sein. Wenn Sie an einem Tag besondere Widerstände verspüren, mit der Sitzübung überhaupt zu
beginnen, fragen Sie sich: Was ist die Ursache dieser Widerstände, vor was habe ich Angst? Wenn Sie den Wert dieser
Übung begriffen haben und sie wirklich durchführen wollen,
sind der innere Vorsatz und die geeignete Zeitplanung der richtige Anfang.

Suchen Sie sich ein ruhiges Plätzchen für die Übung. Besorgen
Sie sich ein geeignetes Kissen, das schön dick ist, und stellen Sie
Ihren Anrufbeantworter an, damit Sie nicht gestört werden. Set-
zen Sie sich jetzt mit gekreuzten Beinen auf Ihr Kissen am Boden,
mit geradem, aufrechtem Rücken, die Schultern entspannt, die
Hände mit den Handflächen nach unten auf den Knien. Sollte
Ihnen diese Stellung zu schwerfallen, können Sie sich auch auf
einen Wohnzimmerstuhl setzen, die Füße flach am Boden, den
Rücken nicht angelehnt. Öffnen Sie Ihre Augen und blicken Sie
leicht nach unten, ohne den Blick auf etwas zu konzentrieren.
Der Mund ist leicht geöffnet, wie wenn Sie ein »a« sprechen
wollten.

Achten Sie jetzt auf den Druck des Bodens an Ihren Sitzbak-
ken, auf die Kraft in Ihrem aufrechten Rückgrat, auf die entspannte Offenheit in Ihrer Brust. Lassen Sie Ihren Körper weich
in diese Stellung eintauchen. Auf diese Art zu sitzen, drückt
schon die Grundwürde des Menschen aus und versinnbildlicht
sie. Sie haben Ihren Ort auf der Erde gefunden, sich darauf nie-
dergelassen und können jetzt auch ruhig dort sitzenbleiben – Sie

brauchen nichts anderes zu tun, um Ihrem Menschsein Ausdruck zu geben. Der starke Rücken mit dem fest auf den Schultern ruhenden Hals und der nach vorn gerichtete Blick verkörpern Furchtlosigkeit. Niemals beugen Sie sich Ihrer Last oder geben auf, sondern immer blicken Sie nach vorn. Die offene, weiche, verletzliche Brust verkörpert Sanftheit: Sie sind für jede Erfahrung offen. Sie können sich nicht mehr gegen Ihr Leben panzern und vor ihm abschotten, sondern sind bereit, sich darauf einzulassen.

Achten Sie jetzt auf Ihren Atem. Lassen Sie, während Sie ausatmen, zugleich Ihr Bewußtsein ausströmen. Versuchen Sie zu empfinden, daß Sie selbst der ausströmende Atem sind. Achten Sie speziell auf die Pause zwischen dem Ende des Ausatmens und dem Anfang des Einatmens und lassen es einfach los. Versuchen Sie jetzt nicht weiter, bewußt zu sein – versuchen Sie nicht, sich irgendwie zu kontrollieren. Lassen Sie die Dinge einfach los, lassen Sie Ihre Aufmerksamkeit zu Ihrem Körper und Ihrer Stellung zurückkehren.

Auf den ausströmenden Atem zu achten – wobei Sie das Gefühl haben, mit ihm auszuströmen – und dann die Dinge loszulassen, einfach und ohne Aufregung, ist Ausdruck dafür, daß Sie Ihr ganzes Leben hindurch bewußt sein können. Achtsam zu sein bedeutet, jeden Gedanken, jedes Gefühl, jede Wahrnehmung, jeden Eindruck voll zu erleben und sich voll auf Ihr Leben einzulassen, wie schwer das im Augenblick auch sein mag. Loslassen bedeutet, sich nicht an irgendeinem Erlebnis festzuhalten, das sich ja doch dauernd verändert. Bei der Sitzübung lassen wir auch angenehme Gedanken und Gefühle los, statt sie möglichst verlängern zu wollen. Und wir lassen auch schmerzhafte Gefühle los, statt sie zu analysieren oder loswerden zu wollen.

Wenn Sie mit Ihrem Ausatmen mitgehen, wird sich unvermeidlich und wahrscheinlich sehr rasch irgendein Gedanke einstellen. Ihm folgt dann sofort ein zweiter und ein dritter, bis sich ein ganzer Gedankenstrom gebildet hat. Diese Gedanken tragen Bilder, Gefühle, Stimmungen mit sich. Was tun Sie mit ihnen? Achten Sie in erster Linie darauf, *Ihre Gedanken nicht anhalten zu wollen*. Sie versuchen, Ihr Denken kennenzulernen, wie es ist, es zu begleiten, während es sich von einem Augenblick zum anderen ändert. Sie versuchen nicht, jemand anderes zu sein, als Sie sind, oder sich in irgend etwas »Besseres« zu verwandeln. Was auch immer in Ihr Bewußtsein eintritt – sei es ein artikulierter Gedanke, ein optisches Bild, eine gehobene oder verdrießliche Stimmung, eine starke Emotion der Leidenschaft und des Zorns –, betrachten Sie alles nur als Teil des Bewußtseinsstroms. Alles gehört zum Denken. Häufig halten wir Emotionen und Stimmungen für etwas anderes als Gedanken, etwas Intensiveres, Realeres. Doch das Endprodukt jeder Emotion ist, sobald wir sie bemerken, immer ein Gedanke. »Ich bin so deprimiert. Ich bin zornig. Ich bin so verliebt.« Ordnen Sie jeden Gedanken und jede Emotion, wenn Sie sich davon abgelenkt fühlen, immer der Kategorie »Denken« zu und richten Sie dann Ihre Aufmerksamkeit wieder auf den Atem.

Diese Methode der Zuordnung zum »Denken« ist besonders hilfreich, wenn Sie Ihre Aufmerksamkeit von einer starken Phantasie oder Emotion, die Sie im Griff hält und einfach nicht verschwinden will, wieder auf den Atem richten wollen. Vielleicht denken Sie an einen bevorstehenden wichtigen Geschäftsabschluß. Sie stellen sich vor, wie die Sache laufen könnte, und verlieren sich in einer großartigen Phantasie – wie Sie Ihre Konkurrenten über den Tisch ziehen –, so vollständig, daß Sie ganz vergessen, wo Sie eigentlich sind. Und wenn Sie versuchen, aus dieser Phantasie auszubrechen, zieht sie Sie erst recht in ihren Bann. Ein Kampf, die Aufmerksamkeit zum Atem zurückzubringen, wird Ihnen in diesem Stadium sehr schwerfallen. Ordnen Sie diese Phantasie aber der Kategorie »Denken« zu, so können Sie sie sanft anfassen und ihren Zugriff auf Ihre Aufmerksamkeit lösen, so daß sie ohne weiteres vorüberzieht. Gleichgültig, ob Ihre Gedanken schwer oder leicht sind – Ihre Reaktion auf sie ist immer dieselbe: Fassen Sie den Gedanken mit seinem emotionalen Substrat direkt ins Auge, erspüren Sie seine Inhalte, ordnen Sie ihn der Kategorie »Denken« zu und kehren Sie zum Atem zurück. Die Kategorie »Denken« hat weiter keine Bedeutung. Sie markiert nur den Augenblick, da Sie bemerken, abgelenkt zu sein, und wieder zum Atem zurückkehren.

Jedesmal, wenn Sie mit Ihrer Aufmerksamkeit zum Atem zurückkehren, können Sie das als einen Neuanfang betrachten. Versuchen Sie nicht, einen besonderen, vorher festgelegten Bewußtseinszustand anzustreben. Schüler versuchen manchmal, die positiven Aspekte der Sitz-Meditation für sich in Besitz zu nehmen, festzuhalten oder sie wieder zurückzuholen, was unvermeidlich zu Enttäuschungen führt. Nach dem ersten Moment des Sitzens auf dem Kissen, der sehr offen und bewußt sein kann, drängen die Gedanken in ganzen Schwärmen an Sie heran, und Sie kämpfen mit ihnen, um Ihre Bewußtheit wiederzugewinnen. Aber wenn man absichtlich kämpft, um in einen ruhigen Bewußtseinszustand zu gelangen und ihn beizubehalten, schläft man in aller Regel ein. Wir versuchen also nicht, einen bestimmten Bewußtseinszustand zu erzeugen. Ein solcher Kampf um ein bestimmtes Ergebnis der Sitz-Meditation ist wieder nur ein Gedanke. Lassen Sie auch ihn los, wie all die anderen, indem Sie jedesmal, wenn Sie neu Atem holen, einen Neuanfang machen.

Machen Sie während Ihrer Übungszeit auch immer wieder Pausen, so viele Sie möchten, vielleicht für ein paar Sekunden. Entspannen Sie sich, hören Sie auf, bewußt auf Ihren Atem zu achten, und leben Sie einfach in der Gegenwart. Wenn Sie dann die Übung wiederaufnehmen, machen Sie bewußt einen Neuanfang. Diese Augenblicke des einfach In-der-Gegenwart-Lebens sind manchmal ebenso voller Bewußtheit wie die Übung selbst. Doch sehr wahrscheinlich werden auch dabei Gedanken und Emotionen Ihre Aufmerksamkeit sehr bald wieder ablenken, und Sie werden sich auf Ihren Atem konzentrieren müssen, um einen Bezugspunkt für die Bewußtheit zu haben.

Gleichgültig, welche Einsichten Sie gewinnen – Sie bleiben bis zum Ende des Zeitraums sitzen, den Sie sich vorgenommen haben. Klingelt das Telefon, brauchen Sie keineswegs aufzuspringen. Fällt Ihnen ein, daß Sie eine Verabredung versäumt haben, müssen Sie sich nicht gerade in diesem Augenblick entschuldigen, dafür ist auch später noch Zeit. Haben Sie eine glänzende Idee, ist es nicht notwendig, aufzuspringen und nach Bleistift und Papier zu greifen. Was in Ihrem Bewußtsein auch geschieht, bleiben Sie einfach sitzen. Häufig ist es so, daß, sobald die flüchtigeren Erinnerungen und Phantasien sich erschöpft haben und langweilig werden, tiefergelegene Wunden an die Oberfläche kommen. Jetzt haben Erinnerungen, die sonst durch das innere Dauergespräch oder ständige äußere Geschäftigkeit blockiert waren, endlich die Möglichkeit, auf sich aufmerksam zu machen. Aber in der Intimität und Sicherheit der Sitzübung wird nichts als schlecht zurückgewiesen oder als besonders gut herangezogen. Was auch geschieht, behandeln Sie alles vollkommen gleich – berühren Sie es, nehmen Sie seine Gegenwart gründlich zur Kenntnis, spüren Sie, wie es sich anfühlt und welche Stimmung es erzeugt, und lassen Sie es sanft wieder gehen, wenn es bereit ist zu gehen.

Diese Gleichbehandlung aller Gedanken, verborgenen Sehnsüchte und tiefen Wunden ist der fundamentale Ausdruck von Sanftheit und Furchtlosigkeit. In der Sitzübung sind wir sanft und freundlich zu uns selbst: Wir lehnen nichts ab, wir stoßen nichts als kindisch oder dumm oder roh von uns. Wir sind furchtlos: Wir verstecken uns vor nichts, wir fassen unser Erlebnis direkt ins Auge, so wie wir in unserer Körperstellung mit offenen Augen nach vorn blicken. Das ist der Anfang der Kriegerschaft. Denn wenn wir uns selbst freundlich und furchtlos begegnen können, können wir auch anderen und der Welt freundlich und furchtlos begegnen. Es steckt eine ungeheure menschliche Würde darin, daß man einfach aufrecht dasitzt und sein Innenleben ohne Manipulationen oder Urteile ins Auge faßt.

Die Sitzübung ist eine Methode, freundlich zu sich selbst zu sein, den Mut zu finden, festzustellen, wer man ist, und zu sein, wer man ist. Es ist eine Methode, mit dem ewigen Gerenne aufzuhören: aus Angst fortzurennen, zu rennen, um mit den Mitmenschen gleichzuziehen oder nicht hinter ihnen zurückzubleiben, zu rennen, um Ihre oder die Erwartungen anderer an Sie selbst zu erfüllen, vor Ihrer Selbsterkenntnis davonzulaufen, auf Ihren Tod zuzulaufen und dabei die Fülle Ihres Lebens kaum jemals wirklich zu erfahren.

Der wichtigste Aspekt der Sitzübung ist Ihre Einstellung zu ihr. Sie dürfen nicht versuchen, sich selbst zu manipulieren oder

jemand anders zu sein, als Sie wirklich sind. Ebensowenig dürfen Sie versuchen, auszusortieren, was gut an Ihnen und schlecht
an Ihnen ist, was Sie an sich selbst mögen und nicht mögen, um
sich von etwas Schlechtem in etwas Gutes zu verwandeln. In diesem Sinne ist die Sitzübung etwas ganz anderes als eine Therapie
– jedenfalls als die Therapiearten, die Sie in das Muster eines
»gesunden« Menschen pressen wollen. Sie sitzen nur da, um
Ihre Ursprünglichkeit und Ihr Menschsein zum Ausdruck zu
bringen. Behandeln Sie jeden Gedanken, der aufsteigt, auf dieselbe Art: Blicken Sie ihm gerade ins Gesicht, berühren Sie ihn
und lassen Sie ihn in seinem eigenen Tempo vorüberziehen. Ihre
Einstellung drückt sich in Ihrer Stellung aus. Sie blicken furchtlos auf alles, was in Ihrem Kopf und Ihrem Herzen aufsteigt,
dann berühren Sie es sanft und freundlich und lassen es wieder
gehen. In solchen Augenblicken sind Sie von Grund auf freundlich zu sich selbst. Sie bringen das prinzipiell Gute zum Ausdruck.

Der hochgeliebte Zen-Lehrer Shunryu Suzuki Roshi nannte
diesen Bewußtseinszustand den »Anfängerzustand« oder den
»Ursprungszustand«. Er sagte:

»Unser ›Ursprungszustand‹ enthält alles in sich. Er ist immer
reich und genügt sich selbst. Sie sollten diesen sich selbst genügenden Bewußtseinszustand niemals verlieren. Damit ist aber
kein in sich abgeschlossenes Bewußtsein gemeint, sondern nur
ein leeres Bewußtsein, ein bereites Bewußtsein. Ist Ihr Bewußtsein leer, ist es immer bereit. Es steht allem offen. Im Anfängerbewußtsein liegen viele Möglichkeiten. Im Expertenbewußtsein
nur wenige.

Im Anfängerbewußtsein ist auch kein Gedanke der Art: ›Ich
habe etwas erreicht.‹ Alle ichbezogenen Gedanken begrenzen
die Weite unseres Bewußtseins. Wenn in uns kein Gedanke an
Leistung mehr ist, kein Gedanke an unser Ich, sind wir wahre
Anfänger. Dann können wir wirklich etwas lernen. Das Anfängerbewußtsein ist das Bewußtsein des Mitgefühls.«

Ich fasse die wichtigsten Instruktionen noch einmal zusammen, so daß Sie leicht auf sie zurückgreifen können, wenn Sie
mit Ihren Übungen beginnen.

1. Setzen Sie sich mit gekreuzten Beinen auf ein dickes Kissen auf dem Fußboden, mit geradem, aufrechtem Rücken, entspannten Schultern, die Hände mit der Handfläche nach unten auf den Knien, den Mund leicht geöffnet, die Augen offen, den Blick nach unten gerichtet.

2. Entspannen Sie sich, behalten Sie aber Ihre aufrechte Haltung bei – nicht zu fest und nicht zu locker.

3. Achten Sie auf Ihr Ausatmen, lassen Sie Ihr Bewußtsein mit Ihrem Atem ausströmen – versuchen Sie selbst mit Ihrem Atem auszuströmen. Achten Sie am Ende des Ausatmens auf die Pause, bevor Sie den Atem wieder einziehen. Richten Sie Ihre Aufmerksamkeit wieder auf Ihren Körper und Ihre Stellung. Achten Sie auf das nächste Ausatmen usw.

4. Was auch immer ins Bewußtsein eintritt, behalten Sie die Einstellung des »Berührens und Loslassens« bei.

5. Wenn Sie bemerken, daß sich ein Gedanke oder eine Emotion Ihrer Aufmerksamkeit bemächtigt hat und Sie vergessen haben, aufmerksam zu atmen, bezeichnen Sie dann Ihren Gedanken als »Denken« und kehren Sie mit Ihrer Aufmerksamkeit zum Atem zurück. Versuchen Sie nicht, Ihre Gedanken zu kontrollieren oder zu manipulieren.

6. Machen Sie von Zeit zu Zeit eine Pause bei Ihrer Übung, für ein paar Sekunden bis zu einer Minute. Entspannen Sie sich kurz und stellen Sie sich vor, Sie machten keine Bewußtheitsübung. Dann fangen Sie wieder an.

7. Machen Sie mit dieser Übung weiter bis zum Ende des Zeitraums, den Sie sich vorgenommen haben – außer in Ihrer Wohnung bricht Feuer aus.

Es kann Ihre Erfahrungen bei der Sitz-Meditation noch vertiefen, wenn Sie während der Trainingszeit einmal für ein paar Tage, eine Woche oder noch länger verreisen. Sie können in einem einsamen Landhaus Einkehr halten, einem Meditationszentrum, ja sogar in einem Appartement in der Stadt (das ist allerdings etwas schwieriger!). Aber gleichgültig, welchen Ort Sie wählen, Sie können dort Sitz-Meditation üben, um ganz mit sich allein zu sein.

Sie können eine solche Reise sogar als Urlaub auffassen, doch bald werden Sie entdecken, daß es keine Ferien vom Ich gibt. Manchmal ist schon der Gedanke, mit sich selbst allein zu sein, so trist und schrecklich, daß wir uns so etwas lieber gar nicht erst vorstellen. Mit sich allein zu sein, wirklich allein, vielleicht zum allererstenmal – sogar ohne Telefon, um für den Fall, daß Sie durchdrehen, einen Freund anzurufen –, kann schockierend, ja entsetzlich sein. Doch wenn es Ihnen gelingt, die ersten paar Tage zu überstehen und Ihre Angst auszuhalten, könnte sich etwas Überraschendes, Magisches ereignen (doch Garantien gibt es nicht).

Vielleicht entdecken Sie eine kleine schmerzende Wunde in Ihrem Herzen, ein wenig Mitleid mit sich selbst und Ihrer schlimmen Lage, Ihrer traurigen Situation. Möglicherweise fühlen Sie sich dann so schlecht, daß Sie sich in sich selbst verlieben. Das ist die Einsamkeit! Sie können mit niemand anderem sprechen. Aber diese Traurigkeit verlangsamt Ihr Tempo und macht Sie empfindsam für Ihre Welt. Sie beginnen den Raum, der das »prinzipiell Gute« ist, zu spüren und lebendig zu werden. Sie beginnen sich selbst anzunehmen – mit sich selbst allein zu sein, ist herrlich! Sie beginnen die ganze Welt der Farben und Klänge schätzen zu lernen – die Bäume, die Kräuter, die Erdhörnchen und Vögel, sogar das Sirenengeheul der Krankenwagen. Diese Eindrücke aktivieren Ihre Sinne und wecken Sie aus Ihrem tiefen Schlaf. Die Welt wird lebendig und hell. Und je mehr Sie sich ihr öffnen können, desto mehr sehen Sie. Wenn dann Ihre traurige, einsame, fröhliche und schöne Einkehr beendet ist, kehren Sie in Ihren Alltag vielleicht mit einer gewissen Vorsicht zurück, doch Sie sehen mit neuen Augen – den Augen des prinzipiell Guten.

Erste Bewußtheitserfahrungen von Kriegerschülern

Eine andere gute Methode, zu sich selbst zu kommen, ist, in einer Gruppe zu üben. Die Gegenwart von anderen, die mit Ihnen üben, im selben Raum kann Ihre eigene Praxis intensivieren. Trotzdem sind Sie mit Ihren eigenen Erlebnissen allein. Einige Berichte über Sitzübungen in einer Gruppe von Kriegerschülern der Shambhala-Schulung belegen das sehr deutlich. Anne, Kathy und June erlebten eine Unmenge – eine ganze Reise an einem Wochenende –, aber jede auf ihre Art. Manchmal waren die Übungen schmerzhaft und mühevoll, manchmal brachten Sie Spaß und Freude. Aber diese Kriegerschülerinnen nahmen die Herausforderung der Kriegerschaft an, die Herausforderung ihres Lebens. Sie gaben nicht gleich auf und waren daher imstande, sich selbst und ihre Welt neu zu entdecken.

Anne zum Beispiel beschrieb ihre veränderte Wahrnehmung folgendermaßen:

»Für den ersten Tag erinnere ich mich vor allem an die totale Überraschung, daß all diese Gedanken unaufhörlich weiterliefen, während ich mich auf den Atem konzentrierte, und daß ich sie gar nicht selbst erzeugte – sie kamen ganz von selbst. Ich hatte mich nicht hingesetzt, um zu denken, sondern um mich auf meinen Atem zu konzentrieren und mit meinem Atem auszuströmen. So war es direkt eine Offenbarung für mich, daß sich Gedanken aus eigener Kraft bewegen und entstehen.

Am zweiten Tag hatte ich mein erstes Erlebnis mit der Pause zwischen den Gedanken – als ich mit meinem Atem ausströmte und dann für einen Augenblick innehielt. Ich hatte das Gefühl, jede Schranke und jede Trennung zwischen mir und dem Punkt am Fußboden, auf den meine Augen gerichtet waren, sei gefallen. Es war ein ziemlicher Schlag für mich, dies zu erleben. Es war zum erstenmal, daß ich erlebte, daß ich nicht nur dieses dreidimensionale Etwas namens Anne bin.

Es fällt mir sehr schwer, die Intensität dieses Erlebnisses zu beschreiben. Am besten verwende ich eine Analogie: Stellen Sie sich vor, Sie hätten Ihr ganzes Leben mit einer auf der Nase verkehrt herum sitzenden Brille verbracht, so daß Ihnen alles ganz weit weg erscheint und Sie sich immer etwas schwindelig fühlen. Immer, wenn Sie nach etwas Schönem greifen wollen, entzieht es sich Ihnen. Und dann setzen Sie sich eines Tages hin und sehen die Dinge zum ersten Mal deutlich. Was für ein Schock! Dieses kurze Erlebnis, wie das Leben sein könnte, und daß es möglich ist, die Welt so zu erleben, wie sie wirklich ist, werde ich niemals vergessen. «

Kathys Erlebnis war zuerst sehr schmerzhaft:

»Ich wußte, mein innerster Kern war im Grunde gut, aber ich spürte auch, daß dieser Kern fast verhungert war. Ich hatte so wenig Liebe in mir und war so aggressiv, daß ich das Gefühl hatte, meine Seele sei ermordet worden. Ständig bewies ich mir, falsch zu liegen, indem ich tat, was ›als richtig galt‹. Dann war ich plötzlich hier [bei der Übung der Sitz-Meditation], und jetzt gibt es kein Zurück mehr.

An diesem Wochenende also sollte ich mich auf ein Kissen setzen und mit mir selbst allein sein. Während ich so saß, dachte ich bei mir: Das überstehe ich niemals. Es war unheimlich qualvoll, psychisch und physisch. Aber ich nahm es auf mich und war entschlossen, es durchzustehen. Dieser ganz gewöhnliche Mensch, der da saß, hatte das Gefühl, sich selbst zu verlieren, weil er es sein ganzes Leben so gemacht hatte. Ich war jemand, aus dem alle Kraft gewichen war. Ich war immer nur das gewesen, was ich tat, weshalb ich dauernd etwas tun mußte. Jetzt aber gab es nichts zu tun, außer dazusitzen und mit mir allein zu sein. Es war qualvoll, mit mir allein zu sein und nichts zu tun.

Als ich dann am Sonntagabend wieder abreiste, war mir klar, daß alles, was ich jemals brauchen würde – alles Gute, alle Achtsamkeit, alle Furcht, alle Heiligkeit, alle Schönheit –, schon in mir selbst lag. All meine Geschäftigkeit hatte nur dazu gedient, mich von der Reise nach innen abzuhalten, da ich glaubte, ich sei nur eine leere Hülse. Aber nach dieser Qual des bloßen Dasitzens erkannte ich, daß das Gegenteil stimmte. Wenn du das einmal begriffen hast, gibt es kein Zurück mehr. «

Gegen Ende eines Wochenendes mit Sitzübungen empfinden die Teilnehmer oft etwas Sanftes und Freundliches in der Atmo-

120

sphäre und in sich selbst. Manche haben zum erstenmal seit Jahren das Gefühl, wirklich in ihrem Körper zu sein. Ihre Farb- und Geräuschwahrnehmung wird intensiver. Sicher, sie sind vielleicht noch fordernd und hart gegen sich selbst, wie während der ganzen Woche, aber sie entdecken auch, daß sie allmählich loslassen können und freundlicher zu sich sind. Diese subtilen Eindrücke reichen aber vielleicht schon aus, um ein Gefühl für den Zustand zu vermitteln, bei dem alle Erlebnisse eine Manifestation des prinzipiell Guten im Menschen sind.

Für viele Schüler ist der erste Anblick des prinzipiell Guten in ihrem Innern eine ungeheure Erleichterung, wie wenn sie eine riesige Last abwürfen, die sie seit Jahren mit sich herumgeschleppt haben. Manche Teilnehmer weinen vor Erleichterung, daß sie endlich einmal wenigstens momentan frei von Angst sein konnten. Bei anderen verbindet sich dieses Erlebnis mit Erinnerungen an schöne Zeiten der Kindheit, wo sie wirklich sie selbst waren. Manche empfinden eine intensive, fast körperlich spürbare Wärme in der Herzgegend, wie wenn sie sich zum erstenmal tatsächlich mit ihrem Herzen verbänden. Wieder anderen kommt es so vor, als kämen sie nach einer langen, strapaziösen Reise nach Hause zurück und säßen an einem warmen Herd.

June befand sich seit zwei Jahren in schrecklichen Eheschwierigkeiten. »Besonders das letzte Jahr war katastrophal«, sagt sie, »und eine Menge seelischer Energie wurde in die Frage investiert, ob wir uns scheiden lassen sollten. Das Ganze war mit viel Schmerz verbunden, und es wurde mir klar, daß ich auf eine Weise mit dem Schmerz umging, wie ich es wirklich nicht wollte. Ich hatte Wutausbrüche und Anfälle von Panik, die mich erschöpften, und ich verlor völlig das Vertrauen zum Leben und meine Selbstachtung.«

Das erste Wochenende mit Sitz-Meditation fiel June sehr schwer, aber zu Hause setzte sie ihre Übungen täglich fort.

»Der Grund, weshalb ich mit meiner Sitz-Meditation nicht aufhörte, war wahrscheinlich, daß mich die Trennung von meinem Mann so aufregte. Die Trauer und das Elend, die sich mir so aufdrängten, seit ich mit der Meditation begonnen hatte, waren eben meine Wirklichkeit. Ich litt, und das würde eben seine

Zeit dauern. Als ich dann mit meinen Depressionen dasaß, begann die Idee des prinzipiell Guten Sinn für mich zu machen. Ich begann, die traurigen, trägen, schweren Empfindungen und meinen Mangel an Interesse für die äußere Welt anzunehmen. Dieser Prozeß kam mir völlig natürlich und notwendig vor, völlig in Ordnung. Genauso ging es mir mit der Sitz-Meditation. Ich fühlte mich deswegen nicht schon wohl, aber grundsätzlich fühlte sie sich gut an.«

Obwohl sie sich bei der Sitz-Meditation immer noch deprimiert fühlte, nahm June an einer zweiten Wochenend-Gruppensitzung in Neuschottland teil.

»Am Samstagmorgen hatte ich meine normale Empfindung, daß das Sitzen mich deprimierte. Zum Mittagessen ging ich mit dem Gefühl, ich sei ein Stück Kaugummi an meiner Schuhsohle.

Nach dem Mittagessen machten wir weiter mit dem Sitzen, und ich hatte mein Gespräch mit dem Leiter. Ich sagte ihm, daß ich mir Sorgen machte, weil mich die Sitz-Meditation immer entweder deprimiere oder frustriere. Und er antwortete, das klinge für ihn so, als ob ich immerzu gegen mich sei – und peng, da hatte ich's begriffen! Er sagte, vielleicht sollte ich versuchen, etwas netter zu mir zu sein – und peng, das Wort ›nett‹ wurde Teil meines Wortschatzes, mit 36! Er sagte, vielleicht sei meine Depression einfach die wirkliche Traurigkeit meines Herzens. Und wieder peng, das Gefühl wurde wirklicher für mich, und ich empfand, daß meine Menschenwürde zurückkehrte, so wie Farbe in erfrorene Wangen zurückkehrt, wenn man am Feuer sitzt und einen warmen Trank schlürft.

Der Vortrag am Samstagabend ging über den Kokon aus Gewohnheitsmustern, dem der Krieger entsteigt, um in die Angst einzutauchen und durch die Angst in die Furchtlosigkeit zu gelangen. Das verwirrte mich. Und am nächsten Tag sagte ich in meiner Gesprächsgruppe, für mich sei ein Kokon ein wunderbarer, unentbehrlicher Ort, an den man sich regelmäßig zurückziehen könne, und ich sei sicher, jeder Krieger kehre immer wieder in seinen Kokon zurück. Darauf sagte der Leiter etwas in der Art, daß, wenn einer einmal draußen ist, er auch draußen bleiben will. Das versetzte mir einen wirklichen Schock.

Der Schock, den ich empfand, als ich hörte, daß die Geburt des Kriegers tatsächlich etwas Wirkliches ist, war vielleicht wie der Schock, wenn man sich an etwas Wertvolles erinnert, das man aus Scham, Bequemlichkeit oder Konformismus verdrängt hat, oder wie der Schock, wenn etwas, das man geliebt und geopfert hat, spontan und unerwartet zurückkehrt. Als ich durch Neuschottland zurückfuhr, dann auf der Fähre das Meer überquerte und nach Süden weiterreiste, hatte ich das Gefühl, es habe sich etwas ereignet, das sich in meinen Leben schon viele Male hatte ereignen wollen, aber nicht durchgekommen war. Jetzt war es passiert.«

Tatsächlich kann es immer wieder passieren, daß Sie sich, je nach Gewohnheit deprimiert oder übererregt, in Ihren Kokon zurückflüchten. Die Aufgabe des Kriegers ist es, diesen Kokon längst überholter Gewohnheiten des Verstandes und Herzens ins Auge zu fassen. Wenn Sie ihn ins Auge fassen, können Sie ihn auch loslassen und verlassen. Und immer wenn Sie ihn verlassen, machen Sie einen weiteren Schritt vorwärts auf dem Weg der Kriegerschaft. Bei der Sitz-Meditation sehen Sie den Kokon besonders deutlich, da Sie dann in Sicherheit sind und absichtlich nichts tun. Der Kokon ist ständig aktiv und reagiert dauernd auf Ihre jeweilige Situation. Er versucht Ihre Welt zu manipulieren, um sie Ihren Erwartungen anzupassen, oder Ihre Gedanken und Empfindungen zu manipulieren, um sie der Welt anzupassen. Doch bei der Sitz-Meditation gibt es keine Bedrohung und nichts, auf das der Kokon reagieren könnte. Er beginnt daher seinen Griff zu lockern und Kraft zu verlieren. Es zeigen sich Lücken darin, was Ihnen das Gefühl des Erneuert-Werdens und der Freiheit von Angst ermöglicht.

Natürlich kämpfen während ihres ersten Wochenendes der Sitz-Meditation (und manchmal auch noch lange nachher) die Übenden mit allen möglichen negativen Dingen, die in ihnen aufsteigen. Häufig werden sie von Zweifeln befallen. Nach der anfänglichen Freude und Erleichterung darüber, daß Sie mit sich selbst allein sein können, fangen Sie vielleicht an, darüber nachzudenken, warum Sie das alles machen. Kathy und June erging es so während ihres ersten Wochenendes. Ihr aufgedrehtes oder deprimiertes Inneres wird dann nämlich mit voller Wucht zurückschlagen und Ihnen vorwerfen, Sie verschwendeten nur Ihre Zeit, seien naiv, verlören den Kontakt mit der Realität. Der Zweifel ist eine allgemeine Erfahrung, die jeder Mensch auf dem Weg des Kriegers macht.

Mit solchen Haken und Ösen muß man rechnen. Aber da solche negativen Empfindungen auch dem Streben nach Ursprünglichkeit entspringen, sind sie ihrerseits Ausdruck des prinzipiell Guten. Eins ist jedenfalls sicher: Viele Menschen empfinden die größte Erleichterung durch die Sitz-Meditation. Gleichgültig, welches Durcheinander in ihren Gedanken und Empfindungen herrscht, die Tatsache, daß sie es überhaupt einmal bemerken, ist schon ein wunderbares Heilmittel. Die Erkenntnis selbst ist schon die Entdeckung des prinzipiell Guten. Und haben Sie erst einmal einen Blick auf das prinzipiell Gute geworfen und seine Wirklichkeit, sei es auch nur vage, erahnt, entwickeln Sie auch einen Sinn für die Richtung Ihres Lebens. Denn Sie können dann danach streben, die Vision des prinzipiell Guten zu verwirklichen.

6. Das Tor zur Furchtlosigkeit

Nachdem Sie mit den Bewußtheitsübungen begonnen haben, wird es Ihnen nicht erspart bleiben, sich früher oder später mit Ihrer Angst auseinanderzusetzen. Sehr häufig liegt es an der Angst, daß jemand mit den Übungen wieder aufhört. Doch die Shambhala-Lehren betrachten Angst als wirklichen Segen der Dralas, da wir ohne Angsterlebnis niemals die Angstlosigkeit finden könnten. Angst ist die Energie und Antriebskraft, die hinter unseren Versuchen, so zu tun, als ob wir lebten, steckt. Doch die Furchtlosigkeit, die wir durch unsere Bereitschaft entdecken, unsere Angst ehrlich und gelassen zu erleben, macht uns erst zu vollen Menschen, macht uns zu Kriegern. In diesem Kapitel wollen wir die Angst einmal genauer unter die Lupe nehmen. Wir werden sehen, daß sie zu einem Tor zur Furchtlosigkeit und zur Erfahrung der heiligen Welt werden kann. Der Grund, unsere Angst ins Auge zu fassen, ist der Wunsch, zu entdecken, wer wir sind. Und Furchtlosigkeit ist das Wagnis, ursprünglich zu sein.

Durch das Gewohnheitsverhalten unseres Körpers, unserer Empfindungen und Gedanken manipuliert unser Kokon die Welt, in der wir leben, so, daß sie unserem Selbstbild entspricht. Zu einem großen Teil nehmen wir die Welt so wahr, wie wir *erwarten*, daß sie ist. Wir sehen und hören die äußere Welt nicht so, wie sie wirklich ist. Unsere Augen und Gehirne funktionieren nicht wie eine Videokamera, die genaue Aufnahmen von den in der »objektiven Welt« existierenden Dingen macht. Was wir bewußt wahrnehmen, wird in einem dauernden Wechselspiel von Wirkungen und Rückwirkungen durch die drei Faktoren Verstand, Sinne und Außenwelt erzeugt. So gut er kann, schafft sich unser Kokon eine Welt, die ihm so weit wie möglich entspricht. Wir leben also nicht in einer uns längst bekannten Welt, sondern in einer auf uns zugeschnittenen Welt, die uns soviel Sicherheit und Annehmlichkeit wie nur möglich vermitteln soll.

Hat uns unser Kokon aber einmal an die Welt angepaßt, so erfüllt die Welt unsere Erwartungen an sie auch. Das wird durch eine alte Geschichte sehr schön illustriert: Ein alter Mann steht an der Straße, die ins Dorf führt, als ein trübselig dreinblickender junger Mann vorbeikommt und fragt: »Alter, wie sind die Menschen in deinem Dorf? Ich überlege mir, ob ich mich hier niederlassen soll.« Der Alte fragt: »Wie waren die Menschen in dem Dorf, das du verlassen hast?« Darauf der junge Mann: »Schrecklich! Sie waren spießig, faul und humorlos.« Da sagt der alte Mann: »Tja mein Lieber, die Menschen in diesem Dorf sind genauso.« Nach einer Weile kommt ein anderer junger Mann vorbei und stellt dieselbe Frage. Der Alte fragt ihn nach den Menschen in seinem früheren Dorf, und erhält zur Antwort: »Sie waren herrlich! Lustig, fröhlich und weitherzig.« Da sagt der alte Mann: »Nun, mein Lieber, hier sind sie genauso.«

Sie glauben vielleicht nicht, daß Sie Ihre Welt manipulieren, doch wenn Sie genauer hinschauen, werden Sie entdecken, daß sich die Welt auf ganz einfache Art Ihren Überzeugungen anpaßt. Im Zustand der Niedergeschlagenheit haben Sie das Gefühl, jeder setze Sie herab und könne Sie nicht leiden. Aber wenn Sie alle Menschen als Freunde betrachten, mögen die Menschen Sie auch. Wenn Sie glauben, die Welt sei darauf aus, Sie kleinzukriegen, wimmelt sie scheinbar von Haien. Aber wenn Sie verliebt sind, erinnert Sie die Welt dauernd an Ihren Freund oder Ihre Freundin.

Natürlich geht das nicht immer. Wir können die Welt nicht immer in den Zustand bringen, in dem wir sie haben wollen. Wir können sie unseren Erwartungen nicht anpassen, wenn etwas passiert, das einfach nicht zu unseren Vorstellungen paßt. Und dann haben wir Angst. Biologisch gesehen ist die Angst ein Warnsignal für den Organismus, das ihm etwas Fremdes oder Unbegreifliches, Merkwürdiges zeigt. Psychologisch aber verwandeln wir diese wertvolle biologische Grundfunktion in ein Warnsystem für unseren Kokon. Immer wenn ein Ereignis eintritt, das nicht sofort in unsere Kokonwelt paßt, empfinden wir

Angst. Vielleicht ist es nur ein kleiner Angststich oder aber auch ein großer Schrecken. Jedenfalls ist es die mit Sicherheit erfolgende Antwort auf eine unvorhergesehene Änderung. Wenn etwas Unerwartetes oder Unbegreifliches passiert, fühlen wir uns bedroht und zweifeln sofort an unserer Fähigkeit, das Neue zu bewältigen. Und dann fallen wir rasch in unsere alten Gewohnheiten zurück. Denn während wir uns innerhalb dieser Gewohnheiten bewegen, empfinden wir kaum die ihnen zugrundeliegende Angst, die sie am Leben erhält. Wenn uns etwas oder jemand zu einer Veränderung oder einfach zu einer aus dem Rahmen fallenden Erfahrung zwingt, kann sich die Angst auch als Trägheit zeigen – als Mangel an Reaktionsbereitschaft – oder auch als Ärger, der sich manchmal bis zur Aggression nach außen steigert.

Daß wir vor allem, was auch nur ein wenig aus dem Rahmen fällt oder uns fremd ist, Angst haben, illustriert eine Geschichte, die kürzlich in der Zeitung zu lesen war. Mrs. Mars, die Performance Art unterrichtet, stellte ihren Schülern eine Abschlußaufgabe: Sie sollten auffällig langsam durch ein Einkaufszentrum zu einem Geschäft gehen und in Flaschen abgefülltes Wasser kaufen. Während sie so gingen, näherten sich die Sicherheitswachen und sagten den Schülern, sie störten die anderen. Erst als die Schüler erklärt hatten, sie wollten nur etwas kaufen, brauchten sie das Einkaufszentrum nicht zu verlassen. »Sobald Sie sich außerhalb des normalen Tempos oder Rhythmus dessen, was die Leute erwarten, bewegen, hält man das für schizophren und verdächtig, weniger für interessant«, sagte Mrs. Mars. »Etwas Unerwartetes wird, auch wenn es nicht aggressiv ist, sofort als aggressiv eingestuft.« Mit anderen Worten: Auf alles Unerwartete reagieren wir mit Angst.

Alles, was wir in unserer gewohnten Welt tun oder nicht tun, entspringt der Angst. Wir haben Angst vor dem Tod, aber auch Angst davor, intensiv zu leben. So mancher, der am Arbeitsplatz oder in der Schule direkt vor seinen Augen ein Unrecht geschehen sieht, zuckt nur mit den Schultern und geht weiter. Häufig unterdrücken wir dann unsere Empörung und deklarieren sie als »Unbeherrschtheit«. Dann sagen wir uns: Misch dich nicht ein, das geht dich nichts an! Wenn wir uns dagegen selbst ungerecht behandelt fühlen, explodieren wir häufig vor Zorn, ohne zu prüfen, was hinter dem Zorn steckt. Gesteht uns umgekehrt jemand seine Liebe, zucken wir zurück und reagieren höflich und distanziert oder benutzen die Situation sofort, um den anderen auszunützen. Wir öffnen uns seiner Liebe nicht und lassen sie nicht durch uns hindurchströmen, um dann aus dem Herzen daraus zu antworten.

Wir haben zahllose Mittel, unserer eigenen Energie aus dem Weg zu gehen, weil wir davor Angst haben und nicht wissen, was passiert, wenn wir ihr folgen. So gehen wir stets dem wirklichen Leben aus dem Weg. Dann machen wir Ausflüchte vor uns selbst und fühlen uns im Recht: Wir sind doch »in Ordnung« – anständig, angepaßt, gesund. Und wenn wir »in Ordnung« sind – sei es gut, freundlich und weichherzig oder grob und ruppig – und dann doch Angst auftritt, wissen wir nicht, woher sie kommt oder wer sie eigentlich hat. Wir identifizieren uns nicht mit ihr als unserer eigenen Empfindung.

Unsere letzte Angst aber ist, daß wir sterben, von der Erde verschwinden und all unsere Beziehungen mit Familie und Freunden zurücklassen müssen. Sogyal Rinpoche, tibetischer Buddhist, schreibt:

»Warum leben wir in solcher Furcht vor dem Tod? Weil wir instinktiv wünschen, zu leben und weiterzuleben, und weil der Tod allem, was uns vertraut ist, ein jähes Ende setzt. Bei seinem Kommen stürzen wir ins Ungewisse oder verwandeln uns in etwas ganz anderes. Wir bilden uns ein, wir wären dann völlig verloren und allein gelassen, in einer Umgebung, die uns schrecklich unvertraut ist. Wir bilden uns ein, es wäre so, wie wenn wir plötzlich allein aufwachten, in einem Wahnsinnsanfall von Angst, in einem fremden Land, ohne Kenntnis von Land und Sprache, ohne Geld, ohne Beziehungen, ohne Paß, ohne Freunde.«

Der Tod ist etwas Schreckliches für uns. Aber der Grund, weshalb wir so empfinden, ist, daß wir uns auch jetzt schon von anderen isoliert fühlen. Unsere Angst hat uns schon von allem, was wir lieben und gern haben, isoliert, getrennt. Unsere Furcht überlagert die Traurigkeit und Zartheit unseres Herzens, das Sympathie für die Menschen, die wir lieben, empfindet und sich mit der Wirklichkeit hinter unserem Kokon verbunden fühlt. Wenn wir nur Augen und Herz öffnen wollten, könnten wir spüren, daß die Welt selbst voller Traurigkeit und Leiden ist. Wir könnten dann sehen, wie wir unsere Gewohnheiten der Angst und Wirklichkeitsverleugnung unseren Kindern und unsere Gewohnheiten des Hasses und der Grausamkeit von einer Generation zur anderen weitergeben. Alles ändert sich, doch wir versuchen uns an Menschen und Dingen festzuklammern, als ob sie ewig währten. All das ist so traurig, daß wir uns in namenloser Angst davon abwenden. Der Dorje Dradul sagt: »Wenn wir in unsere Angst hineinschauen, wenn wir durch ihren Firnis hindurchdringen, ist das erste, auf das wir stoßen, Traurigkeit.«

Als ich Anfang der sechziger Jahre in England auf der Universität war, hatte ich einen sehr guten Freund, einen leidenschaftlichen Griechen. Er liebte Frauen auf sehr sinnliche Art. Als ich eines Tages mit ihm auf einem Sofa saß, legte er mir in einer warmen Aufwallung den Arm um die Schultern. Ich erstarrte und lehnte mich vor – eine Reaktion, die meiner Angst vor körperlicher Nähe, besonders zu Männern, entsprang. Bis heute, dreißig Jahre danach, erinnere ich mich meiner gemischten Empfindung von Angespanntheit und tiefer Trauer, daß ich seine einfache Freundschaftsgeste so brüsk zurückgestoßen hatte.

Angst liegt unseren Gewohnheiten zugrunde

Unsere Angst wird durch unsere Kokongewohnheiten nur zugedeckt. Die leiseste Gefährdung dieser Gewohnheiten ruft sofort Angstreaktionen hervor. Versuchen wir einmal, eine unserer Gewohnheiten zu ändern, oder zwingen uns unsere Lebensumstände ohne Vorwarnung zu einer Änderung des Verhaltens, so stoßen wir unmittelbar auf die unter der Oberfläche liegende Angst. Bei unseren Bemühungen, über die Angst hinauszugelangen, fangen wir nun damit an, daß wir uns aller Methoden bewußt werden, mit denen wir uns eine vertraute, gewohnte, sichere Welt, die uns von der Angst isoliert, schaffen wollen. Wir fangen damit an, daß wir unsere Gewohnheiten des Körpers und des Sprechens, der emotionalen Reaktionen, Gedanken und Überzeugungen ins Auge fassen. Indem wir die Bewußtheitsübung auf sie anwenden, entdecken wir, wann diese Gewohnheiten in unserem Leben auftreten, werden wir vertraut mit ihnen und können sie akzeptieren.

Körpergewohnheiten sind zum Beispiel, wie wir gehen, wie wir ein Zimmer betreten, wie wir uns setzen usw. Manche Menschen stapfen geradeaus, Brust heraus, die Nase scharf im Wind, als müßten sie die ganze Welt retten. Andere, Männer wie Frauen, gehen mit wiegenden Schultern und steifen Hüften, wie Fußballspieler. Wieder andere schleichen mit eingefallener Brust und schlaffem Bauch dahin, als wollten sie im Erdboden versinken. Jeder hat seine charakteristische Art, seinen Körper gegen die bedrohliche Welt zu behaupten.

Auch besondere Sprechgewohnheiten haben wir. Manche Menschen sprechen laut und schnell wie ein Maschinengewehr – denn Angriff ist die beste Verteidigung –, andere sprechen leise und dehnen ihre Worte, vielleicht in der Hoffnung, daß niemand sie hört. Ein dritter spricht mit aufgeregtem, raschem Optimismus, wie wenn die ganze Welt eine Party wäre. Wieder andere sprechen mit weichem, melodiösem Klang, um die Welt auf ihre Seite zu bringen. Jede Art zu sprechen paßt natürlich zu bestimmten Umständen. Aber wenn sie uns zur Gewohnheit wird, begrenzt sie in bedauerlicher Weise unsere Flexibilität der Welt gegenüber. Auch unsere Sprechgewohnheiten sind Teil der Rüstung, mit der wir uns die Welt und die Angst vom Leib halten.

Emotionen können ebenfalls starr und stereotyp werden. Wir können gewohnheitsmäßig zornig, beleidigt, begeistert oder kriecherisch sein. Bestimmte Situationen oder Menschentypen schätzen wir als bedrohlich, andere als freundlich ein und reagieren dementsprechend. Viele Psychologen behaupten, unsere Art, auf andere zu reagieren, hätten wir uns schon in früher Kindheit erworben, als wir uns in unserer Familie behaupten mußten – also »brav« sein und den Erwachsenen in unserer Welt gefallen mußten. Bei besonders starren und verfestigten Gewohnheiten kann es manchmal gut sein, tatsächlich ihrem Ursprung in der Vergangenheit nachzuforschen. Doch auf dem Pfad des Kriegers ist es wichtig, sich dieser Gewohnheiten und der ihnen zugrundeliegenden Angst in der *Gegenwart* bewußt zu werden. Versuchen Sie während der Sitz-Meditation einfach, sich Ihrer gewohnten Emotionen bewußt zu werden, sobald sie auftauchen, unmittelbar und ehrlich, und zu erkennen, wie sie Ihre Antwortmöglichkeiten auf die Welt einschränken.

Schließlich haben wir auch eingefahrene Gewohnheiten, über uns selbst und die Welt zu denken. Wir tragen ein Selbstbild mit uns herum und eine Geschichte, wer und wie wir sind, die wir uns dauernd vorerzählen. Wir haben eine Vorstellung davon, wie wir aussehen, ein Gefühl für unsere Figur, ein Bild vom Klang unserer Stimme, eine Vorstellung davon, wie wir auf andere Menschen wirken. Diese Bilder sind so stark und zwingend, daß wir oft überrascht, ja schockiert sind, wenn wir uns im Spiegel erblicken oder unsere Stimme auf Band hören. Manchmal, wenn wir hören, wie andere Leute unser Verhalten bei einem Treffen oder auf einer Gesellschaft beschreiben, können wir gar nicht glauben, daß wir das gewesen sein sollen.

Den meisten Menschen fällt es sehr schwer, sich Meinungen, die nicht zu ihren Überzeugungen passen, anzuhören, geschweige denn, sie zu akzeptieren. Manche kommen instinktiv zu dem Urteil, der Lebensstil fremder oder andersrassiger Menschen sei im Vergleich zu ihrem eigenen irgendwie minderwertig. Selbst wenn sie versuchen, freundlich zu Ausländern zu sein, können sie sie doch nicht ganz als ihresgleichen betrachten. Im Grunde haben die meisten von uns Angst vor Fremden, eben weil sie uns fremd sind. Der bloße Unterschied zu anderen ist häufig Ursache von Kriegen gewesen.

Ebenso rufen andersartige religiöse Überzeugungen Zorn und Angst in manchen Menschen hervor. Viele Menschen aber erschrecken mehr vor freiem Denken als vor andersartigem religiösem Glauben. Jemand, der fest an die Existenz eines äußeren Schöpfergottes glaubt, ist häufig bestürzter, wenn ein anderer auf die Frage, ob er ebenfalls daran glaube, antwortet, »ja und nein«, als wenn er ein einfaches Nein hört. Ebenso kann sich jemand, der die Existenz eines solchen Schöpfergottes heftig leugnet, über einen Agnostiker mehr ärgern als über jemanden, der seinen Glauben an diesen äußeren Gott offen bekennt. Eine gegensätzliche Überzeugung ist etwas, wogegen man kämpfen und wodurch man seine eigene Auffassung bestätigen und bestärken kann. Aber freies Denken und Unentschiedenheit bei anderen ruft auch Unentschiedenheit und Ungewißheit bei uns selbst hervor. Und diese Ungewißheit ist es, vor der wir die größte Angst haben.

Der starre Glaube, die Wissenschaft sei der einzige Weg, auf dem wir die Wahrheit über das wirkliche, weite Weltall erkennen können, verbirgt womöglich nur die tiefe Angst vor dieser unkontrollierbaren Weite. Ungeprüft übernommene wissenschaftliche Überzeugungen sind ebenso starr und restriktiv wie jeder andere kulturell vermittelte und automatisch übernommene Glaube und beeinflussen nachhaltig die Art, wie wir die Welt wahrnehmen und in ihr handeln. Viele Menschen erschrecken bei der Vorstellung, es könnte eine direkte, intuitive Wahrnehmung der Welt und ihrer tiefen Verbindung mit ihr geben. Sie lassen die Intuition als Weg, die Welt kennenzulernen, nicht zu, weil sie dem modernen wissenschaftlichen, rationalen Datenwissen zu widersprechen scheint. Sie wenden sich zornig – und unter dem Zorn liegt wieder die Angst – von eigenen Einsichten ab, die ihnen die Fülle und den Beziehungsreichtum der Welt zeigen könnten.

Zweifel als Urausdruck der Angst

Auf dem Shambhala-Weg erlebt der Krieger, daß eine der stärksten Ausdrucksformen der Angst der Zweifel ist. Der Zweifel ist die Wurzel vieler Widerstände, denen der Schüler begegnet. Er kann uns unseren Glauben an die Macht der Kriegerschaft, unser Leben zu verändern, rauben, so daß wir wieder in unseren Kokon zurückfallen. Und jedesmal, wenn wir zurückfallen, fallen wir auf ein tieferes Niveau als das des Ausgangspunktes zurück. Solche Zweifel treten bei jedem Krieger in jedem Stadium des Wegs auf. An jedem Punkt Ihrer Reise kann Sie der Zweifel daran hindern weiterzugehen, gerade dann, wenn Sie die Bereitschaft in sich fühlen, sich auszustrecken und sich als Krieger auf die Welt einzulassen. Gerade wenn Sie bereit sind, sich echt mit Ihrer Welt zu verbinden, Ihre Beziehungen, Ihren Beruf, Ihre Familie auf ganz neue Art zu sehen – kann Sie ein böser Angriff des Zweifels überraschen.

Es gibt aber auch gesunde, intelligente Formen des Zweifels, die uns nicht in den Kokon zurücktreiben und sehr wichtig auf dem Weg des Kriegers sind. Ein heilsamer Zweifel ist zum Beispiel die gesunde Skepsis eines scharfen Verstandes, der nicht alles auf Treu und Glauben annimmt. Der Shambhala-Weg des Kriegers fordert nicht, blind irgendwelchen Anweisungen zu folgen. Er ermuntert uns statt dessen, Aussagen, die unserer Erfahrung zu widersprechen scheinen, zu hinterfragen. Durch die Bewußtheitsübungen schärfen wir unsere Achtsamkeit und Wahrnehmung und durchschauen bis zu einem gewissen Grad den Nebel der Selbsttäuschung und Wirrnis, der unsere Masken und unseren falschen Ehrgeiz erzeugt, ebenso die Wirrnis, die von anderen Menschen ausgeht. Wir sind dann nicht mehr so leichtgläubig.

Aber andere Formen des Zweifels ziehen uns hinab und berauben uns unserer Achtsamkeit und Freude. Bei dieser negativen Art zu denken zweifeln wir an unseren eigenen Erlebnissen bei den Übungen und auf dem Weg des Kriegers. Wir zweifeln dann zum Beispiel daran, daß das prinzipiell Gute in uns existiert oder daß wir fähig sind, es zu nähren und unser Leben darauf zu gründen. Die falsche Welt der Masken und des Ehrgeizes kann zu Zeiten solche Macht über uns gewinnen, daß unsere Erfahrung des prinzipiell Guten und des Positiven der Bewußtheit mehr als Weltflucht denn als echte Welterfahrung erscheint. Außerdem ist die Welt voll von Menschen, die nicht die geringste Ahnung von Spiritualität haben (oft freilich nur, weil sie nie davon gehört haben). Angesichts dieser weit verbreiteten unbewußten Überzeugung, die wirkliche Welt sei hart und aggressiv und der Mensch im Grunde selbstsüchtig, zweifeln wir an unserer eigenen Einsicht und Erfahrung.

Da ich als Physiker ausgebildet bin, mußte ich einen weiten Weg zurücklegen, ehe ich den hartnäckigen Zweifel, den ich der Welt des Gefühls und direkten Wahrnehmung entgegenbrachte, durchschaute. Selbst heute noch meldet sich manchmal mein wissenschaftlicher Verstand und bezweifelt meine eigenen Erkenntnisse. Ich spreche hier nicht von dem wirklich offenen, forschenden wissenschaftlichen Geist, sondern von dem hartnäckigen Zweifel des begrifflichen Verstandes, der andauernd wiederholt: »Aber wir wissen doch, daß das nicht wahr sein kann!« Dieser zweifelnde Verstand verändert die Wahrnehmung. Er ist kalt und verengt die Sicht. Im Zustand des Zweifels scheint die Welt flach und leer zu sein und allen Lebens zu entbehren. Zu solchen Zeiten habe ich das Gefühl, wieder tiefer in meinen Kokon hineingezogen zu werden, und spüre die altgewohnte Spannung in Brust, Hals und Kehle, als hätte ich eine neue Rüstung angelegt.

Das tibetische Wort für Zweifel bedeutet »ein zweifaches Bewußtsein haben«, und genau das ist das Problem mit dem Zweifel. Wenn wir zweifeln, haben wir ein zweifaches Bewußtsein – eines, das wirklich erlebt, und eines, das angstvoll zuschaut, uns vom Leben abhält und dauernd darüber wacht, daß wir auch das »Richtige« tun. Wenn wir zum Beispiel einmal glücklich sind, lauern immer noch Zweifel und Angst unter unserem Glück, solange wir unser Glück beobachten. Wir wollen dann nicht nur glücklich, sondern auch sicher sein, daß wir glücklich sind. So bewegen wir uns in einem zweifachen Bewußtsein – einem, das das Glück erlebt, und einem, das sich dieses Glücks vergewissern möchte, und zwischen beiden schwanken wir hin und her. Wir wollen uns unser Glück auf Dauer sichern und spähen immer nach etwas aus, das es stören könnte. Die nagende Angst, daß das Glück nur vorübergehend sein könnte, sagt uns, es werde immer etwas kommen, das unsere Zufriedenheit zerstört – und sei es auch nur nagender Hunger.

Der einzige Weg, den Zweifel hinter sich zu lassen, ist, ihn ins Auge zu fassen, zu hinterfragen und auf ihn zu hören, bis wir erkennen, daß sogar der Zweifel prinzipiell gut ist. Indem wir zweifeln, indem wir unseren Kokon schützen, glauben wir nämlich wirklich, wir schützten dadurch unsere geistige Gesundheit und unser Wohlbefinden. Um uns aus dieser Falle zu befreien, ist es wichtig, über die Echtheit unserer Bewußtheitsübung nachzudenken. Wir erleben, daß diese Übung wirksam ist. Daraus entsteht in uns ein intelligenter, nicht mehr blinder Glaube. Diese Art Glaube unterscheidet sich vollständig von der gewöhnlichen Auffassung von Glauben als Glaube an etwas, das man gesagt bekommt, ohne es selbst zu verifizieren. Das Wort »Glaube« hat mit »geloben« zu tun. Wenn wir uns also unserer Bewußtheitsübung und unserer Erfahrung, prinzipiell gut zu sein, »angeloben«, das heißt an sie »glauben«, überwinden wir den Zweifel.

Der Zweifel ist oft auch eine Art Trägheit. Wir haben etwas von dem prinzipiell Guten und dem Segen der Sitz-Meditation gehört und sie bis zu einem gewissen Grad auch selbst erlebt. Doch wenn nun eine Schwierigkeit auftritt, scheint sich die Anstrengung, sich mit dem prinzipiell Guten und dem Glauben zu verbinden, nicht mehr zu lohnen, sind wir doch daran gewöhnt, uns nur anzustrengen, wenn uns mit einer Strafe gedroht oder eine Belohnung in Aussicht gestellt wird. Insgeheim denken wir dann vielleicht: »So schlecht ist mein Leben gar nicht. Aber wenn ich das prinzipiell Gute in mir spüre, falle ich in einen Zustand der Primitivität zurück und bin mir all dessen, was ich normalerweise fühle, weniger gewiß. Warum sollte ich mir also eine neue Last aufbürden?« So überlassen wir uns dann unserer Trägheit und lassen ihre negativen Impulse auf uns wirken. Das bestärkt uns aber wieder in unseren Zweifeln, und wir finden immer noch mehr Gründe zu zweifeln.

Trägheit und der Zweifel, der sie uns verbirgt, sind Gefahren, die bei der inneren Arbeit stets auftreten. Sobald wir das anfängliche Leiden, das uns nach einem spirituellen Weg oder einer therapeutischen Methode suchen ließ, überwunden haben, fühlen wir uns schon wieder besser. Wir fühlen uns wohl, sehen die Welt in neuem Licht und neuer Perspektive. Aber jetzt wollen wir nicht mehr weitergehen. Wir lassen uns zu sehr gehen. Wenn wir uns derart auf unseren Lorbeeren ausruhen, werden wir leicht selbstzufrieden und selbstgefällig. Das neue Glaubenssystem ist einfach zu bequem. Und wir arbeiten dann nicht mehr daran, unsere Angst ins Auge zu fassen. Wir haben nur einen neuen Flicken auf unseren Kokon genäht, statt einen befreienden Impuls zu setzen. Das alles ist nur wieder ein anderer Ausdruck der immer lauernden Angst vor der Echtheit.

Um unsere Angst wirklich zu erleben, müssen wir hinter die Gewohnheiten und Masken blicken, die unseren Kokon, unser Flickengewand, bilden. Sobald wir diese Gewohnheiten näher ins Auge fassen, entdecken wir Lücken zwischen den Masken, und durch diese Lücken erblicken wir die Angst sehr deutlich. Es gibt nämlich immer einen Moment des Zögerns und der Verletzlichkeit, bevor wir uns eine Maske aufsetzen. Das ist der Moment, in dem wir unserer Angst habhaft werden können.

Das Aufwachen am Morgen kann ein guter Zeitpunkt sein, um dem Maskenwechsel auf die Schliche zu kommen. Manchmal wacht man aus einem so tiefen und erfrischenden Schlaf auf, daß man sich zunächst fragt: »Wo bin ich?« oder »Wer bin ich?«. Vielleicht schauen Sie hinüber zu Ihrem Lebensgefährten und wundern sich, wie fremd und neu Ihnen sein doch so vertrautes Gesicht erscheint. Sie spüren, wie neu es ist, und spüren auch, Sie könnten auf eine neue Weise reagieren. Aber sofort befällt Sie wieder die Angst, und es fällt Ihnen sehr schnell ein, wer Sie sind und welche Pflichten an diesem Tag auf Sie warten. Schon fangen Sie an, sich eine Maske aufzusetzen. Und wenn Ihr Partner dann aufwacht und »Guten Morgen« sagt, reagieren Sie mit Ihrem gewohnten Guten-Morgen-Gruß. Sie sind wieder in Ihrer gewohnten Rolle gefangen.

Die Lücken im Kokon werden normalerweise durch den fortwährenden Bilderstrom und das Dauergespräch in unserem Kopf schnell wieder ausgefüllt. Dieser Strom ist nichts Zufälliges, da er sorgfältig die darunterliegende Angst, die uns motiviert, zudeckt, so daß wir uns nicht wirklich ins Auge sehen müssen. Einen Blick auf solche Lücken zu werfen, ist also zuerst erschreckend. Denn dabei bemerken wir, daß wir nicht das sind, wofür wir uns halten. Ich bin nicht eine in sich geschlossene Persönlichkeit – sondern ich bin voller Löcher. Und ständig setze ich weitere Flicken auf den Kokon, aus Angst, er könnte zerreißen. Tief im Herzen weiß ich sogar, daß er zerreißen wird. Denn wenn ich ihn einmal erblickt habe, kann ich ihn unmöglich noch zusammenhalten.

Der Dorje Dradul sagt:

»Im tiefsten Grund wissen wir nicht, wer wir sind. Deshalb lauert im Hintergrund unseres Bewußtseins eine riesige, gigantische Angst, die wir aber sehr sorgfältig hinter dem Schleier der Ignoranz und des Ignorierens verstecken. Doch obwohl wir sie verstecken, leben wir immer in Ungewißheit – als wären wir von einer ungeheuren kosmischen Verschwörung umgeben. Ob die Bombe innen oder außen explodiert, ist ungewiß, aber über die inneren Bomben sprechen wir nicht. In dieser Hinsicht machen wir uns lieber vor, es sei alles gar nicht so schlimm. Denn irgendwo müssen wir ja sitzen, leben und wohnen.«

Furchtlosigkeit als Wille, die Angst ins Auge zu fassen

Aber es gibt eine Alternative zur Flucht vor der Angst. Wir können uns der Angst stellen und in sie eindringen, statt vor ihr davonzulaufen. Der einzige Weg, mit der Angst fertigzuwerden, ist, sich ihr zu stellen und durch sie hindurchzugehen, wie stark sie auch sein mag.

Joan, Shambhala-Schülerin, erzählt, wie sie auf einem Wochenend-Workshop für mißhandelte Frauen durch ihre Angst hindurchging. Diese Frauen versuchten die Angst und Verlassenheit, die sie seit ihrer Kindheit verfolgten, zu überwinden.

»Die Gruppe war freundlich und hilfsbereit, und körperlich waren diese Übungen alle nicht gefährlich. Es gab mehrere Gruppenübungen mit dem Ziel, Vertrauen zu sich selbst und zu anderen Menschen zu entwickeln. Bei einer Übung standen die Teilnehmerinnen im Kreis, und eine nach der anderen mußte sich rückwärts fallen und von ihrer Nachbarin auffangen lassen. Da hatte ich Angst – ich brachte einfach nicht genügend Vertrauen auf. Tief in mir konnte ich nicht glauben, daß es irgend jemanden auf der Welt geben sollte, auf den ich mich verlassen konnte. Es fehlte mir die Fähigkeit, anderen zu vertrauen. In

Tränen aufgelöst verließ ich den Kreis. Als nächstes kamen ein paar Mutproben für den Körper. Zuerst mußten wir auf eine zehn Meter hohe Stange klettern und dann auf einem gespannten Stahlseil zu einer anderen Stange hinüberbalancieren, wobei wir uns an einem zweiten Stahlseil in Brusthöhe festhielten – natürlich hatten wir dabei einen Sicherheitsgurt an. Als ich sah, wie die anderen, eine nach der anderen, hinübergingen, war ich vor Furcht wie gelähmt, und wieder weigerte ich mich, als ich an die Reihe kam. Und so fühlte ich mich noch mehr allein, da ich mich selbst von der Gruppe, die mir hätte helfen können, isoliert hatte.

Schließlich mußten wir auf eine andere zehn Meter hohe Stange klettern, uns mit einem Gurt an einem langen Stahlseil, das durch die Bäume zu einer etwa dreißig Meter entfernten Stange führte, festbinden und uns dann am Stahlseil entlang hinuntergleiten lassen. Ich kletterte zuerst auf die Stange, stand auf der kleinen Plattform oben und *erstarrte*. Es kam mir so vor, als sollte ich mitten in den Weltraum springen, ohne Möglichkeit, wieder zur Erde zurückzukehren. Ich machte meinen Gurt an dem Stahlseil fest und stand dann da, außerstande, mich zu bewegen. Ich dachte, zurück könnte ich nicht mehr (obwohl mir nachher einfiel, ich hätte die Stange auch ohne weiteres wieder hinunterklettern können). Nichts als der weite Raum um mich her! Ich vergaß, daß ich ja an einem Sicherheitsgurt hing und daß jemand hinter mir und auf dem Boden stand und über meine Sicherheit wachte. Ich glaubte, nicht mehr vor noch zurück zu können. Und ich dachte: ›Auf keinen Fall werde ich springen!‹

Für einen Augenblick faßte ich meinen Gurt und die Leute drunten, die zu mir hochschauten, fest ins Auge. Diese Sondierung der Wirklichkeit war sehr wichtig. Dann sprang ich. Ich glaube jetzt, daß mir der Mut zum Springen tatsächlich aus der Angstenergie zufloß. Ich sprang einfach in die Angst hinein und machte mir ihre Energie zunutze. Ich hatte das Gefühl, auf der Angst zu ›reiten‹. Als ich das Stahlseil entlangglitt, breitete ich vor Erleichterung und Freude die Hände aus und rief meinen Freundinnen zu: ›Hier bin ich!‹ Ich fühlte mich lebendig und wieder mit allen verbunden. Jetzt, nach einigen Wochen, ist der stärkste Eindruck, der mir geblieben ist, daß ich einen Sprung tat und auf der Energie der Angst ›ritt‹. In dem Augenblick, wo man springt, geht es los, und die Energie trägt dich.«

Diese großartige Geschichte enthält alles, was ich mit diesem Kapitel sagen will. Die Angst selbst ist gar nicht das Problem. Es ist die Angstvermeidung, unsere Angst vor der Angst, die uns von der Welt isoliert. Die Angst anzuerkennen ist ein ungeheuer positiver Schritt. Die Angst ist die Mitteilung, daß uns etwas Unbekanntes lockt, sie ist einfach die Grenze, die wir überschreiten müssen, um in eine größere Welt der Energie und Freude einzutreten. Angst ist der Preis, den wir für den Eintritt in die Furchtlosigkeit zahlen müssen. Weit entfernt davon, ein Problem zu sein, ist die Angst ein Segen. Ohne Angst würden wir für immer in unserem Kokon festsitzen.

Wenn wir unsere Angst ins Auge fassen – oder Situationen und Gedanken, vor denen wir Angst haben – und sie wohlwollend akzeptieren, verschwindet sie aber nicht schon so ohne weiteres. Sie kann sogar tiefer und heftiger werden, ändert dabei aber ihr Wesen. Wenn wir uns der Angst stellen, sie nicht mehr zudecken, sondern sanft berühren und allmählich kennenlernen, entwickelt sich eine neue Stärke in uns. Wir entdecken dann, daß wir wirklich in der Lage sind, uns der Angst zu stellen, ohne vor ihr davonzulaufen. *Diese Bereitschaft, die Angst ins Auge zu fassen, ist an sich schon Furchtlosigkeit.* Furchtlosigkeit ist nicht nur die bloße Abwesenheit der Angst, es ist die Stärke und Würde, die jedesmal, wenn wir uns direkt mit unserer Angst auseinandersetzen, erneuert werden.

Wenn wir uns unserer Angst stellen, spüren wir allmählich auch die Wirklichkeit dahinter. Wir spüren unser Herz, unsere Traurigkeit, und erleben, wie die Welt wirklich funktioniert. Das ist die Grenze, an der wir uns selbst immer wieder finden: Wir spüren die Angst und spüren die Möglichkeit, direkt und ohne Selbsttäuschung in sie einzudringen, uns mit dem prinzipiell Guten dahinter zu verbinden und uns der heiligen Welt zu öffnen. Das ist des Messers Schneide, die Dauerhürde, der Felsen, von dem wir herabspringen müssen, das süße, bittere Lebensblut. Gleichgültig, wie lang wir auf dem Weg des Kriegers geübt haben und gegangen sind: Angst ist die Brücke zwischen dem Kokon und der heiligen Welt. Sich der Angst wohlwollend zu öffnen, eine Angst nach der anderen zu erleben und durch sie hindurchzugehen ist der Weg des Kriegers.

Genauso wie wir in der Sitz-Meditation den Kokon erblicken können, wenn wir durch den Alltag nicht abgelenkt sind, so erkennen wir dabei auch unsere Angst. Das gilt insbesondere für die tieferen Ängste, die wir normalerweise so geschickt vermeiden. Aber denken Sie nicht, daß Sie die Angst bei der Sitz-Meditation unbedingt direkt erleben. Sie steckt nur in jedem Gedanken und jeder Empfindung, von denen Sie sich abwenden oder die Sie heftig zurückstoßen. Dieses Abwenden ist Ausdruck der Angst vor der Angst. Wenn Sie unangenehme Gedanken und schmerzhafte Gefühle, die Sie seit langem zurückgewiesen haben, einmal anerkennen, spüren Sie die Angst dahinter und beginnen ihr ins Auge zu sehen.

Im Alltag versteckt sich die Angst in den Dingen, die wir tun müßten oder gern täten, aber dann doch nicht tun »wollen« und »keine Zeit dafür haben«. Sie versteckt sich in dem Menschen, den wir aufsuchen müßten, der uns aber Unbehagen bereitet, in der Begegnung, die wir herbeiführen müßten, aber doch immerzu aufschieben, usw. Genau unter der Oberfläche solcher Verzögerungstaktiken und Zweifel liegt die Angst. Sie verbergen unsere Angst davor, in eine ungewohnte, fremde Welt einzutreten. Aber jedesmal, wenn wir über unsere Angst hinweg in diese fremde Welt eintreten, stirbt der Kokon einen kleinen Tod. Wenn wir unsere Ängste entdecken wollen, brauchen wir uns nur bewußt den vielen kleinen Verzögerungen und Unannehmlichkeiten, die jeden Augenblick auftreten, zu stellen. Es ist keineswegs notwendig, absichtlich Angst zu erzeugen, indem wir uns in gefährliche Situationen begeben. Da die Angst immerzu unter der Oberfläche lauert, müssen wir uns nur entschließen, sie ins Auge zu fassen und durch sie hindurchzugehen, wie schmerzhaft das auch sein mag. Der Versuch, ehrlich zu sein, genügt schon, um uns unsere Ängste zu zeigen.

Anders als die meisten Erwachsenen haben Jugendliche noch das natürliche Bedürfnis, ihrer Angst ins Auge zu sehen und die

Angstlosigkeit, die aus dem Durchgang durch die Angst entsteht, zu genießen. Das ist ein Grund für die scheinbar harten Übergangsrituale, die viele traditionelle Gesellschaften ihren jungen Männern und manchmal auch Frauen vor dem Erwachsenwerden auferlegen. In der modernen westlichen Gesellschaft haben wir kaum solche Möglichkeiten, Jugendliche auf dem Weg, Furchtlosigkeit zu entwickeln, zu begleiten. Im Gegenteil, wir verurteilen Jugendliche oft wegen ihres Bedürfnisses, sich der Angst zu stellen. Nicht von ungefähr gehen viele Jugendliche durch eine kurze Periode des Ladendiebstahls oder des »Ausleihens« von Wägen, um damit Ausflüge zu machen. Statt zu begreifen, daß es sich um einen Weg, Angst und Furchtlosigkeit auszuprobieren, handelt, machen Erwachsene nur wieder eine neue Quelle der Angst daraus und sehen darin ein Anzeichen für »kriminelle Veranlagung«. Ich will damit nicht sagen, man solle Jugendliche zu Gesetzesverstößen ermuntern, aber die Gesellschaft sollte ihnen echte Aufgaben stellen und ihnen Mut machen, die ursprüngliche Angst innerhalb der Grenzen des Legalen zu erfahren. Freizeitprogramme, die straffällig gewordene Jugendliche unserer Großstädte in Kontakt mit den Naturelementen bringen – der rauhen Erde, dem Regen, dem Wind und der Sonne – und sie mit wirklichen Aufgaben konfrontieren, haben ungewöhnlichen Erfolg. Jugendliche, die noch nie einen Baum gesehen haben und nicht wissen, daß Milch von Kühen kommt, blühen in Situationen in freier Natur auf, in denen sie ihrer Angst ins Auge sehen und sie überwinden können. Tatsächlich haben viele Erwachsene vor Jugendlichen Angst, weil sie spüren, daß in ihnen noch die Offenheit für Gefahr und Angst lebt.

Sie können überall einen Anfang damit machen, sich Ihrer Furcht zu stellen. Wenn Sie dazu neigen, Alleinsein zu vermeiden, versuchen Sie einmal, einige Zeit allein zu sein. Sie können mit ein oder zwei Stunden beginnen. Stellen Sie dann fest, wie Sie sich dabei fühlen, welche Gedanken immer wieder auftauchen, was Sie mit Ihrem Körper anfangen. Versuchen Sie hierauf, die Zeit auf einen oder zwei Tage auszudehnen. Wenn Sie nicht gern draußen in der Natur sind, verbringen Sie einen

Abend allein in den Wäldern. Jedes Geräusch wird Sie befremden, jeder Laut Ihnen Angst einjagen. Erleben Sie einfach Ihre Angst – weiter brauchen Sie nichts zu tun. Manche Menschen haben die entgegengesetzte Angst – sie werden unter Menschen nervös. Wenn das Ihre Angst sein sollte, stellen Sie das nächste Mal, wenn Sie mit Menschen zusammen sind, fest, wie Sie sich fühlen und welche Gedanken in Ihnen aufsteigen, die Sie unbedingt verdrängen wollen. Denken Sie: »Die mögen mich einfach nicht« oder »Niemand hat etwas für mich übrig«? Vielleicht gehen Sie auf die Straße und sehen auf der anderen Seite eine Frau, in deren Gegenwart Sie sich immer gehemmt fühlen. Statt jetzt vorbeizugehen und zu hoffen, daß sie Sie nicht bemerken wird, gehen Sie einfach hinüber und begrüßen Sie sie. Und wenn Sie mit ihr sprechen, achten Sie auf Ihre eigenen Gedanken, Empfindungen, den Klang Ihrer Stimme und Ihre Körperhaltung. Sie brauchen gar nichts zu verändern – achten Sie nur darauf, wie Sie sich ihr gegenüber verhalten. Oder vielleicht sind Sie auf einer Party und haben das Gefühl, daß irgend etwas nicht stimmt. Der Wunsch, so etwas auszusprechen, kann Angst hervorrufen. Stellen Sie sich dieser Angst für einen Augenblick, spüren Sie sie, hören Sie darauf, was sie Ihnen sagen will. Dann sprechen Sie aus, was Sie gern sagen möchten, und achten Sie wieder auf Ihre Gefühle und Gedanken dabei.

Als die Shambhala-Schulung noch ganz neu war, mußte ich einmal ein Programm mit mehreren hundert Leuten durchführen, von denen die meisten schon einige Jahre beim Dorje Dradul gelernt hatten und viele mit mir befreundet waren. Ich war sehr nervös und aufgeregt, und mein Vortrag am Freitagabend ließ jede Lockerheit und jeden Humor vermissen. Meine Kollegen kritisierten mich danach gnadenlos. Am Samstagabend rief mich kurz vor dem zweiten Vortrag die Sekretärin des Dorje Dradul an und sagte, dieser habe den Eindruck gehabt, irgend etwas sei mit dem Vortrag letzten Abend nicht gut gelaufen. Ich hätte zu sehr wie ein »gläubiger Anhänger« gewirkt. Ich war wütend und begann mit meinem Vortrag noch aufgeregter als am letzten Abend. Nach kurzer Zeit überwältigte mich Panik. Ich war wie betäubt, die Worte ließen mich im Stich. Da wartete ich eine Weile und sagte gar nichts, spürte nur meine Angst. Dann fiel mir ein, was die Sekretärin gesagt hatte. Und plötzlich legte ich mein Manuskript beiseite und redete frisch von der Leber weg. Die Angst gab mir Kraft. Jetzt flossen die Worte frei dahin, ohne kalkuliert zu wirken, und ich *spürte* eher, was ich sagte, als daß ich die Worte mit dem Mund bildete. Statt zu sagen, was man von mir erwartete, erzählte ich den Leuten einfach aus meinem Leben. Die Kollegen, die am Abend zuvor so kritisch gewesen waren, waren diesmal begeistert. An diesem Abend änderte ich meine Auffassung von den Lehren und den Unterrichtsmethoden vollkommen.

Haben Sie die Neigung, lange im Bett zu bleiben, weil Sie fürchten, müde zu sein, wenn Sie nicht genügend schlafen? Versuchen Sie ein paar Tage eine Stunde früher aufzustehen! Kaufen Sie immer dasselbe Gemüse im Supermarkt? Probieren Sie einmal eine andere Sorte, selbst wenn Sie Angst haben, daß das Mittagessen nicht schmeckt. Kritzeln Sie auf Konferenzen oder beim Unterricht immer auf einem Papier herum? Versuchen Sie einmal nicht zu kritzeln und achten Sie auf die Gefühle und Gedanken, die in Ihnen aufsteigen. Die Möglichkeiten, sich mit der Angst und den sie zudeckenden Gewohnheiten zu beschäftigen, sind unendlich.

Aber wenn Sie feststellen wollen, wer Sie sind, brauchen Sie deswegen nicht schon feierlich zu werden. Spielen Sie lieber mit Ihrer Angst, solange Sie dabei sich selbst und andere nicht in Gefahr bringen. Ich fuhr einmal mit meiner Familie zum Black Canyon in Colorado. Der Black Canyon ist viele hundert Meter tief und so eng, daß er noch tiefer zu sein scheint, als er in Wirklichkeit ist. Obwohl ich wußte, daß mein Körper auf solche Situationen mit heftiger Angst reagiert, kletterte ich auf einen schmalen Felsvorsprung hinaus. Während ich dort oben stand und hinuntersah, durchfluteten ganze Wellen der Angst Körper und Bewußtsein – Angst, ich könnte hinabstürzen, ich könnte die Beherrschung verlieren und hinabspringen usw. Ich blieb eine Weile so stehen und empfand sowohl Angst als auch Heiterkeit. Ich konnte spüren, wie die mächtige, lebendige Energie des Raums aus dem Canyon zu mir heraufstieg. Die Sache war nicht wirklich gefährlich – obwohl ich sie niemand anderem empfehlen möchte –, doch zeigte sie mir eine ganze Menge über die Angst. Einige Jahre danach besuchte ich mit meiner Tochter einen Jahrmarkt. Es gab dort auch eine Berg- und Talbahn. Allein schon der Anblick machte mir angst, aber ich stieg mit meiner Tochter hinein. Als es zu Ende war, hatten wir solchen Spaß dabei gehabt, daß wir noch zweimal fuhren.

Das Leben mit einer Berg- und Talbahn zu vergleichen ist sehr naheliegend – aber sind wir bereit, damit zu fahren? Zum Beispiel finden viele Leute ihren Beruf deprimierend und fühlen sich nicht ausgefüllt, wehren sich aber dagegen, ihn zu wechseln. Sie fürchten den Verlust ihres stetigen Einkommens und die Berg- und Talfahrt des Nichtwissens, wie sie die nächste Miete bezahlen sollen – selbst wenn ihr stetiges Einkommen nur das Leben in einer toten Welt finanziert. Eine Physikerin erzählte mir kürzlich, sie sei Vorgesetzte einer Ingenieurgruppe in einem größeren Industrieunternehmen gewesen. Sie war die einzige Frau im Team und mußte immer mehr oder weniger subtile Kränkungen wegen ihres Geschlechts hinnehmen. Es war quälend, beeinträchtigte ihre Kreativität und ihren Spaß an der Arbeit. Nach vielen Diskussionen zogen sie und ihr Mann in eine andere Stadt, ohne zu wissen, was sie dort erwartete. Nach dem Umzug entdeckte Anne, daß die Stadt, in die sie gezogen waren, in der Nähe eines Berges lag, der den früher dort lebenden amerikanischen Ureinwohnern heilig gewesen war. Und sie erlebte die heilenden Kräfte, die von diesem Berg ausgingen. Anne fand eine Stelle als Dozentin in einer nahegelegenen Kunsthochschule, ihr Leben begann sich zu öffnen, und sie interessierte sich zunehmend für die moderne Bewußtseinsforschung.

Die Angst, kein Geld mehr zu haben, so daß Energie und Leben schwinden, hält viele Menschen in der Schattenwelt der untergehenden Sonne zurück. Versuchen Sie aber einmal, tapfer zu sein und Ihr Verhältnis zum Geld unter die Lupe zu nehmen. Versuchen Sie sich andere Möglichkeiten, damit umzugehen, vorzustellen. Fühlen Sie die Angst, Ihr Geld zu verlieren, und die Hoffnung, noch mehr zu haben, und fühlen Sie, wie Hoffnung und Angst Ihren Kokon stärken.

Wenn Sie sich darin üben, Ihre kleinen Ängste zu entdecken und über sie hinauszugehen, werden Sie auch sehen, wie man in die Angst »hineingeht«, und vielleicht etwas sehr Bemerkenswertes entdecken: daß es Spaß macht, ehrlich durch die Furcht hindurchzugehen. Es ist tatsächlich eine Erleichterung, sich der Angst zu stellen. Sie empfinden dann vielleicht, daß es ganz in Ordnung ist, Angst zu haben, und gewinnen allmählich eine positivere Einstellung gegenüber Ihrem furchtsamen Herzen und Bewußtsein. Angst weckt uns auf. Es wird uns zwar der Boden unter den Füßen weggezogen, aber wir wissen, daß wir weitergehen können, und so sind wir nett zu uns und können auch wirklich weitergehen – in die Angst hinein und über sie hinaus, ohne das Bewußtsein zu verlieren. Sie sollten aber immer auch wissen, wie weit Sie gehen können. Zwingen Sie sich nicht weiter, als Sie ertragen können. Erzeugen Sie keine Panik bei sich, die nur schädlich wäre und Sie wirklich in Gefahr bringen könnte.

Angst ist das Tor zur Furchtlosigkeit. Wenn Sie nicht mehr vor Ihrer Angst davonlaufen, kann sich ein neues Verhaltensmuster, das sich von den gewohnten Mustern des Kokons unterscheidet, herausbilden. Dieses neue Muster ist nicht einfach nur ein weiterer Flicken auf Ihrem Kokon. Es ist der Anfang eines neuen Musters der Furchtlosigkeit. Tapferkeit entsteht nicht daraus, daß man die Angst vernichtet – sie entsteht aus dem Wissen, daß Ängste die Brücke zu einer neuen Welt sind. Sie entsteht daraus, daß man sich der Weichheit und Verletzlichkeit, die unter der Angst liegen, öffnet. Der Dorje Dradul sagt: »Nervosität schraubt sich vibrierend immer höher. Aber wenn wir unsere Geschwindigkeit drosseln, wenn wir uns trotz unserer Angst entspannen, stoßen wir auf Traurigkeit, ruhige, sanfte Traurigkeit. Die Traurigkeit trifft Sie dann im Herzen, und Ihr Körper erzeugt eine Träne... Das ist der erste Schimmer der Angstlosigkeit.«

Haben Sie erst einmal die Stärke erlebt, die aus dem direkten Eintauchen in die Angst entsteht, so wissen Sie auch, daß Sie niemals aufzugeben brauchen, welche Krümmungen und Windungen Ihr Weg auch nehmen mag. Denn der Weg führt immer im Kreis und in Spiralen zum Ausgangspunkt zurück. Es ist also weder ein gerader Weg, der sich schön eben vor Ihnen erstreckt, noch existiert er außerhalb von Ihnen. Sie folgen keinem Pfad, der schon bis in alle Einzelheiten vorgegeben ist, so daß Sie sich nur einer Form anpassen müßten. Der Pfad ist für jeden wieder anders, weil auch unsere Ängste, unsere Brücke zur Tapferkeit, wieder anders sind. Landkarten für diesen Weg, wie dieses Buch, können nur Wegweiser bereitstellen – Methoden, die Ihnen helfen, Ihren eigenen Weg, Sie selbst zu sein, zu beschreiten.

Einmal brannte ein Bauernhaus in der Nähe meines Wohnorts in Vermont bis auf den Grund nieder – nur die Fundamente blieben übrig. Die Familie hatte keine andere Bleibe und keine Versicherung, also errichteten die Leute ein provisorisches Dach über dem Fundament und wohnten dort, bis sie neue Mauern errichten konnten. Das Fundament des Kriegerweges ist die Bereitschaft, unseren Kokon ins Auge zu fassen, zu erforschen und loszulassen, indem wir durch die Angst hindurchgehen. Es ist wie das Fundament eines Hauses, der feste Grund, auf dem das Haus errichtet wird, sei es eine Bauernhütte oder ein Palast. Selbst wenn wir das Haus innen und außen instand setzen, ändern wir das Fundament nicht. Und auch das Fundament des Kriegerweges ist immer für Sie da, um sich darauf zurückzuziehen. Wenn Sie Ihren Weg verlieren, wissen Sie immer, wo Sie wieder anfangen können.

Manchmal scheint der Weg dunkel und düster zu sein. Sie fühlen sich wie festgewurzelt, oder Sie wissen nicht, wohin die Reise geht oder ob Sie überhaupt irgendwohin gehen – aber Sie bewegen sich vorwärts, auch wenn Sie anscheinend auf der Stelle treten. Es ist sehr wichtig, immer daran zu denken. Immer wieder werden Sie sich auf den Ausgangspunkt zurückgeworfen finden, doch ist es immer auch ein ganz neuer Anfang von einem Punkt aus, den Sie vorher nicht kannten. Sie werden diesen Prozeß immer und immer wieder durchmachen. Und jedesmal, wenn Sie durch das Tor der Angst gehen, erreichen Sie einen festeren Grund der Furchtlosigkeit und des Urvertrauens.

Zu anderen Zeiten sieht Ihr Weg hell und klar aus, und Sie können weit vorausschauen. Aber gleichgültig, wie kurze Zeit Sie erst auf dem Weg des Kriegers sind oder wie stark Ihr Widerstand dagegen ist, es kann Ihnen jederzeit passieren, daß sich Ihnen der Weg in all seinen Phasen zeigt. Wie im Nu empfinden Sie dann plötzlich ein tiefes Vertrauen und Freude, und erkennen, wer Sie wirklich sind. Solche Erfahrungen unbedingter Ursprünglichkeit können ihrerseits wieder Angst hervorrufen, weil sie so anders sind, als es Ihrem normalen Selbstbild entspricht. Aber sie schenken Ihnen Mut und Begeisterung weiterzugehen. Sie schenken Ihnen eine neue Perspektive auf Ihr Leben und Führung auf Ihrem Weg.

Praktische Anleitungen

1. Die Angst entdecken

Um Ihre Angst zu entdecken, ist es nicht nötig, daß Sie ihr Versteck entdecken. Nehmen Sie nur Ihre Körper-, Fühl- und Glaubensgewohnheiten unter die Lupe. Achten Sie eine Woche lang besonders darauf, wann Sie sich unbehaglich, nervös, gereizt oder träge fühlen. Wozu haben Sie nicht die geringste Lust? Wie fühlen Sie sich unter Fremden? Wie fühlen Sie sich, wenn Sie etwas Ungewohntes tun müssen – öffentlich oder vor einer Schulklasse sprechen, ein Einstellungsgespräch führen, zwei Stunden früher aufstehen oder zwei Stunden länger als üblich aufbleiben? Wie ist Ihr Körpergefühl, wenn Sie ein Zimmer betreten, und alle starren Sie an? Was geht in Ihnen vor, wenn jemand Ansichten äußert, die Sie inakzeptabel, dumm, naiv oder verrückt finden? Haben Sie im allgemeinen das Gefühl, im Recht zu sein, und ärgern sich, wenn Leute anderer Meinung sind als Sie? Achten Sie darauf, wo Sie sich gegen Veränderungen sperren oder sich zu etwas gedrängt fühlen.

Das sind nur ein paar Vorschläge, wie Sie auf Situationen achten können, in denen Sie sich unbehaglich fühlen – die Knackpunkte Ihres Lebens. Sie finden am besten selbst heraus, welche Knackpunkte Sie haben. Es ist sehr leicht festzustellen, wann Sie sich unbehaglich oder irritiert fühlen, wenn Sie nur bereit sind, hinzuschauen und ein bißchen ehrlich gegen sich selbst zu sein.

2. Mit der Angst umgehen

Nehmen Sie jetzt zum Beispiel eine der Situationen, die Sie in der vorigen Übung entdeckt haben. Erkennen Sie, wie Sie Unbehagen und die Situation, die es hervorruft, zu vermeiden suchen. Vielleicht waren Ihnen diese Gewohnheiten schon längst bekannt, nur haben Sie sie immer zu ignorieren oder vor ihnen davonzulaufen versucht. Erkennen Sie, auf welche Weise Sie vor ihnen davonlaufen. Achten Sie weiter auf die unbehaglichen Situationen in Ihrem Leben! Entdecken Sie die in jeder Situation aufsteigende Angst!

Wenn Sie dann Angst unter der Oberfläche Ihrer gewohnten Gedanken, Emotionen und Handlungen entdecken, versuchen Sie sie einfach dort zu lassen, ohne sie wegzustoßen oder darauf zu reagieren. Und wenn Sie Ihre Angst empfinden, empfinden Sie sie wirklich! Gehen Sie auf die Situation zu, statt vor ihr davonzulaufen (solange die Situation nicht gefährlich wird oder Sie überfordert), und gehen Sie auf die Angst in Ihrem eigenen Bewußtsein zu, statt sie zu ignorieren. Geben Sie nach, wenn Sie die Angst spüren! Kämpfen Sie nicht dagegen an oder versuchen Sie nicht, sich selbst gegen sie zu stellen! Lassen Sie zu, daß die Angst Sie demütigt, ja schüchtern macht. Empfinden Sie Ihr weiches Herz und Ihren verletzlichen Körper. Schauen Sie, was passiert! Denken Sie daran, es ist ganz in Ordnung, Angst zu haben. Es ist ja nur eine Übung – wenn Sie in Panik geraten oder die Übung mit irgendeiner Pflicht kollidiert, hören Sie auf und versuchen Sie es ein anderes Mal wieder.

3. Mit der Angst spielen

Spielen Sie mit Ihrer Angst, solange sie nicht lebensbedrohend oder schädlich für Sie oder andere ist. Erkennen Sie allmählich, wie man durch die Angst hindurchgeht und daß es sogar Spaß macht hindurchzugehen. Vielleicht möchten Sie bis zum Extrem gehen und zum Beispiel Bungee-Springen oder Fallschirmspringen. Aber das ist gar nicht nötig! Es gibt genügend alltägliche Ängste, um mit ihnen zu spielen. Sprechen Sie jemanden, der Sie normalerweise nervös macht, direkt an. Versuchen Sie Ihre Nervosität komisch zu finden. Nehmen Sie eine kalte Dusche, wenn Sie schon beim Gedanken daran die Angst packt, Lungenentzündung zu bekommen. Schauen Sie sich einen Horrorfilm an, lesen Sie Gespenstergeschichten, fahren Sie Berg- und Talbahn oder setzen Sie sich in ein dunkles Zimmer. Was jagt Ihnen dabei Schrecken ein? Ist nicht auch ein angenehmes Gruseln dabei? Steckt nicht auch Spaß in der Angst? Machen Sie einen Kopfsprung mitten in die Angst und warten Sie, was passiert.

7. DIE FREUDE,
GANZ GEGENWÄRTIG ZU SEIN

Das Durchschreiten des Tores der Angst beginnt mit der Sitz-Meditation. Die nächste Aufgabe ist, Ihre Bewußtheitsübungen, von der Sitz-Meditation ausgehend, aufs Handeln in der Welt auszudehnen. Wir üben unsere Bewußtheit zuerst in der Sitz-Meditation, damit wir sie später in den Alltag übertragen können. Der eigentliche Sinn der Bewußtheitsübung liegt darin, mitten im Alltag voll da sein zu können, ohne die Bewußtheit zu verlieren. Auch Menschen, die sich drei Jahre, drei Monate und drei Tage – wie es manche tibetischen Buddhisten bei ihrem Training tun – zurückziehen, müssen danach wieder aus ihrem Schneckenhaus hervorkommen, ihren Ort in der Welt suchen und im Alltag ihren Mann stehen. Sogyal Rinpoche sagt: »Ich kann nicht stark genug betonen: Der einzige Grund, Sinn und Zweck der Meditation ist es, die Meditation in Handeln übergehen zu lassen. Die Gewaltsamkeit und der Streß, die Herausforderungen und Ablenkungen des modernen Lebens machen diese Integration noch notwendiger.«

Bewußtheit im Alltag

Bewußtheit ist nicht dasselbe wie sich seiner selbst bewußt zu sein. Wenn Sie sich Ihrer selbst bewußt sind, sind Sie doch in eine Person, die handelt, und eine andere, die ihr zuschaut, gespalten. Sie bewegen sich in zwei Bewußtseinszuständen und sind von Zweifeln erfüllt. Sich ihrer selbst bewußt zu sein, kann zum Problem für Bewußtheitsübende werden, besonders wenn sie eine von langer Hand eingeschliffene, religiöse Einstellung dazu haben. In diesem Fall wird Bewußtheit nur zu einem neuen Mittel, sich selbst eins auszuwischen und das prinzipiell Gute im

Menschen zu bezweifeln. Bewußtheit aber bedeutet, zu hundert Prozent eins mit dem, was man gerade tut, zu sein, so daß das Bewußtsein darauf achtet, was der Körper tut, und umgekehrt. Bewußtsein und Körper sind dann vereinigt, synchronisiert, in Harmonie miteinander, sie sind eins. Ihre Aufmerksamkeit ist voll und ganz auf den Augenblick konzentriert. Ihr Bewußtsein eilt nicht mehr dauernd Ihrem Körper voraus und entwirft Pläne, und es zerrt Sie nicht mehr dauernd zurück, indem es versucht, im Gestern zu leben. Statt dessen erfahren Körper und Bewußtsein die Welt gemeinsam. Sie sind sich Ihrer Sinneswahrnehmungen in demselben Augenblick bewußt, in dem Sie sie haben. Wenn Sie eine Tasse Kaffee in die Hand nehmen, achtet Ihr Bewußtsein nur auf die Farbe der Tasse, den Duft des Kaffees, das Gefühl des festen Henkels in den Fingern und das Gewicht der Tasse.

Wenn Sie auf diese Weise üben, wird Bewußtheit zu einer Quelle der Freude statt der Sorge. Sie bringt Ihnen Freude, weil Ihnen viel mehr Energie und Vitalität zuströmen, wenn Sie Ihren Zweifelswächter entlassen und im Leben stehen, so wie es ist. Doch Bewußtheit inmitten aller Aktivität zu bewahren erfordert einige Anstrengung und Disziplin. Wenn Sie es nicht gewöhnt sind, stellt sich Bewußtheit nicht ebenso natürlich wie Ihr Herzschlag ein, obwohl auch sie eine natürliche Funktion ist. Sie müssen sich zuerst ganz bewußt entscheiden, bewußt zu leben, wobei aber die Mühe, die es Sie kostet, bewußt zu sein, keineswegs groß und belastend sein muß. Bewußtheit beim Handeln kann Spaß machen und durchaus locker sein.

Sie können, wenn Sie Bewußtheit in Ihren Alltag bringen wollen, einen Anfang machen, indem Sie Ihre Bewußtheit weiter aufrechterhalten, wenn Sie von Ihrem Übungskissen aufstehen und den Raum verlassen. Benutzen sie aber dabei nicht Ihren Atem als Bezugspunkt für die Bewußtheit. Achten Sie lieber auf Ihre Fußsohlen, wie sie den Fußboden berühren, oder auf Ihre Beine, wie sie sich beim Gehen anfühlen. Als nächstes können Sie Ihre Bewußtheit bei einfachen körperlichen Handlungen üben, zum Beispiel wenn Sie Milch in eine Müslischale gießen, Holzscheite für den Kamin holen oder einen Brief auf der Ma-

151

schine schreiben. Achten Sie auf jede Einzelheit Ihrer Bewegungen und bleiben Sie immer in der Gegenwart, so daß Bewußtsein und Körper dasselbe tun. Wenn Sie das Müsli in die Schale schütten, achten Sie darauf, wie sich die Schale anfühlt und aussieht – die Farben, das sich darin spiegelnde Licht –, welches Geräusch die fallenden Körner machen, was passiert, wenn die Milch die Körner berührt. Es gibt unzählige Einzelheiten, auf die Sie achten können.

Wenn Sie versuchen, Bewußtheit auf diese Art zu üben, wird sich aber wahrscheinlich schnell wieder irgendeine Ablenkung einstellen. Kümmern Sie sich nicht darum. Denken Sie nur wieder an Ihre Bewußtheit – das kann zwei Minuten, zwei Stunden oder zwei Tage später sein – und richten Sie dann Ihre Aufmerksamkeit bewußt auf das, was Sie gerade tun. Auch wenn Sie nicht bewußt üben, wird sich allmählich Bewußtheit ganz von selbst einstellen. Das ist ein Ergebnis Ihrer früheren Übungen, und solche Augenblicke werden sich häufen, wenn Sie weiterüben. Achten Sie auf die Augenblicke der Bewußtheit, wenn sie auftreten, und bleiben Sie so lange bewußt, wie Sie es mühelos können. Je häufiger Sie das tun, desto häufiger wird sich Bewußtheit einstellen.

Wenn sich dann Bewußtheit einstellt, bleiben Sie eine Weile dabei und lassen Sie dann wieder los. Der beste Weg, Bewußtheit in Ihren Alltag zu bringen, ist, daß Sie lockerlassen. Bewußtheit zu erzwingen ist nicht möglich. Wenn Sie gewaltsam versuchen, Ihre Bewußtheit aufrechtzuerhalten, machen Sie einen Kampf daraus. Sie *denken* dann eher an Ihre Bewußtheit, statt sie zu leben. Ihr Denken ist wieder vom Handeln getrennt, diesmal im Namen der Bewußtheit. Wenn also Bewußtheit bei einer Ihrer Handlungen auftritt, nehmen Sie das einfach zur Kenntnis und lassen Sie dann wieder los, wie Sie es bei jedem anderen Gedanken machen würden. Versuchen Sie sie festzuhalten, so werden Sie sie verlieren, lassen Sie sie aber gehen, kommt sie zurück. Ebenso wie Sie als Kind einmal gehen gelernt haben und dann darauf vertrauten, Sie könnten gehen, können Sie sich auch darauf verlassen, daß die Bewußtheit zurückkehren wird. Bewußtheit ist wie Gehen eine natürliche Funktion – haben Sie einmal gelernt, bewußt zu leben, brauchen Sie nicht mehr darauf zu achten.

John erzählte in einer Shambhala-Gesprächsgruppe von einem Augenblick der Bewußtheit, der bei ihm auftrat, als er eine Straße entlangfuhr. »Ich war in trister, grauer, leicht deprimierter, etwas ängstlicher Stimmung«, sagte er, »so ziemlich in meiner kleinen Welt eingeschlossen, ohne Schwung, ziemlich lasch. Da fiel mir plötzlich der Unterricht in meiner Fotografenschule ein, wo wir Farbensehen übten. Aus dem Augenwinkel bemerkte ich etwas – ich glaube, es waren die grünen Blätter an den Bäumen. Plötzlich die Erkenntnis: Draußen war ja eine Welt! Es war, wie wenn ein Vorhang weggezogen worden wäre. Auf einmal war eine riesige Welt voller Farben da. Meine schlechte Laune war schlagartig verflogen. Es war kein Drama, es war etwas ganz Einfaches und Gewöhnliches. Aber für mich war plötzlich alles ganz anders. Mehrere Minuten danach war ich noch in der Lage, Bewußtheit mit wirklichem Genuß zu erleben.«

Wenn Sie damit fortfahren, Bewußtheit zu üben, wird Ihnen das Gefühl, »ganz gegenwärtig zu sein«, zur Gewohnheit werden. Wenn Sie bewußt sind, leben Sie hier und jetzt. Sie leben Ihr Leben, und Bewußtsein und Körper arbeiten harmonisch zusammen. Die Übung selbst erzeugt Vertrauen in die Wirksamkeit der Übung. Allmählich entwickelt sich dann ganz natürlich ein Bewußtheitsrest in Ihnen, eine allgemeine Atmosphäre der Bewußtheit, um die Sie sich nicht mehr bemühen müssen. Ihr Bewußtsein ruht gern in dieser Bewußtheit, fast naiv, und immer, wenn es sich entspannt und in diese naive, natürliche Bewußtheit und Harmonie von Körper und Geist gerät, zapfen Sie eine tiefe Quelle der Energie und Freude an.

Bewußtheit des Sprechens

Bewußtheit im Alltag schließt auch Bewußtheit des Sprechens ein. Eine äußerst wichtige Übung! Die Sprache ist das Verbindungsglied zwischen Körper und Bewußtsein. Sind Körper und

Bewußtsein nicht miteinander verbunden, vermitteln sie unterschiedliche Botschaften. Da wir unseren Körper nicht so wie unsere Worte in der Gewalt haben, wird uns dann unser Körper verraten. Der Körper spricht auf viele Arten: Haltung, Gesten, Gesichtsausdruck, die Art, wie Sie gehen oder ein Zimmer betreten – all diese sichtbaren Zeichen können etwas ganz anderes ausdrücken als die Worte, die Sie sprechen. Wenn es so ist, wird Ihre Sprache Sie selbst und andere täuschen.

In »Der Mann, der seine Frau mit einem Hut verwechselte« erzählt der Neurologe Oliver Sacks eine Geschichte, die sehr gut zeigt, wie der Körper eine Geschichte erzählen kann, die sich von den Worten des Betreffenden unterscheidet. Die Geschichte handelt von Patienten mit schwerer Aphasie, einer Krankheit, bei der der Patient die buchstäbliche Bedeutung der Worte nicht mehr begreift. Doch die Aphasie-Patienten Sacks' verstanden im allgemeinen, was man ihnen sagte, weil sie nonverbale Signale aufnehmen konnten – den Ton einer Stimme, Betonungen, Gesten und ähnliches. Sacks demonstrierte, daß diese Patienten nur an Aphasie litten, wenn er all diese nonverbalen Signale absichtlich aus seinem Sprechen entfernte. Um seine Sprache auf reine Worte zu reduzieren, ging er manchmal sogar so weit, daß er einen Sprachcomputer verwendete. So war jede persönliche Färbung seiner Sprache ausgeschlossen. Sacks schreibt:

»Aus der Aphasie-Station drang, gerade als die Rede des Präsidenten [Reagan] übertragen wurde, lautes Gelächter, und dabei waren doch alle so gespannt darauf gewesen...

Da war er also, der alte Charmeur, der Schauspieler mit seiner routinierten Rhetorik, seiner Effekthascherei, seinen Appellen an die Emotionen – und alle Patienten wurden von Lachkrämpfen geschüttelt...

Darauf gründet sich also ihre Fähigkeit, etwas zu verstehen und zu erkennen, was wahr und was unwahr ist, ohne die Worte zu begreifen. Folglich waren es die Mimik, die schauspielerischen Übertreibungen, die aufgesetzten Gesten und vor allem der falsche Tonfall, die falsche Satzmelodie des Redners, die diesen sprachlosen, aber ungeheuer sensiblen Patienten heuchlerisch erschien. Auf solche (für sie) höchst offenkundigen, ja gro-

tesken Widersinnigkeiten und Ungereimtheiten reagierten diese
Patienten, die sich durch Worte nicht täuschen ließen, weil sie
durch Worte nicht zu täuschen waren.

Darum lachten sie über die Ansprache des Präsidenten.«

Im Hier und Jetzt ganz gegenwärtig zu sein, Bewußtsein und
Körper vereint, ist die Basis für aufrichtiges Sprechen. An der
Oberfläche liegt beim Sprechen nur die buchstäbliche Bedeutung der Worte. Aber wenn jemand spricht, geschieht weit mehr,
als daß die buchstäbliche Bedeutung der Worte aktualisiert
wird. Wir wählen zwar bestimmte Worte, doch auch Klang und
Ton unserer Stimme sind Bedeutungsträger. Auch der Rhythmus, das Tempo und die Präzision, mit denen wir sprechen, sowie das Schweigen zwischen den Worten vermitteln eine Bedeutung.

Wenn Körper und Bewußtsein zusammenarbeiten, spricht
man anders, als wenn man sich im Kokon befindet. Man hört
und spürt dann nämlich die Worte, während sie aus dem Mund
kommen. Man empfindet den Ort im Körper, an dem sie entstehen. Vielleicht kommen sie aus dem Herzen in Ihrer Brust oder
ganz oben aus Ihrem Kopf oder aus einem engen, kleinen Kno-
ten in der Kehle. Was man spricht, kann mit Empfindung gesprochen sein oder wie wenn man eine Pressemitteilung vor-
trägt. Man kann zu schnell sprechen, so daß die Worte schon
hervorsprudeln, bevor man weiß, was man eigentlich sagen will.
Schießen die Worte heraus wie Pistolenkugeln oder besitzen sie
»sanftere« Eigenschaften? Streicheln sie den Hörer oder erschla-
gen sie ihn? All dieser Aspekte Ihres Sprechens können Sie sich
bewußt sein, wenn Sie mit Bewußtheit sprechen.

Als Krieger müssen Sie immer an die Wichtigkeit Ihrer Worte
denken. Fragen Sie sich selbst, ob auch Sie wirklich sagen, was
Sie sagen wollen. Sind Sie aufrichtig und offen in Ihren Mitteilungen oder täuschen Sie mit Worten und Einstellungen, sich
selbst oder andere? Der Zweck des Sprechens ist Mitteilung.
Aber selbst in einer so einfachen Bitte wie »Bitte reichen Sie mir
das Salz herüber!« schwingt immer etwas neben den Worten
mit. Es kann eine Mitteilung des Hasses oder der Liebe sein, kalter Gleichgültigkeit oder der Zuneigung.

155

Worte besitzen Kraft – sie sind nicht nur Träger lexikalischer Bedeutungen. Sie enthalten die Weisheit von Generationen. Wenn Sie sagen: »Ich liebe dich so sehr« oder »Der Himmel ist ganz schwarz« oder »Wenn ich nur daran denke, läuft mir das Wasser im Mund zusammen«, übertragen Ihre Worte eine ganze Welt subtiler Bedeutungen. Wenn Sie mit aufeinander abgestimmtem Bewußtsein und Körper und offenem Herzen sprechen, auf Ihre Worte hören und sie empfinden, befinden Sie sich im Einklang mit diesem Kraftstrom und werden selbst zum Leiter dafür. Wenn Körper und Bewußtsein zusammenwirken, sagen Sie nicht mehr und nicht weniger, als Sie auch meinen. Und die Worte, die Sie dann sprechen, sind klar und besitzen die Kraft, auf Ihre Welt einzuwirken. Wenn Sie im Gegensatz dazu automatisch sprechen, verfügen Sie nur über die Kraft einer automatischen Puppe oder eines kaputten Wasserhahns.

Manchmal üben wir bei der Shambhala-Schulung Bewußtheit des Sprechens und der Aussprache. Die Teilnehmer werden aufgefordert, Aufsätze oder Gedichte vorzulesen, wobei sie jeden Vokal und Konsonanten klar aussprechen und artikulieren müssen. Wenn Menschen an einer solchen Sprechübung teilnehmen, hören sie, wie sie sprechen und spüren, wie sie ihre Worte im Mund, in der Kehle und im Körper bilden. Oft ist es das erste Mal, daß sie überhaupt bemerken, wie sie sprechen. Aber die Identität vieler Menschen ist so stark in ihrer Sprache verankert, daß sie böse werden, wenn man sie auffordert, ihre Art des Sprechens zu ändern. Selbst wenn sie diese Übung freiwillig machen, sind sie oft schrecklich irritiert und leisten zunächst Widerstand.

Trotzdem finden bei den Teilnehmern immer bemerkenswerte Veränderungen statt. Manche beginnen, indem sie in ihrer gewohnten Körperhaltung, mit hängenden Schultern und gesenktem Kopf, zum Mikrofon schlurfen und ihre Worte so hervornuscheln, daß sie kaum verständlich sind. Aber sie enden damit, daß sie aufrecht und mit erhobenem Kopf dastehen und kraftvoll, klar und direkt sprechen. Andere treten zuerst forsch und mit selbstbewußtem Grinsen vors Mikrofon, doch wird ihre laute, aggressive Stimme im Lauf der Zeit immer leiser, und schließlich lernen sie, auch selbst zuzuhören.

Kathy, über deren Erlebnisse am Anfang der Sitz-Meditation, als sie das prinzipiell Gute entdeckte, wir im fünften Kapitel berichtet haben, konnte sich, auch als sie auf dem Weg des Kriegers weiterging, immer noch nicht ganz von inneren Widerständen und Schamgefühlen befreien, obwohl die Öffnung in ihrem Kokon, die sie schon ganz zu Anfang verspürt hatte, allmählich ihre aggressive Haltung gelockert hatte. Ihre Erlebnisse bei der Sprechübung sind vielleicht extrem, aber nicht atypisch:

»Am Abend der Sprechübung war ich unglaublich gereizt. Ich haßte Shambhala und meinte, die Übung sei einfach zu lang und qualvoll gewesen. Ich stürmte auf mein Zimmer und dachte: Diese Übung ist nichts für dich, sie ist absurd. Ich haßte alles, was ich hier tat. Morgen würde ich jemandem Bescheid sagen und wieder gehen. Ich kann mich nicht erinnern, jemals so gereizt gewesen zu sein oder so wenig Vertrauen in den Shambhala-Weg gehabt zu haben. Doch am nächsten Morgen wachte ich auf und artikulierte laut und deutlich: »Es grünt so grün, wenn Spaniens Blüten blüh'n.« (Das war aber keine der Sprechübungen.) Ich brach in lautes Gelächter aus. Ich konnte gar nicht glauben, wie frisch und munter ich mich fühlte. Ich wußte auch nicht, wie ich in diese ausgelassene Stimmung geraten war. Ich verließ das Zimmer und machte Aufnahmen von Bäumen, Pflanzen und Pilzen, während ich zum Frühstück ging. Das Frühstück war einfach super. Was war da bloß mit mir passiert! Im Abendgespräch sagte der Leiter, daß Gereiztheit die Dinge öffnet. Es war eine Art Zauber. Niemals zuvor hatte ich solche Ausgelassenheit empfunden. Niemals! Vielen Dank!«

Wenn wir bewußt sprechen, aus unserem ganzen Sein heraus und nicht nur aus dem Kopf, wirken Bewußtsein und Körper gemeinsam, und wir sind ganz gegenwärtig. Wenn wir mit offenem Herzen ganz gegenwärtig sind, sprechen wir aufrichtig. Die Wolkendecke über dem Bewußtsein, die aus dem inneren Dauergespräch entsteht, reißt zeitweise auf, und wir fühlen uns mit Erde und Himmel verbunden. Wenn Bewußtsein und Körper vereinigt sind und das innere Dauergespräch aufreißt, werden wir wie durch einen Zauber munter und hüpfen wie Kathy mit einem Freudensprung aus unserem Kokon heraus.

157

Der Wind in der Dämmerung sagt dir ein Geheimnis.
Schlaf nicht wieder ein.
Frage danach, was du wirklich willst.
Schlaf nicht wieder ein.
Die Menschen gehen über die Schwelle, vor und zurück,
Wo sich die beiden Welten berühren.
Die Tür steht weit offen.
Schlaf nicht wieder ein.

Rumi

Achtsamkeit

Wenn Sie mit dieser Übung weitermachen, wächst die Bewußtheit immer weiter, bis sie die Achtsamkeit auf die äußere Umgebung und die innere Umgebung Ihrer Gedanken und Gefühle
mit einschließt. Die Unterscheidung zwischen Bewußtheit und
Achtsamkeit stammt aus der buddhistischen Übungspraxis. Das
Sanskritwort für Bewußtheit ist *shamatha*, was buchstäblich
»Friedensentstehung« bedeutet, manchmal aber auch »Zäh-
mung des Bewußtseins«. Das Sanskritwort für Achtsamkeit ist
vipashyana, was auch mit »Einsicht« übersetzt wird. Bewußtheit ist die Aufmerksamkeit aufs Detail und die Ruhe des Bewußtseins, die zur Aufnahme der Übungen erforderlich sind.
Achtsamkeit ist die mehr globale Eigenschaft der Weite, Offenheit und Klarheit, die sich mit der Intensivierung der Übungen
aus der Bewußtheit entwickelt. Achtsamkeit ist fast so, wie
wenn Sie rings um sich und oben und unten Antennen hätten.
Bewußtheit mit der dazugehörigen Präzision und Achtsamkeit
mit ihrer Offenheit und klaren Einsicht sind beides notwendige
Aspekte des Übens, wie die beiden Flügel eines Vogels.

Wenn Sie bei Ihrer Sitz-Meditation einige Erfahrung mit der
Bewußtheitsübung gewonnen haben, kommt Ihr Bewußtsein
ganz natürlich zur Ruhe, und der Körper entspannt sich. Lassen
Sie nun an diesem Punkt, während Sie weiter auf Ihr Ausatmen
achten, Ihre Aufmerksamkeit sich auf größere Bereiche Ihrer
Umgebung erweitern. Lassen Sie Ihre Sinneswahrnehmung sich

so öffnen, daß Sie einen größeren Bereich des Raumes um sich her in sich aufnehmen und mehr Geräusche bemerken können. Das ist ein entspannter, ganz natürlicher Vorgang, der nicht forciert werden darf und auf den man sich nicht zu sehr konzentrieren sollte. Ihre Achtsamkeit dehnt sich in dem ihr eigenen Tempo aus, und Sie sollten es zwanglos geschehen lassen. Eine Faustregel der Shambhala-Schulung besagt, man sollte etwa 25 Prozent der Aufmerksamkeit auf den Atem und 75 Prozent auf die Umgebung richten. Diese Zahlen darf man natürlich nicht buchstäblich nehmen. Aber sie zeigen doch, daß man zu einem bestimmten Zeitpunkt damit beginnen kann, einen größeren Bereich des Raumes in seine Achtsamkeit einzuschließen, während man gleichzeitig noch bewußt auf den Atem achtet.

In dem Maße, wie die Achtsamkeit wächst, werden Sie entdecken, daß Sie auf ganz natürliche Art Ihrer Umgebung und dem Sie umgebenden Raum Aufmerksamkeit schenken. Oft entsteht unversehens ein Gefühl der Frische und Neuheit, wenn der Übende seine Anstrengungen, die Welt und seine Energie zu kontrollieren, aufgibt. Es ist eine helle, aufmerksame Frische. Sie erzeugt Fröhlichkeit und einen neuen Horizont. Sie fühlen sich für einen Augenblick erfrischt und wach, wie wenn Sie an einem drückend schwülen Tag in einen tiefen, kühlen See gesprungen wären. Diese plötzlichen Augenblicke der Frische und Offenheit haben nichts mit dem normalen Strom des inneren Zwiegesprächs, der emotionalen Aufregungen, der gewöhnlichen Sorgen und der ängstlichen Hoffnungen zu tun – sie kommen von außerhalb des Kokons. Sie stammen aus einem umfassenderen Daseinsgefühl – aus dem prinzipiell Guten. Das prinzipiell Gute ist kein persönlicher Besitz. Wir spüren es nicht nur in uns selbst, sondern auch in unserer Umwelt und in anderen Menschen.

Wir sind in eine weite Welt eingebettet, viel größer, als sich unser gewöhnliches, enges, furchtsames Bewußtsein eingestehen will. Man braucht nicht unbedingt schon lange auf dem Weg des Kriegers unterwegs zu sein, um zu dieser Einsicht zu gelangen. Ihr Leben kann ein heilloses Durcheinander sein, und vielleicht stecken Sie in den allergrößten Schwierigkeiten, trotzdem sind

Sie, wenn Sie nur ehrlich zu sich sein wollen, manchmal in der Lage, für einen Augenblick loszulassen. Dann dehnt sich Ihre Achtsamkeit aus und umfaßt auch Ihre Umwelt, den energiegeladenen Raum und einen größeren Horizont.

Wenn wir die Welt mit Achtsamkeit betrachten, schließen wir buchstäblich den Raum um uns herum in unsere Aufmerksamkeit mit ein. Wir bemerken dann auch ganz periphere Zeichen und Geräusche, die unser Bewußtsein aber keineswegs mehr ablenken. Wenn wir zum Beispiel mit jemandem sprechen, bemerken wir den Raum in uns, zwischen uns und um uns herum sowie die kleinsten Einzelheiten unserer Kommunikation. Wir kommen zur Ruhe und hören auch die Stille zwischen unseren Worten. Und wenn wir zur Ruhe kommen, brauchen wir uns niemals zu verteidigen oder Tempo zuzulegen.

Kurz nachdem ich dem Dorje Dradul zum ersten Mal begegnet war, hatte ich in dem Meditationszentrum, in dem ich arbeitete, Mülldienst. Der Dorje Dradul, der den ganzen Sommer über dort unterrichtete, wohnte in einem Häuschen in einem Dorf in der Nähe. Ich ging hinüber zu ihm, um die Abfälle dort einzusammeln. Die Tür zum Wohnzimmer stand offen. Der Dorje Dradul lud mich zu sich ein und bot mir Tee an. Als ich mit ihm am Tisch saß, wurde ich sehr verlegen und nervös. Der Raum um mich herum schien kleiner und kleiner zu werden, und meine Aufmerksamkeit schrumpfte sozusagen zusammen, bis sie nur noch den Tisch vor mir und den Dorje Dradul, der mir lächelnd gegenübersaß, wahrnahm. Verwirrt und nach Worten ringend, begann ich mich über die Schlamperei des Personals und den Schmutz im Zentrum zu beklagen.

Nach ein paar Minuten legte der Dorje Dradul den Kopf zur Seite, wie wenn er irgend etwas hörte, und unterbrach mich plötzlich: »Ist das ein Rasenmäher?« Ich hörte auf zu reden, lauschte, und tatsächlich hörte man einen Rasenmäher in einiger Entfernung. Zuerst ärgerte ich mich ein bißchen, daß er mir offenbar gar nicht zugehört hatte, aber dann dehnte sich meine Achtsamkeit plötzlich aus. Ich spürte den ganzen Raum um mich herum und wurde mir der Abendsonne bewußt, die draußen auf die Felder um das Haus schien. Ich entspannte mich, ich lehnte mich in meinem Stuhl zurück und war jetzt imstande, mit ihm über die allgemeine Situation im Zentrum und neue Möglichkeiten zu sprechen. Ich mußte mich nicht mehr dauernd beklagen.

Wenn sich Achtsamkeit entwickelt, sind Sie in der Lage, sich zu entspannen und die übergreifenden Muster in Ihrem Verhalten und dem anderer Menschen zu erkennen. Sie sehen größere Zusammenhänge, ein größeres Bild. Es ist, wie wenn Sie jetzt einen umfassenden Blickwinkel hätten – 360 Grad statt nur einen Ausschnitt. Sie fangen an, mit Ihrem ganzen Wesen zu sehen, nicht mehr nur mit Ihren Augen. Durch die Übung der Achtsamkeit verbinden Sie das Bewußtsein mit dem Körper. Sie können dadurch auf alles aufmerksam sein und trotzdem noch mit einem Freund sprechen. Als der Dorje Dradul meine Aufmerksamkeit auf das Geräusch des Rasenmähers lenkte, steigerte er meine Achtsamkeit in bezug auf das Zimmer um mich herum und meinen Körper, der da am Tisch saß, statt sie zu verringern, wie man auch vermuten könnte. Obwohl ich jetzt gerade dasitze und vor einem Computerbildschirm tippe, bin ich mir des Zimmers um mich herum, der Geräusche von der Straße her, des Raumes über mir und des festen Stuhls, den die Erde unter mir trägt, klar bewußt.

Achtsamkeit macht auch auf die von den Emotionen gebildete innere Umgebung aufmerksam. Wenn Sie achtsam auf Ihre Emotionen sind, werden Sie entdecken, daß jede von ihnen einen ganzen Kometenschweif von Gedanken, Empfindungen und Stimmungen hinter sich herzieht – Empfindungen der Expansion oder Kontraktion, der Trauer oder Freude. Wir ärgern uns zum Beispiel nicht nur über einen Freund, sondern hinter unserem Ärger steckt noch etwas anderes. Der Ärger schleppt alle möglichen Vermutungen über die Einstellungen und Verhaltensweisen des Freundes mit sich mit. Er erzeugt Neid und vielleicht sogar Leidenschaftlichkeit. Starke Emotionen führen immer Angst und die Tendenz des Besitzergreifens mit sich. Wenn Sie aber eine Empfindung direkt ins Auge fassen, mit klarer Einsicht, werden Sie bemerken, daß sie flüchtig und ohne Substanz ist. Sie hat keine Dauer, außer wenn Sie versuchen, sich an ihr festzuklammern. Wenn Sie das wissen, können Sie Ihre Angst loslassen und die Energie Ihrer Empfindung spüren, so wie sie ist.

Je mehr wir uns der inneren Welt unserer Emotionen bewußt werden, desto weniger vermischen wir sie mit der äußeren Welt. Wir halten dann unsere emotionalen Reaktionen auf andere Menschen nicht für die letzte Wahrheit über sie und verwechseln unsere vergangenen Erfahrungen mit Menschen nicht mehr mit ihrer gegenwärtigen Situation. Wir sind immer offen für das, was andere Menschen uns im Augenblick zu sagen haben und zeigen wollen, ohne Rücksicht auf frühere Erlebnisse mit ihnen. Nur allzu häufig ziehen wir Schlüsse über andere Menschen, ohne vorher ruhig geworden zu sein, sie uns erst einmal angeschaut zu haben, zu erspüren, wie sie sich fühlen, und zu erkennen, was *sie* gerade erleben. Achtsamkeit ermöglicht uns auch, zwischen authentischen und nichtauthentischen Worten zu unterscheiden, da wir dann nicht nur die gesprochenen Worte hören, sondern auch die Bedeutung und Empfindungen hinter den Worten erfassen.

Ein Kollege macht zum Beispiel eine Bemerkung zu Ihnen, die, oberflächlich betrachtet, beleidigend ist, und Sie reagieren impulsiv mit einer neuen Beleidigung. Wenn Sie aber auf die ganze Haltung des Kollegen achten, auf den Ton seiner Stimme, erkennen Sie, daß die scheinbare Kränkung in Wirklichkeit nur Ausdruck seiner eigenen Unsicherheit ist. Sie haben jetzt die Möglichkeit, mit Mitgefühl zu reagieren. Mit der Frische und Offenheit, die die Achtsamkeit mit sich führt, können Sie Ihre eigene Selbstgerechtigkeit loslassen. Ohne jede Selbsttäuschung empfinden Sie die Energie Ihrer Emotionen und der Ihres Kollegen, wodurch ein aufrichtiges Gespräch möglich wird.

Auch entwickelt sich ein natürlicher Sinn für Humor, sobald wir bereit sind, die blitzartig auftretenden, unvorhersagbaren Einsichten der Achtsamkeit zu akzeptieren. Lorin, ein Teilnehmer an einer Shambhala-Wochenendschulung, erzählte uns:

»Am Anfang unserer Ehe gab es immer wieder heftigen Streit zwischen meiner Frau und mir. Irgendwie sprachen wir auf ganz verschiedenen Wellenlängen und waren in unseren Emotionen wie gefangen, so daß keiner von uns aufhören konnte, wenn die Sache einmal richtig im Gang war. Eines Tages schrien wir uns wie wahnsinnig an und beleidigten einander. Ich packte eine Lieblingsvase meiner Frau und drohte damit, sie an die Wand zu werfen. Ich schaute wie irr durchs Zimmer: Da saß unser schwarzer Kater auf der Sofalehne und starrte uns an. Im selben Augenblick gähnte er.

Beim Anblick der weit offenen, starrenden Augen des Katers war es mir, als hörte ich, wie etwas in mir zersprang. Plötzlich wurde mir klar, daß dem Kater alles, was da zwischen uns vorging, völlig egal war, mochte er uns scheinbar auch mit größter Neugier betrachten. Da empfand ich einen so unwiderstehlichen Drang zu lachen, daß nicht einmal mein Zorn ihn unterdrücken konnte. Wahrscheinlich bemerkte ich plötzlich, wie komisch unser Streit eigentlich war. Meine Frau schaute mich einen Moment an, dann begann sie ebenfalls zu lachen.«

Humor ist ein sehr wichtiges, ja notwendiges Element der Praxis des Kriegerweges. Der Dorje Dradul sagt:

»Wenn wir das Potential des prinzipiell Guten in uns entdecken, nehmen wir das häufig noch viel zu ernst. Wir würden für das Gute in uns auch töten und dafür sterben, so unbedingt wollen wir es haben. Aber uns fehlt noch der Sinn für Humor. Humor bedeutet nicht, daß man sich Witze erzählt oder besonders lustig ist oder andere kritisiert und über sie lacht. Der eigentliche Humor besteht darin, daß man locker ist: daß man die Wirklichkeit nicht grob anpackt, sondern zärtlich zu ihr ist und sie nur leicht berührt. Die Basis der Shambhala-Vision ist, daß man diesen vollkommenen, echten Humor wiederentdeckt, diese zärtliche, leichte Berührung.«

Je mehr der Krieger seine Achtsamkeit entwickelt, desto besser erkennt er den Raum. Ein Krieger erkennt den psychischen Raum im eigenen Innern, den offenen Raum der Ichlosigkeit, wie wenn Bewußtsein und Herz voller Löcher wären, die ununterbrochen die frische Luft ungewohnter, vielleicht sonderbarer Vorstellungen und Gefühle einlassen. Er erkennt auch den lebendigen, dynamischen, widerhallenden, physikalischen Raum der Welt. Er spürt den Raum um andere Menschen und in anderen Menschen. Er spürt den lebenden Raum, der Bäume und Felsen und die Erde umgibt. Und allmählich erkennt er auch, daß der Raum innen sich nicht vom Raum außen unterscheidet. Suzuki Roshi sagt: »Die innere Welt ist grenzenlos, die äußere Welt ist ebenfalls grenzenlos. Wir sprechen von innerer oder äußerer Welt, aber in Wirklichkeit gibt es nur eine einzige Welt.« Dazu bemerkt der Dorje Dradul:

»Im allgemeinen stellen wir uns den Raum als etwas Leeres oder Totes vor. Aber in unserem Fall ist Raum die weite Welt selbst, mit der Eigenschaft der Absorption, der Anerkennung und der Anpassung. Sie können Salbe daraufgeben, Tee bei ihm trinken, Plätzchen bei ihm essen, Ihre Schuhe in ihm putzen. Irgend etwas ist eben da! Wenn Sie aber dann wirklich hineinschauen, finden Sie paradoxerweise nichts. Wenn Sie versuchen, Ihren Finger daraufzulegen, bemerken Sie, daß Sie nicht einmal einen Finger haben, um ihn daraufzulegen. Das ist die ursprüngliche Natur des prinzipiell Guten. Und diese Natur ermöglicht es dem Menschen, Krieger zu werden... Der Krieger ist im wesentlichen ein Mensch, der keine Angst vor dem Raum hat. Der Feigling lebt in dauerndem Schrecken vor dem Raum.«

Vier Eigenschaften des Kriegers

Die Shambhala-Lehren beschreiben vier Eigenschaften oder »Würden«, die sich im fortgeschrittenen Krieger entwickeln, der Achtsamkeit beweist, seine Ichzentriertheit losläßt und die Kraft und Freude des Raumes, des prinzipiell Guten, in sich selbst und sein Leben einläßt. Diese Eigenschaften sind: Zurückhaltung, Keckheit, Kühnheit und Unbeirrbarkeit.

Diese Eigenschaften mögen uns, die wir an die moderne Bedeutung dieser Worte gewöhnt sind, sonderbar erscheinen. Doch der Dorje Dradul wählte solche Bezeichnungen in Zusammenarbeit mit seinen Schüler-Übersetzern und gebrauchte die Worte oft in einer Bedeutung, die seinen Schülern fremd in den Ohren klang, aber sehr exakt von der Etymologie der Worte ausging. Zum Beispiel wird das Wort »keck« heute leicht abwertend für etwas dreiste Menschen gebraucht, manchmal sogar in chauvinistischem Sinn, um bestimmte Frauen zu charakterisieren. Aber »Keckheit« bedeutete früher Kraft und heitere Lebendigkeit, vor allem nach einer Zeit der Schwäche und des Kleinmuts. In diesem Sinn wird das Wort hier zur Bezeichnung einer Eigenschaft des Shambhala-Kriegers verwendet, obwohl es auch noch andere tiefe Bedeutungen besitzt. Die erste Eigenschaft, »Zurückhaltung«, ist die Grundbedingung des Kriegerdaseins. Was ein Krieger auch erreichen mag, er bleibt ursprünglich, zurückhaltend und anspruchslos. Er ist selbstbeherrscht und wach. Da er nicht überheblich ist, ist er immer neugierig und an seiner Umwelt interessiert.

Die zweite Eigenschaft, Keckheit, ist das spielerische Verhalten, das auf alles mit lockerem Humor reagiert. Dieses spielerische Verhalten entsteht jedoch nicht zufällig, sondern wird in der Bewußtheitspraxis gründlich geübt. Wer es besitzt, ist immer fröhlich und munter. Es ist ein frischer, wohlgemuter Zustand, bei dem Körper und Bewußtsein vollständig in Harmonie sind. Der jugendliche Schwung eines solchen Kriegers überwindet alle Zweifel und Trägheit sowie das Gefühl, es lohne sich nicht, weitere Aufgaben auf sich zu nehmen.

Die dritte Eigenschaft, Kühnheit, befähigt den Krieger, sich kopfüber in Situationen zu stürzen, ohne lange zu überlegen, ob er ihnen gewachsen ist oder wie sie ausgehen könnten. Ein Krieger in diesem Stadium ist weder in der Angst noch in der Hoffnung auf ein bestimmtes Ergebnis gefangen. Um das Notwendige zu tun, hat er keine Bedenken, sich auch einmal über Konventionen hinwegzusetzen oder die von seinem gewöhnlichen Denken und Verhalten gesetzten Grenzen zu überschreiten. Er ist in der Lage, das jeweilige Gesamtbild einzuschätzen, und läßt sich nicht von Nebensächlichkeiten ablenken.

Die vierte »Würde«, Unbeirrbarkeit, bedeutet, immer im Jetzt zu leben. Der Krieger läßt all seine Logik, seine Überzeugungen, seine gewöhnlichen Methoden los. In diesem Stadium überwindet er die Grenze zwischen sich und der Welt und identifiziert sich voll mit anderen Menschen und der Erde, dem Wetter, dem Wald, dem Himmel und den Elementen.

Diese vier Eigenschaften werden durch vier Tiere versinnbildlicht: Zurückhaltung wird durch den Tiger symbolisiert, der
durch den Dschungel schleicht, wach bis in die Haarspitzen. Er
hält sich dicht am Boden und ist fast unsichtbar. Er ist glatt, geschmeidig, gut gepflegt und vibriert vor Leben. Keckheit wird
vom Schneelöwen versinnbildlicht. Der Schneelöwe lebt oben
im Gebirge. Er besitzt eine lange gelbe Mähne, die im Wind flat-
tert, wenn er in der frischen Bergluft von Felsen zu Felsen
springt. Kühnheit wird durch den Garuda symbolisiert, einen
Vogel, der schon völlig ausgewachsen durch die Eierschale
bricht. Er fliegt hoch durch die Lüfte, ohne jemals landen zu
müssen, und steigt über alle Schranken und Grenzen hinauf.
Weit über der Erde sieht er alles, was unten geschieht, mit voll-
kommener Klarheit. Unbeirrbarkeit wird vom Drachen verkörpert. Er lebt in den Elementen Erde, Wasser, Wind und Wärme.
Im Herbst verbirgt er sich im Nebel, im Frühling im Regen, im
Winter taucht er in die Eingeweide der Erde hinab, und im Sommer fliegt er auf und erzeugt Donner und Blitz.

Der Ursprung dieser vier Symbole geht mindestens bis ins
taoistische China und wahrscheinlich noch weiter zurück, laut
Robin Kornman, Shambhala-Krieger und China-Fachmann:
»Man geht wohl nicht fehl, zu behaupten, die Mythen Zentral-
asiens seien international. Sie entstanden entlang der Seidenstraße und verarbeiteten alles, was Kaufleute in ihren von Westen nach Osten ziehenden Karawanen erlebten.« Die Seidenstraße war die Karawanenroute, die vom Nahen Osten bis nach
China führte und Hunderte von Jahren von Kaufleuten benutzt
wurde, die mit ihren Waren auch Kultur und Lebensstil aus-
tauschten. Der Sufi-Dichter Rumi, der am westlichen Ende der
Seidenstraße in der Türkei lebte, ruft uns zu:

Stell dir vor, du schwebtest wie ein Adler
Vom Felsen herab. Stell dir vor,
Du schlichest wie ein Tiger durch den Dschungel.
Am schönsten bist du, wenn du nach Nahrung suchst.

Verbringe weniger Zeit mit Nachtigallen und Pfauen.
Die eine ist nur Stimme, der andere nur Farbe.

Die vier Tiere sind aber noch mehr als nur Symbole für die Eigenschaften des Kriegers. In späteren Stadien des Kriegerweges werden sie dem Krieger zu Helfern und Führern beim Handeln. Der Krieger sinnt über die Eigenschaften dieser Tiere nach, versetzt sich in sie hinein und versucht die Welt mit ihren Augen zu sehen. So ergründet er die vier Eigenschaften bis in die letzte Tiefe.

Der Dorje Dradul sagt über die vier Eigenschaften:

»Zwar hat jeder Mensch diese Ausdrucksweisen der Energie schon irgendwie erlebt, aber es kann keine Rede davon sein, daß Sie Fortschritte in Ihrem Leben machen, wenn Sie sie nicht auch üben und achtsam damit umgehen. Tun Sie das nicht, bleiben die vier ›Würden‹ weiterhin unter Ihren Gewohnheiten begraben, statt zu einem Weg zur Ichlosigkeit zu werden. Die vier Würden müssen also fundamental mit dem Weg des Kriegers verbunden werden. Sie bezeichnen sogar ein fortgeschrittenes Stadium auf dem Weg. Der Krieger erkennt die vier Würden erst wirklich, wenn er einen unerschütterlichen Glauben an das prinzipiell Gute entwickelt und den sich in der heiligen Welt spiegelnden Widerschein der Großen Östlichen Sonne entdeckt hat. An diesem Punkt gewinnt der Krieger Anteil an einem unerschöpflichen Kraftquell.«

Kriegerschüler, die noch damit beschäftigt sind, Schritt für Schritt durch das Tor der Angst zu gehen, um endgültig aus ihrem Kokon herauszukommen, befinden sich grundsätzlich auf dem Niveau der Zurückhaltung. Trotzdem können Krieger in jedem Stadium alle Eigenschaften rudimentär im Alltag entdecken. Die Eigenschaften bauen aufeinander auf, so daß ein Krieger, der die Eigenschaft der Keckheit entwickelt hat, deswegen die Eigenschaft der Zurückhaltung nicht aufgibt oder darüber hinausgelangt wäre. Es ist nicht wie beim Mathematikunterricht in der Schule, wo man, wenn man die Algebra einmal abgehakt hat, hoffen kann, das Wort niemals mehr hören zu müssen. Zurückhaltung, die Eigenschaft der Verbundenheit mit dem Grund und des Offenseins muß immer von neuem gelernt oder wieder gelernt und angewendet werden. Außerdem ist Keckheit das natürliche Ergebnis der Beherrschung der Zurückhaltung durch den Krieger. Und Kühnheit ist ein natürliches Ergebnis der Beherrschung der Keckheit. In diesem Sinne sind alle »Würden« schon in der Zurückhaltung enthalten, so wie der Jugendliche schon im Kind und der Erwachsene im Jugendlichen enthalten ist. Man braucht sich um diese »Würden« auch nicht zu bemühen. Es sind keine Zeugnisse! Sie markieren einfach die natürliche Entwicklung des Kriegers, der Bewußtheit und Achtsamkeit übt und auf seinem Weg weitergeht. Unser Weg führt nicht nur in größere Tiefe, nach innen, sondern öffnet sich auch immer weiter nach außen, so daß wir unseren Platz in der Welt und unsere Verbindung mit allen Dingen darin, ja mit dem ganzen Kosmos, finden können.

Zurückhaltend wie ein Tiger

Sobald Sie es wagen, Ihren Kokon zu verlassen, stellt sich das Gefühl der Zurückhaltung ein. Sobald Sie intensiv das prinzipiell Gute erleben, kann sich ein Gefühl bei Ihnen einstellen, irgendwie ärmer geworden zu sein. Aber diese Zurückhaltung und Verarmung erschließen neue Möglichkeiten. Der Kokon war gleichsam mit Heißluft aufgebläht. Ob Sie übergroßes Selbstbewußtsein besitzen, extrovertiert und eingebildet oder deprimiert, zurückhaltend und schüchtern sind, Sie glauben an Ihren Kokon und nehmen sich dabei schrecklich wichtig. Doch wenn Sie die Löcher in diesen eingebildeten Dingen erkennen und sich besser kennenlernen, macht dieser Hochmut keinen Sinn mehr. Sie können dann über Ihr Imponiergehabe und Ihr selbstgerechtes Selbstmitleid nur noch lächeln. Das ist ein Aspekt der Zurückhaltung.

Zurückhaltung ist nicht dasselbe wie Schüchternheit. Im Gegenteil, es bedeutet, daß wir uns von uns selbst weniger einschüchtern lassen. Wir sind in Tuchfühlung mit dem prinzipiell Guten in uns gekommen, weshalb wir nicht mehr soviel Angst haben, daß wir anderen nicht gefallen oder ihren Erwartungen nicht entsprechen. Wir können unsere Anstrengungen, den Ambitionen zu entsprechen, die unsere Eltern und Lehrer für uns hegen – oder zumindest nach unserer Vorstellung haben –, loslassen. Wir können alle Scham- und Schuldgefühle loslassen, die uns von vor langer Zeit begangenen vermeintlichen Fehlern noch nachhängen. Wir wissen jetzt selbst, was ursprünglich ist und was nicht, und brauchen uns dabei nicht auf die Bestätigung und das Urteil anderer zu verlassen. Ein elfjähriges Mädchen saß einmal in einer Shambhala-Gesprächsgruppe und hörte den Erwachsenen fast eine Stunde lang zu, wie sie über das prinzipiell Gute diskutierten. Nach einer Weile fragte sie der Gruppenführer, ob auch sie etwas sagen wolle. »Es ist sehr einfach«, sagte sie, »das prinzipiell Gute ist, wenn man den Unterschied zwischen falsch und echt kennt.«

Mit der Bewußtheit und Zurückhaltung des jungen Kriegers bleiben wir auf dem Teppich, nahe der Erde, wie ein Tiger im Dschungel, der seine Tatzen vorsichtig aufsetzt, beobachtet, empfindet, sich mit höchster Achtsamkeit bewegt. Der Tiger besitzt Würde, aber mit Vorsicht gepaart. Er kann sich ebensogut auch schnell bewegen, doch mit unglaublicher Präzision. Zurückhaltung ist weder Feigheit noch ein In-sich-Zusammenschrumpfen. Es bedeutet, jedes Härchen auf dem Rücken aufzurichten, die Ohren in alle Richtungen zu spitzen, die Elektrizität in der Luft zu riechen, zu beobachten und zu warten. All unsere Sinne sind aktiv, wir hören, sehen und berühren unsere Welt mit Neugierde und Interesse und verharren bewußt im Augenblick. Seien Sie wach wie ein witterndes Reh, Ihre Nerven empfindlich wie Beulen. Dann zerreißt plötzlich der Kokon, ohne daß Sie etwas dazutun müßten, und Sie können hindurchschlüpfen.

So gehen wir weiter, Schritt für Schritt, wie auf einer Gratwanderung. Würden wir eine Schmetterlingspuppe mit einer Harpune aufspießen wollen, so hieße das mit Kanonen auf Spatzen schießen. Wenn wir uns zu weit hervorwagen, kann uns der Energierückstoß zu Boden werfen. Wenn wir vom Grat abstürzen, ziehen wir uns vielleicht wieder in den Kokon zurück, um darin zu schlafen. Wir werden taub und blind, oder die Energie wird unkontrollierbar. Es besteht die Gefahr, daß wir mit den neuen scharfen Waffen nicht umgehen können. Um also unsere Reise durch den Dschungel bis in die frische klare Luft der

Berge, was der nächste Schritt ist, fortsetzen zu können, müssen wir weiter auf des Messers Schneide der Bewußtheit stehen können und Bewußtsein und Körper völlig miteinander vereinigen. Auf diese Art können wir uns mit der Welt verbinden und uns ihr zu öffnen beginnen.

Bewußtheit und Achtsamkeit sind die Werkzeuge, mit denen wir unsere Reise auf dem Weg des Kriegers fortsetzen. Bewußtsein und Körper in sychronisiertem Zustand sind das Fahrzeug, und Angst ist die Brücke und das Tor. Um aber dann den Sprung in den Raum hinaus zu machen, brauchen wir unsere Verbindungen zur wirklichen, irdischen Welt. Die Eigenschaft der Zurückhaltung hilft uns, diese Verbindungen von Bewußtsein und Körper und von Bewußtsein und Körper zur Erde aufrechtzuerhalten. Wenn Sie bemerken, daß Sie wieder an dem Punkt sind, wo Sie Ihren Kokon aufs neue verlassen können, werden Sie – falls Sie sich wieder eine Maske aufsetzen, ein falsches Selbstvertrauen entwickeln und nur so tun, als ob Sie sprängen – unbedingt zurückgeworfen werden. Zurückhaltung ist unabdingbar.

Die Reise des Kriegers ist nicht unbedingt kurz. Sie hat kein bestimmtes Ziel, an dem man sagen könnte: »Gott sei Dank, jetzt bin ich aus meinem Kokon draußen und brauche mich nicht mehr um meine Bewußtheit zu kümmern.« Wir entdecken immer wieder, daß wir es uns in unserem bequemen, eingebildeten Leben gemütlich machen. Und wenn wir das zum tausendsten Mal bemerken und das Herz des Kriegers warm in uns schlägt, liegt es an uns, frei von Selbsttäuschung doch wieder in die Helligkeit und Ungewißheit der Welt draußen hinauszuspringen. Das ist kein raffinierter Trick, kein künstlicher Vorgang, keine Technik. Niemand kann uns das abnehmen, kein Therapeut, kein spiritueller Lehrer, nicht einmal unser bester Freund. Jedesmal wenn wir einen Schritt auf dem Weg tun, nehmen wir unser Erbe als Mensch in Anspruch, die Möglichkeit, frohgemut, ohne Schranken oder Vorwand zu leben.

Praktische Anleitungen

1. Bewußtheit im Körper

Diese Übung kann Ihnen helfen, sich Ihres Körpers bewußt zu werden und Bewußtsein und Körper miteinander zu verbinden. Ein guter Zeitpunkt dafür ist die Zeit nach der Sitz-Meditation. Setzen Sie sich auf einen festen Stuhl, ohne sich anzulehnen, oder auf einen Hocker. Stellen Sie Ihre Füße fest auf den Boden, die Hände auf den Knien. Spüren Sie, wie Ihre Füße fest den Boden berühren. Nehmen Sie die lebendige Wärme Ihrer Füße wahr, von innen her. Richten Sie jetzt Ihre Aufmerksamkeit, ohne die bewußte Wahrnehmung Ihrer Füße zu verlieren, auf Schienbeine und Waden. Auch die Wahrnehmung Ihrer Waden festhaltend, gehen Sie jetzt zu Knien und Oberschenkeln, Händen und Armen über. Bewegen Sie sich mit Ihrer Bewußtheit weiter zum Rumpf und an den Oberarmen entlang aufwärts bis zu den Schultern hinauf – und halten Sie dabei die Wahrnehmung der früheren Teile immer fest. Bewegen Sie sich dann weiter den Nacken aufwärts, über Scheitel, Gesicht und Brust hinweg bis ins Herz, und bleiben Sie dort. Empfinden Sie Ihren ganzen Körper als harmonische Einheit. Halten Sie diese Empfindung fest, so lange Sie können – vielleicht ein paar Minuten.

Nach Durchführung dieser Übung entschließen Sie sich vielleicht, sie während des Tages ab und zu zu wiederholen. Wenn Sie das tun, wählen Sie sich einen Teil Ihres Körpers – irgendeinen Teil, zum Beispiel Ihren rechten Vorderarm – und beobachten, wie sich dieser Teil von innen her anfühlt. Bleiben Sie sich dieses inneren Gefühls für eine Weile bewußt, während Sie mit Ihrer sonstigen Tätigkeit fortfahren. Achten Sie auf jede Veränderung Ihrer Wahrnehmungen.

2. Bewußtheit im Handeln

Wählen Sie eine gewöhnliche Handlung, die Sie oft durchführen. Das kann alles mögliche sein, auf jeden Fall aber etwas Einfaches. Während Sie es tun, achten Sie auf jedes Detail. Vielleicht entscheiden Sie sich dafür, einen Apfel zu zerschneiden. Das erste, was Sie machen, ist, Ihren Raum vorzubereiten. Legen Sie das Schneidebrett hin, betrachten Sie es genau, die Maserung des Holzes, die Kerben früherer Schnitte. Betasten Sie dann den Apfel, achten Sie darauf, wie er duftet, wie die Farben der Schale unmerklich ineinander übergehen. Spüren Sie Ihren Arm, wie er sich bewegt, um das Messer zu ergreifen, die Spannung Ihrer Muskeln dabei. Spüren Sie das Gewicht des Messers, betrachten Sie sein Aussehen und seine Schärfe. Hören Sie das Geräusch des Messers, wenn es den Apfel langsam durchteilt. Betrachten Sie den Saft und riechen Sie ihn. Bemerken Sie, wie Ihnen der Mund wäßrig wird? Machen Sie dann so weiter, die Einzelheiten, auf die Sie achten können, sind endlos. Wenn Sie feststellen, daß Ihre Gedanken oder die Stimme von jemandem, der in Ihrer Nähe spricht, Sie von Ihrer Bewußtheit abgelenkt haben, kehren Sie einfach wieder zur Tätigkeit des Schneidens zurück, so wie Sie bei der Sitz-Meditation immer wieder zum Atem zurückkehren.

3. Bewußtheit im Sprechen

Suchen Sie sich ein Lieblingsgedicht aus. Lesen Sie es sich laut vor.

Lesen Sie jetzt noch einmal laut und achten Sie dabei auf jeden Vokal und Konsonanten, jede Silbe, jedes Wort und jeden Satz. Sprechen Sie alles ganz genau und präzise aus. Lesen Sie langsam, Wort für Wort. Sie dürfen durchaus übertreiben. Sitzen Sie dabei aufrecht.

Empfinden Sie den Unterschied zwischen leisem und lautem Lesen? Lesen Sie noch einmal laut. Übertreiben Sie diesmal aber die Aussprache nicht so sehr, sondern *denken* Sie nur an die Aussprache. Sprechen Sie mit geradem, aufgerichtetem Körper.

Lassen Sie jetzt einen Freund zuhören. Tragen Sie das Gedicht erst in Ihrer normalen Sprechweise, dann auf die genaue, langsame Art vor. Spüren Sie dabei, daß beide Arten des Vortrags Mitteilungen an Ihren Freund sind!

Sie können diese Übung während des Tages wiederholen. Wenn Sie es tun, achten Sie darauf, daß Sie beim Sprechen nicht versuchen, irgend etwas zu verändern. Achten Sie darauf, was und wie Sie sprechen, laut oder leise, auf die Geschwindigkeit, den Klang, die Empfindungen beim Sprechen und den Sinn, den Sie übermitteln wollen. Versuchen Sie jetzt, sich Ihres Sprechens bewußt zu werden, und sprechen Sie mit größerer Genauigkeit, wie bei der Leseübung. Empfinden Sie einen Unterschied bei dem, was Sie sagen oder wie es bei der Person, zu der Sie sprechen, ankommt?

4. Achtsamkeit auf den einen Gegenstand umgebenden Raum

Nehmen Sie einen Gegenstand, den Sie besonders schön finden, den Sie mögen. Stellen Sie ihn jetzt irgendwohin, wo keine Unordnung herrscht, vor einen klaren Hintergrund. Verbringen Sie eine Zeit damit, seine Einzelheiten zu betrachten. Umfassen Sie mit dem Blick liebevoll seine Umrisse, seine Farbe, sein Material, seine Eigenschaften. Entspannen Sie jetzt Ihren Blick, konzentrieren Sie ihn nicht mehr auf den Gegenstand selbst, sondern fassen Sie den Raum um ihn herum ins Auge. Vielleicht bemerken Sie eine Art Energie in diesem Raum. Stellen Sie fest, wie Sie den Gegenstand und die Veränderung der Wahrnehmung empfinden, wenn Sie Ihren Blick entspannen.

Wenn Ihnen diese Übung irgendwann wieder einfällt, können Sie sie auf der Stelle durchführen, mit jedem Gegenstand, auf den Ihr Auge fällt. Betrachten Sie den Gegenstand zuerst auf Ihre normale, konzentrierte Art; dann entspannen Sie wie zuvor Ihren Blick, konzentrieren sich nicht mehr auf den Gegenstand selbst und seine Einzelheiten, sondern auf den ihn umgebenden Raum und stellen fest, wie sich Ihre Wahrnehmung des Gegenstandes und Ihre Empfindungen für ihn verändern.

5. Bewußtheit im Raum der weiteren Umgebung

Ziel dieser Übung ist es, wahrzunehmen, wie erfüllt der Raum um Sie herum ist und wie er mit Ihnen kommuniziert. Gehen Sie hinaus auf ein Feld oder in einen Garten oder, wenn Sie in der Stadt wohnen, einen Park. Stellen Sie sich hin, achten Sie für ein paar Augenblicke auf Ihren Atem und richten Sie dann Ihre Aufmerksamkeit auf Ihren Körper. Nehmen Sie jetzt den Raum um Ihren Körper herum wahr und dehnen Sie Ihre Achtsamkeit aus, bis sie auch den Raum in der weiteren Umgebung in sich aufnimmt. Bleiben Sie für ein paar Augenblicke so stehen, lassen Sie Ihre Achtsamkeit in den Raum hinausströmen und achten Sie dabei darauf, wie Sie sich fühlen. Fühlen Sie sich bedroht, erfrischt, erregt, genährt, geheilt? Sie brauchen Ihre Gefühle gar nicht zu benennen. Stellen Sie nur fest, wie Sie sich fühlen. Doch wenn es Ihnen leichter fällt, den Gefühlen einen Namen zu geben, ist es auch in Ordnung. Begeben Sie sich dann an eine andere Stelle und wiederholen Sie die Übung. Machen Sie dasselbe an einer dritten Stelle. Achten Sie darauf, wie unterschiedlich Sie sich an jeder Stelle fühlen.

8. Freundlichkeit, Furchtlosigkeit und ein ehrliches Herz

Die Welt, auf die wir jenseits des Kokons stoßen, steckt voller Herausforderungen. Sobald wir uns ihr öffnen, kann sich jederzeit etwas Neues ereignen, das auf dem Apparat unserer Emotionen spielt, unsere gewöhnlichen Reaktionen aus dem Gleis wirft und uns dazu aufruft, bewußte Krieger und nicht unbewußte Feiglinge zu sein. Auch schmerzhafte Ereignisse können auftreten, nicht weil wir jetzt der Welt, sondern unseren eigenen Reaktionen gegenüber empfindsamer geworden sind. Es erfordert Kühnheit und Mut, ehrlich zu sein, auf dem Weg des Kriegers standhaft zu bleiben und das oft überraschende und schreckliche Bild, das wir und unser Verhalten bieten, auszuhalten. In diesem Kapitel werden wir die »Werkzeuge« der Freundlichkeit und Furchtlosigkeit kennenlernen, die wir brauchen, um mit unseren emotionalen Reaktionen umzugehen und das ehrliche Herz des Kriegers, das unter diesen Emotionen verborgen liegt, zu entdecken.

Solange wir noch im Kokon sind, bezeichnen wir die Energie unserer Kommunikation mit anderen als »Emotion«. Ist diese Emotion zu intensiv, zu real, bekommen wir leicht Angst davor. Denn diese emotionale Energie kann uns verletzen und erscheint uns deshalb bedrohlich, oder sie kann unerträglich schön und leidenschaftlich sein. Sie kann auch schmerzhaft sein, weil sie uns ungewohnt ist und deshalb Schrecken einjagt. Und während wir versuchen, sie zu ergründen, werden wir immer verwirrter. Wir haben Angst davor, die Herrschaft über uns zu verlieren, Angst, daß uns unsere Masken abgerissen werden. Deshalb minimieren wir die emotionale Energie unserer Beziehungen und Verhältnisse gern, fixieren sie irgendwo und verringern so ihre Kraft. Dann geben wir ihr einen vertrauten Namen, etwa Zorn, Leidenschaft oder Depression. Andererseits bewerten wir sie auch. Wir denken dann: »Das hat doch keinen Zweck«, »Das ist nicht praktikabel« oder »Das war es nicht, was ich wollte«. Und schließlich kann es so weit kommen, daß wir Angst davor haben, überhaupt zu empfinden, tief und wahr zu empfinden. Wir leisten dieser Energie dann Widerstand, versuchen ihr auszuweichen oder uns gegen sie zu wehren, was dann wieder Schmerz erzeugt. Wir verlieren uns also entweder in unseren Emotionen oder versuchen sie zu unterdrücken. Bei alledem können wir die Tatsache ganz aus dem Auge verlieren, daß es ohne Emotion keine Motivation gibt.

Fragen an das Herz

Unsere Emotionen sind unsere Energie. Sie treiben uns auf dem Weg des Kriegers vorwärts. Leben wir aber unsere Emotionen ohne Bewußtheit aus, so beherrschen sie uns, wie wenn irgend etwas Fremdes von uns Besitz ergriffe. Wenn Sie zum Beispiel spüren, wie Zorn in Ihnen aufsteigt, und zulassen, daß er sich austobt, denken Sie vielleicht: »Jetzt bin ich wirklich zornig.« Aber so verlieren Sie Ihr Bewußtsein an den Zorn, und dadurch verlieren Sie den Kontakt mit sich selbst und Ihrer Energie. Sie haben Ihre Aufmerksamkeit von der reinen Energie des Zorns auf das »Ich«, das denkt, es sei zornig, übertragen. Ihre Vorstellung, Sie seien wirklich zornig, nimmt das Heft in die Hand, und schon reagieren Sie gewohnheitsmäßig, indem Sie brüllen, zuschlagen, Dinge an die Wand werfen oder fortstürzen und sich in blinder Wut vergraben. Der buddhistische Lehrer Thich Nhat Hanh aus Vietnam sagt: »Wenn wir unserem Zorn freien Lauf lassen, trainieren und üben wir ihn gleichsam und machen ihn in den Tiefen unseres Bewußtseins stärker. Unseren Zorn dem Menschen gegenüber auszudrücken, über den wir zornig sind, kann großen Schaden anrichten.«

Schüler auf dem Weg des Kriegers entdecken häufig, daß sie plötzlich sehr emotional auf Kleinigkeiten reagieren, die sie früher gar nicht bemerkt hätten. Das könnte Sie stutzig machen oder ganz aus dem Gleichgewicht bringen. Wer ist denn diese

Person, dieses Ich, könnten Sie sich fragen. Aber genauso muß es kommen, wenn wir zulassen, uns selbst zu empfinden. Wenn ein Freund zu einer Verabredung zu spät kommt, steigen vielleicht wie aus dem Nichts Ärger und Zorn in Ihnen auf, oder es flammt überraschenderweise eine neue Leidenschaft auf, wenn Sie einer alten Freundin begegnen. Vielleicht fühlen Sie sich auch tief durch eine geringfügige Zurücksetzung in der Schule oder bei der Arbeit getroffen.

Wenn Sie Augen und Herz offenhalten, werden Sie entdecken, daß die Welt ein unerschöpfliches Reservoir von Reibungspunkten ist. Krieger zu sein heißt nicht, daß alles schön glatt und reibungslos abläuft. Wir versuchen nicht, uns zu betäuben. Ganz im Gegenteil: Wir versuchen die Welt so zu empfinden, wie sie ist, ohne schützende Plastikhaut. »Wenn du der Lehre des *Einen* folgen willst«, schrieb Seng-ts'an, »stelle dich nicht gegen die Welt der Sinne. Nur durch das Akzeptieren der Welt der Sinne wirst du zu echter Wahrnehmung gelangen.« Der Unterschied zwischen dem Krieger und dem Feigling liegt nur in ihrer Einstellung gegenüber diesen Reibungspunkten: Der Krieger achtet bewußt auf sie und genießt sie schließlich sogar. Der Feigling schließt die Augen davor oder läuft davon.

Wenn Sie Ihren Kokon deutlicher, im Licht des prinzipiell Guten, sehen, werden Sie das Bedürfnis danach entwickeln, ehrlich zu sein. Ein Krieger *will* seinen Kokon verlassen, auch wenn es schrecklich ist. Indem wir unsere Masken erkennen, erkennen wir auch die Möglichkeit, sie preiszugeben und direkte Verbindung mit der Welt aufzunehmen, mit sanfter Kühnheit und vielleicht einem Schuß Abenteuerlust. Wir können dann Herausforderungen als kleine Elektroschocks auffassen, die uns aufwecken wollen, oder als den frischen, kalten Geruch schmelzenden Schnees im Frühling, der die abgestandene Großstadtluft aus unseren Lungen und Köpfen vertreibt.

Das ist des Messers Schneide, auf der Sie sich immer wieder finden werden. Mit dem einen Fuß im Kokon stehend, mit dem anderen draußen – welchen Weg schlagen Sie jetzt ein? Das liegt ganz an Ihnen. Herauszutreten erfordert nicht unbedingt großen Aufwand, es ist nicht notwendigerweise ein Kampf, es kann

auch eine ganz leise, fast unmerkliche Einsicht über Ihren Kokon sein – vielleicht über irgendeine Sturheit oder ein Begehren.
Wenn Sie so etwas wahrnehmen, haben Sie die Möglichkeit,
diese Einsichten auch ernst zu nehmen. Hier wird die Übung der
Bewußtheit und Achtsamkeit sehr wichtig – Sie kommen zur
Ruhe und sehen scharf genug, um kleine Risse in Ihrer Festung
wahrzunehmen. Dann werden Sie auch entspannt und offen genug sein, sie wirklich zur Kenntnis zu nehmen.

Wenn Sie dann die Welt außerhalb des Kokons erleben, fühlen
Sie sich vielleicht sehr verletzlich. Schon Kleinigkeiten setzen Ihnen zu. Ohne die üblichen Blockaden der Unbewußtheit und
Dumpfheit leben zu müssen, kann zunächst schrecklich aufrei-
bend sein, weil Sie dann die rohe Energie Ihrer Emotionen und
der Emotionen anderer Menschen empfinden. Jedesmal, wenn
Sie Ihre Ichbezogenheit preisgeben, empfinden Sie die rauhe
Oberfläche, die Ungewißheit und das Chaos der Welt. Sie werden immer sensibler und tauchen in Dinge ein, die fast zu wirklich für Sie sind. Das ist nicht immer angenehm. Alles, was Ihnen
bisher selbstverständlich schien, hört auf, selbstverständlich zu
sein. Sie kommen sich nackt vor, von Energien und Empfindungen bestürmt, die Sie zu überwältigen drohen und mit denen Sie
noch nicht umgehen können.

Diese Erfahrung ist bei jedem wieder anders. Sie hören vielleicht andere Leute sprechen und hören ihnen zum ersten Mal
wirklich zu. Sie entdecken, daß Menschen, die Sie kennen, ganz
anders sind, als Sie bisher gedacht hatten. Sie stellen fest, wie
sonderbar Ihr Mann oder Ihre Frau zu Ihnen ist, oder Sie müssen
zugeben, daß in der Kritik Ihres Chefs oder Ihres halbwüchsigen
Sohnes an Ihnen doch ein Körnchen Wahrheit steckt. Die Zuneigung, die Ihnen Ihre Freunde entgegenbringen, kommt Ihnen
manchmal ein kleines bißchen zu intensiv vor, und Freundschaften verlaufen nicht mehr so glatt, wenn Sie Ihre Freunde mit
neuen Augen sehen. Und vielleicht erkennen Sie jetzt auch die
Aggressionen und Manipulationen Ihrer Mitarbeiter im Büro
deutlicher.

Tom, Herausgeber einer Zeitung, schien bei einem Gruppen-
gespräch direkt unter einem Schock zu stehen, nachdem er ein

paar Monate geübt hatte. »Nichts geht mehr! Ich habe das Gefühl, ich bin ein schrecklicher Tyrann. Ich sehe, wie ich meine Leute schikaniere, aber ich weiß nicht, wie ich es anders machen soll. Ich sehe, wie brutal die Leute zueinander sind und weiß nicht, wie ich dem ein Ende machen kann. Wie soll ich nur meine Arbeit ohne meine Masken tun? Was ist denn überhaupt so Verkehrtes an den Masken? Am liebsten würde ich mich wie einen nassen Lumpen wegwerfen.« Alle anderen in der Gruppe nickten mitfühlend. Auch sie durchlebten schwierige Zeiten.

Wir möchten immer so gern frei von Schmerz sein, statt uns den einfachen Wahrheiten unseres Lebens zu stellen. Aber die Kriegerübungen haben nicht das Ziel, Ihnen eitel Sonnenschein zu vermitteln. Sie machen keineswegs etwas falsch, wenn Sie ab und zu Schmerz empfinden. Sie werden noch größeren Schmerz empfinden müssen – vielleicht viel größeren Schmerz –, wenn Sie aufwachen und bemerken, wer Sie wirklich sind. Wenn Sie zu lange mit untergeschlagenen Beinen dasitzen, schlafen die Beine vielleicht ein, und wenn sie aufwachen, empfinden Sie ein Prickeln, sobald das Gefühl in sie zurückkehrt, das ziemlich quälend sein kann. Wenn Sie zum Zahnarzt gehen und eine Betäubungsspritze bekommen, schläft Ihr Kiefer ein. Wenn er dann aufwacht und das Gefühl zurückkehrt, kann das sehr schmerzhaft sein. Genauso wie wenn das Körpergefühl in ein eingeschlafenes Glied oder einen Kiefer zurückkehrt, kann es auch schmerzhaft prickelnd für Sie sein, wenn Sie aufwachen, zu werden, der Sie sind, und zu empfinden, wer Sie sind.

Sarah, ein anderes Mitglied der Gruppe, berichtete uns: »Ich hatte zwei Jahre lang versucht, Joseph eine gute, liebevolle Freundin zu sein. Eines Tages schaute ich ihn an und bemerkte, daß ich ihn gar nicht wirklich mochte und nicht bei ihm bleiben wollte. Ich fühlte mich in seiner Gegenwart irgendwie benommen. So war es immer gewesen. Das war wirklich ein Schock für mich. Ich wollte ihn nicht verletzen und war traurig über ihn und mich, aber unsere Beziehung war einfach eine Farce. Ich wußte, ich mußte sie beenden, wollte es aber schön sanft machen. Es wurde mir auch klar, daß mir das schon eine Weile bewußt gewesen war, ich dieser Wahrheit aber nicht ins Gesicht zu sehen vermocht hatte. Jetzt ist mein Wunsch nach Ehrlichkeit stärker als meine Angst, unfair gegen Joseph zu sein, oder meine Angst vor dem Alleinsein.«

Die Reise des Kriegers ist weder leicht noch bequem. Jede spirituelle Lehre, die etwas anderes behauptet, sagt Ihnen nicht die volle Wahrheit. Wenn Ihnen ein spiritueller Lehrer immer nur von der Freude und Weisheit, die Sie finden werden, vorschwärmt, werden Sie bitter enttäuscht sein, sobald sich die eigentlichen Aufgaben des spirituellen Weges vor Ihnen abzeichnen. Behagen und Bequemlichkeit sind im Gegenteil ein Stück der Rüstung Ihres Kokons.

Das Herz des Kriegers, das er auf diese Weise neu entdeckt, ist weich und unerfahren. Wir fühlen uns anders als bisher und wissen nicht genau, wie wir mit der Welt, vor der wir uns sonst immer versteckt haben, umgehen sollen. Ein Schüler, Peter, erklärte der Gruppe: »Mary, meine Freundin, und ich hatten einen Streit. Ich entdeckte, eine meiner Masken war, daß ich sehr gut den Liebevollen spielte. Aber ich zeigte ihr oder mir meine Zärtlichkeit in Wirklichkeit gar nicht. Dadurch, daß ich den Liebevollen spielte, verhüllte ich in Wirklichkeit mein Herz und rettete mich vor der Gefahr, verletzt zu werden. Es wurde mir klar, daß ich ihr gegenüber nur ehrlich sein konnte, wenn es mir gelang, die Angst, meine Weichheit zu zeigen, auszuhalten. Zum erstenmal seit zwanzig Jahren mußte ich weinen, vor Erleichterung und vor Kummer.«

Freundlichkeit

Das Heraustreten aus dem Kokon beginnt mit einer Einstellung liebevoller Freundlichkeit. Die Angst hatte uns zu unterdrückter Gereiztheit verdammt, aber der Weg nach draußen fängt damit an, daß wir freundlich und liebevoll zu uns sind. Es ist wirklich möglich, darauf zu vertrauen, daß die Welt, wir selbst und andere prinzipiell gut sind. Wir können zulassen, daß wir Liebe und Freundlichkeit empfinden. Wir brauchen die Wände unsres Kokons nicht aggressiv wie ein Rammbock zu durchstoßen. Wir können uns unserer Angst vor dem Unbekannten gelassen stellen und ganz sanft heraustreten, obgleich es doch ein abrupter Übergang ist. Als Dreijährige hatte meine Tochter schreckliche Wutausbrüche. Sie warf sich auf den Boden, strampelte und schrie. Es war ganz fürchterlich, und alle Versuche, ihr gut zuzureden oder sie auch nur festzuhalten, waren umsonst. Es blieb uns nichts anderes übrig, als uns zu ihr zu setzen und ruhig zu warten. Am Schluß schrie sie immer: »Mama, hol mich hier raus!« Und dann mußte ihre Mutter sie liebevoll und freundlich in den Arm nehmen, bis sie sich beruhigt hatte. Genauso müssen wir es auch mit uns selbst machen. Ein Shambhala-Text sagt: »Dieses Angstbewußtsein sollte in die Wiege liebevoller Freundlichkeit gelegt werden.«

Wir müssen die schwierigen Situationen und Reibungspunkte, die unsere Emotionen aufwühlen, so akzeptieren, wie sie sind. Emotionen sind keine Dinge, die wir besitzen könnten oder die uns besitzen. Es sind Kraftlinien, die unser Bewußtsein und unseren Körper mit der Welt verbinden. Der Schlüssel zum Weg des Kriegers ist, sich der emotionalen Energie bewußt zu werden, wenn sie in uns aufsteigt, sowohl der Angst als auch der Weichheit und Zärtlichkeit, die die Emotionen begleiten. Lassen Sie die Angst los, weigern Sie sich, sich an die Energie als an »meinen Zorn« oder »meine Leidenschaft« festzuklammern, und Sie werden die reine, ungefilterte Energie der Verbindung zur Welt empfinden. Das ist die Aufgabe des Kriegers – sich mit Neugierde, Mut und Freundlichkeit schmerzhaften Situationen zu öffnen und sogar auf sie zuzugehen.

Wo intensive, schmerzhafte Emotion ist, da ist auch gewaltige Lebensenergie. Thich Nhat Hanh sagt: »Wenn wir zornig sind, sind wir der Zorn. Wenn Zorn in uns entsteht, können wir erkennen, daß er eine Energie in uns ist. Wir können diese Energie akzeptieren, um sie in eine andere Art Energie zu verwandeln. Wenn wir einen Komposthaufen mit verwesenden, übelriechenden organischen Resten vor uns sehen, wissen wir, daß wir den Abfall in die schönsten Blumen verwandeln können... Auch in bezug auf unseren Zorn brauchen wir die Einsicht und die nichtduale Weisheit des Gärtners. Wir brauchen den Zorn nicht zurückzustoßen oder vor ihm Angst zu haben. Wir wissen, daß Zorn eine Art Kompost sein kann und daß es in seiner Macht steht, etwas Schönes hervorzubringen.«

Wenn Sie sich Ihren Emotionen mit Freundlichkeit öffnen, können Sie sie zulassen, ohne sie verstecken oder mit einer erfundenen Geschichte, wie Sie sich tatsächlich fühlen, manipulieren zu müssen. Wenn Sie sich zornig, verloren, ungeduldig oder sonstwie fühlen, empfinden Sie dann einfach die Energie des Zorns, der Verlorenheit, der Ungeduld. Befreunden Sie sich damit, hören Sie darauf und lassen Sie sich sagen, was sie Ihnen zu sagen hat.

Freundlichkeit ist nicht Schwäche oder Nachgiebigkeit, sondern die Flexibilität, loszulassen und sich der Welt zu öffnen. Wir nähren diese Eigenschaft, wenn wir bei der Sitz-Meditation unseren wild schweifenden Gedanken und verrückt spielenden Emotionen freundlich gegenübertreten. Wahre Freundlichkeit bedeutet, daß wir unsere dauernde Ichbezogenheit loslassen und statt dessen uns selbst und andere pflegen und für sie sorgen. Wir können damit aufhören, dauernd Kontrolle ausüben zu wollen. Wir können uns entspannen und uns weich, freundlich und weit fühlen.

Die Shambhala-Lehren betrachten Freundlichkeit als die Eigenschaft des »Mutterprinzips«. Jeder von uns, Frau oder Mann, hat die Eigenschaften des Akzeptierens, Nährens und Pflegens bei einem Menschen, der für ihn das Mutterprinzip verkörperte, erlebt, und diese Eindrücke sind Bestandteil unseres Bewußtseins und Körpers geworden. Und jeder von uns besitzt die Fähigkeit, sich auf die gleiche Art mit Freundlichkeit und ohne zu urteilen sich selbst und anderen zu öffnen. In einer Abhandlung über das Umgehen mit dem Zorn schreibt Thich Nhat Hanh: »Wir können die Achtsamkeit zum Gefährten unseres Zorns machen. Die Achtsamkeit auf unseren Zorn unterdrückt ihn nicht und verdrängt ihn nicht, sie achtet nur auf ihn. Das ist ein sehr wichtiger Grundsatz. Bewußtheit ist kein Richter! Sie ist mehr eine ältere Schwester, die liebevoll und fürsorglich auf ihre jüngere Schwester aufpaßt und sie tröstet.«

Furchtlosigkeit

Furchtlosigkeit dagegen ist die Eigenschaft des »Vaterprinzips« – die heftige, schützende Eigenschaft, die es wagt, sich dem Feind zu stellen. Auf dem Weg des Kriegers ist alles Feind, was Ehrlichkeit und authentisches Leben bedroht. Unser Hauptfeind ist unsere knechtische Haltung gegenüber unserer Kokonwelt. Weitere Feinde sind unsere Härte, unsere Feigheit und Trägheit. Sie wollen uns unserer Achtsamkeit berauben und in den Kokon zurückstoßen. Diese Feinde bedrohen unsere Kommunikation und Verbundenheit mit der Welt. Vor allem kommen sie mit großer Feierlichkeit daher. Doch unsere Furchtlosigkeit bringt Humor in das Ganze, der diese Feierlichkeit hinwegfegt wie ein frischer Wind das dürre Laub aus dem Hof.

Einmal verstauchte ich mir meinen Zeh und konnte kaum laufen, weshalb ich mein Auto vor der Post auf einem 15-Minuten-Parkplatz parkte. Es goß in Strömen. Als ich von der Post zurückkam, sprang der Wagen nicht an. Ich humpelte fünfzig Meter weiter zu einer Telefonzelle, wobei ich völlig durchnäßt wurde, und rief den Abschleppdienst an. Fluchend kehrte ich zum Wagen zurück und wartete auf den Abschleppdienst. Nach ein paar Minuten spürte ich, wie sich ein Schatten über meine linke Schulter beugte. Ein Polizist klopfte an die Scheibe und schaute mich drohend an. Ich erklärte ihm, der Wagen springe nicht an, woraufhin er auf einen anderen Parkplatz in dreißig Meter Entfernung deutete und mir half, den Wagen im Regen dorthin zu schieben.

Aufgeweicht und vor Nässe dampfend stieg ich wieder in den Wagen. Ich schaute zu meiner zwölfjährigen Tochter hinüber, die im Fond saß und mich amüsiert betrachtete: »Warum regst du dich so auf?« fragte sie. Für einen Augenblick regte mich das noch mehr auf. Aber ich verbarg ihr das nicht, sondern empfand die Energie meines Ärgers nur noch intensiver. Plötzlich konnte ich die ganze Angelegenheit aus der Perspektive meiner Tochter sehen, und es war, wie wenn eine Blase geplatzt wäre. Blubb! Wir lachten einander an, und der Abschleppfahrer fand zwei Menschen vor, die sich vor Lachen bogen.

Wenn Sie sich in einer schwierigen Lage auf Ihre innere Stärke, Furchtlosigkeit und Ihren Humor besinnen, werden Sie gefaßt bleiben können. Diese Gefaßtheit ist der feste Grund, auf dem Ihre Achtsamkeit stehen kann, auch wenn Sie noch so intensive Emotionen erleben. Sie werden dann von Ihren Reaktionen oder den Reaktionen anderer nicht umgeworfen. Mit dieser Gefaßtheit werden Sie im Auf und Ab des Lebens nicht immer wieder aus dem Gleichgewicht gebracht. Gefaßtheit ermöglicht uns, der unberechenbaren Welt um uns herum neugierig und als Ritter ohne Furcht und Tadel zu begegnen. Wir wissen ja wirklich nicht, was morgen oder in den nächsten fünf Minuten passieren wird. Unser ganzes Leben könnte sich blitzartig ändern. Aber selbst in einem solchen Fall bräuchten wir unsere Kriegerachtsamkeit nicht zu verlieren.

Gefaßtheit bei aufsteigenden Emotionen ermöglicht uns auch, bei ihnen auszuharren, ohne den Versuch machen zu müssen, sie zu ändern. Es erfordert wirklich Mut, bei unseren emotionalen Energien und denen anderer Menschen voll auszuharren, ob es sich um Zorn, Kummer, Leidenschaft oder ein namenloses Gemisch aus all diesem handelt. Es erfordert Mut, sich von einer starken Emotion nicht abzuwenden und ihre Intensität nicht abzuschwächen. Aber wenn Sie wirklich bei Ihrem Zorn, Ihrer Leidenschaft oder Ihrer Eifersucht ausharren und sie fragen: »Was willst du denn wirklich?«, werden Sie entdecken, daß sie in eine völlig unerwartete Richtung weist. Liu Wenmin sagt: »Ohne Eile sein zu können, wenn man in Eile ist, nicht abzuschlaffen, wenn man entspannt ist, nicht zu erschrecken und die Orientierung zu verlieren, wenn man erschrickt und die Orientierung verliert: Das ist die Fähigkeit, die uns zu unserem natürlichen Zustand zurückbringt und unser Leben verändert.«

Furchtlosigkeit verschafft uns auch die Fähigkeit, unseren Emotionen ohne Überreaktionen zuzuhören. Wenn wir furchtlos sind, fürchten wir nicht, was kommen könnte, und hoffen nicht auf etwas Besseres. Gewohnheitsmäßige Reaktionen wie Tadel, Ärger oder übertriebene Erwartungen weichen dann der Freundlichkeit und der Geduld gegenüber unserem Leben und der Welt. Die Welt fühlt sich hell und reich an, und unsere Augen

184

öffnen sich für den Sinn und die Komik auch in den kleinen und einfachen Dingen, mag auch die Welt ihre Stacheln gegen uns aufstellen und mögen wir ihre Spitzen noch intensiver spüren als bisher.

Wenn Sie die Energien Ihrer Emotionen spüren können, ohne sich von ihnen überwältigen zu lassen, sind Sie auch imstande, auf die Einsichten und die Weisheit, die sie übermitteln, zu hören. Lassen Sie sich Zeit, die Welt zu spüren und zu hören, was sie Ihnen sagen will. Lassen Sie die Weite der Achtsamkeit in Ihr Herz einziehen. Auf diese Weise entwickeln Sie größere Sensibilität und Offenheit für die subtilen Dinge der Welt.

Ein Aufwallen emotionaler Energie kann in Einsicht verwandelt werden, sobald Sie zur Ruhe kommen und sich jeder Phase dieses Aufwallens bewußt werden. Der Dorje Dradul sprach von mehreren Phasen in unserer Einstellung zu Emotionen, wobei er sich auf die Überlieferung des Vajrayana-Buddhismus bezog. Die Phasen sind das Sehen, Hören, Riechen und Berühren der Energie, wie wenn Ihnen die Emotion immer näherkommen würde.

Beim Eintreten der Emotion ins Bewußtsein haben Sie noch das Gefühl, Sie hätten Abstand zu ihr, wie zu einem äußeren Objekt. Der Dorje Dradul sagt: »Solange wir die Emotionen noch sehen, haben wir die allgemeine Empfindung, sie hätten ihren eigenen Raum, ihre eigene Entwicklung.« Wenn sie Ihnen dann näherkommt, spüren Sie den »Puls« ihrer Energie wie beim Hören der Schwingungen eines Tones. Verharren Sie dann bei der Energie, während sie Ihnen noch näherkommt, so können Sie sie einschätzen, ihren Duft spüren und erkennen, daß Sie damit umgehen können, wie wenn Ihnen der Duft einer leckeren Mahlzeit in die Nase steigt und Sie sich darüber hermachen. Schließlich können Sie die Emotion wirklich berühren. Sie empfinden die Wirklichkeit der Energie, sozusagen ihre »Körnigkeit«. Sie stellen fest, daß Sie wirklich mit Ihren Emotionen umgehen können, daß Sie keineswegs verrückt, sondern Quell dieser Energie sind. Sie können in sie hineinbeißen, sie verdauen und sich einverleiben. Zu diesem Zeitpunkt gibt es keine Trennung zwischen Ihnen und Ihrer Energie mehr.

Der Prozeß, durch Ihre Angst vor der emotionalen Energie hindurchzugehen und sich ihr zu stellen, ist der Prozeß der Transmutation, analog dem Prozeß, durch den die mittelalterlichen Alchemisten Blei in Gold verwandelten. Die Alchemisten schafften sich das Blei nicht vom Hals, sondern verwandelten sein Aussehen und seine Eigenschaften. Dasselbe ist bei der Transmutation der Emotionen der Fall: »Wir haben immer Angst, daß die Emotionen uns über den Kopf wachsen könnten, daß wir uns in ihnen verlieren und unsere Würde, unsere Rolle als Menschen verlieren könnten«, schrieb der Dorje Dradul.

»Transmutation schließt in sich ein, daß man ¯durch diese Angst hindurchgeht. Lassen Sie sich in diese Emotion fallen, gehen Sie durch sie hindurch, kapitulieren Sie vor ihr, erfahren Sie sie. Sie gehen auf die Emotion zu, statt darauf zu warten, daß die Emotion zu Ihnen kommt. So entwickelt sich eine Beziehung, ein Tanz. Auf diese Weise werden die stärksten Energien absolut handhabbar, statt daß sie Sie überwältigen, da es nichts mehr gibt, was sie überwältigen könnten, wenn Sie keinen Widerstand leisten. Und wo kein Widerstand ist, da entwickelt sich Rhythmus.«

Emotionale Energie beginnt mit ehrlicher Einsicht. Zorn steigt nur deshalb in uns auf, weil unser Intellekt so scharf ist – wir erblicken irgend etwas in unserer Welt, was nicht in Ordnung ist. Aber wenn wir so etwas in der Welt erblicken, können wir ebensogut unser Beharren auf unserem Standpunkt loslassen und, statt das Verkehrte mit unserem Zorn zu zerstören, dessen Energie benutzen, um es zu korrigieren. Leidenschaften entstehen, weil wir unsere Sinne so weit öffnen und einen anderen Menschen, eine Blume oder vielleicht eine goldene Armbanduhr so sehr lieben. Aber statt zu verführen, was wir lieben, laßt uns doch einfach unsere Wahrnehmungen genießen und Kunstwerke schaffen! Neid entsteht in unserem Bauch, wenn wir die Fülle der Welt bemerken. Aber anstatt besitzen zu wollen, was andere haben, können wir uns selbst durch die Heiligkeit der Welt bereichert fühlen.

Das offene Herz ist traurig und fröhlich

Indem wir uns der Welt öffnen, bekommen wir mehr Energie. Die Energie unserer Welt weckt uns auf und ruft uns. Da wir jetzt aus unserem prinzipiell Guten und unserer klaren Einsicht heraus arbeiten, verbinden wir uns direkter mit der Welt, ohne durch unsere Vorstellungen darüber, wie die Welt sein *sollte*, daran gehindert zu werden. Wir verbinden unsere Einsicht mit unserer Umwelt, und zwar durch die Beziehungsenergie, die vibrierend, intelligent, intensiv und real ist. Sie hat ihre eigene Richtung und Intention. Sie direkt zu erfahren, führt uns tiefer in den Reichtum der Welt ein. Befindet man sich im Einklang mit seinem Herzen und spürt sich selbst, ohne sich zu beurteilen oder impulsiv zu reagieren, so entdeckt man unter all den emotionalen Aufregungen ein tieferes, zartes, dauernderes Gefühl. Im Innersten des Herzens liegen tiefe, unveränderliche Trauer und Freude. Sie zeigen sich, wenn man sich der Welt wirklich öffnet und aus seiner eigenen Tiefe auf sie antwortet.

Vor einiger Zeit leitete ich eine Shambhala-Schulung in Frankreich. Es war ein zehntägiges Programm, die Leute wohnten an Ort und Stelle, und fünfzig Teilnehmer aus ganz Europa waren gekommen. Außer unseren Gesprächen, Diskussionen, Übungen und meditativen Spaziergängen im Wald mußten wir alle auch auf die Kinder aufpassen, das Essen vorbereiten, die finanzielle Abwicklung besorgen, Geschirr und Toiletten reinigen und alle sonstigen Dinge verrichten, die anfallen, wenn eine so große Gemeinschaft zehn Tage lang zusammen ist. Die gewohnten Mittel, mit denen Menschen sich sonst aus dem Weg gehen, ohne zu bemerken, was wirklich im anderen vorgeht, verfingen hier nicht. Die Teilnehmer wahren sehr angespannt, müde und erregt, aber auch begeistert und offen.

Nach der Hälfte des Seminars suchte mich eine junge Frau auf. Sie beschwerte sich heftig darüber, wie schwierig alles war. Sie fragte sich, warum sie überhaupt gekommen war und sich Geld geliehen hatte, um teilnehmen zu können. Sie hatte das Gefühl, die Leute seien sehr häßlich zueinander. Plötzlich fing sie über den Kontrast zwischen der unglaublichen Scheinheiligkeit

der Leute sonst und den wunderbaren Dingen, die wir hier taten, zu weinen an. Sie wisse, daß sie nur andere dafür büßen
lasse, daß sie selbst so irritiert sei – indem sie ihnen Vorwürfe
mache. Das Problem liege in Wirklichkeit in ihr selbst.

Ich spürte hinter ihrem Schmerz und ihrer Aufregung unendlich viel Liebe und Freundlichkeit und vor allem die Sehnsucht,
die Menschen möchten doch harmonisch zusammenleben. Wir
kamen gemeinsam zu dem Schluß, dies könnte der erste Schritt
sein, um eine gute menschliche Gemeinschaft aufzubauen. Die
Menschen könnten dann ehrlicher zueinander sein, ihr Inneres
einander offenlegen und freundlich zu sich selbst und anderen
sein. Schließlich sagte sie mir, sie habe Angst davor, nach dem
Seminar wieder nach Hause zurückzukehren, weil sie sich dann
wohl wieder allem verschließen würde.

So ist es oft in der Shambhala-Schulung, in therapeutischen
Gruppen und bei der meditativen Einkehr. Die Teilnehmer geben immer wieder ihrer Sehnsucht nach Liebe Ausdruck. Sie
wollen lieb und nett sein und anderen etwas geben. Aber sie
sprechen auch von ihrer Angst vor dieser Freundlichkeit und
diesem Geben. Viele fangen dann an zu weinen, weil sie merken,
daß sie nicht bereit sind, weil sie die riesige Lücke zwischen dem,
was sie sein möchten, und dem, was sie wirklich sind, spüren.
Und sie fühlen sich wirklich schlecht. Doch in dieser tiefen inneren Not steckt schon die Anteilnahme an anderen und die Sehnsucht, ihnen etwas zu geben. Die Wahrnehmung des prinzipiell
Guten im anderen stellt sich ein.

In einer anderen Schulungsgruppe erzählte Beth, ledige Mutter und Geschäftsfrau: »Ich saß mit meiner elfjährigen Tochter
beim Essen. Sie erzählte mir von der Schule, aber ich achtete
nicht darauf, da ich angespannt war und Sorgen hatte, wie so oft
beim Essen. Es war zum Lachen, gerade bei dieser Gelegenheit
mußte ich an den Kokon denken, von dem ich am Wochenende
zuvor gehört hatte. Ich schaute meine Tochter an, und plötzlich
sah ich ihr munteres, eifriges Gesichtchen. Es war, wie wenn das
ganze Zimmer plötzlich erst dreidimensional für mich würde.
Ich hörte die Stimme meiner Tochter, verstand, was sie sagte,
und fühlte ihre Aufregung über das, was heute in der Schule pas-

siert war, mit. Und es bewegte mich wirklich. Es brach mir fast das Herz, als ich bemerkte, wie sehr ich sie liebe und daß ich so oft vergesse, daß sie ja wirklich ein Mensch ist.«

Jeder sehnt sich danach, nicht nur zu empfangen, sondern auch zu geben. Jeder sehnt sich danach, zu lieben und geliebt zu werden, nicht unbedingt romantisch oder sexuell, sondern in tieferem Sinne. In uns allen stecken Energien des Mitgefühls. Wir wollen uns um andere kümmern. Wir alle sind imstande, Sympathie zu anderen Wesen zu empfinden, seien es Menschen oder Tiere. Wenn unser Herz klar ist, empfinden wir Leid und Freude anderer Wesen mit. Das ist unser eigentlicher Schmerz: Daß wir wissen, wir können lieben, aber uns einbilden, nicht zu wissen, wie oder wen wir lieben sollen. Wir haben Angst davor, sogar uns selbst zu lieben.

Wenn wir dann sehen, daß es anderen genauso geht, bricht uns das fast das Herz. Durch unsere gebrochenen Herzen, unseren traurigen, sehnsüchtigen und fröhlichen Herzen können wir auch andere sehen und ihr trauriges, sehnsüchtiges, gutes Herz spüren. Dann empfinden wir, daß wir direkt mit ihnen verbunden sind. Wir empfinden, ihr Herz ist unser Herz, und es besteht wirklich kein Unterschied zwischen ihrer Sehnsucht und unserer Sehnsucht. Und wenn Menschen solche Sehnsucht und Freundlichkeit und Angst sehen, erschüttert sie das manchmal so sehr, und sie müssen so heftig weinen, daß man den Eindruck hat, in ihnen weine die ganze Welt. Doch zugleich können wir dabei schrecklich froh sein, wie wenn die ganze Welt in uns lachte, weil dieses paradoxe Gefühl letztendlich die Wahrheit ist.

Trauer ist das Gefühl des Alleinseins. Wenn man froh ist, will man seine Freude anderen mitteilen. Aber man kann sie nicht ganz mitteilen, weil sich Freude nur im Erleben ausdrückt. Der einzige Weg, auf dem man andere an seiner Freude teilnehmen lassen kann, ist, daß sie diese Freude selbst in ihrem eigenen Inneren erleben, in ihrem Herzen. Der einzige Weg, auf dem Sie andere an Ihrer Freude teilhaben lassen können, ist, daß Sie selbst gegenwärtig sind und Beziehungen zu anderen haben, daß Sie aufrichtigen Herzens Verbindung zu anderen aufnehmen. Viele Krieger möchten anderen helfen und ihnen ein wenig von der Freude und Frische, die sie auf ihrem Weg gefunden haben, mitteilen. Aber sie wissen, daß jeder seinen eigenen Weg finden muß. Man kann anderen den Weg zeigen, aber gehen müssen sie ihn selbst.

Jennifer begriff das am zweiten Wochenende ihres Schulungsprogramms sehr gut:

»Durch viele Geschichten und Ereignisse ist mein Herz bei den Lehren und Übungen berührt worden und hat sich mein Leben verändert. Am meisten hat sich mir eine Situation eingeprägt, die ich erlebte, als ich zum zweitenmal an einem Shambhala-Trainingswochenende teilnahm, vier Monate nach meinem ersten. Den Freitagabend-Vortrag hatte ich versäumt. Ich war mit Richard, meinem Mann, zu einer Party gegangen. Spät am Abend erzählte er mir, er habe ein Verhältnis mit einer anderen Frau. Keiner von uns beiden hatte bis dahin ein Verhältnis mit jemand anderem gehabt, obwohl ich mich in den vergangenen Jahren immer wieder in Männer verliebt hatte. Nach seiner Mitteilung war ich am Boden zerstört.

Am Samstagmorgen gingen wir wieder zur Shambhala-Schulung. Es war ein erlebnisreicher Tag für mich. Alles war unglaublich intensiv. Ich war ungeheuer wütend. Aber als ich nach dem Samstagabend-Vortrag wieder allein war, entschloß ich mich ganz bewußt, Richard nicht auszuschließen, sondern ihn so zu nehmen, wie er war, nicht wie ich ihn haben wollte.

Am Sonntag war es nicht viel anders als am Samstag, aber jetzt ging es mir doch mehr an die Nieren. Während ich am Sonntagnachmittag Sitz-Meditation machte, hatte ich plötzlich das Gefühl abzustürzen. Ich wußte, daß ich hier war, doch das Gefühl, durch einen Tunnel zu fallen, war sehr intensiv. Der Fall ging ins Bodenlose. Es gab nichts, woran ich mich hätte festhalten können. Ich erschrak furchtbar und fing an zu weinen. Impulsiv wollte ich aus dem Zimmer laufen, aber ich hielt aus, denn ich wußte, ich würde bald mit der Leiterin sprechen können. Schließlich führte man mich in den Gesprächsraum. Die Leiterin blickte mich an und fragte, was los sei. Ich beschrieb ihr, was passiert war. Dann fragte ich sie, ob es sich hier um das ›Leiden‹ handle, von dem ich in den buddhistischen Lehren gehört hatte. Sie lehnte sich in ihrem Stuhl vor und sagte: ›Nein. Es ist die Kriegerschaft!‹ Ich fragte sie, ob ich jetzt immer so leben müßte. Sie zeigte auf ein Bild des Dorje Dradul und sagte einfach: ›Er hat so gelebt.‹

Ich kehrte auf mein Sitzkissen zurück, das Wochenende ging weiter und war dann schließlich zu Ende. Und auch das Leben geht weiter, mit allem Auf und Ab. Doch in dem Augenblick, als ich Hilfe gesucht und mein eigenes trauriges, zartes Herz, meine eigene Würde, gefunden hatte, wurde alles anders. Es gibt kein Zurück mehr.«

Unser offenes Herz ist froh, weil es liebt, aber es ist auch traurig, weil es sieht, wie furchtbar andere um Aufrichtigkeit und Ehrlichkeit kämpfen müssen. Wir wissen, es ist ein einsamer Kampf, und doch möchten wir gern helfen. Aber alles, was wir tun können, ist, ihre Würde und ihren Mut zu stärken. Wir können die Reise nicht für sie machen. Meine Tochter durchlief auch das Shambhala-Schulungsprogramm und war so begeistert, daß sie als Freiwillige bei der Koordination der Seminare half. Jedesmal, wenn sie von einem Seminar nach Hause kam, konnte ich mich vor Freude über ihre Freude nicht fassen, aber zugleich empfand ich schneidenden Schmerz und Trauer. Zuerst machte mir das schwer zu schaffen, und ich grübelte darüber nach. Warum war ich so traurig, daß meine Tochter diesen Weg entdeckt hatte, einen Weg, den ich selbst doch so liebe und der nach meiner eigenen Erfahrung so vielen Menschen Segen gebracht hatte? Allmählich gewöhnte ich mich dann an meine Traurigkeit, obwohl ich sie mir immer noch nicht erklären konnte. Vielleicht war ich traurig, weil ich sah, wie sich ihr Herz und ihr heller Verstand entwickelten, und wußte, sie würde nicht nur so dahinleben und den Segen des Lebens unbewußt erfahren, sondern seine Fülle vielleicht bewußt erleben. Vielleicht war ich traurig, weil ich sah, wie sie wuchs und sich so wunderbar entwickelte.

Trauer und Freude sind die Antworten des Herzens auf Veränderungen. Traurigkeit eines offenen Herzens hat nichts mit Depression, Selbstmitleid oder Nachgiebigkeit gegen sich selbst zu tun. Alles um uns herum verändert sich unaufhörlich. In diesem Sinne stirbt alles. Auch wir selbst verändern uns und sterben, wie jeder andere Mensch, den wir lieben, und alles Schöne und Herrliche auf der Welt. Wir können unser Leben und uns selbst, so wie wir jetzt sind, nicht festhalten und versuchen, immer so zu bleiben. Wir verändern uns, unser Leben verändert sich. Das ist die Schönheit des Lebens, die Freude und Trauer des Lebens. Die Freude vergrößert den Schmerz über die Welt der untergehenden Sonne und läßt den Kontrast um so schärfer hervortreten. Neues Leben und Veränderungen zu meiden, bringt Schmerz mit sich. Selbst der Weg des Kriegers kann sich wie eine drückende Last anfühlen, so daß es dem Schüler wie einer Mutter geht, die ihr schreiendes Kind immer wieder beruhigen muß, auch wenn sie noch so müde und beschäftigt ist.

Mit größtem Nachdruck wies der Dorje Dradul immer auf die Bedeutung hin, die die Traurigkeit auf dem Weg des Kriegers und auf jedem spirituellen Weg besitzt. Zahllose spirituelle Lehren und therapeutische Schulen sind heute darauf ausgerichtet, Zufriedenheit, Freude, Liebe, Weisheit und wie die wunderbaren Dinge sonst noch heißen, zu vermitteln. Manchmal scheint das alles nur eine andere Version des unveräußerlichen Rechts auf das Streben nach Glück zu sein. Von Menschen, die echte Trauer verspüren, sagt man, sie seien krank. Für Psychologen ist Traurigkeit ein Symptom klinischer Depression, und in der letzten Welle der Selbsthilfeliteratur wird die Depression – und damit auch Traurigkeit – als eine der verbreitetsten Krankheiten unserer Zeit diagnostiziert. Vielleicht sind die Menschen wirklich traurig darüber, daß ihr Leben so leer, daß die Gesellschaft, in der sie aufgewachsen sind, ein solches Chaos ist, daß sie und andere soviel leiden müssen. Die Menschen empfinden diese Trauer auch für andere, oft ohne sich dessen bewußt zu sein. Es ist die Traurigkeit, die aus dem Wissen um die Welt der untergehenden Sonne entsteht und um ihren Gegensatz zu den Möglichkeiten der Großen Östlichen Sonne.

Einmal wurde ich bei einer Shambhala-Schulung für Fortgeschrittene in New York gebeten, den ersten Vortrag anstelle des Dorje Dradul, der gerade eine längere Krankheit hinter sich hatte, zu halten. Ich bereitete mich, so gut es ging, mit Stichworten darauf vor und ging, kurz bevor es soweit war, noch zu ihm hinein. Ich bat ihn, sich meine Notizen anzuhören. Nachdem ich sie ihm vorgelesen hatte, sagte er: »Ich glaube, es fehlt noch etwas: Traurigkeit.« Das traf mich wie ein Keulenschlag. Er sprach etwas an, das weit über das hinausging, was ich an diesem Abend zu sagen vorhatte, und das in unserer Gesellschaft überhaupt fehlt – echte Trauer, nicht Zorn, Rechthaberei oder Verzweiflung, sondern Traurigkeit über unsere reale Notlage und die schreckliche Gefahr, in der sich die Menschheit heute befindet. Diesen Augenblick habe ich niemals vergessen.

Ein offenes Herz erkennt, daß das menschliche Herz, wenn es aufrichtig ist, Trauer empfindet. Jeder amerikanische Blues oder spanische Flamenco – Lieder von Liebe und Trennung zu jeder Zeit und an jedem Ort – offenbaren eine Traurigkeit, die weniger der Ausdruck von Depression und Elend ist als der Tiefe des menschlichen Herzens entspringt. In den besten dieser Lieder steckt immer etwas Zeitloses, Überindividuelles. Es klingt wahr für uns, und wir fühlen uns glücklich dabei.

Traurigkeit ist oft von Zärtlichkeit begleitet, die ihrerseits ein offenes Herz und Aufrichtigkeit bewirkt, und das ist tiefe Freude. Freude und Trauer sind untrennbar. Die Menschen weinen bei Hochzeiten oder vor Glück. Wir empfinden ruhige, sanfte, milde Freude, wenn wir traurig und ganz bei uns selbst sind. Etwas Neugeborenes im Arm zu halten, sei es ein menschliches oder ein Tierbaby oder auch nur ein Baumschößling, bringt Freude über das neue, blühende Leben, aber gleichzeitig, irgendwie unerklärlich, ein zärtliches, trauriges Herz. Trauer ist Freude, und Freude ist Trauer. Und wenn man versucht, das eine zu vermeiden, erlebt man das andere niemals. »Die Größe der Welt zu erleben ist Freude«, sagte der Dorje Dradul. »Aber es ist auch Trauer. Es ist, wie wenn man sich verliebt. Wenn man verliebt ist, ist das Zusammensein mit dem Geliebten herrlich und schmerzlich zugleich. Man empfindet Freude und Schmerz. Aber das ist kein Problem, das ist nur wunderbar. Es ist die ideale Empfindung des Menschen.«

Freude hebt Sie über sich selbst und über diese Erde hinaus bis in den Himmel. Trauer läßt Sie Ihre Gegenwart auf dieser Erde empfinden, mit allen anderen Menschen, die darauf leben. Der Shambhala-Weg vereinigt Himmel und Erde – Freude und Traurigkeit. Sie sind nicht voneinander zu trennen. Freude-Trauer ist die ursprüngliche Empfindung des Menschenherzens. Ihre Zärtlichkeit ist immer da, jenseits aller ichbezogenen Emotionen, die uns mal dahin, mal dorthin werfen. Und Sie entdecken dieses ursprüngliche Herz, wenn Sie mit den Kriegerwaffen der Freundlichkeit und Furchtlosigkeit durch die Welt gehen.

Mit offenem Herzen nehmen wir die Welt in ihren Einzelheiten wahr

Mit dem ursprünglichen Herzen voll Trauer und Freude sehen, hören, riechen, schmecken und berühren wir die Einzelheiten der Welt um uns herum, ohne von ihnen gefangengenommen, in Bann gezogen oder zurückgestoßen zu werden. Wir entdecken, daß wir uns in einer hellen, überaus reichen Welt befinden, die wir so vorher vielleicht niemals wahrgenommen haben.

Die neue Frische ist, wie wenn man nach einer wochenlangen Grippe im Bett in einen kühlen Sonnentag hinaustritt, oder wie wenn man frühmorgens mit dem Schiff an einem majestätischen norwegischen Fjord ankommt – die Sonne glitzert auf den Berggipfeln und spiegelt sich im tiefblauen Wasser –, nachdem man am Abend zuvor die dunstigen, schmutzigen Londoner Docks verlassen hat. Wer über einen See rudert oder am Wochenende bergwandert, weg vom Lärm und dem Schmutz der Stadt, oder auch nur frühmorgens im Park spazierengeht, bevor der Verkehr und die Hetze wieder anfangen, wird an diese Ganzheit und dieses Glück erinnert.

Wenn wir die Welt in all ihren Einzelheiten mit offenem Herzen erleben, fühlen wir uns wie in einer lebendigen, weiten Welt statt in der statischen, toten, engen Welt der Angst. Wir werden zu Lebenskünstlern. Der Dorje Dradul sagte: »Der Künstler besitzt so viel innere Klarheit, daß er alles liebt, was ihm vor Augen tritt.« Jede Einzelheit hat dann ihren eigenen Ort und ihre Bedeutung. Wir können einen Stein vor uns auf dem Weg, von im

Nachtregen aufgeschossenen Farnen umwuchert, als lästiges Hindernis mit dem Fuß wegstoßen und das Farnkraut als Unkraut niedertreten. Wir können aber auch Liebe für jeden den Stein so zärtlich umfassenden Farnstengel empfinden, jeder an seinem Platz, das Ganze voller Sanftheit und Harmonie.

Betrachten Sie einmal eine Pfingstrose. Zuerst sehen Sie die ganze Blume, ihre Farbe und Gestalt. Wenn Sie näher hinschauen, sehen Sie die Blütenblätter, ihr Geäder, die Staubfäden und Stempel. Schauen Sie noch genauer hin, so entdecken Sie die Segmente und Schattennuancen der Blütenblätter, bis Sie schließlich erkennen, welche Größe und Weite sich in all diesen Einzelheiten ausdrückt. Und die Weite in den Einzelheiten eines Dings zu sehen, heißt, seine heilige Verbindung zum weiten Raum und allen anderen Dingen zu entdecken. Ein Ding wird durch den in ihm selbst und um es herum befindlichen Raum »erleuchtet«. Wenn Sie in einen Trödelladen gehen und Ihr Blick auf eine wertvolle alte Vase auf einem Sims, umgeben von Hunderten anderer Gegenstände, fällt, sehen Sie sie wahrscheinlich nicht besonders deutlich. Aber wenn Sie die Vase nach oben bringen und in einen großen Raum auf ein Podest stellen, in besonderer Beleuchtung, zeigt sich die Heiligkeit der Vase. Der Raum darum herum erleuchtet sie, und Sie erleben ihre Schönheit.

Und wenn Sie einen vom Raum erleuchteten Gegenstand erblicken, wenn Sie ihn mit dem Herzen sehen, gibt Ihnen der Gegenstand auch Antwort. Wenn Sie etwas lieben, erglüht es in Ihrer Liebe. Es sagt Ihnen, wohin es gehört und wie Sie es am besten aufstellen, da Sie es so deutlich sehen. Wenn Sie dann seinen magischen Anleitungen folgen, schaffen Sie ein Kunstwerk. Das ist Kreativität, Kunst im Alltag, die Inspiration des ursprünglichen, traurigen und fröhlichen Herzens.

Praktische Anleitungen

1. Ihre Emotionen wahrnehmen

Wenn eine Emotion in Ihnen aufsteigt, beobachten Sie, was in Ihnen passiert. Sie können ihre Energie unmittelbar erleben, wenn Sie die Intensität und Schärfe Ihrer Gefühle gut beobachten. Sie können Momente feststellen, wo sich eine Änderung oder ein Riß in der Energie zeigt, die Weite der Situation wahrnehmen, gefaßt bleiben und die Energie spüren, statt sie zu manipulieren, bis sie Ihrer Vorstellung entspricht. In welchem Stadium geben Sie der emotionalen Energie einen Namen? Sobald Sie sie benennen, werden Sie bemerken, daß Sie eine aufwendige Geschichte dazu erfinden: wie Sie sich fühlen, warum Sie so fühlen, wer dieses Gefühl verursacht hat, usw. Vielleicht fühlen Sie sich traurig, weil Sie einen früheren Freund vermissen. Die Energie der Traurigkeit steigt in Ihnen auf, und schnell geben Sie ihr den Namen »Einsamkeit«. Dann beginnen Sie zu analysieren, warum Sie einsam sind und warum Sie der Freund verlassen hat. Sie glauben, immer noch mit ihm zusammensein zu wollen, und dadurch fühlen Sie sich noch verlorener. Plötzlich empfinden Sie, daß dieser Mensch Sie zurückgestoßen hat, und Sie beginnen, wütend zu werden. So arbeitet Ihr Bewußtsein nach allen Richtungen und läßt die Situation eskalieren, bis Sie sich durch und durch elend und hoffnungslos fühlen. Aber ob es sich um Einsamkeit oder eine andere Emotion handelt – nehmen Sie einfach zur Kenntnis, wie sich der ganze Prozeß entwickelt, wie Sie ihn benennen und wie Sie Ihre Geschichte entwickeln.

Der springende Punkt ist, daß man seine Emotionen weder zu verstärken sucht noch sonstwie manipuliert, sondern sich ihrer einfach bewußt wird, wenn sie in einem aufsteigen und, soweit möglich, wenn sie ihre verschiedenen Stadien durchlaufen. Sie können natürlich auch Ihre Achtsamkeit auf eine positive Emotion, zum Beispiel eine Hochstimmung, wenn Sie einem alten Freund begegnen, üben, anstatt das Gefühl der Einsamkeit, wenn Sie jemanden vermissen, unter die Lupe zu nehmen. Ich schlage Ihnen hier nicht vor, alte, verletzende Gefühle auszugraben oder sich länger als normal mit Ihren Emotionen zu beschäftigen. Seien Sie einfach nur achtsam auf jede aufsteigende Emotion und bleiben Sie sich ihrer bewußt, während sie vorüberzieht. Die Bemühung, auf diese Art achtsam zu sein, ist schon an sich ein Ausdruck Ihres prinzipiell Guten. Diese Bemühung kann Ihr Erleben dieser Emotion schon so verändern, daß Sie sie nicht mehr mit dem gewöhnlichen Ausmaß oder Ihrem Besitztrieb erfahren. Was auch geschieht, berühren Sie es, empfinden Sie es und lassen Sie es wieder los.

2. Negative Emotionen akzeptieren

Zu Zeiten, in denen Sie Zorn, Depression oder andere niederdrückende Emotionen empfinden, versuchen Sie, zusätzlich die Wertungen zur Kenntnis zu nehmen, die Sie mit dieser Emotion verbinden.

Fühlen Sie sich zum Beispiel, wenn Sie deprimiert sind, zusätzlich schlecht, *weil* Sie diese Depression haben? Versuchen Sie doch statt dessen Ihre Emotion als Ausdruck Ihres *prinzipiell Guten* und Ihrer inneren Gesundheit zu begreifen. Würden Sie auf diese Emotion nicht ganz anders reagieren, wenn Sie sie nicht negativ bewerteten? Diese zusätzliche Schicht der Negativität ist es, die der Dorje Dradul »negative Negativität« genannt hat: »Diese sekundäre Art verstandesmäßiger, doppelter Negativität fällt Ihnen gern hinterlistig und feige in den Rücken. Außerdem ist sie oberflächlich und sentimental. Sie verhindert Ihre Identifikation mit der Energie und die Einsicht der primären Negativität.« Können Sie die Depression als reine Energie betrachten und sie mit ganzem Herzen empfinden, ohne Wertung, ohne sich selbst zu verurteilen, weil Sie »deprimiert« sind, und ohne sich dadurch noch schlechter zu fühlen? Können Sie die in Ihrer Depression liegende ursprüngliche Traurigkeit entdecken? Können Sie diese Traurigkeit furchtlos betrachten, ohne weiteren Kommentar, sie ruhig annehmen und ihre Weisheit würdigen?

3. Aus dem Kokon heraustreten

Legen Sie sich auf den Fußboden und krümmen Sie Ihren Körper ganz eng zu einer Kugel zusammen, die Knie zur Brust hochgezogen, die Arme um die Knie geklammert, den Kopf über die Knie gebeugt – in typischer Embryohaltung. Schließen Sie jetzt fest Ihre Augen und spüren Sie den schwarzen Raum rings um sich. Halten Sie Ihren Körper angespannt. Fühlen Sie diese Spannung im ganzen Körper, fangen Sie dabei bei den Füßen an und gehen Sie bis zum Kopf hinauf. Bleiben Sie eine Weile so. Ohne Ihre Augen zu öffnen, entspannen Sie sich dann allmählich und vertrauen darauf: Die Welt ist gut. Lassen Sie sich aus Ihrem Kokon heraus neu geboren werden. Gehen Sie nun langsam wieder in Sitzstellung über, noch auf dem Boden. Öffnen Sie jetzt plötzlich die Augen. Atmen Sie aus. Fühlen Sie die frische Luft auf Ihrer bloßen Haut und fühlen Sie den Raum. Blicken Sie um sich, auf einzelne Gegenstände. Schauen Sie genau hin – sehen Sie den Raum und das Licht um den Gegenstand, den Sie betrachten. Lassen Sie sich Zeit. Empfinden Sie das prinzipiell Gute in dem, was Sie sehen.

4. Ausstrahlen liebevoller Freundlichkeit

Das Ziel dieser aus der buddhistischen Tradition stammenden Übung ist, die Energie des *maitri* zu entwickeln, der liebevollen Freundlichkeit, und sie an andere abzustrahlen (ich stütze mich hierbei auf Mirko Frybas Buch über »die Kunst, glücklich zu sein«). Am besten führt man diese Übung nach der Periode des Sitzens durch, während man sich noch auf dem Kissen befindet. Versuchen Sie sie aber erst, wenn Sie mit der Übung »grundlegender Bewußtheit« schon etwas vertraut sind.

Sie besteht aus mehreren Schritten:

1. Besinnen Sie sich zuerst auf das prinzipiell Gute in Ihnen selbst und anderen – das universelle, unbedingte, prinzipiell Gute. Ruhen Sie für einen Augenblick in dieser Offenheit.

2. Erinnern Sie sich an eine Situation, in der Sie sich zufrieden, frei von jeder Feindseligkeit, Böswilligkeit und Streß fühlten – in der Sie sich wohl und glücklich fühlten. Stellen Sie sich diese Situation so lebhaft und klar wie möglich vor. Rufen Sie sich ins Gedächtnis zurück, wo Sie waren, welche Menschen daran beteiligt waren, was Sie taten usw. Nehmen Sie sich Zeit, die ganze Szene in Ihrem Innern aufzurufen. Richten Sie jetzt Ihre Aufmerksamkeit auf die physischen Empfindungen Ihres Körpers, wenn Sie sich an diese Situation erinnern. Spüren Sie diese Empfindungen, ihre Wärme, Vibration, Farbe, alles, was Sie dabei empfinden. Geben Sie ihr dann einen Namen – Glück, Wohlbefinden, Zufriedenheit, was Sie für richtig halten.

Während Sie nun weiter auf dieses körperliche Wohlbefinden achten, lassen Sie die Einzelheiten der erinnerten Situation langsam verschwinden. Behalten Sie nur die allgemeine Stimmung und das Gefühl des Wohlbefindens zurück. Und wenn Sie dabei verweilen, empfinden Sie es intensiv. Lassen Sie das Gefühl des Wohlbefindens noch wachsen und denken Sie dabei: »Ich möchte glücklich sein« oder »Ich möchte Wohlbefinden erleben« oder wie Sie sonst das positive Gefühl, das Sie in sich erzeugt haben, bezeichnen.

3. Denken Sie jetzt an jemanden, der noch lebt und zu dem Sie eine gute Beziehung haben, den Sie mögen und der Sie gern hat. (Es wäre gut, zunächst keinen Freund oder die Eltern zu wählen. Fangen Sie mit jemandem an, zu dem Sie ein prinzipiell gutes Verhältnis haben und dem Sie ohne Probleme alles Gute wünschen können, ohne daß zu starke Emotionen dabei auftauchen.) Halten Sie sich das Bild dieser Person lebhaft vor Augen. Denken Sie jetzt wieder an das Glücksgefühl, das Sie in Schritt 2 erzeugt haben. Sie werden dieses Gefühl besonders stark im Zentrum der Brust, in der Herzgrube, erleben. Empfinden Sie jetzt, daß Sie dieses Glücksgefühl aus Ihrem Herzzentrum zu der Person, an die Sie denken, aussenden, und denken dabei: »So wie ich selbst glücklich sein will, soll auch er/sie glücklich sein.«

4. Wenn Sie mit der Ausstrahlung von *maitri* zu Menschen, gegenüber denen Sie positiv fühlen, etwas Erfahrung gesammelt

haben, können Sie auch versuchen, es zu Menschen zu schicken, gegenüber denen Sie neutral empfinden oder mit denen Sie negative Erlebnisse hatten. Rufen Sie sich das Bild einer solchen Person wieder ins Gedächtnis, senden Sie Wohlwollen zu ihr aus und denken Sie dabei: »Möge er/sie glücklich sein« oder »möge Herr oder Frau Sowieso Glück erleben« oder wie auch immer. Drängen Sie sich dabei aber nicht, bleiben Sie weich und hören Sie auf, sobald Sie fühlen, daß Sie nicht mehr ehrlich sind.

5. Der letzte Schritt ist, *maitri* ohne bestimmte Richtung auszustrahlen. Erzeugen Sie das Gefühl des Glücks und Wohlbefindens wieder in sich selbst. Lassen Sie jetzt dieses Gefühl vor sich, hinter sich, zu beiden Seiten, vor und unter sich ausstrahlen. Ohne das Gefühl des Wohlseins in Ihrem Körper, lokalisiert vor allem im Herzzentrum, zu verlieren, spüren Sie, wie es sich überall im Raum rings um Sie her ausbreitet. Während es ausstrahlt, lassen Sie es alles berühren, dem es begegnet, Menschen, Tiere, Pflanzen, die Erde selbst. Und während Sie Wohlwollen ausstrahlen, denken Sie dabei: »Mögen alle Wesen Glück genießen.«

Ebenso wie die Sitz-Meditation, in der Bewußtheit geübt wird, Bewußtheit im Alltag entwickeln soll, so ist auch die Sitz-Meditation, in der *maitri* geübt wird, dazu bestimmt, *maitri* im Alltag zu erzeugen. Wenn Sie *maitri* bei Ihrer Sitz-Meditation geübt und sich einigermaßen damit vertraut gemacht haben, können Sie damit beginnen, es auch im Alltag anzuwenden. Sind Sie mit jemandem zusammen, den Sie mögen und der auch Sie mag, denken Sie in aller Stille an das Gefühl des Wohlseins, das Sie in Ihrer Übung erzeugt haben, und strahlen Sie dieses Gefühl zu Ihrem Freund aus. Gehen Sie dann dazu über, *maitri* auch in schwierigen Situationen auszustrahlen, sobald Sie dazu bereit sind.

9. Loslassen

Vertrauen

Die ursprüngliche Trauer im Herzen zu empfinden und sich dafür zu öffnen ist Voraussetzung dafür, daß Sie alle Voreingenommenheit und eigene Interpretation der Welt loslassen. Durch das Loslassen lassen Sie die Ihnen vertraute, so gemütliche Welt zurück, zumindest für einen Augenblick, und entspannen sich in dem heiligen, fremden Raum der wirklichen Welt. Um dies zu können, brauchen Sie Urvertrauen. Urvertrauen bedeutet nicht, auf irgend etwas zu vertrauen, sondern überhaupt zu vertrauen. Es ist fast genauso wie Atmen. Sie klammern sich ja nicht bewußt an Ihren Atem oder vertrauen auf ihn, sondern zu atmen ist einfach Ihre Natur. Wenn Sie ausatmen, vertrauen Sie darauf, daß ein Einatmen folgt. Sie denken nicht darüber nach und fragen nicht danach, Sie vertrauen einfach. Wenn Sie einen Schritt vorwärts machen, vertrauen Sie darauf, daß die Erde sie trägt. Wenn Sie essen, vertrauen Sie darauf, daß Ihr Magen die Speise verdaut. Das ist Urvertrauen.

So zu vertrauen ist das prinzipiell Gute in Ihnen: nicht nur auf die Grundfunktionen des Atmens, Essens und Gehens zu vertrauen, sondern auf die Heiligkeit der ganzen Welt. Dieses Vertrauen wächst in dem Maße, wie Sie immer wieder die Schwelle der Angst überschreiten und entdecken, daß die Welt jenseits der Angst Sie trägt.

Ihr Urvertrauen nimmt Ihnen die Anspannung und schenkt Ihnen Leben. Es ist eine einfache, unauffällige, ganz gewöhnliche Erfahrung, doch ist sie ungeheuer stark. Sie ist die Erfüllung. Wie der weite, tiefblaue, wolkenlose Himmel, der trotzdem alles in sich aufnimmt, von den kleinen weißen Schäfchenwolken des Sommernachmittags bis zu den mächtigen Kumulus-Gewitterwolken, lassen auch Sie sich dann auf alles ein, was Sie empfinden.

Das Vertrauen kann noch tiefer gehen. Selbst wenn Ihr Körper einmal nicht nach Ihren Vorstellungen von ›Gesundheit‹ arbeitet, können Sie noch darauf vertrauen, daß es Ihnen prinzipiell gut geht. Diese Ebene des Vertrauens erleben wir in der Regel nur in lebensbedrohenden Situationen. Aber es ist ein Grundzustand unseres Bewußtseins, der uns potentiell immer zur Verfügung steht.

Eine Geschichte aus dem Leben des Wissenschaftlers Iwan Pawlow illustriert diese Ebene des Urvertrauens sehr gut. Zu Beginn des Jahrhunderts – die Antibiotika waren noch nicht erfunden – lag Pawlow todkrank mit einer schweren Infektion im Krankenhaus. Die Ärzte waren machtlos. Da bat er einen Assistenten, zum Flußufer zu gehen, wo er als Junge immer gespielt hatte, einen Eimer mit warmem Schlamm zu füllen und ihm zu bringen. Der Assistent brachte den Schlamm heimlich zu Pawlow, der nun lange Zeit damit verbrachte, den Schlamm zu kneten und zu durchwühlen, wie er es als Kind immer getan hatte. Dadurch wurde die Macht des Fiebers gebrochen, und Pawlow wurde wieder gesund. Er hatte seiner Intuition, er müsse mit dem Schlamm spielen, vertraut. Er hatte seiner Erinnerung, als Kind am Ufer glücklich gewesen zu sein, vertraut. Er vertraute seinem Körper, als er so dalag und den Schlamm knetete, er vertraute seinem Zusammensein mit dem Schlamm. Mit einfachen Worten, Pawlow vertraute seiner Welt.

Der Arzt und Schriftsteller Larry Dossey berichtet eine andere Geschichte, in der Urvertrauen vorkommt. Im Juli 1989 durchquerten sechs Männer auf einer Expedition die Antarktis. Einer von ihnen, Keizo Funatsu, wurde von den übrigen in einem Schneesturm, bei dem man die Hand nicht mehr vor den Augen sah, getrennt. Er wußte, seine einzige Chance war, sich im Schnee einzugraben und darauf zu warten, daß man ihn fand. Und so grub er sich ein. »Sicher haben sehr wenige Menschen so etwas schon erlebt: in einem Schneesturm verloren zu sein«, berichtete er später. »Ich sagte mir: Grabe dich ein, stelle dich der Situation und genieße sie. In meiner Schneegrube spürte ich dann die Antarktis erst richtig. In dem Schnee und dem Schweigen, die mich umhüllten, kam ich mir wie im Mutterleib vor. Ich konnte mein Herz schlagen hören wie das eines Säuglings. Ich war sehr, sehr klein, verglichen mit der Natur, mit der Antarktis.« Am nächsten Morgen hörte Keizo, wie seine Gefährten ihn beim Namen riefen. Und er rappelte sich auf, unverletzt, und rief fröhlich: »Ich lebe!«

Dossey schreibt dazu: »Völlig eingeschneit, war Keizo Funatsu klar geworden, daß etwas zu unternehmen hier fast mit Sicherheit den Tod bedeutete. Er mußte nur einfach *sein*, nicht handeln... Darin steckt eine Erfahrung, die dem modernen Glauben, wirkliche Veränderung bedürfe immer großer Anstrengung, völlig zuwiderläuft... Es war eine Haltung des Beobachtens, Wartens, Schweigens und Leerseins, also des bloßen Daseins, nicht des Handelns.«

»Viele Menschen, die plötzlich krank wurden«, so fährt Dossey fort, »erzählen, daß sie die Welt so annehmen konnten, wie sie war – ihr also nicht vorschrieben, was passieren müßte oder sollte –, trotz ihrer schlimmen Krankheit... Das ist ganz gewiß keine Haltung der Selbstaufgabe, Selbstvernichtung und Passivität. Es ist eine Haltung des Einklangs und der Entsprechung mit dem, was sie als dem Leben innewohnende Ordnung empfinden.«

All Ihre Stimmungen – Hochstimmung, Depression, Langeweile, was auch immer – verdienen Vertrauen. Sie brauchen keineswegs die einen als gesund und gut und die anderen als schlecht und wertlos einzustufen. Depression oder ein dumpfer, träger Gemütszustand verdienen ebenso Vertrauen wie Hochstimmung. Aber es fällt uns sehr schwer, unseren Stimmungen zu vertrauen, weil wir uns so selten gestatten, sie *voll* zu erleben. Wenn wir glücklich sind, möchten wir normalerweise, daß dieser Zustand nie aufhört, und haben gleichzeitig Angst davor, daß er doch aufhört. So versuchen wir, unser Glück festzuhalten, was uns daran hindert, es voll zu erleben. Wenn wir uns langweilen, versuchen wir normalerweise, uns zu beschäftigen, da Langeweile uns nicht ausfüllt und uns Angst macht. Sind wir deprimiert, wollen wir nicht akzeptieren, daß dieses Gefühl eine recht weise Antwort auf die aktuelle Situation sein könnte, und betrachten es als etwas Unangenehmes, dem wir entkommen müßten. Diese Stimmungen werden zu etwas Bedrohlichem, weil wir sie als bedrohlich *auffassen*. Wenn wir versuchen, eine Stimmung zu leugnen oder sie loszuwerden, wird sie nur noch stärker. Aber wenn wir sie zulassen und erkennen, daß sie Vertrauen verdient, freunden wir uns mit ihr an. Wir gestatten uns dann, sie voll zu empfinden. Wir brauchen nicht dauernd zu untersuchen, ob wir richtig empfinden oder nicht.

Sich selbst dauernd zu analysieren bedeutet, einen Mangel an Vertrauen ins ursprüngliche Sein zu haben. So etwas trennt einen von der Welt. Um Urvertrauen zu entwickeln, muß man damit aufhören, sich zu überlegen, wie weit man gekommen ist und wie weit man noch kommen will. Es bedeutet, sich nicht mehr an den eigenen Erwartungen oder den Leistungen anderer zu messen. Es bedeutet, sich überhaupt nicht mehr nach irgendwelchen Maßstäben zu bewerten, nicht einmal den eigenen.

Zu vertrauen heißt, vom Zweifel, vom »zweifachen Bewußtsein«, frei zu sein. Im Grund Ihres Wesens haben Sie nur ein Bewußtsein, also können Sie sich auch grundsätzlich vom Zweifel befreien. Urvertrauen kennt keine Bedingungen – es gibt dann kein polarisierendes Mißtrauen mehr. Wenn Sie vertrauen, geben Sie das Tauziehen Gut gegen Böse, Vollkommen gegen Unvollkommen auf, das Ihr Bild von sich selbst und von der Welt aufbaut. Sie brauchen kein Glaubenssystem als Maßstab für Bestätigung oder Verurteilung. Allem, was geschieht, vertrauen Sie, weil Sie entdeckt haben, daß Sie selbst von Grund auf Vertrauen verdienen. Ein berühmter, sehr beliebter Zen-Text, »On Trust in the Heart« (Vertrauen in das Herz), fängt folgendermaßen an:

> *Der Weg zur Vollkommenheit ist schwer nur für Menschen, die wählen und sondern.*
> *Hab keine Sympathie, hab keine Antipathie, dann ist alles klar.*
> *Machst du Unterschiede, auch nur um Haaresbreite, trennst du Himmel und Erde.*

Willst du, daß dir die Wahrheit klar vor Augen steht, sei niemals für oder gegen etwas.
Der Kampf zwischen Dafür und Dagegen ist die schlimmste Krankheit.

Wenn wir von Grund auf vertrauen, lockern wir den eisernen Griff auf uns selbst und unseren eigenen Standpunkt. Wir sehen dann auch die andere Seite der Medaille. Wir sehen Kämpfe und Siege auch vom Standpunkt anderer Leute, nicht nur unserem eigenen, und sehen unser Leben im größeren gesellschaftlichen Zusammenhang. Schließlich sehen wir auch unser Volk im Zusammenhang mit der ganzen Menschheit und die Erde, den Wohnort der Menschheit, im Zusammenhang mit allem Leben und dem Leben der Erde selbst.

Diese Änderung des Gesichtspunkts ähnelt sehr der Erfahrung, von der Astronauten häufig berichten. Je höher sie hinaufsteigen, desto besser sehen sie den Planeten Erde allein und fragil im Weltraum schweben. Sie sehen die Kontinente, die Gebirgszüge, die Ozeane und das Wetter. Sie sehen keine Grenzlinien oder kolorierte Flächen, die sonst auf Globen und Karten Nationen voneinander trennen. Statt dessen berichten sie von der tiefen Erfahrung der Einheit allen Lebens auf Erden und von ihrer Verbindung mit allen Wesen auf Erden. Das Leben vieler Astronauten ist durch diesen Anblick völlig verändert worden.

Der erste Eindruck ist der richtige

Wenn wir vertrauen, nehmen wir mit ehrlichem, offenem Herzen wahr, was im Augenblick passiert, frisch und unbeschattet von den Wolken der Hoffnung und Angst. Der Dorje Dradul verwendete die Redewendung »Der erste Eindruck ist der richtige« häufig, um diesen ersten Moment frischer Wahrnehmung, bevor sich die Wolken des Urteils und der individuellen Deutung darüberschieben, zu bezeichnen. Der erste Eindruck ist deshalb richtig, weil er noch nicht von unseren Meinungen und Deutungen, unseren Hoffnungen und Befürchtungen, unseren Vorlie-

ben und Abneigungen überlagert ist. Er ist die direkte Wahrnehmung der Welt, wie sie ist.

Der Augenblick des ersten Eindrucks ist auch »Jetztheit« genannt worden, weil er sich nur *jetzt*, in diesem Augenblick ereignet. Sie können Ihren ersten Eindruck nicht festhalten – Sie können ihn nur »berühren« und dann wieder loslassen, immer wieder. Und der einzige Zeitpunkt, zu dem Sie das können, ist jetzt
und jetzt und wieder jetzt. Sie müssen es tun und wieder tun, immer wieder tun. Sie können sich Ihres ersten Eindrucks am besten dadurch bewußt werden, daß Sie sich auf sehr einfache
Weise dem Hier und Jetzt hingeben. Vielleicht befinden Sie sich
auf einem Flughafen und schauen von einem Balkon auf die
drunten wimmelnde Menge hinab. Plötzlich wird Ihr inneres
Dauergespräch unterbrochen. Sie sind für einen Augenblick
ganz im Hier und Jetzt und sehen und hören wirklich. Sie sehen
die Bewegungen, Sie hören das Stimmengewirr, die Flugmoto-
ren. Sie haben das Gefühl der Zeitlosigkeit und Vollständigkeit:
Der erste Eindruck ist der richtige Eindruck.

Sie können diesen Augenblick auch erleben, wenn Sie plötzlich einen Schock erleiden. Vielleicht sind Sie schon einmal auf
Glatteis ausgerutscht. Ohne daß Sie nachdenken müssen, arbeiten dann Körper und Bewußtsein einträchtig zusammen, um einen Fall zu verhindern. In einem solchen Augenblick fühlen Sie
sich völlig lebendig und präsent. Danach gibt es vielleicht eine
kleine Adrenalinausschüttung, und Sie sagen: »War das
knapp!« Aber die Energie und das Wachsein klingen noch eine
Weile nach.

Wir nennen so etwas zwar den »ersten Eindruck«, aber dieser
erste Eindruck muß nicht unbedingt in Worte gekleidet sein. Es
ist einfach der erste Eindruck, der in uns aufsteigt. Es kann auch
einfach ein Ausruf sein, ein keuchendes Atemausstoßen, wenn
wir um einen Felsen biegen und das Tal unter uns liegen sehen.
Dann kommt uns natürlich auch ein zweiter und dritter Gedanke, zum Beispiel: »Gott, ist das schön!« oder »Warum hab
ich bloß meine Kamera nicht mitgenommen?«.

Dasselbe gilt auch für nicht so schöne Erfahrungen, wie es Ju-
lie, Shambhala-Schülerin, am eigenen Leib erfuhr: »Ich rauschte

die Autobahn entlang und war mit meinem Bewußtsein mehrere Kilometer weiter. Ich dachte an meinen kleinen Jungen, der sich sicher schon wunderte, wo seine Mutti, die ihn von der Schule abholen sollte, blieb. Plötzlich sah ich an der Straße einen Wagen, der von einem Laternenmast in zwei Hälften geteilt worden war. Auf dem Boden, neben dem Wagen, lag eine Frau. Ich wußte nicht, war sie noch am Leben oder tot. Feuerwehrleute und Neugierige umstanden sie. All meine Gedanken – was mein Kind über mein Zuspätkommen dachte und wie schnell ich fahren mußte und wieviel Verkehr war – wichen dem blanken Schrecken, als ich diesen Unfall sah. Ich klammerte mich zwar nicht an diesen Anblick, aber noch einige Zeit nachher war meine Wahrnehmung extrem klar und scharf.«

»Erster Eindruck« ist die Übersetzung des Sanskritwortes: *pramana*. Es spielt in der buddhistischen Wahrnehmungspsychologie und in den Shambhala-Lehren eine große Rolle. *Pra* bedeutet »das Höchste, Beste oder Erste«, und *mana* bedeutet »Bewußtsein«. Nach den Meistern der Bewußtheitsübung folgt jeder direkten Wahrnehmung einer Farbe oder eines Tones unmittelbar (nach etwa einer sechzigstel Sekunde) die mentale Registrierung dieser Wahrnehmung. *Pramana* bezieht sich auf den allerersten Augenblick, in dem das Bewußtsein die Wahrnehmung registriert. Dieser Eindruck ist eine unmittelbare Reaktion auf die Wahrnehmung, er ist rein und genau und durch keine Deutung verfälscht. Deshalb ist dieser Eindruck richtig. Erst danach wird er in einer Kette von Begriffsbildungen und Interpretationen ausgearbeitet, wieder sehr rasch, wobei sich das Bewußtsein immer weiter von der ersten direkten Wahrnehmung entfernt. Normalerweise leben wir in unserem Kokon im Gespinst unserer Interpretationen, ohne jeden Kontakt zu den eigentlichen Wahrnehmungen.

Wir brauchen in der Bewußtheitsübung nicht schon weit fortgeschritten zu sein, um zu erkennen, wie unsere Interpretationsarbeit abläuft. Sie vollzieht sich ständig. Wir müssen nur einmal genau darauf achten, wie unser inneres Dauergespräch auf alles, was wir sehen, hören, riechen, schmecken und betasten, reagiert und wie es die Welt interpretiert, damit sie *seiner* Vorstellung entspricht. Wenn wir aber diese Interpretationen loslassen, erleben wir den ersten Eindruck und nehmen die Welt direkt, auch ohne den Filter der Sprache, wahr. Der erste Eindruck ist der frische, offene Bewußtseinszustand, den der Zen-Lehrer Suzuki Roshi das »Anfängerbewußtsein« nennt.

Der erste Augenblick des Aufwachens am Morgen ist eine gute Gelegenheit, den ersten Eindruck zu registrieren, weil das Denken noch nicht in der Alltagsroutine gefangen ist. Wir werden uns dieses ersten Augenblicks, wenn wir aufwachen, zwar selten bewußt, aber manchmal erlebt man doch eine Art Leere, bei der man nicht mehr weiß, wo man ist und wer man ist. Das kann erschreckend oder auch schön sein. Aber auf jeden Fall werden Sie eine lebhafte Wahrnehmung von dem Zimmer, in dem Sie sich befinden, haben, einen Augenblick des ersten Eindrucks. Sehr rasch folgen dann zweite Eindrücke: Man empfindet sich als Ich, man denkt »Wer bin ich?«, »Was bin ich?«, und plötzlich ist man eben wieder da. Der Name fällt einem ein, der Beruf, Familienpflichten und ähnliches.

Ich selbst hatte Augenblicke frischer Wahrnehmung besonders beim Fotografieren. Ein Foto kann den lebhaften ersten Eindruck eines Gegenstands festhalten, so wie er ist. Aber zuerst müssen Sie, der Fotograf, Ihr Bewußtsein öffnen und sehen: die Nachmittagssonne, die einen hellgelben, bemoosten Felsblock auf einer Waldlichtung bescheint; eine breite, dicke Wolke, schwer und dunkel von Regen, doch am unteren Rand hell in der Abendsonne leuchtend; weißer Nebel über der Bucht, darin sich der zarte Umriß einer Insel, ein Schiff und eine einsame Möwe wie ein Etwas im Nichts abzeichnen; ein von leuchtend gelbem Löwenzahn umgebener, dampfender brauner Kuhfladen. Um solche Augenblicke festzuhalten, müssen Sie durch den Sucher nicht nur auf die Gegenstände selbst, sondern auch auf das Licht, das um sie und in ihnen scheint, blicken. Wenn Sie dann die Kamera absetzen und die Welt wieder ganz normal betrachten, erscheint sie Ihnen ebenfalls plötzlich hellglänzend und vibrierend.

Wenn Sie ein Foto machen, ist Ihr Bewußtsein, kurz bevor Sie den Auslöser drücken, leer und offen und sieht ohne Worte.

Und wenn Sie ein leeres Blatt Papier vor sich haben und darauf malen oder in Schönschrift schreiben wollen, haben Sie zuerst noch keine Vorstellung davon, was dabei herauskommt. Vielleicht haben Sie schon einen Plan für das Gemälde oder wissen, welches Symbol Sie niederschreiben wollen. Aber was dabei herauskommt, wenn Sie den Pinsel übers Papier führen, wissen Sie nicht. Alles, was Sie im Vertrauen auf ein offenes Bewußtsein unternehmen, wird frisch und spontan sein. Sich dem ersten Eindruck zu öffnen ist die beste Art, eine Handlung zu beginnen.

Das gleiche spielt sich in jedem Augenblick unseres Lebens ab, und zwar sehr, sehr schnell. Ob wir nun Künstler sind oder nicht: Jedes Erlebnis können wir als ersten, frischen Eindruck erfahren. Es kommt darauf an, diesen ersten Eindruck immer wieder und wieder zu erleben. Die Praxis der Kriegerschaft verspricht Ihnen nicht, daß Sie irgendwann einmal an einen Punkt gelangen, wo Sie nicht mehr aufmerksam sein müssen. In jedem Augenblick, wenn Sie sich zum Handeln anschicken, ohne noch gehandelt zu haben, können Sie darauf vertrauen, daß der erste Eindruck der richtige ist, und sich dem ersten Eindruck öffnen. Wenn Sie sich anschicken, ein Glas Wasser zu trinken, strecken Sie dann nur so die Hand danach aus, ergreifen es und schütten es hinunter? Oder erleben Sie nicht lieber den Augenblick eines ersten Eindrucks und einer klaren Wahrnehmung, indem Sie bewußt die Hand nach dem Glas ausstrecken, es berühren, es zum Mund führen und an Ihre Lippen heben und schließlich das Wasser auf Ihrer Zunge spüren? Wenn Sie jemand anfährt, schreien Sie sofort zurück, oder lassen Sie einen Augenblick des ersten Eindrucks zu, bevor Sie antworten? Genauso kann jedes Ereignis in Ihrem Leben frisch und direkt sein, sofern Sie sich nur dem ersten Eindruck öffnen, gleichgültig, ob Sie Ihre täglichen Aufgaben erledigen, Kaffee machen, zur Arbeit gehen, den Kopierer benutzen, an einer Konferenz teilnehmen, die Straße hinabspazieren, essen, mit Ihrem Partner streiten oder Liebe machen. Leider ignorieren wir den ersten Eindruck nur allzuoft – er ist uns zu dumm oder zu schlimm. Wir müssen es einfach wagen, unseren ersten Eindruck wahrzunehmen und ihm zu folgen. Der erste Eindruck kann die Führung in unserem Leben übernehmen, wenn wir ihm nur trauen wollen.

Der erste Eindruck wird manchmal auch der »erste Blick« genannt. Einen solchen ersten Blick auf den Weg des Kriegers zu wagen bedeutet, einen Blick auf das prinzipiell Gute, unsere wahre Natur, den Zustand des erwachten Bewußtseins, zu werfen. Für unser ursprüngliches Wesen wach zu werden bedeutet nicht, in einen Zustand dauernder Weisheit und Freude einzutreten, wo wir uns wohlfühlen und uns keine Mühe mehr geben müssen, sondern aufzuwachen heißt: sich unaufhörlich Mühe zu geben, den ersten Eindruck wahrzunehmen, und immer und immer wieder einen Blick darauf zu werfen, wer wir in Wirklichkeit sind. Es ist, wie wenn man am Nachthimmel eine Sternschnuppe beobachtet – man sieht sie nur, wenn die Augen sich nicht direkt auf sie einstellen. Versucht man sich darauf zu fixieren, verliert man sie aus dem Blick. Sobald Sie denken, Sie seien Ihres ersten Eindrucks habhaft geworden, haben Sie ihn schon wieder verloren – einfach deshalb, weil Sie nur einen ersten Blick darauf werfen können.

Die Übung des Kriegers besteht darin, einen ersten Eindruck zu erhaschen, wieder und wieder, zu bemerken, wie der erste in Eindrücke sekundärer Art übergeht – und dann diese sekundären Eindrücke loszulassen und wieder zum ersten Eindruck zurückzukehren. Der Dorje Dradul pflegte zu sagen: »Es ist harte Arbeit!« Da gibt es keine Abkürzung oder einen schnellen Deal für den Krieger. Wenn Sie auf diese Weise üben, werden Sie sich allmählich mehr an den ersten Eindruck gewöhnen. Sie werden ihn leichter bemerken. Wie die Erinnerung an einen lieben Menschen, der verreist ist, wird sich auch der erste Eindruck einstellen, sobald Sie an ihn denken, und seine Atmosphäre wird auf Ihr ganzes Leben abfärben.

Ugyen Tulku Rinpoche beschreibt die Übung »des ersten Blicks« folgendermaßen:

»Der einzige Weg, die großen Eigenschaften der Erleuchtung zu erreichen, ist, viele, viele Male den kurzen Augenblick zu erleben, in dem man die Geistessenz wahrnimmt. Es gibt keine andere Methode. Der Grund, weshalb diese Momente nur kurz sind, ist, weil es im Hier und Jetzt keine Stabilität gibt, weil die Aktivität der Achtsamkeit nicht länger als einen Sekundenbruchteil anhält, ob uns das paßt oder nicht. Aber wenn man so etwas viele Male übt, gewöhnt man sich daran. Es geht nicht darum, daß man sein Denken beschäftigt, zum Beispiel über einen Gegenstand meditiert oder ihn im Bewußtsein festhält. Wir müssen nur einfach unsere Achtsamkeit aktivieren, nur für einen Augenblick zulassen, daß das Bewußtsein wach ist. Wir müssen gar nichts Besonderes tun.«

Folgendes Gedicht feiert den »ersten Eindruck«:

Der erste Eindruck ruft Gelächter hervor,
Weil er so schockierend ist
Und vielleicht peinlich.
Der erste Eindruck nimmt dich zwischen die Zähne
Und läßt dich nicht mehr los,
Bis du den zweiten Eindruck hinausschreist.
Der erste Eindruck ist klar.
Traue der Klarheit.
Kein zweiter Eindruck.
Schneide ihn ab!
Halt!

Der erste Eindruck ist immer furchtbar.
Am liebsten wärst du ihn wieder los.
»Das soll ich gewesen sein?«
»Das habe ich nicht getan!«
Aber der zweite Eindruck sagt: »Du warst es!
Vielleicht wirst du jetzt eingesperrt!«

Doch vielleicht ist der erste Eindruck gar nicht so
*   schrecklich.*
Dann fühlst du dich einfach genial,
Vielleicht bekommst du eine Belohnung.
»Ich bin so toll,
Ich habe den ersten Eindruck bemerkt!«

Der wirkliche erste Eindruck schlägt wie ein Blitz ein.
Er ist das Stahlgewitter der Drala-Macht.

Wenn du dem Schweigen lauschst, hörst du ihn,
Laut und klar,
Aber nicht mit den Ohren.

Der erste Eindruck ist das Baby,
Die erste winzige Verbindung,
Die du mit deiner Welt herstellst.
Das ist das Erster-Eindruck-Baby,
Bevor wir zu den größeren »Kindern« übergehen.
Wir nennen es den »ersten Blick«,
Aber das ist doch zu billig.
Nennen wir es lieber »Liebe«.

Der erste Eindruck ist der einzige Eindruck,
Er ist der Regen im Regenwald,
Er ist der Himmel im Weltall,
Er ist das Herz der schrecklichen Liebe, die
Du nicht einmal dir selbst eingestehen darfst.

Den zweiten Eindruck loslassen

Die Methode, den ersten Eindruck zu bemerken, ist loszulassen. Loszulassen bedeutet auch, die Erinnerung an vergangene Erfolge und Niederlagen, alte Wunden und Überzeugungen loszulassen. Das ist gar nicht so leicht. Wir sind so sehr daran gewöhnt, festzuhalten, was wir zu wissen glauben. Es bedarf vieler Übung und Kühnheit, wirklich frei in diesen aktuellen Augenblick, diese neue Situation einzutreten, ohne sich aufs Gedächtnis und all das übrige Gepäck zu verlassen, besonders wenn wir verärgert oder beleidigt sind. Erinnern wir uns an das Vergangene, reagieren wir auch darauf und leben darin. Wir leben dann nicht in der Gegenwart, nicht »jetzt«.

Wir versuchen alle denkbaren Methoden, um uns für immer an den wichtigsten Momenten unseres Lebens festzuklammern. Wir machen Fotos, wir schreiben Tagebuch, wir lassen den Augenblick wieder und wieder Revue passieren, um ihn im Gedächtnis festzuhalten. Manchmal hat es den Anschein, als sei uns die Erinnerung wichtiger als der Augenblick selbst, einfach weil sie dauerhafter zu sein scheint. Wir können uns an ein Ereignis erinnern und es im Gedächtnis wiederbeleben, sooft wir wollen, obwohl es seine Frische normalerweise schon verloren hat. Das Besondere, das dieses Ereignis ausgemacht hat, ist verschwunden, und wir können es nicht mehr zurückholen.

Anthony erzählt eine lustige, aber sehr ergreifende Geschichte über seine Weigerung, loszulassen:

»Letzte Nacht war Samstag, und da ich keine Nachtschicht hatte, stand ich ziemlich spät auf. Ich hatte vergessen, meinen Wecker abzustellen, und das verdammte Ding ging los wie an einem Arbeitstag. Ich wurde aus tiefem Schlaf gerissen und schlug blindlings hinüber, um die Glocke abzustellen. Es war eines dieser ›Dämmererlebnisse‹. Sie sind sicher auch schon einmal plötzlich aufgewacht und wußten nicht, wo Sie waren, welcher Wochentag war, was Sie an diesem Tag vorhatten usw.

Das Interessante ist aber nun, daß ich mich ein paar Tage zuvor mit meiner Frau heftig gestritten hatte. Wenn ich verletzt werde, ist eine meiner Reaktionen, mich in ein vorwurfsvolles Schweigen zu hüllen, was wohl eine Art passiver Aggression ist. Als ich nun so plötzlich aus dem Schlaf gerissen wurde, ertappte ich mich bei der Frage, ob ich an diesem Tag mein vorwurfsvolles Schweigen noch fortsetzen sollte. Was für eine Idee! Das versetzte mir einen Schlag direkt auf die Nase, und ich wußte jetzt, was Loslassen ist.«

Ein Krieger muß bereit sein, sogar seine tiefsten Überzeugungen und Einsichten loszulassen. Andernfalls werden solche Voreingenommenheiten zu Fallen, und wir leben dann nur in unserer Begriffswelt, gefangen in unseren Spinnennetzen der Logik und Vernunft. Wir haben uns zum Beispiel die Vorstellung von einem »guten Leben« gebildet – jetzt müssen wir es auch leben, aber vielleicht ist es gar nicht so gut. Oder wir waren der Meinung, es sei uns gelungen, das Unglück von uns fernzuhalten, aber vielleicht ist es gar nicht so. Manche leben ziemlich flott und angenehm, bis der Tod sie holt. Andere sehen sich dauernd mit furchtbaren Schwierigkeiten und Schrecken konfrontiert. Aber wir sind *alle* mit Schwierigkeiten konfrontiert, wenn wir nur unsere Augen aufmachen und sehen wollen. Je mehr wir bereit sind loszulassen, desto mehr Schwierigkeiten kommen auf uns zu und stellen uns wieder auf den Boden der Tatsachen. Jeder Augenblick unseres Lebens ist ein Augenblick des Loslassens. Wir lassen einen Teil von uns sterben, damit der nächste Augenblick geboren werden kann. Im Augenblick des physischen Todes sind wir alle mit einer ganz besonderen Schwierigkeit konfrontiert. Und zu diesem Zeitpunkt lassen uns all unsere schönen Philosophien im Stich. In diesem besonderen Augenblick der Jetztheit zählen sie nicht mehr.

Eine Bekannte von mir war viele Jahre praktizierende Buddhistin gewesen. Sie hatte sich alle entsprechenden Fähigkeiten erworben, auch die Fähigkeit, die Übungen für Fortgeschrittene durchzuführen. Plötzlich stellte man fest, daß sie einen Gehirntumor hatte. Als der Zeitpunkt des Todes näherrückte, wurde sie immer besitzergreifender und war nicht mehr bereit, ihr Leben in Frieden loszulassen. Ihre Sorge war nur noch, welche »Übungen« sie machen und »wie eine Buddhistin sterben« sollte. Ihre buddhistische Philosophie war offenbar eher zum Mühlstein für sie geworden, als daß sie ihr den Weg hätte weisen können, und sie starb, ohne diese Last losgelassen zu haben. In der buddhistischen Überlieferung wird diese Art von Bindung »goldene Kette« genannt. Religiöse Überzeugungen werden dabei zu einem weiteren »Gegenstand«, nach dem man greift und an den man sich klammert. Jede spirituelle und psychologische Lehre und Therapie, einschließlich der Shambhala-Lehren, können zur »goldenen Kette« werden.

Seng-ts'an sagt in »On Trust in the Heart«:

Das Herz klammert sich fest
Und vertraut Wegen, die nur in die Irre führen.
Laß die Dinge ihren eigenen Weg nehmen. Erkenne, daß die
  Essenz
Weder geht noch steht.
Laß zu, daß du mit dem Weg verschmilzt, und wandere
  darauf, frei von Sorge.

Ein Blatt fällt ab und schwebt sanft zur Erde, schwankt und kreist beim Fallen und blitzt im Sonnenlicht auf. Es fällt und fällt, langsam kreisend, und kommt schließlich auf einem feuchten, grünen Moosfleck zur Ruhe, auf dem sich Sonnenstrahlen und Schatten kreuzen. Betrachten wir so ein Blatt mit traurigem, sanftem Herzen, können wir uns tief mit ihm verbunden fühlen. Für sich selbst ist es weder schön noch häßlich, es gehört uns nicht. Es ist einfach ein fallendes Blatt. Wir können zusehen, wie es fällt, wir können es auch lieben, aber es besitzen oder unser Erlebnis mit ihm besitzen, können wir nicht. Das gilt für alle Dinge im Leben. Unsere Kinder wachsen auf, sind zuerst spielende kleine Irrwische und dann intensiv liebende und hassende Jugendliche, aber niemals besitzen wir sie, gleichgültig, wie sehr wir sie lieben oder sie als *unsere* Kinder ansehen möchten. Wenn wir nicht versuchen, unsere Kinder in Besitz zu nehmen, können wir uns, während das aus ihnen wird, was sie sind, an ihnen freuen.

Wir müssen nur loslassen. Es bleibt uns wirklich nichts anderes übrig. Nicht weil es irgendein moralisches Gesetz, nicht weil es die Shambhala-Lehren oder irgendeine andere Lehre oder Therapie so vorschreiben, sondern einfach, weil die Vergangenheit schon vorbei ist. Und wenn wir uns an dem, was vorbei ist, festklammern, können wir, was jetzt ist, nicht voll erleben. Wenn wir uns an die Schönheit, die Freude oder den Schrecken der Vergangenheit klammern, können wir die Schönheit, die Freude und den Schrecken des gegenwärtigen Augenblicks nicht empfinden.

Bei der Sitz-Meditation beginnen wir mit dem Loslassen, indem wir unsere Gedanken und bedrückenden Empfindungen loslassen. Wir lassen dieses ein wenig und jenes ein wenig los, und jedesmal fühlen wir uns für einen Augenblick ein wenig erleichtert. Aber das Loslassen muß noch tiefer gehen. Wir müssen den Versuch loslassen, die Welt überhaupt in Besitz zu nehmen, den Versuch, unser Leben in Besitz zu nehmen.

Im Wirtschaftsleben unserer Zeit oder überhaupt aller Zeiten besitzen wir niemals Sicherheit. Es kann sein, daß wir arbeitslos werden und all unsere Ersparnisse aufbrauchen müssen. Wir wissen nicht, wie lange wir noch gesund sind, auch wenn wir uns im Moment pudelwohl fühlen sollten. Wir bilden uns gern ein, unser Leben im Griff zu haben und bedeutsame Entscheidungen treffen zu können, und in mancher Hinsicht können wir das auch. Doch in größeren Zusammenhängen gesehen haben wir *nichts* völlig im Griff, und die Entscheidungen, die wir fällen, sind es gar nicht, die unserem Leben die Richtung geben. Wenn wir all unsere Hoffnungen und Befürchtungen loslassen, bleiben wir nackt und bloß zurück. Wir reagieren dann auf jede Situation, in der wir uns befinden, mit weichem, verletzlichem Herzen, nicht mit dem harten Bewußtsein der Gewißheit.

In seinem Gedicht »Thursday« (Donnerstag) beschreibt William Carlos Williams das Loslassen:

Ich hatte meinen Traum – wie andere.
Er hat sich in Nichts aufgelöst, so daß
Ich jetzt hier verweile, sorgenlos,
Die Füße fest auf der Erde,
Und zum Himmel hinaufblicke –
Ich spüre meine Kleider auf der Haut,
Das Gewicht meines Körpers in den Schuhen
Den leisen Druck meines Hutes, die Luft, die in meine Nase
*   strömt*
Und wieder heraus – und beschließe: nicht mehr zu träumen.

Wir kennen die Tiefe und Weite unserer Welt nicht und können unmöglich alle Antworten kennen, nicht einmal alle Fragen. Wenn wir unser Bewußtsein über unsere kulturellen Mythen und Weltanschauungen hinaus öffnen, erkennen wir, daß das Universum voller Geheimnisse ist. Wir haben keine Ahnung davon, was wirklich wahr ist. Wir können nur unserer innersten Intelligenz und der Heiligkeit der Welt vertrauen. Das kann uns große Freude und Erleichterung schenken – wir brauchen nicht so zu tun, als wüßten wir alle Antworten schon. Wir empfinden die Begrenztheit der uns vertrauten Welt, haben aber auch keine Angst vor dem, was draußen ist – fremd für uns ist. Die Fremdheit macht uns vielleicht eine Gänsehaut, wie wenn wir, allein in der Nacht, ein sonderbares Geräusch hören. Doch das ist die

Wahrheit des Lebens – es *ist* sehr fremd, obwohl es auch schön sein kann.

Die fremde, doch wirkliche Welt verdient Vertrauen, weil sie stets gegenwärtig ist und, solange wir ehrlich sind, uns auch stets antwortet. Und solange wir diese Antwort nicht in Begriffen von Sieg und Niederlage interpretieren, öffnet sich auch immer ein Weg vor uns. Statt sich so furchtbar anzustrengen, alles in Ihrem Leben in Ordnung zu bringen, vertrauen Sie doch einfach und lassen Sie los. Und wenn Sie noch besser loszulassen gelernt haben, können Sie es der Weisheit des prinzipiell Guten überlassen, Ihrem Leben die Richtung zu geben – was sie ja ohnehin tut. Es schenkt große Erleichterung und Freude, auf diese Weise loslassen zu können. In einem Videofilm, der über ihre Wanderungen mit den australischen Aborigines berichtet, erzählt Marlo Morgan, daß man jeden Morgen, wenn man bei Tagesanbruch aufgewacht war, fröhlich und lustig zusammen tanzte und sang, wie kleine Kinder. Auch wenn kilometerweit keine Nahrung und kein Wasser zu erwarten war – jedenfalls soweit Morgan das beurteilen konnte –, sangen sie: »Was für ein wunderschöner Tag doch heute ist! Was tun wir heute?«, als ob sie noch niemals einen Sonnenaufgang erlebt und keine Sorgen auf der Welt hätten. Weil sie in der Lage waren loszulassen, liebten sie von Grund auf jede Pflanze und jedes kleine Insekt, das in ihrer Wüste lebte, und hatten die engsten Beziehungen zu den Dralas ihres Landes. Und dabei fehlte es ihnen niemals an Nahrung und Wasser. Und sobald sie genug für einen Tag gefunden hatten, verbrachten sie den Rest des Tages, indem sie miteinander spielten, Rituale zelebrierten und die schöne heilige Welt, die sie so sehr liebten, feierten.

Der fröhliche Schneelöwe

Das Sinnbild für den Krieger, der seinem Kokon entschlüpft ist, vertraut und losläßt, ist der Schneelöwe. In Tibet ist der Schneelöwe das traditionelle Symbol für ein Geschöpf, das sich offensichtlich seines Lebens freut und von Fels zu Fels springt und hüpft. Er liebt jeden Spaß, ist neugierig und wach. Er sieht alles, ist immer gut aufgelegt, weil er keine Zweifel oder Widerstände kennt. Er symbolisiert auch disziplinierte Energie, da er von Stein zu Stein springt, wie der Krieger von einem ersten Eindruck zum nächsten. Der Schneelöwe besitzt ein festes Vertrauen in seine Fähigkeiten, weil bei ihm Körper und Geist immer in Harmonie sind. Der Schneelöwe verfügt über die Zurückhaltung des Tigers, doch ohne jede Schüchternheit. Er versinnbildlicht Aktivität – Bewußtheit in Aktivität. Wie der Schneelöwe freut sich ein Krieger, der die Kühnheit und Bereitschaft aufbringt, ehrlich zu sein, seines Lebens und seiner Welt, freut sich seiner Schwierigkeiten und heißt die Angst in Notlagen willkommen. Es macht ihm Spaß, sich kopfüber in Schwierigkeiten zu stürzen und zu sehen, was dabei herauskommt.

Alte Zweifel in Form von zweiten, dritten, endlosen Gedanken können uns überfallen und versuchen, uns in die vertrautere, überholte Welt zurückzuziehen. Doch die Abenteuerlust des Schneelöwen ist noch verführerischer und bringt den Krieger dazu, neugieriger in die Welt hineinzusehen – sich in sie hineinzubegeben, statt seine Energie darauf zu verwenden, sich vor ihr zu schützen. Wenn Sie in die Welt hineingehen, zeigt sie Ihnen plötzlich ihr wahres Wesen – ihr prinzipiell Gutes. Wenn Sie jemandem Liebe und Bewunderung entgegenbringen, zeigt er diese Eigenschaften auch plötzlich selbst. Das gleiche gilt für die Welt.

Wir können wie der weiße Schneelöwe sein und auf den Felsen und Steinblöcken des Gebirges umherspringen, die Muskeln gespannt vor Kraft. Wir können uns energiegeladen und froh fühlen, weil wir wissen, wir können niemals mehr in totale Depression zurückfallen – und in Schlaf versinken wie die untergehende Sonne. Wir wissen, wie wir uns von sekundären Eindrücken befreien können. Wir sind sorgenfrei, aber nicht sorglos. Wir sind uns unaufhörlich und grundsätzlich der Dinge bewußt, und unser Bewußtsein beginnt sich zu öffnen. Wir sehen größere Weltzusammenhänge. Wir sind energiegeladen und kümmern uns um die Menschen. Wir springen in den leuchtenden, durchsichtigen Raum der heiligen Welt hinein. Und dann geschieht das Wunder: Weil du die Welt liebst, liebt sie dich.

Loslassen heißt, lockerzulassen und unsere gewöhnliche, doch so wunderbare Welt zu lieben. Aber wenn das Loslassen nicht auf einer erarbeiteten Sanftmut und Furchtlosigkeit, nicht auf Bewußtheit und Achtsamkeit beruht, kann es zu Schlaffheit oder Aggression werden. Der Dorje Dradul bemerkt hierzu: »Loslassen ist mehr als bloßes Lockerlassen. Es ist ein Lockerlassen, das auf dem Einklang mit der Umgebung, mit der Welt beruht… So kann zum Beispiel ein professioneller, gut trainierter Rennfahrer bei einem Autorennen die Rennstrecke mit 350 Stundenkilometern abfahren. Er kennt die Grenzen seines Motors, der Steuerung und der Reifen. Er kennt das Gewicht des Wagens, die Straßen- und Wetterverhältnisse. So kann er rasend schnell fahren, ohne daß er zum Selbstmörder wird. Statt dessen wird ein ›Tanz‹ daraus… Für den Krieger ist jeder Augenblick eine Herausforderung, ›ursprünglich‹ zu sein, und jede Herausforderung macht ihm Spaß. Wer richtig losläßt, kann auch lockerlassen und die Herausforderung genießen… Loslassen beruht nicht auf einer Flucht vor den Zwängen des gewöhnlichen Lebens. Es ist gerade das Gegenteil. Es bedeutet, tiefer ins Leben hineinzugehen, weil man begreift, daß das Leben, so wie es ist, die Mittel bietet, einen aufzuheitern und von Depression und Zweifel zu heilen.«

Loslassen, sogar die Vorstellung vom Loslassen loslassen – das ist der springende Punkt. Der Schlüssel ist: der Welt zu trauen. Wenn Sie nur *versuchen*, loszulassen, verfangen Sie sich in dem chinesischen Fingerspiel: Ihre Finger geraten in die Falle, und je mehr sie sich zu befreien versuchen, desto fester stecken sie drin. Sie müssen nur loslassen, und dann werden Ihre Finger von selbst herausschlüpfen. Das ist die Zwickmühle des Loslassens: Sie können nicht loslassen, wenn Sie es versuchen, und Sie können nicht loslassen, wenn Sie es nicht versuchen. Die einzige Lösung ist, die Gelegenheit beim Schopf zu packen und vom Felsen zu springen. Ihr Fallschirm ist Ihr Vertrauen auf das prinzipiell Gute. Wenn Sie kein Vertrauen haben, springen Sie schon gar nicht. Sie *können* nicht loslassen, außer Sie vertrauen darauf, daß Sie bei Ihrem Sturz gehalten werden. Das ist der Grund, weshalb Sie kühn sein müssen. Sie müssen ein echter Krieger sein.

Als Krieger können Sie kühn sein wie Astronauten, die nur durch dünne Schläuche mit ihrem Raumschiff verbunden sind und in die dunkle, grenzenlose Leere hinausschweben, ohne wirklichen Boden unter den Füßen, der sie halten könnte. Sie entrinnen dem Schrecken, indem sie nur an ihre Arbeit denken, im Hier und Jetzt. Ihre Kühnheit entspringt ihrem ersten Eindruck. Sie lassen alle sekundären Eindrücke los und achten aufs Detail. Ihren Boden finden sie im ersten Eindruck. Verlören sie ihre Achtsamkeit, hätten sie gar keine Eindrücke mehr.

Manche Menschen suchen die Gefahr, um intensiv zu leben: Sie fahren Rennen, klettern in den Bergen, springen Bungee. Sie steigern die Intensität ihrer Erlebnisse und hoffen, daß alles gut geht. Wenn Ihr Leben in Gefahr ist, fühlen Sie sich echt und lebendig. Aber um Shambhala-Krieger zu sein, brauchen Sie sich nicht ganz so kraß zu verhalten. Sie können Ihr Leben im Alltag in jedem Augenblick in Gefahr bringen, ohne großes Theater zu spielen, nur dadurch, daß Sie Ihre selbstgeschaffenen Interpretationen loslassen. Hat Ihre Energie freien Spielraum, um zu tanzen und zu spielen, spielt sie echtes Theater. Die besten Schauspieler der Welt sind freundlich und sanft – sie ziehen keine Show ab, sondern lassen nur ihre Energie fließen.

Loslassen ist keineswegs dasselbe, wie schmerzliche Empfindungen zu unterdrücken oder sie loswerden zu wollen, im Sinne der falschen Vorstellung des Sich-Distanzierens, bei dem man nur gleichgültig und gefühllos wird. Im Gegenteil, Sie lassen die *Schranken* los, die Sie an Ihren Empfindungen hindern. Sie gehen in Ihre Gefühle hinein, mit Freundlichkeit und Furchtlosigkeit, statt sich von ihnen zu distanzieren. Sie lassen die Kruste der gewohnheitsmäßigen Reaktionen los, die die tieferen Gefühle des Herzens, zarte Traurigkeit und ursprüngliches Mitgefühl, zudeckt. Als meine Tochter fünfzehn war, durchlebte sie, wie viele Teenager, eine Periode der Aggressivität und der Rebellion gegen die Familie. Mehrere Monate lang wuchsen die Spannungen immer weiter. Wenn ich sie fragte, was mit ihr los sei, sagte sie immer: »Papa, vertrau mir, bitte! Ich *muß* da durch!«

Die einzige Möglichkeit, den Kontakt mit ihr nicht zu verlieren, war, loszulassen. Immer und immer wieder mußte ich meinen Zorn und meine Angst loslassen, um sie so sehen zu können, wie sie war. Ich mußte den Gedanken loslassen, sie sei mein kleines Mädchen, und den Gedanken, es sei meine Pflicht, jede ihrer Bewegungen zu überwachen. Aber ich hatte tatsächlich Vertrauen zu ihr. Ich freute mich, daß sie den Mut besaß, sich abzunabeln und eine größere Welt zu erleben, und vertraute darauf, sie würde gestärkt aus dieser Prüfung hervorgehen. Trotzdem wurde ich zuweilen extrem zornig. Und unter dem Zorn empfand ich Trauer, daß sich unsere Beziehung jetzt unwiderruflich änderte, aber auch Freude, daß sie erwachsen wurde. Und obwohl sie so schwierige Zeiten durchlebte, blieb sie gelassen und locker dabei. Trotzdem stiegen in mir immer wieder Zorn und Furcht auf, zusammen mit vagen Phantasien, sie könnte in unbekannte, schreckliche Situationen geraten. Immer wieder mußte ich auch diese Phantasien loslassen und mich darauf einstellen, was wirklich passierte.

Um unsere Überspanntheit und Ichbezogenheit, unseren »gerechten Zorn«, unser Gefühl, »Opfer zu sein«, unseren falschen Optimismus oder was auch immer unsere gewohnheitsmäßigen, sekundären Eindrücke sein mögen, loszulassen, müssen wir all dies, anstatt uns davon zu distanzieren, erst recht empfinden, anfassen, in die Hand nehmen. Dann können wir es loslassen.

Loslassen erfordert Energie – man kann dabei nicht sanft oder sentimental sein. Es ist furchtlose Kriegerschaft, aber gleichzeitig freundliche Kriegerschaft. Um loszulassen, muß man den *Augenblick des Festklammerns ergreifen* – des Festklammerns an der Vergangenheit, der Depression, der Leidenschaft, was auch immer, eben am Kokon. Sobald Sie dann feststellen, daß Sie sich festklammern, machen Sie zuerst so weiter, halten weiter fest und machen sich klar, daß Sie sich festklammern. Klammern Sie sich fest! Und dann können Sie loslassen. Kapitulieren Sie – geben Sie auf, geben Sie alles auf. Sich festklammern, diesen Zustand noch steigern, und dann loslassen und lockerlassen: Genau das ist die Handlungsweise des Kriegers.

Die Praxis des Kriegers, die wir in den vorhergehenden Kapiteln beschrieben haben, ist in Wirklichkeit immer das Loslassen: Loslassen des Kokons und sich der Energie und dem Raum öffnen. Bevor wir weitergehen, ist es vielleicht zweckmäßig, die Reise, die wir bisher beschrieben haben, kurz zusammenzufassen. Zuerst haben wir direkt und ehrlich den Kokon ins Auge gefaßt, seine Härte und Sprödigkeit gespürt und erlebt, wie er uns von unserer Lebensenergie und der der großen Welt isoliert. Die Grundeigenschaft des Kokons ist, uns unter Druck zu setzen, einzuschnüren, dafür zu sorgen, daß wir uns klein und hart fühlen – all dies aus Angst vor der Energie und dem Raum. Der Kokon ist harter Raum, ein Energieknoten, geronnen in unseren Muskeln, geronnen in unseren Empfindungen und geronnen in unseren Gedanken. Die einzige Möglichkeit, aus diesem geronnenen Raum auszubrechen, ist, ihn ins Auge zu fassen, die starke Angstenergie zu empfinden, die ihn aufbaut, diese Energie zu nutzen, um in die Angst hineinzuspringen, und angstlos auf dieser Energie zu »reiten«.

Bei jeder Etappe der Reise lassen wir eine weitere harte Schicht des Kokons los und öffnen uns zunehmend. Je mehr sich die Achtsamkeit entwickelt, desto mehr spüren wir den Raum unserer Umgebung und die reine Kraft unserer Emotionen. Sobald wir damit aufhören, unsere emotionale Energie zu bewerten und in den Griff zu bekommen, entdecken wir die tiefen Empfindungen der Freude und Trauer im Herzen. Wenn wir es dann zulassen, unser Herz zu spüren und unser Urvertrauen zu entdecken, haben wir die Möglichkeit, loszulassen und den ersten Eindruck und die Jetztheit zu erleben. Wir sind dann imstande, lockerzulassen, uns in einen weiteren Raum fallenzulassen und die größere Energie zu spüren, die durch uns hindurchflutet, ohne daß wir sie unterdrücken, kontrollieren und wieder ausspucken müßten. Wir sind in der Lage, diese Energie im weiten Raum unseres Herzbewußtseins aufzunehmen. Wir sind bereit, sogar noch einen Schritt weiterzugehen – uns aufzurichten, der Energie der Welt um uns herum zu begegnen und sie an uns zu ziehen, so daß wir auch anderen helfen können.

Praktische Anleitungen

1. Dem Himmel und der Erde trauen

Gehen Sie in Ihren Garten, einen Park oder auf ein Feld hinaus. Legen Sie sich mit dem Rücken auf die Erde, die Beine leicht gespreizt, die Arme waagrecht ausgestreckt, Handflächen nach oben. Entspannen Sie Ihren Körper nun Schritt für Schritt, vom Scheitel bis zur Sohle. Spüren Sie, wie Sie sich in die Erde hinein auflösen. Spüren Sie, wie die Erde Sie trägt und hält. Stehen Sie jetzt wieder auf. Stellen Sie sich fest auf die bloße Erde, die Beine gespreizt etwa bis zu Schulterbreite, die Arme entspannt und seitlich herabhängend, wie wenn Sie ein starker Baum wären. Stellen Sie sich vor, sie schickten Wurzeln tief in die Erde hinab. Entspannen Sie Ihren Körper völlig. Spüren Sie die Festigkeit und Verläßlichkeit der Erde. Lassen Sie sie Ihr Gewicht tragen und Sie halten. Spüren Sie jetzt den Himmel über sich. Spüren Sie die Offenheit und Weite des Himmels. Spüren Sie die kraftvolle, lebendige Qualität des Raums über sich und rings um sich. Während Sie so dastehen, spüren Sie die Stärke Ihres Kopfes und Ihrer Schultern, als ob Sie von der Erde bis zum Himmel hinaufreichten. Spüren Sie, wie Ihr Körper, wie der starke Eichbaum, Himmel und Erde verbindet.

2. Wahrnehmungen und Interpretationen entdecken

Setzen Sie sich in einen öffentlichen Raum, zum Beispiel ein Café oder einen Wartesaal. Denken Sie an Ihre Bewußtheits- und Achtsamkeitsübung. Entspannen Sie sich und blicken Sie mit offenen Augen und Ohren um sich. Achten Sie auf die Einzelheiten in Ihrer Umgebung – Farben, Formen, Gegenstände, Menschen. Was ist die erste Einzelheit, die Ihnen bei jedem Menschen, den Sie sehen, auffällt? Das abgerissene, rote Jackett mit dem auf der linken Schulter aufgedruckten Adler, das dieser junge Mann anhat? Das Zucken im rechten Auge der älteren Dame, die dort Kaffee trinkt? Achten Sie darauf, wie rasch Sie stets über die erste Einzelheit urteilen: »Diese Jacke ist schmutzig und häßlich.«

»Was stimmt mit ihrem Auge nicht?« Achten Sie auf die lebendigen Details und Ihre Interpretationen, aber bewerten Sie keines von beiden!

Fassen Sie als nächstes alles mit einer bestimmten Farbe ins Auge – Blau oder Rot oder sonst eine Farbe Ihrer Wahl. Sehen Sie die Farbe rein als Farbe oder beschreiben Sie sie sofort mit Ihrem zweiten Eindruck (blau, aha, das ist die Farbe dieses Hutes, des Himmels, des Vogels)? Versuchen Sie nur die Farbe zu sehen, ohne den Gegenstand zu benennen.

Spazieren Sie jetzt eine Straße hinunter und beobachten Sie alles, so gut Sie können. Versuchen Sie, nur zu sehen, ohne die Gegenstände zu benennen. Beobachten Sie, wie Sie, von einer einfachen Beobachtung ausgehend, sofort zu interpretieren anfangen und sich eine Geschichte ausdenken. Versuchen Sie, die Lücke zwischen dem, was Sie sehen, und dem, was Sie denken – der Interpretation der einfachen Wahrnehmung – festzustellen.

3. Mit dem ersten Eindruck spielen

Legen Sie ein leeres weißes Blatt Papier auf den Tisch vor sich. Kommen Sie zur Ruhe, indem Sie für eine Weile bewußtes Atmen üben. Halten Sie einen Stift etwa 30 Zentimeter übers Papier, entspannen Sie sich und blicken Sie ruhig auf das leere Blatt. Sie wollen mit Ihrem Stift einen Punkt aufs Papier setzen, wissen aber noch nicht genau, wann, und wollen es nicht bewußt und absichtlich tun. Bleiben Sie so sitzen, den Arm erhoben, den Stift mit der Spitze nach unten, ganz bereit. Warten Sie so! Plötzlich wird Ihr Arm nach unten gehen, und der Punkt ist auf dem Papier. Achten Sie auf den Moment, wo das Zeichen erscheint! »Der erste Eindruck ist der richtige.«

4. Loslassen üben

Strecken Sie beide Arme vor sich aus, entspannt, am Ellbogen angewinkelt, die Hände offen, Handflächen nach oben. Drücken Sie jetzt die Hände fest zur Faust zusammen. Öffnen Sie dann die Finger allmählich, bis Ihre Hände ganz offen sind, als ob Sie jemandem ein Geschenk überreichen oder einen Schmetterling wegfliegen lassen wollten.

Ballen Sie nun wieder die Fäuste. Diesmal drücken Sie die Hände so fest zusammen, wie Sie können. Spüren Sie, wie Ihre Arm- und Schultermuskeln sich spannen. Lösen Sie jetzt Ihren Griff sehr schnell und öffnen Sie Ihre Hände ganz. Machen Sie das noch einmal und drücken Sie noch fester. Denken Sie »fester, fester, fester«, dreißig Sekunden lang. Öffnen Sie dann plötzlich Ihre Hände wieder und denken dabei: »loslassen«. Während Sie loslassen, stoßen Sie vielleicht einen kleinen Seufzer aus oder ein sanftes »Ah«.

Machen Sie das noch einmal. Achten Sie diesmal auf Ihre Gemütsverfassung, während Sie fest zusammendrücken und dann wieder loslassen.

Steigt dabei eine Emotion aus Ihrem Kokon auf, etwa Eifersucht oder Ärger, stellen Sie sich dann vor, daß Sie diese Emotion in der geballten Faust halten. Halten Sie fest, noch fester, und lassen Sie dann los.

Stellen Sie sich schließlich vor, Sie hielten in Ihrer Hand Ihren wertvollsten und liebsten Besitz. Halten Sie fest, noch fester, lassen Sie los!

Halten Sie jetzt Ihre liebste Überzeugung fest – halten Sie fest, fester, lassen Sie los.

5. Düstere Empfindungen loslassen

Denken Sie an eine kürzlich erlebte Situation, in der Sie sich ängstlich, angespannt, beengt fühlten, die also düstere Gefühle hervorrief. Stellen Sie sich diese Situation jetzt vor, als ob sie sich vor Ihnen befände, auf einer Filmleinwand oder in einer »Lichtblase« (Sie können sich vorstellen, diese Blase sei eine Seifenblase und die von Ihnen vorgestellte Situation wie ein Hologramm in sie hineinprojiziert, wenn Ihnen das hilft). Untersuchen Sie jetzt die Szene genau, in allen Einzelheiten. Betrachten Sie die Menschen, die daran teilnehmen, hören darauf, was sie sagen, empfinden Sie noch einmal, was Sie in dieser Lage empfunden haben. Entspannen Sie sich sanft und lassen Sie sich ganz in die Situation hineingleiten.

Nachdem Sie die Szene vor sich aufgebaut und sich Ihre Empfindungen dabei deutlich ins Gedächtnis zurückgerufen haben, tippen Sie die Lichtblase an, so daß sie in tausend kleine farbige Lichtstücke zerplatzt. Sie schaden dabei keinem Menschen, der an dieser Situation beteiligt ist, sondern lösen nur die Situation selbst auf. Setzen Sie alle Bestandteile der Szene frei, vor allem auch Ihre schweren, düsteren Empfindungen. Genießen Sie den Tanz von Kräften und Farben, der dabei entsteht. Achten Sie auf den Kontrast zwischen der Dunkelheit und Schwere der ursprünglichen Szene und den lustig tanzenden Lichtblitzen. Es bringt Sie vielleicht sogar zum Lachen.

6. Aussenden und empfangen

Diese Übung ist eine Erweiterung der Übung zur Entwicklung von *maitri* (vgl. Kapitel 8). Sie beruht auf der buddhistischen Übung »Aussenden und Empfangen«. Wir senden dabei Wohlwollen zu anderen aus und nehmen ihren Schmerz in uns auf, wobei uns der Atem als Fahrzeug dient. Vielleicht haben Sie bei der *maitri*-Übung erlebt, daß Sie, als Sie Güte zu anderen ausstrahlten, an alles Leid der Welt denken mußten – das Leiden anderer Menschen in weniger glücklichen Ländern oder das Leiden eines kranken Freundes. Diese Übung wird Ihnen helfen, mit Ihrer Traurigkeit beim Erleben des Leidens anderer umzugehen. Normalerweise versuchen wir uns Leiden vom Leib zu halten, damit wir selbst glücklich bleiben. Die Übung beruht auf der grundlegenden Tatsache, daß wir alle miteinander verbunden sind und uns von dem Schmerz, den Sorgen und Schwierigkeiten anderer nicht abkoppeln können.

Die Übung selbst ist sehr einfach:

Nachdem Sie eine Weile versucht haben, *maitri* zu entwickeln, können Sie *maitri* beim Ausatmen ausstrahlen.

Beim Einatmen öffnen Sie sich, um das Leid und die Trauer der Welt in sich aufzunehmen. Lassen Sie all das Leiden, die

Angst, die Anspannung und Dunkelheit der in der Welt der untergehenden Sonne gefangenen Menschen in sich ein. Spüren Sie die damit verbundene Traurigkeit. Nachdem Sie eingeatmet haben, lassen Sie dieses Leiden einfach los. Übertragen Sie Ihre Aufmerksamkeit auf die Empfindung des Wohlwollens. Atmen Sie beim Ausatmen das prinzipiell Gute, Wohlwollen, Gesundheit und Güte aus Ihrem Herzen aus, für andere und für die ganze Welt.

Diese Übung ist eine Bestätigung der Tatsache, daß Sie wirklich nicht von anderen getrennt sind, daß das Leiden anderer Ihr eigenes Leid ist und daß Sie nicht Glück in sich selbst erzeugen können, falls Sie nicht bereit sind, sich auch auf das Leiden anderer einzulassen. Sie können sich nicht wirklich isolieren und vorgeben, die Traurigkeit der Welt gehe Sie nichts an. Lassen Sie also die Traurigkeit anderer in sich ein, ohne Schranken zu errichten, so wie ja auch Ihr Atem ganz natürlich einströmt, wenn Sie nicht versuchen, ihn anzuhalten. Im Austausch dafür senden Sie wieder Wohlwollen aus.

Diese Übung kann schwierig sein – vielleicht entwickeln Sie großen inneren Widerstand, das Leiden in sich einzulassen. Es beengt Sie vielleicht furchtbar. Doch Sie sind ja nicht an Ihre Trauer gebunden, da sie nur einen Atemzug lang in Sie eindringt. Beim Ausatmen entspannen Sie sich wieder und atmen wieder Güte aus. Ebenso können Sie auch an Ihre Freude nicht gebunden werden, da Sie beim Einatmen wieder Trauer ins Herz einlassen.

Die Übung zeigt Ihnen, daß Trauer und Freude untrennbar sind, da Ihr Ein- und Ausatmen Teil *eines* Atems sind, der wiederum Teil der Luft ist, die wir alle atmen. Trotzdem ist es besser, diese Übung nicht zu machen, bevor Sie sich entspannt haben und mit der Bewußtheitsübung und der Übung des Ausstrahlens von *maitri* gut vertraut fühlen.

Diese Praxis ist sehr wirksam, ja magisch. Sie hilft Ihnen, Ihre Ichbezogenheit loszulassen, und öffnet Ihr Herz für Traurigkeit, Freude und Hilfsbereitschaft anderen gegenüber. Sie ist ganz das Gegenteil zu der Übung, die manchmal in Selbsthilfebüchern angeraten wird, bei der man sich Güte aus der Welt holt und Leiden und schlechte Empfindungen abgibt. Der Dorje Dradul sagte einmal zu einer Gruppe Shambhala-Schüler: »Geben Sie der Welt Ihre Gesundheit, und Ihre Neurosen behalten Sie für sich.«

10. DAS SPORNEN DES WINDPFERDES

Durch die Praxis des Shambhala-Kriegers lernen Sie positive Energie aufzurufen und anzuziehen und sie an andere abzustrahlen. Durch Ihre Achtsamkeitsübung und Ihr trauriges, zartes Herz erleben Sie Klänge, Anblicke und Energien, für die Sie vorher unempfänglich waren, und eine direktere Verbindung mit anderen und der Welt. Mit dieser neuen Entspanntheit und Offenheit ist es möglich, sich ununterbrochen auf die lebendige Energiequelle, die um Sie herum und in Ihnen existiert, abzustimmen. In den Shambhala-Lehren heißt diese lebendige Energie »Windpferd«. Sie ist die Manifestation des prinzipiell Guten. Sie ist kraftvoll und edel wie ein Pferd, mächtig, schnell und unvorhersagbar wie der Wind. Wenn Sie aus dem Kokon heraustreten, können Sie auf dieser Energie »reiten«. Wenn Sie sich hoffnungslos in Ihrem Kokon eingesponnen fühlen, kann Ihnen die Verbindung mit dem Windpferd helfen, doch herauszutreten.

Der Wind versinnbildlicht die strahlende Lebensenergie um uns und in uns. Seine Bedeutung kommt dem chinesischen Ausdruck *chi* sehr nahe. Chi bedeutet buchstäblich Luft, Dampf, Atem, Äther, Energie. Chi ist auch ein Schlüsselbegriff der taoistischen und chinesischen Medizin. Nach taoistischer Auffassung ist Chi die Lebensenergie, die Lebenskraft, der kosmische Geist, der alles durchdringt und belebt. Chi ist synonym mit Urenergie. Viele Völker der Erde benutzen den Begriff »Wind«, um die universelle Lebensenergie zu symbolisieren. Er bezeichnet Kräfte, die normalerweise nur an ihren Wirkungen erkannt werden können.

Nach dem Glauben der Navajo hat jeder sichtbare Gegenstand der Welt auch einen unsichtbaren Aspekt. Diese unsichtbaren Aspekte nennen sie »heiliges Volk«. Es gibt das Gebirgsvolk, Sternenvolk, Flußvolk, Regenvolk, Maisvolk usw. Dieses »heilige Volk« ist Sinnbild für das Bewußtsein in allen Dingen, das die Navajo den »heiligen Wind« (*nilch'i*) nennen. Bei Menschen heißt dieser unsichtbare Aspekt »der Wind im Menschen« (*nilch'i hwii'siziini*). Nach den Navajo sind diese »heiligen Winde« keineswegs voneinander getrennt. Sie sind alle Teil eines Windes, und die Lebensenergie des Windes durchströmt auch die scheinbar undurchdringlichsten Gegenstände.

Das Pferd versinnbildlicht die Tatsache, daß der Mensch auf der Windenergie »reiten« kann. Es handelt sich dabei nicht um eine abstrakte philosophische Idee oder einen sentimentalen religiösen Glauben, sondern das Erlebnis kann zur aktuellen Erfahrung jedes Menschen werden. Die Anmut und Kraft des Pferdes gab dem Menschen früher die Fähigkeit, über große Entfernungen zu reisen – es war wie Fliegen vor der Erfindung des Flugzeugs. Oft ist das Pferd auch ein heiliges Symbol gewesen, laut dem Dorje Dradul für »wilde Träume der Menschen, in denen sie ein wildes Tier fangen. Wenn ein Mensch den Wind, eine Wolke, den Himmel fangen wollte, wenn jemand auf den Bergen reiten oder im Wasserfall tanzen wollte – so wurde all das durch das Symbol des Pferdes verkörpert.«

Der Dorje Dradul beschreibt das Windpferd folgendermaßen: »Das Windpferd zu spornen heißt, einen Wind der Freude und der Kraft freizusetzen und auf dieser Energie zu reiten oder sie zu erobern. Solch ein Wind kann mit großer Kraft wehen, wie ein Wirbelsturm, der Bäume und Häuser umreißt und im Wasser haushohe Wellen aufwirft. Das Erleben dieses Windes ist die Empfindung, vollständig und kraftvoll im Jetzt zu sein. Das ›Pferd‹ bedeutet, daß man trotz der Kraft dieses großen Windes doch auch Festigkeit verspürt. Niemals verliert man durch Aufregung oder Depression den Boden unter den Füßen. Man reitet auf der Energie des eigenen Lebens. So ist das Windpferd nicht nur reine Bewegung und Geschwindigkeit, sondern auch praktische Klugheit und Unterscheidungsvermögen, natürliche Geschicklichkeit.«

Die Energie des Windpferdes ist überall auf der Erde bekannt, auch wenn sie nicht unter diesem Namen läuft. Die Grundlage des Charismas zum Beispiel ist eine Verbindung mit dem Windpferd. Viele Kulturen sprechen von dieser Energie. Im Arabischen beispielsweise ist sie als *Baraka* bekannt, »eine Art Charisma oder geistige Elektrizität, eine Kraft, die dem Empfänger Energie verleiht, auch wenn er wieder ins weltliche Leben und zu irdischen Zielen zurückkehrt«.

Mihaly Csikszentmihalyi, ehemaliger Dekan der psychologischen Fakultät der Universität Chicago, hat sein Leben lang »Windpferd-Erfahrungen« erforscht, nur daß er solche Momente »Optimalerlebnisse« oder Erlebnisse des »Strömens« nennt. Die Menschen berichten dabei, daß bei solchen Erlebnissen ihr Leben, wenigstens augenblicksweise, »erfüllt« zu sein scheint. Csikszentmihalyi interviewte Tausende gewöhnlicher Menschen der verschiedensten Berufe.

Eine der Interviewten, eine Tänzerin, beschrieb ihr Erlebnis beim Tanzen folgendermaßen: »Plötzlich kommen große Gelassenheit und Ruhe über mich. Ich habe kein Lampenfieber mehr. Unheimlich kraftvoll und warm fühlt sich das an. Ich möchte fliegen, die Welt umarmen. Ich empfinde gewaltige Kräfte, etwas Schönes, Wunderbares zu tun.« Ein anderer Tänzer sagte: »Du bist völlig konzentriert. Deine Gedanken wandern nicht, du denkst an nichts anderes. Du bist ganz bei dem, was du tust... Deine Energie strömt nur so. Du fühlst dich entspannt, angenehm und energiegeladen. «

Ein Kletterer berichtete: »Du bist so konzentriert auf das, was du tust, daß du eine Einheit mit deiner Tätigkeit bildest.« Ein anderer Kletterer sagte: »Eine Sache, die du immer wieder erleben möchtest, ist die ungeheure Konzentration. Du kannst dich mit deinem Ich auf alle möglichen Arten mit dem Klettern befassen, und das ist nicht notwendigerweise erhellend. Aber wenn die Dinge automatisch ablaufen, wird die Sache irgendwie ichlos, irgendwie tust du das Richtige, ohne daß du darüber nachdenkst oder überhaupt etwas tun mußt... Es geschieht einfach. Und trotzdem bist du konzentrierter als sonst.«

Diese Beschreibungen enthalten die Merkmale des Windpferdes: die Synchronisation von Bewußtsein und Körper, so daß Gedanke und Tat eins sind; Entspannung und Ruhe, kombiniert mit einer Empfindung von Kraft, Freude und Wärme anderen gegenüber; und das Verschwinden eines separat beobachtenden Ichs.

Csikszentmihalyis Arbeiten zeigen, daß solche Augenblicke echter Kriegerschaft nicht selten und nicht etwa nur auf die Fortgeschrittensten beschränkt sind, sondern im Leben vieler Menschen auftreten. *Aber ob sie zufällig oder durch eigene Bemühung auftreten, das hängt davon ab, daß wir üben.* Csikszentmihalyi betont, das wesentliche Element, das Schwung und »Strömen« in unser Leben bringt, sei die Herrschaft über das Bewußtsein.

»Unser Lebensgefühl und unsere Lebensfreude hängen letzten Endes davon ab, wie unser Bewußtsein die alltäglichen Erfahrungen filtert und interpretiert. Ob wir glücklich sind, hängt von der inneren Harmonie ab, nicht von der Herrschaft, die wir über die Naturgewalten ausüben. Natürlich sollten wir weiter danach streben, die Natur zu beherrschen, da unser Überleben davon abhängen kann. Doch solche Beherrschung der Natur trägt nicht das Geringste dazu bei, wie wir uns als Menschen fühlen, oder dazu, das Chaos der Welt, das wir heute erleben, zu reduzieren. Um das zu tun, müssen wir lernen, unser Bewußtsein zu beherrschen.«

Kurz vor seinem Tod wurde der Pianist Artur Rubinstein von Mike Wallace interviewt. Wallace fragte ihn, ob er, angenommen, das Bewußtsein sei mit dem Gehirn identisch, traurig sei, daß sein wunderbares Talent bei seinem Tod unwiederbringlich verlorengehe (wirklich eine sonderbare Frage!). Rubinstein erwiderte, über den Tod oder das Gehirn wisse er nichts. Aber er wisse, daß immer, wenn er spiele, etwas Spürbares von ihm ausgehe, das die Zuhörer berühre und erhebe. Er spüre durch dieses Etwas, daß er direkt mit seinen Zuhörern kommuniziere. Rubinstein sprach gewiß nicht nur über die physikalische Übertragung von Tönen durch die Luft. Er beschrieb die Kraft des Windpferdes.

Aber das Windpferd beschränkt sich nicht auf besondere Momente optimalen Erlebens von Freude und Erfüllung. Es ist eine Energie, die Sie wahrscheinlich selbst schon sehr häufig erlebt haben, noch bevor Sie etwas vom Windpferd gehört hatten. Windpferd unterscheidet nicht zwischen Präsidenten und Bankangestellten, Männern und Frauen, Obdachlosen und Millionären. Windpferd steht Ihnen zur Verfügung, sobald Sie sich mit ihm verbinden wollen, selbst in den dunkelsten Momenten der Furcht und Depression. Jeder kann es springen lassen, der bereit ist, seine ichbezogenen Sorgen loszulassen und sich ihm mit Kühnheit und Humor zu öffnen. Selten jedoch weiß jemand, wie man diese Energie spontan weckt und steigert. Das »Windpferdspornen« ist die Übung, sich dieser Energie absichtlich zu öffnen und sie im eigenen Wesen zu erwecken.

Versuchen Sie einmal, sich in Ihrem Sessel zusammenzukrümmen, Ihre Schultern so weit vorzuschieben, daß Sie Herzbeschwerden bekommen, Ihren Blick einen Meter vor sich auf den Boden zu heften und ein paar Momente so zu bleiben. Wie fühlen Sie sich jetzt? Wahrscheinlich nicht gerade gut. Setzen Sie sich jetzt wieder aufrecht hin, nicht angelehnt, heben Sie Ihren Blick wieder und richten Sie ihn nach vorn und schräg nach oben. Stellen Sie sich vor, irgend etwas ziehe sanft oben an Ihrem Kopf, so daß sich Kopf, Schultern und Rumpf sehr kräftig und erhoben fühlen. Bleiben Sie ein paar Augenblicke so! Hat sich Ihre Stimmung geändert? Fühlen Sie sich positiver, weniger deprimiert und niedergeschlagen? Wechseln Sie zwischen diesen beiden Haltungen ein paarmal ab, und Sie werden die dadurch hervorgerufenen Stimmungsunterschiede deutlich empfinden. Die erhobene, positive, energiegeladene Empfindung der aufrechten Haltung ist ein Vorgeschmack von Windpferd.

Um das Windpferd zu spornen, brauchen Sie Wagemut. Sie können es nicht, wenn Sie lieber in Ihrem Kokon bleiben. In diesem Fall fühlt sich die Energie des Windpferds eher scharf und bedrohlich an. Denn das Windpferd kümmert sich nicht um die Bequemlichkeit des Ichs. Am besten versuchen Sie gar nicht, das Windpferd zu spornen, ehe Sie nicht das Gefühl haben, die Bewußtheits- und Achtsamkeitsübung gut begriffen zu haben.

Sobald Sie aber keine Angst mehr vor dieser Energie haben, können Sie das Windpferd auf der Stelle spornen. Sie brauchen keine Zeit dazu, Sie brauchen sich nicht darauf vorzubereiten.

Wo Sie sind, in welcher Gemütsverfassung auch immer, jetzt, im Augenblick, können Sie das Windpferd spornen. Das Windpferd ist Ihr Kraftquell. Und wenn Sie es spornen, finden Sie Ihren heiligen Raum und begegnen, von dort ausgehend, der Welt. In welchen Umständen Sie sich auch befinden: Wenn Sie das Windpferd spornen und sich dadurch mit dem Energievorrat der Welt verbinden, strahlen Sie Güte und Hilfsbereitschaft aus Ihrem Herzen zu anderen aus.

Es ist aber wichtig, darauf zu vertrauen, daß der Ort, an dem Sie sich gerade befinden, sowohl physisch als auch psychisch ein guter und brauchbarer Ort für das Windpferd ist. Denken Sie nicht, Sie müßten etwas anderes tun oder irgendwoanders hingehen. Vertrauen Sie darauf, daß es richtig ist, wo Sie gerade sind und was Sie gerade tun. *Jetzt* ist der beste Augenblick. Es ist der einzige Augenblick, den wir haben.

Auch brauchen Sie nicht zuerst mit Ihren Stimmungen aufzuräumen, egal welchen – Schreck, Begeisterung, Langeweile, Angst, Neugierde, Ungewißheit oder Vertrauen. Sind Sie von Sorgen über Ihre Vergangenheit, altes Unrecht, gegenwärtige Seelenzustände und -tendenzen erfüllt, so lassen Sie diese Sorgen einfach, wie sie eben sind. Vielleicht wollen Sie das Windpferd spornen, weil Sie sich in einer schrecklichen äußeren Situation befinden, ein schwieriges Einstellungsgespräch vor sich haben oder sich mit einem wütenden Chef oder Ex-Freund treffen müssen. Vielleicht steigt irgendeine Angst oder ein Zweifel in Ihnen auf, der Ihr Selbstvertrauen bedroht, und Sie halten in Ihrer Angst nach Hilfe Ausschau. Aber genau dafür ist diese Übung bestimmt, und es besteht kein Grund für Sie, sich vor Ihren Ängsten zu verstecken.

Damit Sie einmal etwas von den Eigenschaften und der Energie spüren können, die sich aus dem Spornen des Windpferds ergeben, schlage ich Ihnen eine einfache Übung vor, die Ihre Intuition und schöpferische Phantasie trainiert. Doch wie man das Windpferd spornt, läßt sich nur durch persönliche Anleitung übermitteln, nicht durch ein Buch. Man kann die Magie einer Übung durch Schreiben nicht voll übertragen, da es sich um eine lebendige Energie handelt, die weitergegeben werden muß,

234

nicht um eine bloße Vorstellung. Dasselbe gilt für jede Übung, von der Sitz-Meditation über Heilungen und Gitarrespielen bis zum Lernen, wie man ein Lagerfeuer anzündet – lebendige, menschliche Weisheit läßt sich nur direkt von einem lebendigen Menschen erlernen. Doch wenn Sie diese Übung mit offenem Verstand und Herzen durchführen, kann Ihnen das helfen, das Windpferd auf direkte und natürliche Weise zu spornen.

Das Windpferd spornen

Eine hockende Haltung, die aus der japanischen Überlieferung spiritueller Kriegerschaft stammt, ist günstig, um das Windpferd zu spornen. Hocken Sie sich auf die Fersen, die Fußspitzen flach auf dem Boden, und lassen Sie Ihre Handflächen mit auswärtszeigenden Ellenbogen auf den Oberschenkeln ruhen. Gelingt Ihnen diese Stellung nicht, so tut es auch ein Meditationskissen oder ein Stuhl mit gerader Lehne, und Sie können mit dieser einfachen Empfindungs- und Visualisierungsübung beginnen.

Bevor Sie Ihr Windpferd spornen, machen Sie sich noch einmal klar, an welchem großen Erbe Sie hier Anteil haben, einem sehr gewichtigen Erbe voller Kraft und Humor, und wie Sie zu diesem Erbe stehen. Diese Übung ist vom Dorje Dradul nicht erfunden oder einfach zusammengebaut worden, um dem letzten psychologischen Trend isolierter, persönliche Erfüllung suchender Individuen zu entsprechen. Wir sind Teil einer großen Gemeinschaft von Kriegern, die sich in die Vergangenheit zurück und in die Zukunft vorwärts erstreckt. Es könnte sogar sein, daß Krieger der Vergangenheit uns zusehen, wie wir unser Windpferd spornen, und uns dabei Mut zusprechen.

Richten Sie nun Ihren Körper gerade auf. Spüren Sie, wie stark und aufrecht Ihr Kopf und Ihre Schultern sind, wie wenn sie bis zum Himmel reichten. Richten Sie auch Ihr Rückgrat auf und spannen Sie es wie eine Bogensehne, aber nicht so sehr, daß es steif wird. In Ihrer Brust bleiben Sie weich, Ihr Herz ist offen. Stellen Sie sich vor, Sie seien von lebendiger Energie ringsherum und über sich umgeben. Spüren Sie die Kraft dieser Energie. Sie besitzt Tiefe und Reichtum, sie vibriert. Sie empfinden jetzt die tiefsten Eigenschaften der Dinge. Diese Empfindung ist liebevoll, umfassend und voll großer Sympathie für die Erde und alles Sein, aber sie ist auch rasiermesserscharf und zerschneidet Aggression und Haß.

Um Ihr visuelles Bild zu unterstützen, können Sie sich vielleicht vorstellen, daß diese Energie einen schwachgoldenen Rand besitzt wie die Morgenröte, obwohl sie eigentlich farblos ist. Es ist eine lebendige Energie – warm und zitternd. Vor und etwas über Ihnen ist sie besonders stark, wie wenn Sie zu einem Meisterkrieger aufblickten, der auf einer Plattform sitzt und mit einem warmen, liebevollen Ausdruck auf Sie niedersieht, Sie jedoch genau und mit scharfer, kompromißloser Wachsamkeit bis ins Innerste durchschaut. Stellen Sie sich nun vor, diese Energie stiege herab und umhüllte Sie. Sie ist vollkommen wirklich. In dem Sie umgebenden weiten Raum befindet sich endlose, lebendige Energie, die Sie zu sich herabrufen können, *weil Sie ein Teil von ihr sind.*

Während Sie nun spüren, wie die Energie zu Ihnen herabsteigt, steigen Sie selbst ihr entgegen – Sie erheben Ihre Haltung, Ihre Energie und Ihre Stimmung, wie wenn Sie voll Sehnsucht zu ihr hinaufkommen wollten. Man hat einmal gesagt, das Spornen des Windpferdes sei wie die Begegnung der Wachsamkeit eines Menschen mit der Wachsamkeit der Welt. Spüren Sie jetzt Ihr Herz, das voller Zuneigung, Zärtlichkeit und Freundlichkeit ist. Sie brauchen sich dabei keineswegs feierlich und fromm vorzukommen. Das Spornen des Windpferdes ist im Gegenteil ein Weg, sich aufzuheitern. Spüren Sie jetzt (stellen Sie es sich vor), daß die Kraft um Sie herum »reifer« wird und Sie allmählich überwältigt. Lassen Sie Verstand und Herz in diese Energie eingehen. Jetzt ist keine Zeit mehr, sich noch lange aufs Loslassen vorzubereiten. Lassen Sie spontan los, wie Sie bei der Sitz-Meditation Ihre Gedanken loszulassen gelernt haben. Lassen Sie Ihr Gefühl der Getrenntheit los, des Eingeschlossenseins in Ihren Körper, jeder Unzulänglichkeit und jedes psychologischen Defizits. Lassen Sie einfach los, mit einem Mal!

Während Sie loslassen, empfinden Sie, daß Sie auf Energiewellen »reiten«. Ihre Körperzellen sind von den Luftzellen darum herum nicht mehr getrennt, und die Luftzellen um Sie herum sind von den Energiezellen der Kraft, die da herabsteigt und Sie erfüllt, nicht mehr getrennt. Sie sind mit der ganzen Welt verbunden. Spüren Sie, daß Sie mit diesem Ozean an Energie verbunden und nicht davon getrennt sind. Die Energie ist wirklich. Sie können sich ihr öffnen und sie in Ihr System einlassen. Sie beschwören nicht irgend etwas herauf, im Gegenteil, Sie öffnen sich für etwas, was schon da ist, und lassen zu, daß es Sie öffnet. Vielleicht glauben Sie noch, Sie stellen sich das Ganze nur vor, aber diese Energie ist wirklich. Sie spüren sie in jenen plötzlichen, unerwarteten Augenblicken der Offenheit, die bei den Sitzübungen oder im Alltag auftreten. Und durch Ihre intuitive Empfindung und Imagination stimmen Sie sich darauf ein.

Richten Sie sich nun innerlich auf und schneiden Sie alle Zweifel und Bedenken ab. Sie können sich wie ein König oder eine Königin in Ihrer Welt fühlen, da Sie der Mittelpunkt Ihrer Welt sind. Wo auch immer Sie sind, empfinden Sie es als Ihren heiligen Platz, Ihren heiligen Palast. Ob Sie mitten auf einer Straße sind, in einem Appartement, in einer teuren Wohnung oder am Fließband oder zu Hause bei Ihren Eltern, dieser Platz ist heilig und der Mittelpunkt Ihrer Welt. Darin sind Sie König.

Während Sie so an Ihrem heiligen Platz sitzen, verbinden Sie sich wieder mit Ihrem ursprünglichen Herzen. Stellen Sie sich vor und spüren Sie, Sie seien ein König mit gebrochenem Herzen – voll Vertrauen und fröhlich, aber gleichzeitig wirklich. Aus Ihrem gebrochenen Herzen können Sie Güte und Wohlwollen zu anderen ausstrahlen und ihnen Heilung und Hilfe bringen. Aus Ihrem gebrochenen Herzen können Sie andere lieben und mögen und für sie sorgen, andere, die Ihre Mitkönige und -königinnen sind. Sie können Ihr Erlebnis der Energie, die zu Ihnen herabgestiegen und in Sie eingedrungen ist, ausweiten. Vergessen Sie sich selbst und »reiten« auf den Wellen der Energie, weiten Sie sich aus, weiter und weiter, und strahlen Freundlichkeit aus, so weit Sie können. Das ist der springende Punkt der ganzen Übung: Ihre Aggression und Angst zu durchschneiden, die gütige Kraft des ganzen Kosmos in Ihr Herz zu ziehen und dieses positive Gefühl wieder zu anderen auszustrahlen.

Ich habe diese Übung sehr ausführlich beschrieben, aber sie muß nicht unbedingt lange dauern. Sie können sie sehr rasch durchführen, wenn Sie an irgendeinem Sie beengenden Ort sind und das Windpferd eiligst spornen wollen.

Wir wollen diese Übung kreativen Fühlens und Vorstellens in einem kurzen Gedicht zusammenfassen, das Sie sich laut vorlesen können. Sie können es auch auf Band aufnehmen und abspielen und ihm dann in allen Einzelheiten folgen.

Spüre ringsum Energiekonzentration, die herabsteigt, dich
*   umhüllt und dich öffnet.*
Spüre Liebe, umfassend, heiß, energiegeladen.
Spüre deine Welt.
Spüre den weiten Raum, seine Kraft, seine Energie.
Spüre dich erhoben und richte dich innerlich auf – deine
*   Haltung, dein Gemüt.*
Spüre dein zärtliches, liebevolles Herz.
Jetzt spüre, daß die Energie reif ist und dich allmählich
*   überwältigt.*
Laß los und geh in sie hinein – mit einem Schlag.
Spüre, wie du auf den Energiewellen reitest.
Verbinde deine Körperzellen mit den Luftzellen und
*   Energiezellen*
Und fühle dich nicht mehr von der Welt getrennt.
Richte dich innerlich auf und zerschneide alle Gedanken,
*   daß du zu kurz gekommen bist,*
Spüre dich als König – oder Königin – in deiner Welt.
Spüre, wie du in deinem heiligen Palast lebst.
Spüre, wie du deine Mitkönige und -königinnen liebst,
*   sie magst und für sie sorgst.*
Weite jetzt das Energieerlebnis aus, weiter und weiter.
Das ist auf der Stelle möglich, im Augenblick. Hab nur keine
*   Angst.*
Geh nun wieder heraus und begegne deiner Welt,
Von deiner Kraftquelle, von deinem heiligen Ort aus.

Das Erlebnis des Windpferd-Spornens

Das Windpferd zu spornen ist keineswegs eine feierliche Übung. Bevor sie der Dorje Dradul einer Gruppe Shambhala-Lehrer erstmals vorstellte, hatte er sie schon ein paar Wochen vorher angekündigt. Man wartete mit Spannung darauf. Als es soweit war, begaben wir uns in Gruppen zu je fünf in sein Meditationszimmer. Die anderen warteten draußen in der Halle. Vielleicht hatten wir eine Sensation erwartet, denn immer, wenn eine Gruppe wieder herauskam, waren die in der Halle ganz perplex, wenn sie sahen, daß die Leute kicherten oder laut lachten. Als wir schließlich den Meditationsraum betraten und die Lektion selbst entgegennahmen, kam sie uns außerordentlich bedeutsam und doch ganz einfach vor – fast naiv für so komplizierte Gemüter, die etwas ganz Anspruchsvolles erwartet hatten.

Die praktischen Auswirkungen erlebte ich 1978 zum ersten Mal, ein paar Monate, nachdem wir die Übung erlernt hatten. Als Vizepräsident des Naropa-Instituts führte ich die Kommission, die bei der staatlichen Zulassungsbehörde den Antrag auf Zulassung des Instituts stellte. Die erste staatliche Prüfungskommission war vier Tage im Institut gewesen und hatte ihren Bericht verfaßt, der mit den Worten begann: »Man muß das Naropa-Institut selbst gesehen haben, um glauben zu können, daß es so etwas gibt.«

Wir mußten nun auf diesen Bericht vor einem hohen, einschüchternden Prüfungsgremium in Chicago reagieren. Mehrere Tage vor unserer Reise hatten wir jeweils bis in die frühen Morgenstunden an unserer Dokumentation gearbeitet. Am Nachmittag vor der Abreise gingen wir zum Dorje Dradul in sein Büro. Dort führten wir mit ihm die Shambhala-Kriegerübung durch, die wir als den »Vertrauensstrich« bezeichnen – eine Methode, das Windpferd mit Pinsel, Papier und Tinte zu spornen, die wir im zwölften Kapitel beschreiben werden. Wir verbrachten eine Stunde dort, und das Windpferd im Zimmer wurde so dick, daß es fast zu greifen war – eine unglaubliche Energie- und Empfindungskonzentration. Als wir den Dorje Dradul verließen, lächelte er uns breit an und sagte: »Denkt an mich!« Ich nahm das als Hinweis auf das Windpferd, das wir an diesem Nachmittag gemeinsam erlebt hatten und an das wir denken sollten. In dieser Nacht war ich nach ein paar weiteren Vorbereitungsstunden vor nervöser Erwartung so erschöpft, daß ich den Rest der Nacht aufblieb und mir alle neun Beethoven-Symphonien und die Beatles und Janis Joplin obendrein anhörte. Ich war immer noch hellwach, als der Wagen, der uns zum Flughafen bringen sollte, vor der Eingangstür vorfuhr.

Wir waren eine von mehreren Dutzend Gruppen, die zur Prüfung antraten, und kamen schließlich am O'Hare Hilton Hotel in Chicago an, wo die Sitzungen stattfanden. Wir hatten uns ein Hotelzimmer gemietet, in dem wir uns ausruhen und vorbereiten konnten, und mußten noch ein paar Stunden warten. Alle waren wir sehr erschöpft. Die Strapazen waren uns auf den Magen geschlagen, oder wir hatten Kopfweh. Ob sich die Arbeit so vieler Menschen am Institut gelohnt hatte, hing jetzt ganz von uns ab. Die Verantwortung lastete schwer auf unseren Schultern.

Als es soweit war, hockten wir uns in Kriegerstellung auf den Boden und spornten das Windpferd gemeinsam. (Wir hatten die Tür abzusperren vergessen, und gerade als wir dabei waren, Windpferd zu spornen, hatte ich die komische Vorstellung, das Zimmermädchen käme herein und sähe vier erwachsene Männer, wie sie mit den Händen auf den Schenkeln und die Ellenbogen nach außen gebogen auf dem Boden hockten.) Wieder fühlte ich den Wirbel von Energie und Freude, wie wir ihn tags zuvor im Büro des Dorje Dradul hervorgerufen hatten. Er war so stark, fast wie ein Rausch, daß wir, als wir die Toilette aufsuchten, die falsche Tür nahmen und in einer Besenkammer landeten, ich selbst an der Spitze und der Rest des Teams hinter mir dreinstolpernd. Wir brachen vor Lachen fast zusammen, dort unter den Besen. Für einen Trupp Männer in den Dreißigern, die im Begriff waren, sich einer schweren Prüfung zu unterziehen, amüsierten wir uns prächtig. Doch ich spürte sehr deutlich, daß wir die Energie, die wir durch das Spornen des Windpferdes aufgerufen hatten, würden »reiten« können und nicht von ihr überwältigt werden würden.

Als wir den Prüfungsraum betraten, wies uns der Vorstand der ersten Kommission, die das Institut im Frühjahr besucht hatte, unsere Plätze an. Er war entschlossen, unseren Antrag zu unterstützen, doch blickte er ebenso besorgt drein wie ich selbst während der Tage der Vorbereitung. Um den riesigen ovalen Tisch saß etwa ein Dutzend Männer und Frauen mit imponierendem Aussehen – würdige Akademiker und schulmeisterliche Bürokraten. Doch waren sie freundlich und anscheinend ehrlich neugierig auf uns und unser Institut. Trotz unserer Müdigkeit und Nervosität waren wir dann alle sehr entspannt, scherzten mit den Prüfern und waren allen ihren Fragen gewachsen. Als das Gespräch vorbei war, konnten wir uns über das Selbstvertrauen und den Verstand, die wir bei der Sitzung bewiesen hatten, nur wundern.

Die Sitzung war ein Erfolg, und das Institut erhielt die Zulassung – die Wahrheit ist, daß wir das eben auch verdient hatten. Wir waren uns ganz sicher: Unser Erfolg war zu einem nicht geringen Teil der Tatsache zu verdanken, daß wir mit dem Windpferd in die Sitzung gegangen waren – locker, doch mit Selbstvertrauen und einem gewissen Humor – und die Energie unserer Nervosität hatten »reiten« können. Wir hörten später, noch Jahre danach hätten einige Mitglieder der Zulassungskommission ein ungutes Gefühl und den Eindruck gehabt, wir hätten die Besucherkommission und die Prüfer irgendwie an der Nase herumgeführt. Vielleicht hatten wir sie wirklich »überwältigt«: Denn wir besaßen die Kraft einer ehrlichen Überzeugung, einer gemeinnützigen Organisation, die hinter uns stand, und das Windpferd. Jetzt, nach zwanzig Jahren, pflegt die Behörde auf das Institut als ein Beispiel für ihre weit vorausschauende Politik hinzuweisen. Sie habe damals einer Hochschule die Zulassung erteilt, die jetzt im Erziehungswesen eine führende Rolle spiele und Studenten sowohl akademisch betreue als ihnen auch Hilfestellung fürs Leben gebe.

Jede Art Notsituation, ob groß oder klein, ist eine Gelegenheit, alle Bedenken beiseite zu schieben und das Windpferd zu spornen. Ted, Planungsingenieur in der kalifornischen Bay Area, sagt: »Ich versuche immer daran zu denken. Bevor ich die

Schwelle zu meinem Arbeitsraum überschreite, sporne ich das Windpferd. Meine Arbeit ist oft hektisch und schwierig. Während meiner Fahrt zur Arbeit muß ich oft schon daran denken, was mir tagsüber bevorsteht, und rege mich schon auf. Aber wenn ich, kurz bevor ich durch die Tür gehe, das Windpferd sporne, kann ich alle Bedenken und Ängste vom Tisch wischen und gehe frisch und munter hinein.«

Sally erzählt eine aufregende Geschichte, wie sie das Windpferd in einer schwierigen, spannungsgeladenen Situation spornte:

»Die letzten ein oder zwei Jahre war ich mit einer heiklen, komplizierten Gerichtssache in meiner Nachbarschaft konfrontiert. Betroffen war eine Familie von Drogenabhängigen, die einen sehr schlechten Einfluß auf ihre Nachbarn hatten. Da meine lange Ehe in einer Scheidung geendet hatte, weil mein Mann drogenabhängig geworden war und manchmal auch Drogen von diesen Leuten bezogen hatte, hatte ich in dieser ganzen Situation natürlich Riesenangst und auch großen Kummer. Auch spielten rassische Gesichtspunkte und soziale Spannungen eine Rolle, und da noch weitere Komplikationen auftraten, war es schon zu Verhandlungen vor kleineren Gerichten und vor der Berufungsinstanz gekommen.

Ich mußte eine schriftliche Erklärung über diese Leute und die Drogensituation im Viertel abfassen, die immer noch aktuell und sehr komplex ist, und sie dann laut vor Gericht verlesen. Während ich damit befaßt war, dachte ich lange darüber nach, was ich guten Gewissens sagen konnte und was nicht. Ich schwitzte Blut und Wasser über meinem Bericht, in dem nichts stehen sollte, was nicht wirklich wahr war. Es bedurfte erheblicher Entschlußkraft, das Ganze niederzuschreiben und dann vor Gericht aufzutreten, weil ich Angst davor hatte, öffentlich zu sprechen.

Niemals hatte ich vorgehabt, diese Familie ans ›Messer zu liefern‹. Es sind Leute, die fast mein ganzes Leben über in meiner Nähe gelebt haben. Zu welchen Exzessen sie ihre Sucht auch treiben mag, es sind doch Menschen. Ich hatte also irgendwie das Gefühl, ich stünde auf der Seite der Leute, die gerichtlich belangt werden sollten, da ich sie nicht haßte wie einige andere Leute in der Nachbarschaft. In gewisser Weise hatte ich mehr Verständnis für ihre schwierige Lage als ihre eigenen Verteidiger. Ich wußte, daß Süchtige sich einfach nicht mehr beherrschen können und selbst unter ihrem Verhalten leiden.

Während ich die anderen Zeugen beobachtete, wurde es mir abwechselnd kalt und heiß. Schließlich war ich an der Reihe. Ich war für diesen Tag der letzte Zeuge, es war schon fast Zeit für die Vertagung des Gerichts. Als der Richter schließlich meinen Namen aufrief, spornte ich das Windpferd, während ich aufstand und hinüberging, um meinen Eid abzulegen.

Meine Aussage war immer wieder von Momenten der Stille unterbrochen. Meine Worte schienen mir eher aus einer Art Leere als aus langer Überlegung zu kommen. Ich spürte, die Anwälte der Gegenseite lauerten nur darauf, mich bei einer emotionalen Verzerrung zu ertappen, um meine Aussage zerreißen zu können. Aber ihre eigenen Argumente arbeiteten gegen sie. Mir wurde klar, daß sie sich mein Verhalten nicht so richtig erklären konnten und Schwierigkeiten mit der Bewertung meiner Aussage hatten.

Ich bemerkte, daß ich, wenn ich mich nur einfach und klar verhielt, die Fallen, die die Anwälte mir stellen und womit sie mich unglaubwürdig machen wollten, ohne weiteres sehen und vermeiden konnte. Es gelang mir, klar und deutlich auszusagen. Die ganze Zeit über herrschte eine unglaubliche Weite und Spannung im Raum. Ich fühlte aber, wie diese Spannung allmählich nachließ, als die verschiedenen Aussagen sich immer wieder relativierten. Das Wichtigste für mich war vielleicht, daß ich auch die Verbindung meines süchtigen Mannes mit diesen Leuten ehrlich ansprechen konnte, ohne ihn, mich selbst oder sie zu demütigen, trotz der Versuche der gegnerischen Anwälte, mich zu irgendeinem emotionalen Ausbruch zu verleiten. Ich sprach klar, stellte den Fall gut dar und hatte das Gefühl, daß man mir zuhörte.

Als mich der Richter entlassen und das Gericht sich vertagt hatte, fuhr ich mit einigen meiner Nachbarn, die ebenfalls ausgesagt hatten, im Fahrstuhl hinunter. Sie dankten mir für meine

Aussage und sagten, ich hätte Dinge angesprochen, die sonst niemand berührt habe. Meine Arme und Hände zitterten noch. Draußen glänzte die Sonne auf dem See. Ich saß eine Weile in meinem Wagen in der Parkgarage und beruhigte mich, bevor ich die Heimfahrt antrat. Ich fühlte mich friedlich, erleichtert und erschöpft.«

Zu Zeiten, in denen Sie besonders bedrückt sind, etwa durch Müdigkeit, Ärger oder weil Sie kritisiert worden sind und sich zu nichts nutze fühlen, kann es erst recht hilfreich sein, das Windpferd zu spornen. Solche Augenblicke werden immer auftreten, gleichgültig, wie viele Jahre Sie schon dem Weg des Kriegers gefolgt sind. Zu solchen Zeiten empfinden Sie Ihre Niedergeschlagenheit dermaßen undurchdringlich schwarz, als ob Sie ihr für alle Ewigkeit ausgeliefert wären. Sie versuchen, Ihre Depressionen, Ihren Zweifel an sich und Ihre Angst vor der Zukunft zu analysieren, Sie versuchen, die Wurzel Ihrer schlechten Stimmung ausfindig zu machen, und glauben vielleicht, die Ursache in einem früheren Trauma feststellen zu können. Aber in solchen Augenblicken hilft das in der Regel nichts, obwohl innere Arbeit zu anderen Zeiten durchaus sinnvoll sein kann.

Spornen Sie in einer derartigen Stimmung das Windpferd, haben Sie zunächst kaum das Gefühl, daß sich viel geändert hat. Doch das Windpferd hat auf jeden Fall eine kleine Bresche in die Mauer geschlagen. Wenn Sie dann das Windpferd wieder und wieder spornen, werden Sie spüren, wie sich Ihre Stimmung doch allmählich hebt. Auf jeden Fall entdecken Sie, daß sie nicht undurchdringlich schwarz ist. Diese kleine Verschiebung, dieses kleine Schnauben des Windpferds kann der Beginn einer Aufheiterung und der Wiederentdeckung Ihres Mutes sein.

Mit dem Windpferd ist ein Zauber verbunden. Dieses »vierbeinige Wunder« gibt Ihnen Kraft, den Sprung von der Feigheit zur Kühnheit zu tun. So wie Ihre Achtsamkeit, wenn Sie auf Glatteis ausrutschen, plötzlich und vollständig da ist, unterbricht Windpferd Ihre Tagträume und Grübeleien plötzlich und mit einem Schlag. Die Windpferdenergie schlägt eine Bresche in den stetigen Strom der Sonnenuntergangsgedanken und bringt Sie in die Gegenwart zurück. Das fühlt sich an, als ob Sie eine

Spritze bekommen oder einen plötzlichen Schock erlebt hätten, oder wie wenn Sie einer einfachen Wahrheit, die keiner Worte bedarf, gegenübergestellt würden.

Und doch ist das Spornen des Windpferds kein absichtlicher Trick. Nie können Sie sich spektakuläre Wirkungen davon erwarten. Die unmittelbare Wirkung ist keineswegs sensationell. Sie fühlen sich vielleicht enttäuscht, weil überhaupt nichts passiert ist, Sie haben vielleicht weiter Angst, auch wenn Sie sich schon ein bißchen besser fühlen. Manchmal haben Sie wirklich den Eindruck, am Boden zerstört zu sein. Es wird Sie überraschen, daß das Spornen des Windpferds so auf Sie wirkt, daß Sie sich demütig fühlen, fast unsicher und dennoch stark. Es ist also nicht unbedingt eine sensationelle Erfahrung, aber kraftvoll ist sie immer. Und in so einem Zustand sieht dann Ihre Welt schon ganz anders aus.

Susan, langjährige Schauspielerin, erzählt, sie habe das erste Mal, als sie das Windpferd spornte, einen unglaublichen Schock empfunden, wie wenn ihr Innerstes nach außen gekehrt und ihr Herz bloßgelegt worden wäre. Sie schreibt:

»Ich fühlte mich stark, wie die Königin der ganzen Welt. Ich hatte ein solches Vertrauen zu mir. Zugleich empfand ich Schrecken über dieses Vertrauen ohne Maske. Ich hatte Selbstvertrauen, war aber offen und verletzlich. Das erinnerte mich stark an meine Auftritte als Schauspielerin. Ich konnte die Rolle einer Königin oder irgendeines ungewöhnlichen Charakters übernehmen und fühlte mich wohl, wenn ich mich in die Kraft dieser Rolle hineinversetzte. Beim Spiel empfand ich, wie mir die Wirklichkeit dieser Rolle Kraft zuführte und sich mir mitteilte. Doch das Spornen des Windpferdes ist zuerst schrecklich, weil es keine befristete Rolle wie beim Schauspiel ist, die man nur erkundet. Es ist das direkte und schockierende Erlebnis der Ursprünglichkeit.«

Aber das Auf und Ab der Erlebnisse bei dieser Übung ist nicht wirklich wichtig. Wenn Sie vorläufig noch niedergeschlagen sind, bedeutet das nicht, daß Sie etwas falsch gemacht haben. Wenn Sie das Windpferd regelmäßig spornen, besonders wenn Sie sich in Ihrem Kokon gefangen fühlen, werden Sie doch allmählich das Gefühl bekommen, daß etwas in Sie eindringt und sich in Ihnen ansammelt. Das Windpferd zu spornen ist eine Übung, die aus der heiligen Welt stammt. Wenn Sie sie regelmäßig durchführen, werden dem ersten kleinen Riß in Ihrem Kokon viele andere folgen. Die Wände werden dünner. Allmählich wird es Ihnen immer leichter fallen, in die Welt der Heiligkeit und der Großen Östlichen Sonne hinauszutreten. Wie schrecklich Ihre äußeren Umstände oder Ihre Emotionen auch sein mögen, wie tief in Ihren Kokon verstrickt Sie auch zu sein glauben, die mächtige Energie des Windpferds steht Ihnen stets zur Verfügung.

11. Einladung der Dralas

Im dritten Kapitel habe ich die Dralas als lebende Kraft- und Weisheitslinien der Welt beschrieben, mit denen Sie Verbindung aufnehmen können, wenn Sie Verstand und Herz für sie öffnen. Sobald Sie die Grenzenlosigkeit und Tiefe Ihres eigenen Erlebens spüren, erkennen Sie, daß die Energie und Weisheit der Welt nicht grundsätzlich von Ihrer eigenen Energie und Weisheit getrennt sind. In diesem Kapitel werden wir ausführen, wie Sie sich in der Praxis mit den Drala-Energien Ihres Lebens und Ihrer Umwelt verbinden können. Um sich mit der lebendigen Energie Ihrer Welt zu verbinden, müssen Sie loslassen und die tote Welt Ihres Kokons verlassen. Sie müssen bereit sein, sich über alle ich-zentrierten Bedürfnisse hinwegzusetzen. Daher sind die Übungen der Bewußtheit und Achtsamkeit und das Spornen des Windpferds die Grundlage, um sich mit den Dralas zu verbinden. Durch diese Übungen lassen Sie Ihren Kokon immer mehr los und entwickeln eine gewisse Ichlosigkeit.

Der Dorje Dradul schreibt:

»Die Kriegerausbildung bedeutet, daß man lernt, im prinzipiell Guten, in einem vollkommenen Zustand der Einfachheit zu verharren. In der buddhistischen Überlieferung wird dieser Zustand ›Ichlosigkeit‹ genannt. Ichlosigkeit ist auch in den Shambhala-Lehren von großer Wichtigkeit. Es ist unmöglich, ein Krieger zu sein, solange Sie die Ichlosigkeit nicht erlebt haben. Ohne Ichlosigkeit wird Ihr Bewußtsein immer mit Ihrem Ich, Ihren persönlichen Plänen und Vorhaben erfüllt sein. Statt sich um andere zu kümmern, sind Sie dann mit Ihrem eigenen Ich beschäftigt. Der Ausdruck ›er denkt nur an sich‹ bezieht sich auf diesen Hochmut und falschen Stolz.«

Die Ichlosigkeit zu erleben heißt nicht, daß Sie einen Zustand erreicht hätten, in dem Sie auf Dauer kein Ich mehr besäßen, selbst wenn das möglich oder auch nur erwünscht wäre. Es heißt vielmehr, daß Sie erkennen, wie unbeständig und diskontinuierlich Ihr Ich ist. Besitzen Sie aber auch nur ein wenig Ichlosigkeit, so ist das Leben in der Welt kein Kampf mehr, sondern ein Tanz. Sie sind dann imstande, sich Ihrem ersten Eindruck zu öffnen, Sie werden plötzlich wach, Sie leben im Jetzt. Die Dralas können nur durch die Lücke der Jetztheit, die sich zwischen Gedanken, Dingen und Ereignissen auftut, eindringen.

Das japanische Wort *ma* bezieht sich auf diesen Begriff der Lücke, in der die Dralas Wohnung nehmen können. Ma ist »der natürliche Abstand zwischen zwei oder mehr Dingen in einem Kontinuum«, schreibt Arata Isozaki, ebenso »die natürliche Pause oder das Intervall zwischen zwei oder mehr Phänomenen in einem Kontinuum«, »ein Ort, wo das Leben gelebt« und »die bewegende Kraft spürbar« wird.

Gina Stick, Graphikerin und Architekturzeichnerin, arbeitete eng mit dem Dorje Dradul zusammen, um eine neue, auf den Shambhala-Lehren beruhende Kunst zu entwickeln. In ihrer Magisterarbeit »Wohnarchitektur im Fernen Osten« erläutert sie *ma*:

»›Lücke‹ ist nicht gleichbedeutend mit Leere. ›Lücke‹ bezieht sich auf den Augenblick zwischen zwei Gedanken oder Ereignissen, ohne den die Dralas keine Möglichkeit hätten einzutreten… Die Gottheit ist die Quintessenz des Realen: Sie zu beschwören heißt, die Wahrheit des Augenblicks zu erleben, was immer nur *jetzt* geschehen kann. Die ›Lücke‹ als *ma* ist der Moment der Jetztheit, der einzige Zeitpunkt, zu dem die Gottheit existiert und wahrgenommen werden kann. Die Kamis [die Dralas der Shinto-Überlieferung] wohnen immer im Jetzt und sind niemals Vergangenheit oder Zukunft. Um sie zu erleben, muß man die eigene Zeit mit der Zeit der Gottheit synchronisieren und den Augenblick der Jetztheit heraufbeschwören.

Ma als Zeitprinzip bezieht sich auf die Wirklichkeit als eine unaufhörliche Folge von Ereignissen. Ein Ereignis ist eine Unterbrechung des Zeitkontinuums, ebenso wie ein heiliger Raum eine Unterbrechung des Raumkontinuums ist. Beides ist für den Kontakt mit den Kamis notwendig.«

Die Dralas steigen in Leerstellen in Zeit und Raum hinab. Ins *ma*, in die Lücke zwischen zwei im Raum irgendwie miteinander verbundenen Dingen oder zwei in der Zeit verknüpften Ereignissen treten die Dralas ein. Eine kleine Öffnung in einem Felsen kann ungeheuer lebendig sein. Ein Moment des Schweigens wird oft aus guten Gründen »bedeutungsschwer« genannt. Nun ist es vielleicht nicht mehr schwer zu verstehen, wie man die Dralas ins Leben hineinzieht: Alles, was eine Lücke in unseren Gedanken verursacht, ein heiliger Raum, ein auffälliges Objekt, ein Moment plötzlicher, bewußter Verbundenheit mit der Welt, ein merkwürdiger Zufall – wenn wir in diesen Orten und Momenten gegenwärtig sind, können wir den Dralas begegnen.

In einem »The Eloquent sounds of silence« (Die lauten Töne der Stille) betitelten Essay sagt der Schriftsteller Pico Iyer: »Die Stille, so könnte man sagen, ist also die letzte Zuflucht des Vertrauens. Sie ist der Ort, wo wir es wagen, allein zu sein, wo wir darauf vertrauen, daß andere uns auch ohne Worte verstehen, wo wir darauf vertrauen, daß sich eine höhere Harmonie einstellt ... Liebend sind wir sprachlos. Im Staunen, heißt es, fehlen uns die Worte.«

Zur Verbindung mit den Dralas ist Ehrlichkeit und Mut erforderlich

Man muß ehrlich sein, um den Dralas begegnen zu können. Mit den Dralas kann man sich unmöglich verbinden, wenn man in einer Täuschung, besonders einer Selbsttäuschung verharrt. Wenn Sie sich selbst nicht die Wahrheit darüber sagen, wer Sie sind, was Sie empfinden, wonach Sie sich sehnen und was Sie fürchten, erzeugen Sie nur innere Verwirrung. Sie bilden dann eine dichte Wolke um sich her, und die Dralas sind nicht mehr an Ihnen interessiert. Wenn Sie auf der anderen Seite von Liebe, Zuneigung und Offenheit erfüllt sind, sind die Dralas immer schon da. Dann können Sie sie pflegen, ohne etwas in Gang setzen zu müssen. Sie brauchen nur den Mut, ohne Täuschung zu leben, ehrlich zu sein, an Ihrer Welt Anteil zu nehmen und offen auf andere zuzugehen. Das ist der einzige Weg, sich mit den Dralas zu verbinden. Ein Zen-Koan stellt das folgendermaßen dar: »Ein Mönch fragte Hui Chung von Nan Yang: ›Warum höre ich die Lehren toter Gegenstände nicht?‹ Hui Chung antwortete: ›Du hörst sie zwar nicht. Behindere aber nicht das, was sie hört.‹«

Sie brauchen auch den Mut, sich ohne Angst in Ihnen fremd erscheinende Situationen zu begeben. Im Unvertrauten, im Fremden – nicht im Gewohnten, Vertrauten – finden wir die Wirklichkeit. Die Dralas herbeizurufen ist nicht notwendigerweise angenehm oder tröstlich. Es handelt sich um eine Energie, die wir nicht greifen, manipulieren oder uns unterwerfen können. Manche Menschen, die zum ersten Mal etwas von den Dralas hören, sind oft ganz erschrocken oder bestürzt. Sie spüren, daß ihnen hier etwas begegnet, das über sie hinausgeht, wie wenn irgendeine Urerinnerung in ihnen geweckt würde. Es ist nicht der Gedanke selbst, sondern die fast greifbare Energie dieser Erinnerung, die in ihnen plötzlich lebendig wird und so bedrohlich erscheint. Wenn wir an Gruppenritualen zur Anrufung der Dralas teilnehmen, haben wir oft das starke Gefühl, »Unwirklichkeit« sei im Raum – das heißt Unwirklichkeit im Sinne der konventionellen Realität der untergehenden Sonne. Wir brauchen Mut, um uns darauf einzulassen. Dann entdecken wir aber auch die Magie der heiligen Welt. Der Dorje Dradul:

»Sie denken vielleicht, daß etwas Außergewöhnliches passiert, wenn Sie das Magische entdecken. Und es passiert auch etwas Außergewöhnliches. Sie finden sich nämlich im Reich der äußersten Realität, der vollständigen, fundamentalen Realität wieder ... Wahre Magie ist die Magie der Realität, wie sie ist: die Erde der Erde, das Wasser des Wassers – Sie kommunizieren so mit den Elementen, daß Sie in gewissem Sinne eins mit ihnen werden. Wenn Sie Mut entwickeln, stellen Sie eine Verbindung mit den Elementargewalten des Daseins her.«

Sich für die Begegnung mit den Dralas zu öffnen und eine Lücke in Zeit und Raum zuzulassen könnte durch den Garuda symbolisiert werden, den mythischen Vogel, der voll ausgewachsen die Eierschalen sprengt – auf einen Schlag und vollständig gegenwärtig. Seine Farbe ist ein leuchtendes, goldschimmerndes Rot. Mit seinen riesigen Schwingen, seinem gekrümmten Schnabel und wildem Aussehen gleicht er einem Kondor, während seine weit offenen, durchdringenden Augen blicken, als sähen sie bis zu den Grenzen des Himmels und noch darüber hinaus. Fast niemals tut er einen Flügelschlag, sondern gleitet mühelos über weite Entfernungen dahin, ohne jemals ausruhen oder einen Landeplatz suchen zu müssen. Er hat keinen Nistplatz auf der Erde, also gibt es niemals falsche Richtungen oder falsche Aufenthalte für ihn. Niemals mißt er, wie weit er geflogen ist oder noch fliegen könnte. Er fliegt nur und fliegt und sieht niemals dahin zurück, woher er kommt.

Aber obwohl er fliegen kann, verläßt der garudagleiche Krieger niemals die Zurückhaltung und ursprüngliche Anspruchslosigkeit des Tigers noch die hochgestimmte Selbstdisziplin des Schneelöwen. Einen Krieger, der sich so hoch über den Kokon der untergehenden Sonne erheben kann, könnte man wirklich als »furchtbar« bezeichnen, da er über alle Schranken hinweggeht und durch kein Hindernis der Vorstellung oder Angst begrenzt wird. Der furchtbare Schrei des Garuda dringt der Welt der untergehenden Sonne ins Herz. Er ist wie ein niemals stumpf werdendes Schwert. Schon der Gedanke daran, es schärfen zu müssen, würde es stumpf machen. Da der Garuda so ungeheuer hoch fliegt, verfängt er sich niemals in engen Tälern mit nur einem Ausgang. Er braucht nichts zu hoffen oder zu erwarten. Er ist jenseits jeden Mangels, jenseits jeder Furcht, Fehler zu machen.

Der Garuda ist auch stets der »erste Gedanke«, da es bei ihm niemals einen zweiten Gedanken gibt. Mit Logik fängt man ihn nicht ein. Er denkt auch nicht immer daran, was als nächstes passieren wird. Er legt sich keine Pläne zurecht und hat nichts vor, sondern handelt stets aus dem offenen Raum des prinzipiell Guten heraus. Der Garuda ist schockierend, furchtbar – seine feurige Röte, Wildheit und sein durchdringender Schrei gebieten dem Denken Einhalt wie ein Blitz. Sähen Sie ihn plötzlich vor sich, würde Ihnen der Atem stocken. Es gibt für ihn keine Grenzen und Entfernungen. Um so etwas kümmert er sich nicht. Er ist frei von jedem Zwang und fliegt stets in den höchsten Luft-schichten.

Wenn Sie wirklich sehr mutig sind, können Sie auf dem Rük-ken des Garuda reiten. Sie können sich auf seine Flügel schwin-gen, mit ihm in den Himmel emporsteigen und ohne Zweifel oder Hindernisse in der dünnen Luft mitfliegen. Sie können mit seinen Augen sehen und Vergangenheit, Gegenwart und Zu-kunft erblicken. Sie können Ihre Welt und Ihre Ansichten dar-über erweitern wie ein auf die Erde niederblickender Astronaut. Sie haben eine »große Seele«, wenn Sie das Gemälde ganz sehen können, wenn Sie die Energie des Garuda spüren, auf dem er-sten Eindruck »fliegen«, frisch und frei, ohne irdische, Sie in Ihrem Kokon festhaltende Zwänge.

Die Dralas »reiten« auf Zufällen

Um die Dralas herbeizurufen, müssen Sie auf alles achten, be-sonders auf die Ereignismuster in Ihrem Leben. Sobald Sie auf Ihre einfachsten, subtilen Erlebnisse achten, verbinden Sie sich mit den Dralas. Wenn sich etwas Unvorhergesehenes in Ihrem Leben ereignet, durchbricht das Ihre normale Tagträumerei, und wenn Sie darauf achtgeben, weckt es Sie auf. Das kann schon ein Farbenblitz sein, der, in der Sonne funkelnd, Ihre Auf-merksamkeit auf sich zieht. Es kann das plötzliche Gellen einer Sirene einen Block weiter sein oder ein kurzer Moment der Stille in einem Zimmer mit durcheinanderredenden Leuten. Es kann auch ein einschneidender Wendepunkt in Ihrem Leben sein – Sie verlieren zum Beispiel Ihre Arbeit oder finden unerwarteter-weise einen Job. Sie hören vom plötzlichen Tod eines Freundes, ein Baum fällt auf Ihr Haus, jemand beleidigt Sie aus heiterem Himmel, ein Scheck kommt mit der Post – alles ist möglich. Wenn wir auf solche Dinge achten, hören wir die Dralas.

Wir öffnen uns den Dralas, wenn wir auf unsere Intuition hö-ren und ihr nachgeben. Vielleicht haben wir die merkwürdige Ahnung, daß ein Freund in Nöten ist und einen Anruf von uns braucht, oder wir fühlen uns beim Autofahren unbehaglich und fragen uns, ob zu Hause alles in Ordnung ist. Wir empfinden den plötzlichen Drang, einen neuen künstlerischen Stil zu entwickeln, die Intuition, eine neue Geschäftsverbindung einzugehen oder uns mit einem relativ Fremden zu befreunden, das Bedürfnis, einem neuen Freund intime Dinge zu erzählen, obwohl sie uns peinlich sind. Auf solche intuitiven Einfälle sollten wir achten.

Einfache Erlebnisse dieser Art scheinen nicht viel mit den Dralas zu tun zu haben. Doch genau solche intuitiven Einsichten, ein solcher sechster Sinn, daß wir etwas wissen, ohne zu wissen warum, ist das innere Ohr, mit dem wir die Dralas hören können. Wenn wir ein irrationales Bedürfnis verspüren, können wir uns trotzdem mutig dazu entschließen, es zu befriedigen. Spüren wir einen sanften Drang in uns, vielleicht durch eine bestimmte Straße zu gehen, vielleicht einen Fremden anzusprechen oder einfach einen Tag Urlaub zu machen, nur um dazusitzen und aus dem Fenster zu schauen – dann sollten wir unbedingt darauf hören. Solchen inneren Winken sollten wir folgen. Wir hören die Dralas nur, wenn wir bereit sind, auf sie zu hören.

So manches Mal habe ich in einer Konferenz einen flüchtigen, mir seltsam erscheinenden Gedanken unterdrückt, nur um später zu entdecken, daß er uns sehr viel weiter gebracht hätte. Oder es schien mir etwas nicht zu stimmen, doch artikulierte ich dieses Gefühl nicht, weil ich keinen »vernünftigen« Grund dafür finden konnte. Zu anderen Zeiten aber, wenn ich meiner Intuition folgte, wurde alles anders. Die Atmosphäre einer Sitzung änderte sich, neue Energie und Schwung entstanden oder es kam vielleicht auch zu einer notwendigen Auseinandersetzung.

Ich habe immer darunter gelitten, daß ich soviel Zeit brauchte, um Entscheidungen zu treffen und ein Projekt in Angriff zu nehmen, während meine Kollegen aufgeregt umherschwirrten und offensichtlich viel mehr auf die Beine stellten. Doch allmählich habe ich gelernt, daß Warten auch eine Tugend ist. Für alles, habe ich erkannt, gibt es einen besonders günstigen Moment, und es ist besser, auf ihn zu warten, als blindlings vorwärtszustürmen. Aber natürlich muß man auch, wenn die Zeit da ist, bereit sein, sonst verpaßt man die Gelegenheit. Rechtzeitig zu handeln ist der Schlüssel. Aber normalerweise verpassen wir die rechte Zeit. Wir sind so im Druck, etwas zu erreichen, daß wir nicht mehr aufhören und auf unsere Empfindungen achten können.

Vor einigen Jahren befand ich mich in einer sehr schwierigen Lage in einer Organisation, als deren Direktor ich fungierte. Ich hatte schon den ersten Entwurf eines ärgerlichen, sehr direkten Schreibens verfaßt, das ich herumgehen lassen wollte. Als ich zu meinem Computer ging, um die endgültige Fassung zu tippen, leuchtete der Schirm für einen Augenblick auf und wurde dann dunkel – das Programm war »abgestürzt«. Aber ich hatte viel zu große Eile, um noch eine Woche zu warten – so lange würde es dauern, bis der Computer repariert war. Also kaufte ich mir auf der Stelle einen neuen, so geladen und hektisch war ich. Später stellte sich heraus, daß das Schreiben nicht überall gut angekommen war. Für manche hatte es eine Klärung herbeigeführt, andere jedoch hatte es nur verletzt. Erst sehr viel später wurde mir wie in einem Schock klar, daß mir der defekte Computer die deutliche Botschaft übermittelt hatte, zu warten. Seitdem beruhige ich mich immer erst, wenn ich unerwartet unterbrochen werde – und das kommt überraschend oft vor, wenn ich in Eile bin –, und achte genau darauf, was ich tue und warum ich es tue.

Manchmal haben wir das Gefühl, der vor uns liegende Tag sei ein guter Tag für irgendeine Erledigung, oder wir sollten besser warten und nichts unternehmen. Der Anthropologe Alton Bekker erzählte einmal eine Geschichte über seinen Aufenthalt in Java. Einer seiner Freunde, ein sehr rücksichtsloser Fahrer, überfuhr ein kleines, auf der Dorfstraße spielendes Kind. Es war nicht tot, aber Beckers Freund war am Boden zerstört. Er vermerkte den Tag in seinem Kalender und sagte zu Becker: »Niemals werde ich an diesem Tag mehr Auto fahren!« Becker erwiderte: »Sie meinen, an diesem Datum!« Sein Freund entgegnete: »Nein, an diesem Tag!« Die Javaner kennen die zyklische Natur der Zeit und wissen, daß Tage Eigenschaften besitzen, die immer wieder auftreten und spürbar sind.

Wenn wir uns aber beruhigen und darauf achten, was *jetzt* passiert, gewinnen wir auch einen Blick für die sogenannten Zufälle in unserem Leben – seltsame, unerwartete Verknüpfungen zwischen Ereignissen. Zufälle schockieren uns, wenn wir auf sie achten. Sie erzeugen eine zeitliche Lücke in unserem Bewußtsein, in der wir die Gegenwärtigkeit der Dralas spüren können. Denn Dralas benutzen das Transportmittel bedeutsamer oder günstiger Zufälle. Im Tibetischen ist das Wort für »günstiger Zufall« *tendrel*. *Tendrel* bezeichnet außerdem ein Glied in der Kette von Ursache und Wirkung. Es vermittelt die Vorstellung, daß, was ein bloßer Zufall zu sein scheint, in Wirklichkeit die Wirkung einer Ursachenkette ist – deshalb empfinden wir auch intuitiv, daß solche Zufälle eine Bedeutung für uns haben, selbst wenn wir nicht wissen, was dahintersteckt. Jeder Zufall ist bedeutsam, auch wenn wir nicht für alles, was uns begegnet, die Ursachen kennen. Manche Zufälle sind so eindeutig bedeutungsvoll, daß sie direkt unheimlich auf uns wirken. Der Zufall »fällt uns zu«. Dralas sind mit der rechten Zeit verknüpft, mit dem Augenblick der Jetztheit. Wenn wir recht-zeitig handeln, nicht vorwärtsstürmen oder hinterhertrotten, scheint uns alles »zuzufallen«. Für Momente sehen wir dann das große Gemälde, das Gewebe vieler zusammenwirkender Ursachen und Folgen, in das unser Leben eingebettet ist.

Hören Sie sich einmal die Geschichten von Leuten darüber an, wie sie zum Weg des Kriegers kamen, wie es ihnen gelang, einen Berufsweg einzuschlagen, den sie sich so sehr gewünscht hatten, oder wie es kam, daß sie einen Menschen heirateten, der Tiefgang in ihr Leben brachte! Sie werden dann immer wieder die Dralas im Spiel des Zufalls entdecken. Wenn Sie auf Ihr eigenes Leben zurückblicken, bemerken Sie sicher, wo die Dralas, sich des Zufalls bedienend, gewirkt haben, lange bevor Sie etwas von ihnen hörten. Und wenn wir mehr auf die Einzelheiten unseres Lebens achten, scheinen sich solche Zufälle noch zu häufen. Entweder bemerken wir jetzt erst richtig, was auch sonst immer passiert war, oder unsere Anteilnahme und Aufmerksamkeit ziehen jetzt bedeutende Energien an – die Energie der Dralas.

1965 kam ich zum ersten Mal aus England nach Amerika und zwar aufgrund eines günstigen Zufalls, der mich auf meine lange Irrfahrt nach Shambhala schickte. Ich trug mich mit dem Gedanken, von der Physik – in diesem Fach hatte ich meinen Doktor gemacht – zur Molekularbiologie zu wechseln, die damals große Mode war. Im Alter von 25 Jahren war das ein ziemlich gewagter Sprung. Ich hatte das Bedürfnis, es zu tun, aber nicht so sehr, weil ich mich so für Biologie interessiert hätte. Im Grunde verstand ich mein Bedürfnis gar nicht so recht. Ich spürte nur, ich mußte den Schritt machen, hatte aber auch Angst davor. Eines Tages ging ich so durch die Straßen und überlegte hin und her, als ich auf einen Verkehrsstau stieß. Da aber stand, genau vor mir, eingekeilt in andere Autos, der Bus zum biologischen Labor. Ohne zu zögern stieg ich ein, fuhr zum Labor und sagte dem Direktor, ich wolle zu ihm überwechseln. Nach ein paar Monaten war ich wieder unterwegs nach Amerika. Ich hatte vor, nach zwei Jahren nach England zurückzukehren, aber dann hing ich eine Weile ziellos herum und wurde durch eine Reihe kleinerer, aber ebenfalls bedeutsamer Zufälle in Amerika festgehalten. 1970 begegnete ich dem Dorje Dradul und begriff plötzlich, warum ich dort war. Jetzt im Rückblick erkenne ich, wie meine Sehnsucht nach einem echten spirituellen Weg all meine Entscheidungen, die mich in die Staaten gebracht hatten und mich dort festhielten, bestimmt hatte.

Wenn wir auf solche Zufälle achten, zeigen sie uns den Weg, harmonisch in der heiligen Welt zu leben. Wir erspüren dann allmählich die magischen Eigenschaften der gewöhnlichsten Ereignisse in unserem Leben, Dinge, die uns in der Kette von Ursache und Wirkung bisher selbstverständlich erschienen waren. Wir sehen langsam, wie ungewöhnlich – obzwar auch wieder sehr gewöhnlich – es ist, daß Blumen im Frühling sprießen, weil wir eben im Herbst Zwiebeln gesteckt haben, daß Wasser kocht, wenn wir das Gas andrehen, daß der Schrei einer Krähe uns aus einem Tagtraum reißt. Wir begreifen langsam, wie gewöhnlich es ist, daß ein alter Freund uns anruft, wenn wir die Nacht vorher von ihm geträumt haben, oder wir haben das starke Gefühl, daß jemand, den wir gerade erst kennengelernt haben, sehr wichtig für uns werden wird – später stellt es sich als zutreffend heraus. Die Welt ist zutiefst vertrauenswürdig. Wenn wir der

Weise, wie sich die Welt ereignet, vertrauen und daran teilnehmen, kommen die Dralas zu uns.

Die Dralas werden von Orten und Gegenständen der Verehrung angezogen

Die Ausstrahlung eines Ortes ist ungeheuer wichtig. Manche Dralas sind mit dem Raum und den Elementen verbunden, während andere von bestimmten Orten angezogen werden. Manche Orte haben offenbar mehr Kraft als andere. Es sind magnetische Punkte, Kraftpunkte der Erde, wo die Drala-Energie fast greifbar zu spüren ist. Wenn Sie offen sind, können Sie diese Orte entdecken und sich mit ihnen verbinden. Manche Menschen hören an solchen Stellen tatsächlich das »Summen« der Erde. Solche Kraftorte gibt es, wohin Sie auch blicken. Wenn Sie Ihr Windpferd spornen und dann zum Beispiel den Berghang auf der anderen Seite des Tals betrachten, wird Ihr Auge ganz natürlich von besonderen Stellen, an denen sich die Energie des Berges konzentriert, angezogen. Es ist, wie wenn die Landschaft Nerven hätte und diese Stellen die Nervenzentren wären.

Tiere finden die Kraftpunkte eines Ortes ganz instinktiv. Kühe auf der Weide drängen sich dort zusammen, Rehe schlafen darauf, Vögel lassen sich auf bestimmten Bäumen nieder. Viele dieser Orte weisen besonders gesunden Pflanzenwuchs auf, manche sind mit Blumenteppichen bedeckt. Früher wurden an solchen Stellen oft Klöster und Kirchen erbaut. Es können auch Orte mit besonderer Heilkraft sein, von denen gewaltige Energien ausgehen. Das nun sind die Plätze, wo wir auf besondere Weise die Dralas rufen können. Wir sollten buchstäblich »unseren Platz« finden und uns darauf niederlassen. So ein Platz wäre gut, um ein Haus darauf zu bauen, geheilt zu werden oder einfach sitzenzubleiben.

Heilige Plätze besitzen die Kraft, die Wahrnehmung verändernde Energie in uns aufzurufen. Wir treten in eine andere Zeit ein – die Drala-Zeit oder Traumzeit, wie sie die australischen Aborigines nennen. Robert Lawlor, Künstler und Anthropologe, der dreizehn Jahre bei den Aborigines verbrachte, schreibt, in den Traumzeitgeschichten komme ein universelles, höheres Bewußtsein zum Ausdruck, bezogen nicht nur auf Lebewesen, sondern auch auf die Erde und ihre Elemente, die Naturgewalten und Naturgesetze. Jeder Teil der Schöpfung handelt motiviert durch Träume, Wünsche, Sympathien und Antipathien, genau wie wir Menschen. Deshalb bedeutet der Eintritt in die größere Welt von Raum, Zeit und universellen Energiefeldern dasselbe wie der Eintritt in die innere Welt des Bewußtseins und des Traums... Jeder Landstrich und jedes Lebewesen zeigen allein schon durch Gestalt und Verhalten den in ihnen verborgenen Sinn. Die Form eines Gegenstands ist Abdruck des metaphysischen oder ›Ahnenbewußtseins‹, von dem er erzeugt wurde, ebenso der universellen Energien, die ihn ins materielle Dasein riefen... Man kann die sichtbare und unsichtbare Welt nicht voneinander trennen.«

Paul Devereux verbrachte dreißig Jahre mit der Untersuchung heiliger Orte und Bezirke, etwa dem Avebury-Kreis in England. Devereux stellt fest, daß die alten Völker als Erbauer dieser steinernen Monumente die Erde, wie Naturvölker auch heute noch, auf zwei Arten gesehen haben müssen: einerseits als gewöhnliche, physische Erde – nur sie wird von den »zivilisierten« Menschen gesehen –, andererseits als geistige Erde, als Wohnplatz der Dralas.

Devereux fand diese »doppelte Wahrnehmung« von Orten bei vielen Naturvölkern unserer Tage bestätigt – den australischen Aborigines, den Kalahari-¡Kungs, den Kogi und vielen anderen. Er zitiert den Anthropologen Paul Wirz, der bei seiner Arbeit mit den Marind-anim auf Neuguinea erkannte, daß die Kraftorte, die Dema- oder Drala-Orte, die Kraft besaßen, die Wahrnehmung zu verändern:

»In vielen Fällen sind solche Orte schon äußerlich auffallend und bieten einen merkwürdigen, unerwarteten Anblick. Es kommen sehr ungewöhnliche Landschaftsformationen vor, Klüfte, Hochterrassen, Süß- oder Salzwassersümpfe mit Sand- und Kiesbänken. Manchmal hört man auch seltsame Geräusche... Gelegentlich haben die Menschen Erscheinungen: aus der Erde aufsteigende Demas, doch sind solche Visionen meist flüchtig und vage.«

Die physische und die geistige Erde sind nur zwei Aspekte derselben Erde. Auch wir könnten die Erde mit neuen Augen sehen, wenn wir uns nur genügend öffnen und Anteil an ihr nehmen wollten. Ein majestätisches Felsmassiv, eine kleine Gruppe alter Bäume auf einem Hügel, ein stiller Bergsee im Wald, von Wasserfällen gespeist – das alles sind Orte, die die Dralas gern besuchen. Wir können die Dralas aber auch an dafür reservierten, besonders geschützten Stellen einladen und *ma* absichtlich erzeugen. In Japan zum Beispiel ist das Land mit kleinen, an solchen Kraftorten erbauten Kami-Schreinen übersät. Jeder Garten, jedes Haus besitzt mindestens einen Schrein, der den Kraftpunkt dieses Gartens markiert. So ein Schrein ist nichts Aufwendiges – vielleicht sind es nur ein Seil oder einzelne Steine, die einen solchen Bezirk abgrenzen. Wie Matsuoka sagt: »Der Kami erscheint nur kurz und verschwindet dann wieder. Unsere Vorfahren wußten sehr genau, wo sich die Kamis zeigen würden, und markierten Kami-Bezirke [*kekkai*] mit einem gedrehten Seil. Damit heiligten sie sie und machten sie für den Besuch der Kamis geeignet. Im *kekkai* selbst mußte nichts Besonderes sein, höchstens ein Baum oder Stein.«

Die Dralas werden von einem höhergelegenen, schönen, sauberen Platz besonders angezogen. Wenn wir unsere Umgebung verschönern und pflegen, laden wir die Drala-Energie ein. Niemand braucht eine teure Villa zu besitzen. Aber Sie können, wo Sie auch wohnen, diesen Platz pfleglich behandeln. Sie können ihn rein und sauber halten, vielleicht auch mit frischen Blumen schmücken, wie zum Empfang eines geehrten Gastes. Sie können auch eine besondere Stelle in Ihrer Wohnung herrichten – ein eigenes Zimmer – oder einfach einen Winkel in Ihrem Appartement. Stellen Sie dort einen Blumenstrauß hin oder bringen Sie eine Kalligraphie oder ein Bild an, so könnte das Ihr heiliger Ort sein, wo Sie üben. Und wenn Sie diese Stelle dann pflegen, kann allein schon die Tatsache, daß Sie sich dorthin begeben, das *ma*-Gefühl, das Gefühl des »ersten Eindrucks«, in Ihnen erzeugen und neues Leben in Ihren Alltag bringen.

Die Dralas lassen sich auch gern auf heiligen Gegenständen nieder. So wie Hubschrauber nicht auf Baumwipfeln landen können, können Dralas sich nicht auf Müllhaufen niederlassen. Die Dralas brauchen immer bestimmte Kanäle, durch die ihre Energie fließen kann. Es sind Punkte gebündelter Energie. Die Dralas sprühen nicht aufs Geratewohl Energie in die Luft und hoffen, daß sie dann schon irgendwie aufgenommen wird. Es gibt keine Dralas als Mädchen für alles, für jedes x-beliebige Ding, sondern es gibt nur besondere Dralas: Quellen-Dralas, Wind-Dralas, Diät-Dralas – unzählige Dralas. Also brauchen Sie auch einen besonderen Drala-Empfänger, zum Beispiel einen Blumenstrauß, ein Gemälde oder einen Stein, alles, was über besonderen Reichtum und besondere Eigenschaften verfügt.

Alles auf der Welt ist heilig. Aber wenn wir uns um Dinge besonders kümmern, bringen wir ihre Heiligkeit zum Vorschein und nähren sie, so daß man diese Heiligkeit sehen und spüren kann. Wenn eine alte Holzfigur im Winkel eines Hinterhofs steht und Staub und Schimmel ansetzt, sieht sie nach gar nichts aus. Sie könnten sie ebensogut verheizen. Doch wenn Sie sie hervorholen, abstauben und polieren und an einem geeigneten Ort aufstellen, mit genügend Freiraum darum herum, so daß man sie gut sehen kann, wird sie vielleicht zur Zierde Ihres Hauses. Mit jedem Gegenstand ist Drala-Energie verbunden, aber wenn wir auf diese Art für unseren Besitz sorgen, werden die Dralas im Reichtum und in der Ursprünglichkeit der Welt offenbar. Wir können unser Eigentum pflegen und jedem Gegenstand den ihm gebührenden Platz zuweisen, und um das zu tun, müssen wir ruhig werden und uns Zeit nehmen.

Wir ziehen die Dralas auch an, wenn wir unsere Körper liebevoll pflegen. Wie wir uns kleiden, waschen und ernähren, hat Auswirkungen auf unsere Gemütsverfassung und unser Windpferd. Dabei brauchen wir keine teuren Kleider zu tragen oder besonders üppig zu essen, aber wir können uns mit einer rücksichts- und liebevollen Einstellung zu unserem Körper kleiden und ernähren. Das erfordert auch gewisse formelle Rücksichten. Wir verlieren unser Windpferd, wenn wir uns vollkommen funktional verhalten. Auf Fotos oder Bildern von früheren Ge-

260

nerationen wirken die Menschen vielleicht etwas beengt mit ihren steifen Kragen und feierlichen Anzügen. Aber unleugbar stehen sie mit hocherhobenen Köpfen und Schultern da und beweisen eine Menge Windpferd-Energie. Schals und Halstücher, Nadeln am Aufschlag oder Hüte ziehen die Dralas an, alles, was wir um Kopf und Schultern tragen, was unsere Stimmung erhöht und unser Windpferd spornt.

Wenn Sie an etwas Anteil nehmen, kümmern Sie sich auch darum. Wenn Sie an einem Menschen Anteil nehmen, kümmern Sie sich auch um ihn. Wenn Sie sich fortwährend um die Gegenstände und Menschen in Ihrem Leben kümmern, hält das die Drala-Energie aufrecht und konzentriert sie. Andernfalls versikkert sie wieder, und Sie verlieren die Verbindung zu ihr. Wenn Sie Ihre Welt freundlich und sanft, mit Liebe und Wertschätzung behandeln, entsteht der Spielraum, wo die Dralas eintreten und bleiben können. Dralas brauchen Raum. Sie drängen sich Ihnen nicht auf, dazu sind sie zu höflich. Sie bieten sich an, wenn sie angezogen werden, entfernen sich aber wieder, wenn man sie nicht gut empfängt und die Verbindung nicht aufrechterhält. Wenn wir liebevolle, fürsorgliche Energie auf einen Gegenstand verwenden, leuchtet seine Heiligkeit auf und zieht weitere Drala-Energie an. Begegnen wir unseren Gegenständen und Räumen mit liebevoller Pflege, so werden sich auch die Dralas einstellen und uns ihre Energie anbieten.

Dralas werden von Leidenschaftlichkeit und voller Beteiligung angezogen

Echte Kreativität, das heißt Kreativität, durch die etwas Originelles in die Welt kommt, stammt aus der Verbindung mit den Dralas. Vieles, was unter dem Namen Kreativität läuft, ist in Wirklichkeit nur Variation und neue Kombination alter Ideen. Natürlich kann auch eine Tätigkeit, die alte Ideen in neue Formen kleidet, zu Formen und Dingen führen, die schön und segensreich für die Menschheit sind, aber so eine Tätigkeit ist noch nicht wirklich schöpferisch. Ein schöpferischer Akt ist ein

Akt der Inspiration. Inspiration heißt wörtlich, »daß der Atem der Götter eingehaucht wird«.

Robert Grudin, der an der University of Oregon kreatives Schreiben lehrt, hat Erhellendes zur Inspiration zu sagen:

»Das Wort ›Inspiration‹ bedeutete ursprünglich, daß ein würdiger Mensch den Hauch der Gottheit ›eingeblasen‹ bekam oder Seelenkraft von den Göttern empfing. Heute kennzeichnet der Begriff eine plötzliche Einsicht, die gewöhnliche Maßstäbe über den Haufen wirft oder sonstwie das normale Denken übersteigt. Beide Definitionen haben ihren Sinn. Am meisten Wahrheit enthält aber doch wohl die ältere mit ihren religiösen Untertönen. Inspiriert zu werden bedeutet, sein Bewußtsein einer neuen Kraft, die frisch und mächtig wirkt, zu öffnen. Inspiration zu erleben, heißt, die Welt der Absichtlichkeit zu verlassen und sich einem unwiderstehlichen Strom anzuvertrauen, wie ein Kanute, der sich in eine reißende Stromschnelle ziehen läßt, oder ein Surfer, der eine riesige Woge gerade oben am Kamm erwischt.«

Viele Künstler, Maler, Musiker, Dichter und Schriftsteller berichten davon, sie hätten zuweilen das Gefühl, eine Kraft, die ihr gewöhnliches Dasein übersteige, schaffe ihre Werke. Manche von ihnen beschreiben das so, als ob eine Wesenheit sie als Instrument gebrauchte. Mitunter sprechen sie von dieser Kraft wie von Wesenheiten, göttlichen Wesen, »Gott« oder »Geistern«.

Der Komponist Johannes Brahms zum Beispiel weigerte sich jahrelang, über seine Methode des Komponierens zu sprechen, und gab erst kurz vor seinem Tod Auskunft.

Für ihn war das Komponieren untrennbar mit Gott und göttlicher Inspiration verbunden. Wenn er den kreativen Drang verspürte, wandte er sich an Gott und fühlte sofort Vibrationen seinen Körper durchdringen. In diesem ekstatischen Zustand erhellten sich ihm plötzlich Zusammenhänge, die ihm normalerweise verschlossen geblieben waren, und er sah im Geiste Bilder, die ihn Schritt für Schritt an das vollendete Werk heranführten, das die Menschheit läutern und voranbringen sollte. Um solcher unschätzbaren Kompositionen zu empfangen, mußte Brahms in einen Zustand der Halbtrance fallen, der das Bewußtsein ausschaltete und das Unterbewußtsein an die Oberfläche holte.

Richard Strauss seinerseits beschrieb, daß ihm seine Musik von zwei völlig verschiedenen, allmächtigen Wesenheiten diktiert wurde. Er war sich dessen bewußt, daß ihm eine überirdische Macht half und auch auf seine Vorschläge reagierte.

Und Puccini sagte, die Musik für seine Oper »Madame Butterfly« sei ihm »von Gott diktiert worden. Ich war nur das Instrument, das sie aufs Papier brachte und dem Publikum übermittelte.«

Die Dichterin Amy Lowell sagt: »Sagen wir es einmal so: Ein Dichter ist wie eine Antenne – er kann mittels Wellen bestimmte Botschaften empfangen. Doch er ist noch mehr als eine Antenne, da er die Fähigkeit besitzt, solche Botschaften in Wortgebilde, die wir dann Gedichte nennen, zu transmutieren... Dabei höre ich keine Stimme, sondern Worte, aber tonlose Worte. Ich habe das Gefühl, die Worte würden in meinem Kopf gesprochen, aber niemand spricht sie.« Der Romancier Thomas Wolfe schrieb: »Ich könnte nicht sagen, daß *ich* das Buch geschrieben habe. Irgend etwas hatte mich ergriffen und von mir Besitz genommen... Es war so, wie wenn sich eine große, schwarze Gewitterwolke geöffnet und unter Blitzen aus ihren Tiefen eine unwiderstehliche Sturmflut ausgegossen hätte. Ich wurde nur mitgerissen.« Der englische Dichter William Blake schrieb sein Versepos »Milton« unter »unmittelbarem Diktat, zwölf, zwanzig oder dreißig Zeilen in einem Zug, ohne vorheriges Nachdenken und sogar gegen meinen Willen«. Der Philosoph Friedrich Nietzsche schrieb, daß die Vorstellung von jemandem als Inkarnation, als Sprachrohr oder Mahnung einer übernatürlichen Macht nicht von der Hand zu weisen sei. Das Wort »Enthüllung« erschien ihm für diese Situation angebracht, worunter er verstand, daß etwas zutiefst Aufwühlendes und Verstörendes mit unbeschreiblicher Bestimmtheit und Exaktheit sicht- und hörbar wurde. Ein Gedanke zuckte auf wie ein Blitz und ließ dem Empfangenden gar keine Wahl; vielmehr war dieser nur noch ein Bewußtsein, durch das eine unendliche Zahl von zitternden Schaudern jagten, ohne die Möglichkeit einer Steuerung. Nietzsche verglich diesen Zustand mit einer willenlosen Eruption von Freiheit, Unabhängigkeit, Kraft und Göttlichkeit.

Künstler scheinen eher als Wissenschaftler bereit zu sein, über ihre Erfahrungen mit drala-ähnlichen Energien und ihre Empfindung zu berichten, daß echte Kreativität sich nur einstellt, wenn man alle ichbezogenen Ambitionen losläßt und sich einer größeren Welt öffnet. Doch gibt es auch große Wissenschaftler und Mathematiker, die den schöpferischen Vorgang als Verbindung mit Energien und als Inspiration, die über ihre irdische Erfahrung hinausging, geschildert haben.

So schien zum Beispiel für Albert Einstein ein religiös erleuchteter Mensch jemand zu sein, der sich nach Kräften von den Fesseln seiner selbstsüchtigen Wünsche befreit hatte und sich mit Gedanken, Empfindungen und Bestrebungen beschäftigte, die ihm wertvoll erschienen, weil sie überpersönlich waren. Ihm erschienen deren kraftvolle überpersönliche Inhalte und die Tiefe der Überzeugung wichtig, wobei es keine Rolle spielte, ob diese Inhalte mit einem göttlichen Wesen in Verbindung gebracht wurden.

In einem anderen Aufsatz bezeichnete Einstein seine Überzeugung als ein »kosmisch-religiöses« Gefühl. Seiner Auffassung nach war es die wichtigste Aufgabe von Kunst und Wissenschaft, dieses Gefühl in dafür empfänglichen Menschen zu wecken und lebendig zu erhalten.

Einstein sagte auch, die schöpferischen Ideen kämen zu ihm in mehr oder weniger deutlichen, visuellen, beweglichen Bildern, die die Grundlage für ein zunächst noch ziemlich vages Spiel bildeten. Worte spielten in diesem kreativen Prozeß vorläufig keine Rolle, erst später, wenn er seine Erkenntnisse anderen übermitteln wolle.

Auf der Konferenz unter dem Motto »Mensch und Natur«, die 1991 im Naropa-Institut abgehalten wurde, sagte der hervorragende Physiker George Sudarshan, im Augenblick einer weittragenden Entdeckung sei man keineswegs begeistert, sondern habe eher »weiche Knie«, das heißt, man empfinde Ehrfurcht, vermischt mit Faszination. In solchen schöpferischen Augenblicken habe man nicht die Empfindung irgendeiner Urheberschaft, sondern nur einer plötzlichen Einheit von Bewußtsein und Körper. Wir schaffen nicht – wir entdecken, wir stimmen uns auf etwas Höheres ab. Wir werden plötzlich Augenzeugen eines Ereignisses. Das kann sich in alltäglichen Situationen ereignen, wenn wir auf einmal eins mit unserer Welt werden.

Der deutsche Mathematiker Johann Friedrich Karl Gauss, der als einer der größten Mathematiker überhaupt gilt, kämpfte zwei Jahre lang um den Beweis eines Theorems. Schließlich war er am Ziel, doch nicht aufgrund seiner mühevollen Anstrengungen, sondern durch die »Gnade Gottes«. Wie durch eine blitzhafte Erleuchtung löste sich ihm das Rätsel, und er selbst konnte nicht sagen, welcher rote Faden ihn von dem, was er vorher wußte, zum Erfolg geführt hatte.

Aber wir brauchen keine Genies oder außergewöhnlichen Talente zu sein, um die Inspiration der Dralas bei Arbeiten, die wir gern tun, zu empfinden. Die erwähnten Persönlichkeiten hatten entdeckt, daß es darauf ankommt, mit ganzem Herzen zu tun, was man gern tut. Leidenschaftlichkeit und Hingabe, harte Arbeit und Bereitschaft zum spielerischen Versuch sind die Voraussetzungen für Inspiration. Wenn wir eine solche Einstellung zu unserer Tätigkeit entwickeln, färbt sie auf alles, was wir sonst noch tun, ab. Etwas mit ganzem Herzen und mit echter Leidenschaft zu tun, zieht die Dralas herbei. Bei dieser Leidenschaft kann es sich um Gartenarbeit, Schnitzen, Schreiben, Komponieren oder wissenschaftliche Forschung handeln. Es kann auch etwas so Einfaches sein, wie daß man den Hund jeden Morgen ausführt oder für die Familie kocht. Was auch immer es sei – leidenschaftliches, vollständiges Engagement vereinigt Herz, Verstand und Körper in einer einzigen Tätigkeit. Wir sind dann gefaßt, lassen unsere Energie nicht mehr abdriften oder beschäftigen uns nur halbherzig mit irgendwelchen Lappalien. Wir fühlen Harmonie und sanfte Kraft.

Es gibt auch Dralas für Tätigkeiten wie Kochen, Komponieren und Dichten, für Landarbeit, Schreinern und Häuserbau. Dralas lieben alles, was Kraft besitzt. Sie lieben alles, was geliebt, gepflegt und als heilig verehrt wird. Wenn Sie irgendwo Energie hineinstecken, bleibt sie auch dort. Sie ist in dem Gegenstand gefangen: in Ihrem Kunstwerk, in dem Essen, das Sie kochen, in dem Blumenbeet, das Sie anlegen. Die Kraft strahlt dann wie ein Leuchtfeuer und zieht weitere Kraft an, eben die Dralas. Es ist ganz genau dasselbe Prinzip wie bei einem Magneten. Dralas sind eine Energieform, die Wissenschaftlern noch unbekannt ist – eine Verbindung von spirituell-psychologischer Energie mit physikalischer Energie. Dabei gelten für Dralas dieselben Gesetze wie für alle anderen Energieformen, zum Beispiel: Gleiches zieht Gleiches an. Die positive Energie – unsere Anteilnahme und Aufmerksamkeit – zieht die positive Energie der Dralas an. Es handelt sich um ein Resonanzprinzip: Wenn Sie die Saite einer Gitarre zupfen, werden die Saiten einer anderen Gitarre daneben mit dem gleichen Ton antworten.

Der Dorje Dradul sagte: »Die Dralas sind die Elemente der Wirklichkeit: das Wasser des Wassers, das Feuer des Feuers, die Erde der Erde – alles, was Sie mit den elementaren Qualitäten der Wirklichkeit verbindet, alles, was Sie an die Tiefe Ihrer Wahrnehmung erinnert. Es gibt Dralas in den Steinen, den Bäumen, den Bergen, einer Schneeflocke oder einem Erdklumpen... Worauf Sie in Ihrem Leben auch stoßen, die Dralas sind schon dort.« Man kann sich die Dralas nicht vorstellen. Trotzdem sind sie real. Sie fühlen sich zur Kraft, zur Sauberkeit, zum Windpferd, zur Leidenschaft, zu jeder Energiekonzentration hingezogen. Sie beschützen und unterstützen den Energiefluß auf der Erde, im Himmel und im menschlichen Herzen. Wenn Sie auf sie hören, werden Sie sie immer hören. Dralas erzeugen Donner und Blitz, Erdbeben und Feuer. Dralas sind die Hitze einer heißen Nacht. Sie stecken in den Eigenschaften der Dinge.

Gehen Sie hinaus ins Freie, wo Sie Vögel sehen können. Setzen Sie sich hin, entspannen Sie sich und führen Sie für ein paar Minuten die Sitz-Übung des bewußten Atmens durch. Betrachten Sie jetzt einen Vogel. Schauen Sie ihn freundlich, mit sanftem, entspanntem Blick an. Achten Sie darauf, wie er sich bewegt, vor allem auf seine Bewegungsänderungen, den Übergang vom Sitzen zum Fliegen oder plötzliche Richtungsänderungen. Versuchen Sie diese Bewegungen und plötzlichen Änderungen im eigenen Körper nachzuempfinden.

Oder nehmen Sie einen Stein in die Hand und spüren Sie sein Gewicht, wie es nach unten zieht. Drücken Sie ihn in Ihrer Faust zusammen und spüren Sie seine Festigkeit und Unnachgiebigkeit. Legen Sie sich auf die bloße Erde, entspannen Sie sich und fühlen Sie, wie Sie sich in die Erde hinein auflösen. Die Erde trägt Sie! Empfinden Sie ihre Festigkeit, empfinden Sie, daß sie Sie hält und für Sie sorgt. Empfinden Sie, daß Sie Teil dieser Erde sind und daß die Festigkeit und Wirklichkeit der Erde Teil von Ihnen sind. Oder stellen Sie sich in den Regen hinaus, empfinden Sie die Nässe und wie das Wasser Sie erfrischt und reinigt. Nehmen Sie Schlamm in Ihre Hand, drücken Sie ihn durch die Finger und empfinden Sie, wie Wasser die Erde bindet. Spüren Sie, wie das Blut durch Ihre Adern rinnt, und empfinden Sie, daß Sie selbst zu einem Großteil aus Wasser bestehen. Legen Sie sich auf den Rücken und schauen zum Himmel hinauf. Empfinden Sie den weiten, offenen Raum ringsum – lassen Sie Ihre Achtsamkeit in den Raum hinausgehen und empfinden Sie, daß dieser Raum, genauso wie Erde und Wasser, ein Teil von Ihnen ist und daß Sie ein Teil von ihm sind.

So, nicht durch Bücher, erleben Sie die Dralas in den Elementen. Der Dorje Dradul forderte die Shambhala-Schüler immer wieder auf, im Garten zu arbeiten und draußen zu schlafen. Einmal entschloß er sich während einer einjährigen Einkehr um vier Uhr früh an einem bitterkalten Februarmorgen zu einem Ausflug aufs Land. Während wir uns langsam zum Auto begaben, blies uns ein kalter Wind Eisregen ins Gesicht. Beim Wagen angelangt, zitterte ich vor Kälte, ärgerte mich und war gar nicht mehr freundlich. Der Dorje Dradul kletterte in den Wagen, schaute mich mit amüsiertem, etwas ironischem Lächeln an und sagte: »Leute, die ausspannen möchten, sollten campen gehen!«

Ich lachte und sagte: »Um die Wirklichkeit zu erleben?«

»Ja«, sagte er mit Nachdruck.

Die heilige Welt ist der Alltag als Kunst. Wir nehmen die Dralas wahr, wenn wir uns im normalen Leben wie Künstler verhalten, wenn wir wirklich *schauen*, statt nur zu sehen, *vernehmen*, statt nur zu hören. Diese Unterscheidung zwischen Schauen und Sehen macht Frederick Franck in dem Buch »Zen Seeing, Zen Drawing« (Zen schauen, Zen zeichnen). Er sagt: »Die uns um-

267

gebende Welt nur zu sehen, ist etwas völlig anderes als sie zu schauen. Jede Katze und jedes Krokodil sieht Dinge und Tiere. Aber nur wir Menschen besitzen die Fähigkeit zu schauen. Zwar haben viele von uns unter dem unaufhörlichen Bombardement von Fotos und elektronischen Bildern, die täglich auf uns einstürmen, diese Gabe des Schauens verloren, aber wir können sie uns neu erwerben. Wir können lernen, die Dinge jedesmal, wenn wir sie sehen, wieder so anzuschauen, als erblickten wir sie um ersten Mal.« Daraufhin zitiert Franck Rudolf Arnheim: »Jeder Jugendliche in diesem Land, der die Universität bezieht, hat eine Lehrzeit in ästhetischer Entfremdung, die zwölf bis zwanzig Jahre dauert, hinter sich. Augen hat er noch, aber sehen tut er nichts mehr.« Hui Neng, der Zen-Weise, sagte laut Franck: »Der Sinn des Lebens ist, zu schauen.« Franck fügt hinzu: »Nicht zu sehen, wohlgemerkt, sondern zu schauen!«

Der Dorje Dradul trifft eine ähnliche Unterscheidung:

»Im Sehen vollziehen Sie Ihre ersten Projektionen, und wenn irgendein Zweifel dabei in Ihnen auftaucht, geht er mit Schrecken oder Bestürzung einher. Sie beginnen zu sehen und sind bestürzt oder voller Angst, weil Sie Ihren Augen nicht trauen. Also haben Sie manchmal den Wunsch, Ihre Augen zu schließen. Sie wollen gar nichts mehr sehen. Aber es kommt einfach darauf an, richtig zu sehen. Schauen Sie die Farben an: Weiß, Schwarz, Blau, Gelb, Rot, Grün, Purpur. Sehen Sie richtig hin! Das ist Ihre Welt. Sie können nicht nicht sehen. Es gibt keine andere Welt. Dies ist Ihre Welt. Das ist *Ihr* Fest. Es ist Ihr Erbteil. Diese Augen sind Ihr Erbteil. Diese Welt der Farben ist Ihr Erbteil. Blicken Sie auf die Größe des Ganzen. Schauen Sie, zögern Sie nicht, schauen Sie! Öffnen Sie die Augen! Zwinkern Sie nicht und schauen Sie, schauen Sie, schauen Sie immerzu. Dann werden Sie auch etwas erblicken.«

Wenn Sie richtig hören, werden Sie die Dralas vernehmen, ihre Liebe vernehmen. Auch unsere Augen könnten diese Kraftlinien schauen, aber wir fokussieren zu scharf. Also müssen wir unsere Augen zuerst unschärfer einstellen. Sehen ist für die meisten von uns etwas ganz Gewöhnliches, aber Geräusche treffen uns unerwartet: der Schrei des Haubentauchers, das tutende Nebelhorn des Leuchtturms, sogar der Verkehr, mit dem wir klar-kommen müssen, der Klang von Martinshörnern und das Hu-pen der Taxis. Wir würden die aufregendsten Geräusche hören, wenn wir nur hinhören wollten. Sie können das Hinhören und Zuhören üben. Hören Sie einmal Tonbänder mit Walen und Haubentauchern ab und lauschen Sie ihren Gesängen. Hören Sie einmal hin! Hören Sie, wie der Wasserhahn tropft, Weizen-körner platzen, Kinderstimmen durcheinanderschwirren. Ge-hen Sie ins Freie und lauschen Sie. Hören Sie hin! Hören Sie Frö-sche, Elektrizität, Energieentladungen, die Schreie der Fasane, die im Gebüsch balzen. Lauschen Sie! Hören Sie die Kraftlinien. Hören Sie das Schweigen der Felsen, Bäume und üppigen Rho-dodendronbüsche.

Rituelle Anrufung der Dralas

Die Dralas wohnen nicht immer an einem Ort, sondern kom-men und gehen nach ihrem eigenen Zeitmaß. Daher ist es wich-tig für Shambhala-Krieger, wenn sie sie anrufen, zu warten und auf Wiederholungen zu achten. Philip O'Connor, ein britischer Tramp – heute würden wir »Obdachloser« sagen – schrieb, daß er bei seinem endlosen Wandern über die Landstraßen Englands manchmal »ein unvergleichliches Gefühl hatte... wie wenn ich selbst ein über die Straßen ziehendes Gebet wäre. Dieses Gefühl ist entschieden religiös... Alle harten Begriffsknoten werden weich und geben ihre willkommenen Inhalte preis... Vielleicht erleuchten herrliche Gedankenfeuerwerke das Bewußtsein – doch schnell bindet die Welt das innere Licht wieder an äußere Erscheinungen... Der schnelle Übergang zwischen innerem Zu-stand und äußerer Erscheinung ist ein Merkmal des Wan-derns... Bei solchen Wahrnehmungen hört die Zeit auf zu exi-stieren.«

Immer, wenn O'Connor mit Stadtbewohnern in Berührung kam, zeigte sich, daß er, allein in der Landschaft, Zeit und Raum ganz anders wahrnahm. Die Städter kamen ihm »schrecklich schnell, sprunghaft und wie Marionetten vor, aufdringlich geschwätzig«. O'Connors Wahrnehmungen waren sicher zum Teil die Folge seiner außergewöhnlichen Offenheit und seines Vertrauens in seinen eigenen Weg des Seins und Wahrnehmens. Wahrscheinlich hatten ihn auch das Wandern selbst, die unablässig aufeinanderfolgenden, eintönigen Schritte auf diese Wahrnehmungen vorbereitet. Aber genau das sind auch die Merkmale vieler Rituale und Zeremonien. Rituale sind keineswegs nur Schauspiele, die man für Touristen und häufig auch für Anthropologen aufführt. Rituale können sich über Tage hinziehen, mit Fasten, Perioden der Schlaflosigkeit und endlosen Wiederholungen von Worten, Getrommel, Gesang und Tanz. Möglicherweise hat ein Ritual nur den Sinn, den Menschen immer wieder auf seinen Atem aufmerksam zu machen, vielleicht tage- und wochenlang, trotz aller Langeweile und Angst. Ein Ritual kann auch die Ausübung irgendeiner Tätigkeit sein – die Arbeit mit dem Pinsel, mit einem Meißel oder das Üben von Tonleitern. Ausdauer und Wiederholung, mit Freude, Humor und spielerischer Leichtigkeit, nicht feierlicher Frömmigkeit, sind die Grunderfordernisse zur Anrufung der Dralas.

Wir erleben die Heiligkeit des Lebens, wenn wir jeden Gegenstand und jede Handlung als rituellen Akt auffassen. Dringen wir hinter die zur Genüge bekannte Oberfläche des Normalen vor, so entdecken wir wirkliche Freude. Sie kommt von dem Gegenstand oder der Handlung selbst zu uns, ist nicht das Ergebnis hineinprojizierter Hoffnungen und Erwartungen. Selbst die scheinbar trivialsten Aspekte des Lebens – die Kleider, die man trägt und wie man sie trägt, die Speisen, die man ißt, die Tasse, aus der man trinkt – können zu der allgegenwärtigen Heiligkeit des Lebens in einer Gesellschaft, die auf den inneren Sinn des Rituals Wert legt, beitragen. Es gibt dann keine Trennung zwischen dem Heiligen und dem Profanen mehr. Alle Handlungen werden zum Bestandteil des Heiligen. Alle Rituale werden zu heiligen Ritualen und zu Möglichkeiten, das Interesse und die Energie der Dralas anzuziehen.

Dralas werden durch Gruppenrituale, Zeremonien und Feste herbeigerufen. Das Ritual ist eine tiefgründige, sehr wirksame Methode, durch die Gemeinschaften ihre innere Harmonie und die Verbindung mit den nichtmenschlichen Welten, von denen sie abhängen, aufrechterhalten: den Welten der Tiere und Pflanzen, Berge und Seen und der Dralas. Dolores LaChapelle, Direktorin des Ausbildungszentrums »Way of the Mountain« in Colorado, führt Zeremonien und Rituale durch, die uns wieder mit der Erde verbinden sollen. Sie sagt: »Das Ritual gibt uns neue Einblicke in die Wahrheit. Diese ist nicht etwas außerhalb von uns, wonach man suchen oder für das man arbeiten und kämpfen müßte. Die Wahrheit ergibt sich vielmehr aus dem Zusammenwirken aller Beteiligten – Menschen und Nicht-Menschen – während des Festes. Je mehr man mit der Feier eins wird, desto tiefer dringt man in die Wahrheit ein.« Diese Auffassung von der Heiligkeit des Rituals geht schon auf Konfuzius zurück, der, nach Herbert Fingarette, lehrte, eine heilige Zeremonie sei nicht »eine ungeheuer geheimnisvolle Beschwörung von Geistern, die sich außerhalb des menschlichen und irdischen Lebens befinden. Der Geist ist kein äußeres, von der Zeremonie beeinflußtes Wesen, sondern er ist alles, was sich in der Zeremonie selbst ausdrückt und lebendig wird!«

Zeremonien und Rituale bilden für die Gruppe eine Nische im normalen Fluß des Alltags – eine Art kollektiver Nische. Zeremonien sind der Nachvollzug der natürlichen Ordnung. Ihr Ziel ist es, Menschen auf Naturereignisse abzustimmen, um Kontakt mit den Dralas herzustellen. Die Chinesen sagen: Die Natur schafft Zeremonien, und die Menschen befolgen sie. Isozakis Beobachtung, daß »die japanischen Feste Zeremonien zur Beschwörung der Geister« sind, gilt für die Feste, Zeremonien und jahreszeitlichen Feiern aller Völker, die noch Verbindung zu dieser Dimension der natürlichen Wirklichkeit besitzen. Ruth-Inge Heinze sagt:

»Christen glauben, Christus manifestiere sich bei der Heiligen Kommunion in der Hostie. Hindus wissen, daß bei Ritualen ihre Priester die Götter anrufen und diese Götter sich in den Tempelstatuen manifestieren. Andere ethnische Gruppen führen Rituale durch, um in Steinen, Bäumen und Bergen wohnende Naturgeister anzurufen, oder beschwören auch vergöttlichte Ahnen und das namenlos Göttliche, die Lebenskraft an sich.«

Rituale bündeln die Gruppenenergie, um die Atmosphäre auszuweiten und die Teilnehmer auf die Drala-Zeit abzustimmen. Sie spornen das gemeinsame Windpferd der Gruppe, so daß auch Mitglieder, die aus eigener Kraft keine Verbindung dazu herstellen können, mitkommen. Sie wecken die Achtsamkeit der Teilnehmer, bis ihre Wahrnehmungsfähigkeit soweit ist, daß sie die Heiligkeit, in diesem Moment, sehen können. Die mächtige Atmosphäre des Gruppen-Windpferds zieht die Dralas herbei, sie können sich darauf niederlassen.

Naturvölker haben ihre Herzverbindung zum Kosmos nicht bis zu dem Grad wie der moderne Mensch verloren. Sie sind noch in der Lage, mit Naturelementen, -kräften und miteinander auf eine Weise zu kommunizieren, die uns schon vor langer Zeit abhanden gekommen ist, weil wir nicht mehr offen für sie waren. Don José Matsuwa war ein Huichol-Schamane in den Bergen der mexikanischen Sierra. Er starb 1992 im Alter von 110 Jahren. Zweimal besuchte er New York und Kalifornien. Beim ersten Besuch führte er eine Regenmacher-Zeremonie in dem von Dürre heimgesuchten Kalifornien durch, und tatsächlich regnete es. Bei seinem zweiten Besuch sagte er:

»Die heiligen Federn erzählen mir, warum es hier [in Kalifornien] nicht geregnet hat. An manchen Orten verbrennt Tayaupa [die Sonne] euer Land, an anderen Orten verbirgt Tayaupa sein Gesicht. Der Ort hier, an dem ihr lebt, und viele andere Orte in eurem Land leiden mal unter der Dürre, mal unter zuviel Regen, unter Mißernten und vielen anderen Problemen. Es gibt einen Grund für all dieses Unglück: Ihr habt keine Zeremonien veranstaltet, ihr habt euch nicht versammelt, um der Erde, den Göttern, der Sonne, dem Meer dafür zu danken, daß sie euch das Leben geschenkt haben.

Ich sehe, daß viele Menschen hier so in ihrem kleinen Leben gefangen sind, daß sie ihre Liebe nicht mehr zur Sonne hinauf, aufs Meer hinaus und in die Erde hineinschicken. Wenn ihr Zeremonien durchführt und eure Liebe in die fünf Richtungen hinausschickt – den Norden, Süden, Osten, Westen und die Mitte –, holt ihr Lebenskraft in euch hinein. Diese Liebe bringt den Regen. So ist es seit Beginn der Menschheitsgeschichte gewesen:

Die Menschen hüllen sich in ihre kleine Welt ein und vergessen die Elemente, vergessen die Quelle ihres Lebens.

Denkt darüber nach, was ich euch sage, und wenn ihr es versteht, wird euer Leben wieder stärker werden... Dann wird euch eines Tages das Meer sein Herz geben, das Feuer sein Herz geben, die Sonne ihr Herz geben. Und wenn ihr dann in mein Dorf kommt, sehe ich sofort, was passiert ist.«

Matsuwa lehrt uns die tiefgründigste Form der Zeremonie: unsere Herzen liebend der Erde, der Sonne und dem Meer, den Felsen, Bäumen und Tieren zu öffnen und dann von ihnen das Herz und die Lebenskraft, die wir so dringend benötigen, zu empfangen. Wir haben immer Angst und werden von Zweifeln gequält, wenn wir uns für solche Möglichkeiten öffnen wollen. Aber jene von uns, die sich auf dem Weg des Kriegers befinden, wissen zumindest, daß wir unser kleines Ich loslassen und durch das Tor der Angst hindurchgehen können. Wir *können* unser Herz für die weite, tiefe, fremde Welt öffnen, für die Erde und den Himmel, für anderes Leben und für unsere Mitmenschen.

Wie alle großen Schamanen und Lehrer besaß auch Don José innere Leichtigkeit und Humor, ebenso glühende Begeisterung und Kraft. Seinen wichtigsten Schüler, Brant Secunda, fand er, als Brant als Neunzehnjähriger, auf der Suche nach einem Huichol-Dorf umherwandernd, sich verirrt hatte. In einem Traum sah ihn einer von Don Josés Schamanen-Kollegen, und so wurde Brant vom Tod durch Verdursten in der Wüste gerettet. Danach verbrachte er siebzehn Jahre als Schüler bei Don José. Ihre Beziehung und das dem Heiligen geweihte Leben der Huichol werden sehr schön in einem Videofilm, »Virarica, The Healing People« (Virarica, das Heilervolk), geschildert. In einer Szene liegt Don José, schon alt und welk, auf dem Rücken im Schatten und scherzt mit seinem jungen Schüler. Brant bemerkt dazu: »Die Huichol lachen mehr als alle anderen Menschen, die ich kenne. Sie sagen: Glück und Traurigkeit sind dasselbe, nur daß du dich im Glück wohler fühlst. Ich erinnere mich, wie Don José sagte: ›Nichts, was ich dir beigebracht habe, taugt etwas, wenn du, sobald du mich verläßt, keinen guten Witz erzählen kannst.‹«

Sehr häufig wird in Gruppen auch Rauch verwendet, um die Dralas herbeizurufen. So wird zum Beispiel bei einem Brauch der amerikanischen Ureinwohner Mariengras verbrannt und dann mit einer heiligen Feder die Asche über die Anwesenden verteilt. Diese Reinigungszeremonie heißt »Beschmierung«. Man raucht dann die heilige Pfeife und gibt sie im Kreis weiter. Das Ritual bestätigt, daß die Menschen im Kreis miteinander und allen anderen Wesen friedlich verbunden sind.

In der Shambhala-Überlieferung rufen Gruppen die Dralas durch eine *Lhasang*-Zeremonie herbei. *Lhasang* bedeutet wörtlich »die Götter rufen«. Trockene Wacholderzweige werden auf glühender Holzkohle verbrannt. Wenn der dicke, süßlich duftende, weiße Rauch aufsteigt, singen die Schüler eine lange Beschwörung, die die Dralas herbeiruft. Am Ende des Gesangs umschreiten die Kriegerschüler den Rauch im Uhrzeigersinn und stoßen ständig den Siegesschrei des Kriegers aus: *Ki, Ki, So, So: Lha Gyelo; Tak, Seng, Kyung, Druk: dYar Kye!*

Ki, mit aller Kraft und Stärke ausgestoßen, vertreibt alle negative Energie. *So,* weicher und sehnsüchtig ausgesprochen, bringt Harmonie und ruft die Dralas herbei. *Lha Gyelo* bedeutet »Sieg den Göttern«, in diesem Fall den Dralas. *Tak, Seng, Kyung, Druk* bedeutet »Tiger, Löwe, Garuda, Drache«, die vier Tiere, die die Stufen auf dem Kriegerpfad versinnbildlichen. *dYar Kye!* schließlich bedeutet nichts Bestimmtes, sondern ist nur ein Freudenschrei, wenn man ein Ziel erreicht hat. In Tibet konnte man diesen Freudenschrei oft hören, wenn Wanderer nach schwerem und langem Aufstieg, bedrängt durch widriges Wetter und Räuber, endlich den Paß erreicht hatten.

Die Shambhala-Krieger wandern im Kreis, singen und tragen Fähnchen, die die vier Tiere symbolisieren. Alles, was sie reinigen und mit Drala-Energie versehen wollen, ziehen sie durch den Rauch. Der Rauch zieht über sie hin, und sie atmen ihn ein. Bei solchen Versammlungen entwickelt sich eine ungeheuer starke Atmosphäre des Wachseins – wie eine scharfe Schneide. Man spürt, wie das Windpferd gespornt wird.

Ich habe in diesem Kapitel nur ein paar der zahllosen Möglichkeiten, die Dralas zum Eintritt in Ihr Leben zu bewegen, geschildert. Die Dralas werden sich mit ihrer Energie um Sie sammeln und Ihre Verbindungen zu anderen Kriegern und der heiligen Welt aufbauen, wenn Sie auf Ihre Intuition und günstige Zufälle achten, wenn Sie den Elementen Ihre Aufmerksamkeit schenken und für die Erde sorgen, und wenn Sie jede Handlung als Zeremonie auffassen und jeden Gegenstand so pflegen, als wäre es ein ritueller Gegenstand. Die Dralas werden sich bei Ihnen versammeln, was auch immer Sie unternehmen, wenn Sie es mit Leidenschaft, ganzem Herzen und für das Wohl anderer tun. Sie werden sich schließlich immer um Sie versammeln, wenn Sie das Windpferd spornen, ob als einzelner oder in einer Gruppe. Indem Sie diese echten Verbindungen herstellen, fangen Sie damit an, eine erleuchtete Gesellschaft aufzubauen.

Teil III
Authentisches Handeln in der Welt

12. AUTHENTISCHE GEGENWÄRTIGKEIT

Viele Kulturen kennen die individuelle und kosmische Energie, die wir Windpferd und Drala nennen, und viele überlieferte Bräuche können uns helfen, das Windpferd zu spornen und die Dralas herbeizurufen, um dann den wunderbaren Sprung in die heilige Welt der Großen Östlichen Sonne zu tun. All diese Möglichkeiten erfordern Hingabe, volle Beteiligung und Achtsamkeit. Weisheit und die Übungen der Kriegerschaft werden aber nicht nur im Augenblick aktualisiert, um ein flüchtiges Bedürfnis zu befriedigen. Weisheitsübungen ergeben sich vielmehr aus den vereinten Bemühungen von Männern und Frauen über Jahrhunderte hinweg. Doch nur Ihre eigene Achtsamkeit kann ihnen immer neue Frische und Gegenwärtigkeit verleihen. Achtsamkeit ist immer Achtsamkeit auf den gegenwärtigen Augenblick, auf das Jetzt. Auch Erinnerungen an die Vergangenheit und Erwartungen oder Hoffnungen auf die Zukunft werden immer im gegenwärtigen Augenblick, jetzt, aktuell. Es gibt keinen anderen Augenblick als das Jetzt. Achtsamkeit ist Jetztheit. Indem Sie das Windpferd spornen, verbinden Sie die Jetztheit mit der überlieferten Weisheit der großen Geschlechter von Männern und Frauen, die die Kriegerschaft praktiziert und erreicht haben, gute menschliche Gesellschaften aufgebaut haben und deren Fußstapfen wir folgen wollen.

Die Vereinigung von Jetztheit und überlieferter Weisheit ist dem Brotbacken vergleichbar – das Rezept ist aus Versuch und Irrtum vieler Generationen entstanden. Sie haben es von Ihrer Urgroßmutter ererbt, und Ihre Mutter hat es Ihnen beigebracht, doch ist es Ihre Aufgabe, jetzt das Rezept anzuwenden und mit seiner Hilfe frisches, warmes, süß duftendes Brot zu backen.

Weitere Möglichkeiten, Windpferd zu spornen

Manche Shambhala-Krieger praktizieren japanische Bräuche, die zum Herbeirufen der Dralas auch heute noch sehr wirksam sind: Chanoyu (Teezeremoniell), Ikebana (Blumenarrangement) und Kyudo (Bogenschießen).

In dem Buch »Tea Life, Tea Mind« (deutscher Titel: »Ein Leben auf dem Teeweg«) sagt Soshitsu Sen, Meister des Teezeremoniells: »Ein Mönch fragte einmal seinen Meister: ›Vom Ziel spreche ich jetzt nicht. Aber was ist der Weg?‹ Sofort antwortete der Meister: ›Der Weg ist dein Alltag.‹ Diese Auffassung steht im Mittelpunkt des Teeweges. Das Prinzip des Teeweges bezieht sich auf das ganze Leben, nicht nur auf den Teil, der gerade im Teeraum stattfindet. Es kommt einfach darauf an, jedem Ereignis des Tages mit klarem Bewußtsein und gefaßt zu begegnen. In gewissem Sinne ist auch die kleinste Handlung nichts anderes als der Teeweg. Dies ist es, was den Teeweg so bedeutsam macht, wie er es auch vor mehr als 450 Jahren schon war, als seine Geschichte begann.«

Das Zeremoniell findet in einem hellen, schlichten Raum statt. Vielleicht hängt eine Bildrolle an der Wand, oder an einem bevorzugten Platz steht ein Blumenarrangement mit nur einer Blume. Über einem Holzkohlenfeuer steht ein Topf mit kochendem Wasser und vermittelt das Gefühl offenen Raums (als Gast hatte ich immer ein außerordentliches Gefühl der Zeitlosigkeit, wenn dieser Topf mit Wasser ruhig vor sich hinkochte, der Dampf daraus aufstieg und das Geräusch sprudelnden Wassers in der Luft lag. Es war, als ob dieser Kessel seit Hunderten von Jahren kochte.) In diesen offenen Raum und diese Zeitlosigkeit treten nun die Gäste und der Gastgeber ein. Letzterer kommt durch eine besondere Tür und bringt die Teeutensilien mit. In einer längeren und sehr präzisen, aber schlichten Zeremonie bereitet er nun grünen Tee zu. Auch süßes Gebäck wird gereicht. Der Tee wird serviert und getrunken – der starke, bittere Geschmack schockiert, selbst wenn man darauf gefaßt ist. Dann werden die Schalen geprüft und die Teeutensilien wieder gereinigt. Es herrscht eine Atmosphäre ungeteilter Achtsamkeit. Alles geschieht mit unglaublicher Präzision und dem Gefühl, im Augenblick gegenwärtig zu sein. Wirt und Gäste tauschen ein paar höfliche Worte mit vielen Verbeugungen vorwärts und rückwärts. Dieses Gespräch zwischen dem Wirt und seinen Gästen ist ehrlich und voller traurig-fröhlicher Herzlichkeit.

Sobald die Gäste gegangen sind, nimmt der Wirt das Teegerät wieder mit, den leeren Raum und den kochenden Kessel zurücklassend. Alles wirkt in sich abgeschlossen und abgerundet, doch bleibt eine schwebende Bedeutsamkeit zurück, wie wenn ein ganzes Leben mit dieser einfachen Zeremonie verbracht worden wäre. Jetzt ist sie vorbei.

Soshitsu Sen erläutert die vier Grundprinzipien des Teeweges, die auch im Alltag verwirklicht werden müssen: Harmonie, Respekt, Reinheit und Ruhe. Er sagt:

»›Harmonie‹ ist das Ergebnis des Zusammenwirkens zwischen Wirt und Gast, den servierten Speisen und den Geräten, die im fließenden, natürlichen Rhythmus benützt werden. Harmonie spiegelt die Vergänglichkeit aller Dinge wider, aber auch das Unveränderliche im Veränderlichen... Das Prinzip Harmonie bedeutet, von allen Ansprüchen frei zu sein...

›Respekt‹ ist die Reinheit des Herzens, die uns freimacht, offene Beziehungen zu unserer Umgebung, unseren Mitmenschen und der Natur aufzunehmen, da wir uns ihrer angeborenen Würde bewußt sind... Dieses Prinzip drängt uns, allen Menschen und Dingen, denen wir begegnen, tief ins Herz zu blicken. Dann wird uns bewußt, daß wir mit der ganzen Welt verwandt sind.

›Reinheit‹ ist wegen der schlichten Handlung des Reinigens ein wichtiger Teil der Teesitzung – zunächst bei der Vorbereitung, dann beim Servieren des Tees und schließlich, wenn nach dem Gehen der Gäste die Geräte weggebracht und der Teeraum endgültig geschlossen wird. Handlungen wie Staubwischen im Zimmer oder das Wegfegen des dürren Laubs vom Weg sind Sinnbilder dafür, daß der ›Staub der Welt‹ und die irdischen Bindungen aus Herz und Verstand entfernt werden. Erst wenn alle weltlichen Sorgen weggeräumt sind, lassen sich Menschen und Dinge ihrem wahren Wesen nach erkennen...

›Ruhe‹, ein nur dem Teeweg eigenes ästhetisches Konzept, bildet sich heraus, wenn die ersten drei Prinzipien Harmonie, Respekt und Reinheit ununterbrochen im Alltag geübt werden.«

Eine andere Übung, durch die wir die Energie des Windpferdes bündeln und spornen können, ist Kyudo, die japanische Kunst des Bogenschießens. Vielen ist diese sehr einfache Übung recht gut durch Eugen Herrigels Klassiker »Zen in der Kunst des Bogenschießens« bekannt. Entstanden ist diese Kunst als eine der wichtigsten Kampfarten der Samurai, doch wird sie seit 600 Jahren auch unverändert als Übung, Bewußtsein und Körper zu synchronisieren und das Windpferd zu spornen, gelehrt. Die in der Waffe steckende Kraft wird in die Kraft, Aggressionen zu überwinden, umgewandelt.

Bei der Kyudo-Übung steht der Bogenschütze nur einen guten Meter vor einer großen Zielscheibe, normalerweise einem Ballen Heu. Es kommt zunächst nicht darauf an, die Scheibe zu treffen, obwohl man später auch auf weiter entfernte Ziele schießt. Steve Cline, Shambhala-Schüler und Kyudo-Lehrer, beschreibt, wie man einen Schuß abgibt:

»Zuerst sucht sich der Übende festen Stand, wie ein Baum, dessen Zweige zum Himmel ausgestreckt und dessen Wurzeln fest in der Erde verankert sind. Der Oberkörper bleibt aufrecht, wie wenn der Kopf von einer Sehne himmelwärts gezogen würde. Wenn der *Yumi* [Bogen] voll gespannt ist, nähert sich der Augenblick der Entspannung ganz natürlich und in der richtigen Zeit, während die Energie sich im *tanden*, dem Zentrum des Köpers nahe dem Nabel, staut und wieder abfließt. Das Bewußtsein folgt dem Weg des Pfeils und ruht im Raum. Es ist wie ein Schweben, wie das tiefe Dröhnen einer angeschlagenen Tempelglocke.«

Immer und immer wieder übt man den so einfachen Ablauf: Standfassen wie eine große Eiche, Himmel und Erde vereinigen, den Bogen heben, nach vorn strecken, die Sehne spannen, festhalten – und loslassen! Es heißt, es dauert bis zu zehn Jahre, bis man gelernt hat, den Pfeil richtig loszulassen. Die sich aufbauende Spannung und die bei der Entspannung freiwerdende Energie erinnern stark an das Spornen des Windpferds.

Ein Meister dieser Kunst, Shibata Kanjuro Sensei, ist der zwanzigste Nachkomme einer Familie von Bogenmachern und Meisterschützen, die für den Kaiser von Japan arbeiteten. 1980 kam er zum ersten Mal nach Nordamerika, um auf Bitten des Dorje Dradul Shambhala-Schüler Kyudo zu lehren. Wäre er ein paar Jahre länger in Japan geblieben, wäre ihm der Ehrentitel »Lebender Schatz Japans«, die höchste kulturelle Auszeichnung des Landes, verliehen worden. Aber in Nordamerika machte ihm die Einstellung seiner Schüler zu den Übungen, verglichen mit seinen japanischen Schülern, solchen Eindruck – die meisten Japaner betreiben Kyudo heute nur als Sport oder um sozial aufzusteigen –, daß er immer wieder einmal zurückkehrte. 1985 ließ er sich in den Vereinigten Staaten nieder und lehrt seitdem Kyudo in Nordamerika und Europa. Sein Englisch ist ziemlich kümmerlich, und er selbst sieht wild aus, mit stechendem Blick, buschigen schwarzen Brauen und tief zerfurchtem Gesicht, wie die Maske auf der Rüstung eines japanischen Samurais. Doch im gewöhnlichen Leben beweist Shibata Sensei einen starken Sinn für Humor und große Lebensfreude, der sogar seine japanische Förmlichkeit keinen Abbruch tut.

Wenn sich aber Sensei im *dojo* – in der Übungshalle – befindet, ist es etwas anderes. Dort legt er erschreckende Wildheit an den Tag. Einmal verfehlte einer seiner Schüler (wir waren alle Anfänger) das Ziel, und der Pfeil steckte mit dumpfem Aufprall in der Wand dahinter. Wir fingen alle zu lachen an, doch sofort wurden wir von einem zornigen Schrei unterbrochen: »Nein«, stieß Sensei mit zornig funkelnden Augen hervor, »Kyudo für *euch*. Lachen über einen anderen nicht so gut!« Dann schüttelte er den Kopf und brach in helles Gelächter aus.

Shibata Sensei ist eine Mischung aus Demut und Kraft. Immer und immer wieder betont er, daß *Kyudo* Bewußtsein ist, wobei er sich auf den Bauch schlägt, wo nach seiner Überlieferung *kokoro* – so etwas wie Bewußtsein, Herz, Geist – lokalisiert ist. Er meint damit, daß Kyudo kein Wettbewerb oder Sport ist, sondern ein Mittel, *kokoro* zu entwickeln, indem man alle negativen Emotionen, Verwirrungen und die Fixierung auf sich selbst losläßt und das Windpferd spornt. Sensei sagt:

»Das eigentliche Ziel Kyudos ist, Bewußtsein zu entwickeln, also dasselbe, was auch für Zazen [Bewußtheitsübung] gilt. Ihr entwickelt nicht eure Fähigkeit zu schießen, sondern euer Bewußtsein. Ein würdiges Schießen ist das Entscheidende. Ohne das richtige Bewußtsein wäre das nicht zu erringen, auch wenn Ihr noch so lange übt.

Beim Treffen des Ziels kommt es nicht darauf an, wie gut ihr in Form seid oder wie gut ihr schießen könnt, sondern ihr trefft es, wenn ihr das richtige Bewußtsein habt, ganz von selbst. Das gilt übrigens für alles, was ihr tut, nicht nur beim Kyudo. Wenn man ständig an das Ziel oder an den Erfolg denkt, kommt nichts Gutes dabei heraus. Aber wenn ihr in erster Linie auf euch selbst achtet, auf eure eigenen Füße, eure Grundlage, achtet, kommen die Dinge von selbst in Ordnung.«

Eine andere Shambhala-Übung, um das Windpferd aufzurufen, ist die Übung des »Vertrauensstrichs« oder des Ashé-Strichs. Diese Übung ist eine Art Kalligraphie oder *sumi-e* (konzentriertes Malen). Allerdings gibt es noch tiefere Bedeutungen von Ashé, das als »Terma« des Dorje Dradul, wie ich es im dritten Kapitel beschrieben habe, entstand. Sowohl der Dorje Dradul als auch Shibata Sensei erklärten, diese Übung sei im wesentlichen mit Kyudo identisch. Äußerlich gesehen ist sie sehr einfach: Der Krieger steht oder kniet vor einem weißen Kalligraphiepapier, neben sich eine Schale mit schwarzer Tinte und einen Kalligraphiepinsel in der Hand, und setzt einen Strich aufs Papier.

Zuerst ist da nur das leere Blatt. Dann kommt der erste Tupfer, wenn der Pinsel das Papier berührt, und schließlich folgt der Strich selbst. Hierauf wird der Pinsel wieder vom Papier genommen. Das leere Blatt Papier symbolisiert den Anfang, bevor irgend etwas passiert ist. Es ist die leere Leinwand des Künstlers, bevor er weiß, was er malen wird. Im Kyudo ist es das Ziel. Es ist der offene Himmel, klar und groß, fähig, die ganze Erde, Sonne, Mond und Sterne, einen friedlichen Sonnenaufgang oder heftigen Sturm in sich aufzunehmen. Es versinnbildlicht Verstand und Herz, die für alle Möglichkeiten offen sind. Es kann die Offenheit Ihres Bewußtseins sein, bevor Sie etwas zu einem Freund sagen, aber noch nicht wissen was, oder es ist der Augenblick des Schweigens vor Beginn einer Konferenz oder bevor Sie eine Skiabfahrt hinabschwingen. Doch ist Ihr Bewußtsein dabei nicht vollkommen leer, weil Sie ja schon die Absicht, vielleicht sogar das Bedürfnis haben, etwas zu sagen oder zu tun. Sie warten darauf, eine erste Verbindung mit der Realität herzustellen – auf den ersten Eindruck.

Der Ashé-Strich ist die Waffe des Kriegers, ein zweischneidiges Schwert, das alle Aggression und allen Haß zerschneidet, ja zugleich sich selbst zerschneidet, so daß nichts von Selbstzufriedenheit oder Selbstgerechtigkeit übrigbleibt, nichts von irgendeinem Bewußtsein, man habe über etwas oder jemanden gesiegt. Wenn Sie den Strich mit ganzen Herzen durchführen, ist kein getrenntes Ich mehr da. Der Strich zerschneidet Ihre begrifflichen Gedanken und trüben Emotionen, vereinigt Bewußtsein und Körper und reißt einen Spalt in Ihren Kokon. Wenn Sie als Shambhala-Krieger den Strich ausführen, öffnen Sie zuerst Ihr Bewußtsein, um die feste Erde unter sich und die Energie des Raums um und über sich zu spüren, und rufen sich den Anblick der Großen Östlichen Sonne in Erinnerung. Dann setzen Sie rasch den ersten Tupfer, der den ersten Eindruck versinnbildlicht, gefolgt von dem Strich selbst, der unbedingtes Vertrauen symbolisiert. Ist der Strich gemacht, verharren Sie eine kleine Weile und lassen jeden Gedanken daran, Sie hätten etwas erreicht, los, alle noch vorhandenen Ichfixierungen. Wenn Sie dann den Pinsel rasch vom Papier nehmen, öffnen Sie Ihr Bewußtsein weiter der Energie und dem Zauber des Windpferds, das jetzt durch die Lücke im Kokon eintreten kann.

Wenn Übungen wie das Teezeremoniell, Kyudo oder der Ashé-Strich richtig und vollständig ausgeführt werden, entsteht immer eine unbeschreibliche Übertragung von Energie und Bedeutung dieser Übungen. Das gilt aber für jede spirituelle Übung. Ebenso wichtig wie die genaue Lektüre oder das Anhören der Instruktionen ist, daß man sich zunächst die Atmosphäre und Aura der Übung aneignet und sich die Einzelheiten gut einprägt. Der Schüler, der die Übertragung der gesamten Energie erleben will, muß einige Erfahrung in Bewußtheit und

Achtsamkeit und auch das Loslassen der Ichbezogenheit geübt haben. Ohne diese Grundlage innerer Sanftheit und ehrlicher Anteilnahme an anderen und ohne die richtigen Instruktionen wird ein Versuch, diese Übungen anzugehen, nur Konfusion und mehr Schaden als Gutes verursachen.

Beim Shambhala-Kriegerweg gibt es intensive Einkehrtage an festen Orten, wodurch es Kriegern möglich wird, sich gemeinsam der Achtsamkeit zu öffnen, das Windpferd zu spornen und den Ashé-Strich durchzuführen. Die Teilnehmer leben gemeinsam, lernen, üben und verrichten täglich die notwendigen Arbeiten wie Putzen und Essensvorbereitung. Dabei entwickeln sich sehr intensiv all die Emotionen, die immer auftreten, wenn eine Gruppe von Menschen eng zusammenlebt und -arbeitet. Das ist also ein fruchtbarer Boden dafür, daß Ängste und Aggressionen, aber auch Freude und Vertrauen zum Vorschein kommen. Es herrscht eine Atmosphäre gegenseitiger Achtung und der Begeisterung, ebenso Entspannung und Humor, daneben aber auch lebhaftes Durcheinander und gelegentlich Chaos. Hier sprießen die Keime für eine erleuchtete Gesellschaft.

Die Schüler praktizieren Sitz-Meditation, Spornen des Windpferds und Ashé-Strich. Sie studieren die Hauptschriften der Shambhala-Lehren – der wichtigste Text erläutert Sinn und Symbolik des Ashé-Strichs in allen Einzelheiten. Sie üben den Strich einzeln und führen ihn dann gemeinsam zur Feier der Heiligkeit der Welt und der Vision der Großen Östlichen Sonne aus. Die Intensität und Zielgerichtetheit im Raum während dieser Gruppensitzungen haben etwas Elektrisierendes. Manchmal wird der Strich der Reihe nach durchgeführt, wobei die Schüler in einem großen Kreis zusammenstehen. Wenn jeder, von allen anderen genau beobachtet, seinen Strich setzt, wird das Windpferd, das sich reihum im Kreis bewegt, fast sichtbar.

Parallelen zu dieser Übung des Ashé-Strichs finden sich in der chinesischen und japanischen Tradition der Pinselmalerei und Kalligraphie. Dazu berichtet François Cheng:

»Nach Auffassung des chinesischen Malers ist die Ausführung des Pinselstrichs das Verbindungsglied zwischen dem Menschen und dem Übernatürlichen. Denn der Pinselstrich ist, aufgrund seiner Einmaligkeit, aber auch wegen der vielen Variationsmöglichkeiten, einfach und vielfach. Er stellt den Prozeß dar, durch den der Mensch malend die ursprünglichen Gebärden der Schöpfung nachvollzieht (der Akt des Strich-Setzens entspricht genau dem Akt, der den Einen aus dem Chaos, das Himmel und Erde trennt, hervorzieht). Der Strich ist zugleich Atem, Yin-Yang, Himmel-Erde, die zehntausend Dinge, während er auch den Rhythmus und die geheimsten Triebfedern des Menschen vergegenwärtigt...

In diesem Sinne ist die Malkunst nicht nur eine bloße Beschreibung des Schauspiels der Schöpfung. Sie ist selbst Schöpfung, ein Mikrokosmos, dessen Struktur und Funktion mit denen des Makrokosmos identisch sind...

Wenn die Tinte den Pinsel durchtränkt, begabt sie ihn gleichsam mit Seele, und der Pinsel, der die Tinte benutzt, begabt sie mit Geist... Der Mensch besitzt die Macht, Form und Leben zu geben. Wäre es nicht so, wie wäre es dann möglich, mit Pinsel und Tinte eine Realität zu zeichnen, die Fleisch und Bein besitzt?«

Als ein berühmter Kalligraph einmal von einem chinesischen Kaiser gefragt wurde, wie er den Pinsel halte, sagte er: »Wenn das Bewußtsein [*kokoro*] richtig ist, ist auch der Pinsel richtig. Das gilt für jeden Weg. Wenn das Bewußtsein verzerrt oder entstellt ist, ist es auch die Technik. Schreibt ein Kalligraph im Nicht-Denken, im Hier und Jetzt, vibrieren die Pinselstriche vor Leben. Ist er abgelenkt oder steckt voller Illusionen, werden die Linien tot sein, und wenn sie noch so gut konstruiert sind.«

Der gleichen Auffassung von einem ursprünglichen Strich gibt der Sufidichter Dschelaluddin Rumi in dem Gedicht »Der Name« Ausdruck:

Kennst du ein Wort, das sich nicht auf etwas bezieht?
Hast du schon einmal eine Rose als R.O.S.E. gepflückt und
in der Hand gehalten?
Du sprichst den Namen. Jetzt finde die Wirklichkeit, die er
benennt.
Blicke auf den Mond im Himmel, nicht auf den im See.

Willst du freiwerden von der Besessenheit durch Worte und
  schöne Schrift,
Setze dann einen Strich.
Da ist kein Ich mehr und keine Eigenschaft,
Nur ein heller Mittelpunkt, und du besitzt das Wissen,
Das auch das Wissen der Propheten ist, ohne Bücher und
  Übersetzungen.

Doch der Vertrauensstrich ist kein kalligraphischer Strich und leitet sich auch nicht aus der chinesischen Maltradition her. Er ist vielmehr eine Übung, die vom Dorje Dradul für unsere Zeit neu entwickelt wurde. Insofern ist sie, da sie die aktuelle, lebende Weisheit der Shambhala-Lehren verkörpert, eine besonders starke und magische Übung. Sie ist ein besonderer Weg, den Schleier der untergehenden Sonne, der normalerweise die direkte Erfahrung der Heiligkeit und des Windpferds verhindert, zu zerreißen. Als der Dorje Dradul bei einer Gelegenheit einmal gefragt wurde, was der Strich symbolisiere, sagte er: »Eins.« Der Fragesteller hakte nach: »Eins, was?« – »Eins mit allem«, war die knappe Antwort.

Das Spornen des Windpferdes vermittelt authentische Gegenwärtigkeit

Die Übung des Windpferd-Spornens verleiht immer mehr Kraft und vermittelt allmählich authentische Gegenwärtigkeit. Das ist eine Übersetzung des tibetischen Ausdrucks *wangtang*, was »Kraftfeld« bedeutet. Auf dem Shambhala-Kriegerweg entwickelt sich authentische Gegenwärtigkeit in Ihrem System, wenn Ihr ehrliches Vertrauen immer reifer wird und Sie in der Lage sind, sich der Windpferd-Energie immer von neuem zu öffnen. Authentische Gegenwärtigkeit entwickelt sich in einem einfachen Ursache-Wirkung-Zusammenhang. Man läßt die Ichfixierungen los, die Besessenheit von sich selbst und die Vorstellungen von sich selbst, sowie das Greifen nach Macht und Besitz. Alles, was Sie zu tun haben, ist, das Windpferd zu spornen und loszulassen. Dieses Loslassen muß sich auch auf Ihre Sorge, ob und inwieweit Sie auf dem Weg des Kriegers Fortschritte machen, erstrecken. Dann entsteht die authentische Gegenwärtigkeit so sicher wie die Reaktion auf die Aktion.

Die authentische Gegenwärtigkeit läßt sich leichter durch Beispiele als durch Erläuterungen beschreiben. Trotzdem ist es keine besonders geheimnisvolle oder seltene Eigenschaft. Wir alle sind wahrscheinlich schon Menschen mit einem gewissen Grad authentischer Gegenwärtigkeit, zumindest im äußerlichen Sinn, begegnet. Sie lächeln immer und sind von Grund aus freundlich, was mit einem fast traurigen Ernst gekoppelt ist. Aber sie besitzen auch Schärfe. Sie haben all ihre Scheinheiligkeit beseitigt und gelernt, schlicht und direkt zu leben. Ihre Gegenwart fordert auch andere auf, ihre Scheinheiligkeit aufzusetzen.

Solche Menschen brauchen oft enorme Selbstdisziplin, um den von ihnen gewählten Weg in der Welt zu gehen. Doch besitzen sie auch Bescheidenheit und Humor. Sie funkeln vor Lebhaftigkeit und Geist. Es können sehr gebildete Menschen in exponierten, machtvollen Positionen sein, aber auch vollkommen gewöhnliche Menschen ohne besondere Schulung. Eine der Persönlichkeiten in meinem Leben, die über authentische Gegenwärtigkeit verfügte – nur daß mir das damals nicht bewußt wurde –, war Amy, die Reinemachefrau meiner Eltern, als ich ein halbwüchsiger Junge war. Eine andere war ein älterer, halb tauber Physiklehrer in meinem Gymnasium. Im Zweiten Weltkrieg war Mr. Godfrey Bomberpilot gewesen, aber wie man als Lehrer mit halbwüchsigen Jungen umgeht, das begriff er nie so richtig. Er wußte nicht, wie man sie einschüchterte. So war er für die meisten meiner Klassenkameraden eine Zielscheibe des Spottes. Doch in der ziemlich brutalen Atmosphäre einer reinen Jungenschule strahlte er Freundlichkeit, einen kauzigen Humor und wahrhaftige Weisheit aus. Amy und Mr. Godfrey hatten beide ihre Ichbezogenheit losgelassen und nahmen auf eine für mich damals einzigartige Weise Anteil an anderen. Ich liebte diese beiden Menschen. In ihren einfachen Worten und ihrer Herzlichkeit kamen ihre Ursprünglichkeit und ihre authentische

Gegenwärtigkeit zum Ausdruck, was starken Einfluß auf mich ausübte.

Nancy Wake Forward, eine Australierin, lebte vor dem zweiten Weltkrieg als junge Journalistin in Europa, liebte das Vergnügen und genoß das Leben in Paris. Auf einer Reise nach Wien wurde sie Zeuge entwürdigender Behandlungen der Juden und entschloß sich, in der französischen Résistance mitzuarbeiten. »Zurück in Paris«, schreibt sie, »mußte ich immer an das Chaos in Deutschland denken. Aber was konnte ein unerfahrenes, junges Mädchen wie ich schon ausrichten, wenn es so vielen brillanten Männern mit den besten Verbindungen nicht gelungen war, die Welt zu verändern?« Langsam fand sie sich in der Résistance zurecht, schmuggelte Dokumente und half abgeschossenen alliierten Piloten. Schließlich wurde sie in London zur Geheimagentin und Saboteurin ausgebildet. Die Nazis nannten sie die »weiße Maus« (so auch der Titel ihrer Autobiographie), weil sie sich so flink jedem Zugriff entzog. Sie war eine der höchstdekorierten Frauen des Krieges.

Bei einem ihrer vielen Abenteuer fuhr Forward auf einem gestohlenen Fahrrad und ohne Genehmigung und Personalausweis durch die Linien der Deutschen, um einen Sender zu holen. Sie radelte 500 Kilometer in 72 Stunden und mußte vom Fahrrad gehoben werden, als sie zurückkam. Sie erinnert sich: »Ich kam durch die deutschen Linien, weil ich unschuldig aussah und höflich war, sonst hielten sie jeden an. Aber ich kam durch, mit meinem kleinen Einkaufsnetz auf dem Gepäckträger, in dem sich ein paar Lauchstangen oder Karotten befanden. Ich war einfach eine kleine Hausfrau.« Auf die Frage, ob sie jemals Angst gehabt habe, antwortete sie: »Niemals! Warum sollte ich in irgendeiner Situation Angst haben? *Danach* kann man sich zwar sagen: ›Lieber Himmel, das war knapp!‹ Aber du mußt geistesgegenwärtig sein. Wenn du Angst hast, kommst du nirgends durch.«

Dabei verlor sie niemals ihren Sinn für Humor. Vor kurzem sagte sie einem Reporter: »Ich muß Ihnen etwas ganz Wundervolles erzählen. Ein paar Fans von mir in New South Wales möchten ein Rennpferd ›Weiße Maus‹ nennen. Ich war ganz von den Socken. Die Frau sagte: ›Das Pferd ist sehr ungezogen‹, und ich sagte: ›Es schlägt also ganz nach mir.‹ Ist das nicht riesig? Immer passieren mir solche Sachen. Ich führe ein tolles Leben!«

Die authentische Gegenwärtigkeit eines fortgeschrittenen Kriegers kann vielen etwas geben. Sie entspringt der Fähigkeit, alles loszulassen, was im Innern nach persönlichem Erfolg strebt. Solche Kraftfelder wirken auch in der persönlichen Ausstrahlung weiser Führerpersönlichkeiten. Männer und Frauen mit authentischer Gegenwärtigkeit zeichnen sich durch Schlichtheit und Humor aus. Sie belasten sich nicht durch ständige Sorgen. Ihre Gegenwärtigkeit ist zuweilen so machtvoll, daß sie geradezu majestätisch wirkt. Mitunter können sie aber auch unberechenbar und jähzornig oder sogar närrisch und trotzig wie Kinder sein. Maja Angelou, Autorin von »Ich weiß, daß der gefangene Vogel singt«, macht auf alle, die ihr als Persönlichkeit mit authentischer Gegenwärtigkeit begegnen, den größten Eindruck. Sobald sie die Bühne betritt und den Mund aufmacht, sind die Zuhörer, die oft nach Tausenden zählen, von ihrer Ausstrahlung wie elektrisiert. Irgendwie gelingt es ihr, zu jedem einzelnen eine Art persönlicher Beziehung aufzubauen. Angelou erzählt, daß sie mit sieben Jahren vergewaltigt wurde und dann fünfeinhalb Jahre kein Wort mehr sprach. »Ich war nur ein riesiges Ohr«, sagt sie. Sie wurde dann Sängerin und Tänzerin, Dramatikerin, Dichterin und Schriftstellerin.

Beim Reden kann sie ungeheuer locker sein und fängt oft spontan zu singen, zu tanzen und zu dichten an. Der große Saal schwingt dann in der von ihr ausgestrahlten Energie mit. Sie sagt: »Die Leute spüren immer, was die Wahrheit ist, egal, wie sie ihnen serviert wird«, ein Ausspruch, für den sie selbst der beste Beweis ist. Die Leute sind von ihrer vollen, strahlenden Gegenwart oft bis zu Tränen gerührt. Doch all das geht über normales Charisma oder bloße Berühmtheit weit hinaus. Es ist klar, daß sie viel an sich gearbeitet hat. Sie sagt dazu: »Ich habe immer versucht, eine Christin zu sein.« Ihre Antwort, wenn Leute sagen, sie seien Christen, lautet immer: »Schon?«

Als man sie einmal fragte, wie sie es geschafft habe, aus ärmsten Verhältnissen im ländlichen Arkansas bis dorthin aufzusteigen, wo sie sich heute befindet, sagte sie nur einfach: »Indem ich dankbar war.« Ihr Vertrauen kommt ihrer Bescheidenheit gleich. Vom Vertrauen sagt sie, es sei eine der wichtigsten Eigenschaften. »Mit Vertrauen schaffst du alles, ohne es schaffst du nichts!«

Berühmtheit hat wenig, wenn überhaupt etwas mit authentischer Gegenwärtigkeit zu tun, mögen auch Menschen mit authentischer Gegenwärtigkeit oft, ohne daß sie es wollen, berühmt werden. Der christliche Mystiker und Schriftsteller Thomas Merton und der Physiker Albert Einstein sind zwei Menschen mit authentischer Gegenwärtigkeit, die trotz ihres Desinteresses an Ruhm und Glück berühmt wurden. Wie Thomas Merton und Albert Einstein hat sich auch der Dalai Lama, obgleich berühmt, die größte Bescheidenheit bewahrt und fühlt sich eins auch mit den kleinen Leuten. Er strahlt unglaubliche authentische Gegenwärtigkeit aus und hat die Schranken seiner traditionellen Religion und Kultur durchbrochen. Er kann den Herzen und Nöten der Menschen direkt begegnen.

Der Dalai Lama, Vorsitzender der tibetischen Exilregierung und Nobelpreisträger, hat die ungewöhnlichste Kühnheit und größtes Mitgefühl bewiesen. Seit er einige tausend Menschen, die der chinesischen Säuberung 1959 entfliehen wollten, bei der Flucht aus Tibet anführte, mußte er mitansehen, wie das schöne Land Tibet mißhandelt, in ein industrielles Ödland verwandelt und als nukleare Müllkippe mißbraucht wurde. Er mußte mitansehen, wie die heiligen Orte entweiht und hochgeschätzte buddhistische Lehrer eingesperrt und gefoltert wurden. Aber niemals hat er Haß oder auch nur Zorn auf die chinesischen Schergen dieses Schreckens gezeigt, niemals den Mut verloren und niemals aufgehört, für die Rückkehr seines Volkes in sein Land zu arbeiten. Auch kümmert er sich keineswegs nur um das Unglück seines eigenen Volkes. Er reist durch die Welt, nimmt Anteil am Leiden jedes Landes, in das er eingeladen wird, und bringt religiöse Führer, Politiker und Wissenschaftler im Geist der Ökumene an einen Tisch. Stets legt er eine Einstellung liebevoller Freundlichkeit an den Tag und macht Menschen aller Bekenntnisse Mut, vom Glauben an die Überlegenheit ihrer eigenen Anschauung und Kultur abzulassen und harmonisch mit allen anderen zusammenzuarbeiten.

Vor einigen Jahren verbrachte ich eine Woche beim Dalai Lama in seiner Wohnung in Dharmsala. Ich gehörte zu einer Gruppe von sechs Wissenschaftlern, die von ihm eingeladen worden waren, über die Wissenschaften vom Bewußtsein und vom Leben zu diskutieren. Fortwährend strahlte er Freundlichkeit aus, und der Raum war von einer Atmosphäre der Herzlichkeit erfüllt. Doch neben dieser Freundlichkeit zeigte der Dalai Lama auch eine außerordentliche Verstandesschärfe. Oft eilte er dem Wissenschaftler, der gerade sprach, in Gedanken voraus und stellte eine Frage, auf die dann als Antwort kam: »Eure Heiligkeit, das ist genau das Experiment, das die Wissenschaftler als nächstes durchführten!« In gehobener Stimmung und gestärkt durch die Einsichten und die Freundlichkeit, die diesen Raum erfüllt hatten, verließ ich ihn wieder.

In »The Sword of No-Sword« (Das Schwert des Nicht-Schwerts) beschreibt John Stevens das Leben eines der größten japanischen Zen-Schwertkämpfer der Moderne, Yamaoka Tesshu, der von 1836 bis 1888 gelebt hat. Wie der Dorje Dradul war Tesshu nicht nur Dichter und Maler von Niveau, sondern auch Schwertträgermeister und berühmter Lehrer der Schwertträgerschaft. In seinen letzten acht Lebensjahren produzierte er mehr als eine *Million* Werke der Malkunst und Kalligraphie. Stevens sagt von diesen Werken: »Viele sind offensichtlich wie in einem Rausch der Zenbegeisterung aufs Papier geworfen. Nirgends sieht man eine Spur von Hemmung oder irgendwie konstruierte Buchstaben. Auch seine Gemälde sind wundervoll aufgebaut, eine Augenweide. Und hat jemand jemals bessere Zen-Cartoons gezeichnet? Tesshu ist ein Meister des *sho* [Kalligraphie], der höchsten aller Künste. Und seine Kalligraphie ist in der Tat die eines aufsteigenden Drachen.«

Der »aufsteigende Drache« ist eine Anspielung auf eines von Tesshus Gemälden, auf dem ein Drache wie ein Blitz auf den Gipfel des Fuji fliegt, während eine Schnecke langsam den Abhang hinaufkriecht, aber schließlich ebenfalls den Gipfel erreicht. Tesshus Kalligraphie auf dem Gemälde lautet:

Wenn sich diese Schnecke
Zur Spitze des Fuji
Aufmacht, wird sie sicher
Dorthin gelangen.

Hier noch ein paar der vielen anderen von Tesshu verfaßten Gedichte:

Vollkommen, wenn klar,
Vollkommen, wenn bewölkt,
Ändert sich
Fujis
Ursprüngliche Form niemals.

Wenn dein Bewußtsein
Nicht in deine Hände
Fließt,
Nützen auch zehntausend Techniken
Nichts.

Gegen das Schwert eines Gegners
Leiste keinen Widerstand.
Halte nur dein Denken unbewegt.
Das ist der Ort
Des Sieges.

Ichbezogene Gedanken
Werden deutlich, wie in einem Spiegel,
Reflektiert.
Laß andere sie sehen,
Und du wirst einen Narren aus dir gemacht haben.

»Kein Sake mehr für dich!«
(erklärte mir mein Arzt).
Aber schau doch, wie zerrissen meine Ärmel sind!
[das heißt, wie erschöpft und dem Tode nahe mein Körper ist]
Bitte, gieß mir noch einmal ein!
Fülle mir den Becher wieder und wieder.

Tesshu schockte wie der Dorje Dradul die konventionelle Gesellschaft seiner Zeit wegen seiner Liebe zum Sake, dem Reiswein. Geschichten über seine Sake-Exzesse und seinen Witz sind Legion. Bei einer Gelegenheit trank Tesshu mit seinen Gefährten, und sie forderten ihn auf, ein Pferd zu reiten, das so ungebärdig war, daß sich niemand ihm nähern, geschweige denn es reiten konnte. Nach Stevens »begab sich Tesshu geradewegs in den Pferdestall, packte das Tier beim Schweif und zog es aus der Box. ›Komm zurück, bist du verrückt geworden‹, schrien die anderen und eilten ihm zu Hilfe. Aber zu jedermanns Überraschung folgte das Tier, das niemand zähmen konnte, Tesshu lammfromm aus der Box und blieb ruhig mitten im Stall stehen.«

Tesshu diente zehn Jahre lang am Kaiserhof, und weil er keine Korruption kannte, faßte der Kaiser tiefes Zutrauen zu ihm. Ein Minister sagte einmal über ihn: »Er braucht weder Ruhm noch Glück noch Prestige, nicht einmal Leben – wie will man mit einem solchen Menschen umgehen?«

Tesshu gründete die Muto-Ryu(Nicht-Schwert)-Schule der Schwertträgerschaft.

Stevens berichtet: Tesshu bestand darauf, die Nichtschwert-Schwertträgerschaft sei letzten Endes reiner Geist. Gegen Ende seines Lebens waren seine Bewegungen derart geschmeidig, daß er einen Gegner besiegen konnte, ohne ihn überhaupt zu berühren. Schüler hatten Wunden an Stellen ihres Körpers, auf die Tesshu mit der Schwertspitze nur gedeutet hatte.

Eine Woche vor seinem Tod rief Tesshu all seine Schüler zu einer letzten Übungsstunde zusammen. Er sagte zu ihnen: »Ich sterbe. Meine physische Kraft ist erschöpft. Ich kann mich kaum noch auf den Beinen halten. Keine Spur von Ehrgeiz bleibt zurück. Ich werde euch jetzt beweisen, daß die Muto-Ryu-Schwertträgerschaft wirklich eine Sache des Geistes ist. Wenn einer von euch heute auch nur die geringste Hemmung zeigt, wird das Muto Ryu mit meinem Tod untergehen.«

Ohne Rücksicht darauf, daß Tesshu todkrank war, sprang nun einer seiner Schüler nach dem anderen, acht oder neun insgesamt, vor und drang wild auf ihn ein. Gerade als der erste sein

Schwert mit aller Wucht niedersausen lassen wollte, wurde er von einer ungeheuren Kraft herumgeworfen und zu Boden geschleudert. Doch Tesshu hatte ihn physisch nicht berührt. Den anderen Schülern erging es ebenso. Tesshu erklärte: ›Das ist das Schwert des Nichtschwertes.‹«

Tesshu war berühmt und beliebt. Unaufhörlich strömten ihm Besucher zu. »Unter seinen Besuchern gab es welche, die sich nur Geld leihen oder eine Petition an den Kaiser übergeben wollten«, sagt Stevens. »Doch die meisten kamen, um sich Instruktionen und Rat zu holen, und nicht wenige blieben nur einfach, um ein Bruchteilchen der gewaltigen Energie, die von Tesshus Gegenwart ausging, abzubekommen... Trotz des unaufhörlichen Besucherandrangs stand Tesshus Tür stets offen. Alle wurden höflich empfangen.«

Doch legte er keinen Wert auf diese Popularität. »Sobald Zen versucht, Anhänger zu gewinnen oder mit anderen Sekten zu konkurrieren«, sagte er, »hat sich sein Geist schon verflüchtigt. Ich habe nichts dazu getan, Zen populär zu machen... Wenn nur ein einziger die richtige Übertragung der Kraft durchführt, will ich schon zufrieden sein.«

Tesshu war ein Mann von unnachgiebiger Entschlossenheit, kompromißloser Kühnheit, ausgelassenem Humor und herzlicher Freundlichkeit. Sein Leben weist große Parallelen zu dem des Dorje Dradul auf. Wie der Dorje Dradul war auch er ein Mann von authentischer Gegenwärtigkeit, ein Meisterkrieger.

Krieger mit authentischer Gegenwärtigkeit entsprechen häufig dem gewöhnlichen Bild, das man sich von einem Heiligen macht, in keiner Weise. Sie sind innerlich an keine Konvention gebunden, bis zu dem Grad, daß ihre Zeitgenossen sie als unorthodox oder zu direkt einstufen. Sie haben keine Heimlichtuerei oder Rückzüge ins Private nötig, brauchen ihre echte Menschlichkeit nicht unter einem Firnis besonderer Qualitäten oder Heiligkeit zu verbergen. Doch wie unkonventionell oder gefällig sie äußerlich auch sein mögen – sie haben jeden Wunsch nach persönlichem Glück aufgegeben und strahlen daher, ohne besondere Ansprüche zu erheben oder sich irgendwie in Szene setzen zu müssen, Liebe und Freundlichkeit aus.

Einer der wichtigsten Lehrer des Dorje Dradul, als dieser als junger Mann noch in Tibet war, war der »verrückte Heilige« Khenpo Gangshar. Reginald Ray, Autor von »Buddhist Saints in India« (Buddhistische Heilige in Indien), beschreibt Gangshar folgendermaßen:

»Als junger Mönch war der Khenpo berühmt für seine Gelehrsamkeit und seine strenge, ja fehlerlose Befolgung des Vinaya [der Mönchsregeln]. Einmal aber wurde er schwer krank und galt schon als tot. Sein Leichnam wurde in einem kleinen Zimmer aufgebahrt. Doch eine Weile später kehrte plötzlich Leben in ihn zurück, er warf die Läden der kleinen Zelle, in die man ihn gelegt hatte, zurück und sprang auf.

Von diesem Augenblick an schien er ein ganz anderer Mensch zu sein. Er nahm sich eine Freundin, entsagte seinen Gelübden und benahm sich höchst sonderbar. Es hieß, er könne die innersten Gedanken der Menschen lesen, nur indem er sie anschaue. Viele, die ihm begegneten, gelangten zu der Überzeugung, er habe das Ziel erreicht, und wurden seine Schüler und Anhänger. Andere fühlten sich von seinem merkwürdigen Verhalten nur abgestoßen, empfanden Unbehagen in seiner Gegenwart, kritisierten und mieden ihn.«

Aber Beispiele für solche Krieger sind keineswegs auf den Fernen Osten beschränkt. Viele der Geschichten über christliche Heilige, zum Beispiel Franziskus von Assisi, schildern immer wieder ein Verhalten, das die Konventionen der Zeit durchbrach.

Symeon von Emesa, ein Heiliger des 6. Jahrhunderts, war ein solcher »Narr in Christo«. Einmal sollte er Bohnen für einen Wirt verkaufen, verteilte sie aber statt dessen gratis. Manchmal warf er Nüsse auf Leute, die in der Kirche beteten, lief nackt umher, bombardierte Passanten mit Steinen und ließ sich mit Prostituierten ein. Er hatte einen höchst sonderbaren Humor, wirkte aber auch Wunder. Man begrub ihn als einen Verrückten, doch kurz danach, als man den Sarg wieder öffnete, um ihm ein würdiges Begräbnis zu gewähren, war sein Leichnam nicht mehr zu finden.

Der Dorje Dradul schreibt vom Meisterkrieger:

»Und was das Wichtigste ist: In jeder Aktivität, in jeder seiner Handlungen steckt Magie – immer. Was er auch tut, der Shambhala-Meisterkrieger erweckt in seinen Studenten die Vision der Großen Östlichen Sonne. Unaufhörlich spornt er seine Schüler an, über sich selbst hinauszugehen, in die weite, glänzende Welt der Realität, in der er selbst schon wohnt, hinauszugehen. Er spornt sie aber nicht so sehr dadurch an, daß er ständig Hürden vor ihnen aufbaut oder sie herausfordert, nein, seine authentische Gegenwärtigkeit ist der dauernde Ansporn für sie, ehrlich und echt zu sein.«

In diesem Kapitel habe ich Beispiele für Menschen angeführt, die bis zu einem gewissen Grad die Meisterschaft auf dem Weg des Kriegers erlangt haben und authentische Gegenwärtigkeit mit starken Wirkungen auf ihre Umgebung ausstrahlen. Doch sollte dadurch nicht der Eindruck entstehen, authentische Gegenwart sei nur für ein paar Auserlesene bestimmt oder ein weit entfernter, schwer zu erreichender Zustand. Authentische Gegenwärtigkeit entwickelt sich vielmehr von selbst in Ihnen, wenn Sie freundlich und mutig sind; wenn Sie hinschauen und alle Fixierungen auf sich selbst und Ihre Welt sowie die Aggressionen, die aus der Verteidigung dieser Fixierungen stammen, loslassen; wenn Sie ehrlich an anderen Anteil nehmen und stets Ihren Sinn für Humor behalten. Authentische Gegenwärtigkeit baut sich allmählich, aber unwiderstehlich in Ihnen auf, Schritt für Schritt, wenn Sie den Weg des Kriegers beschreiten.

13. DER DORJE DRADUL UND GERALD RED ELK

Der Dorje Dradul ist auf jeder Seite dieses Buches präsent. Ich möchte aber hier noch etwas mehr von seinem Leben und seiner Wirkung auf die Menschen seiner nächsten Umgebung erzählen.

Er war ein Mensch von überwältigender authentischer Gegenwärtigkeit. Noch bevor er 1987 starb, war er schon für viele tausend Schüler im Westen und in ganz Asien fast zu einer Legende geworden. Viele Bücher müßten von vielen Menschen geschrieben werden, wenn sich ein einigermaßen vollständiges Gesamtbild des Dorje Dradul ergeben sollte. Für einen einzigen Autor ist es ein unmögliches Unterfangen, das Wesen eines solchen Mannes in einem kleinen Kapitel erschöpfend darzustellen. Es kann sich daher nur um eine ganz grobe Skizze handeln.

Der Dorje Dradul und seine Schüler

Dem Dorje Dradul machte es nicht das Geringste aus, in aller Öffentlichkeit zu leben. Mit größtem Vergnügen pflegte er zu erzählen, der Autounfall, der die Art und Richtung seines Unterrichts im Westen völlig verändert hatte, sei der »Zusammenstoß« mit einem Scherzartikelgeschäft gewesen. Er war kein heiligmäßiger Mann, der schöne Gewänder trug und herrliche Ideen verkündete, nach denen seine Schüler und er dann doch nicht lebten. Äußerlich gesehen führte er ein ganz gewöhnliches Leben – er war verheiratet und hatte Kinder. Er trank und verliebte sich. Er stürzte sich mit einer Intensität der Freude und Trauer ins menschliche Leben, wie ich sie bei niemandem sonst wieder gesehen habe und wie sie mir, bevor ich ihm begegnete, unvorstellbar gewesen wäre. Und trotzdem war er in der Lage, mit Kraft und Ehrlichkeit den Buddha-Dharma und die Shambhala-Lehren, den Weg des Erwachens im Alltag, in den Westen zu bringen. Er führte seine Schüler aus ihrer Orientierungslosigkeit heraus. Da er mit ihnen lebte, konnte er ihnen auch zeigen, wie man aufwacht, statt ihnen nur zu predigen.

Das Leben des Dorje Dradul war ein einziges Fest. Er feierte die Morgen- wie die Abendröte. Hart im puritanischen Sinn arbeitete er nicht, jedoch stetig wie ein durch den Dschungel wandernder Elefant. Er tat das Notwendige und legte die Saat aus für viele Projekte, die sich dann aufgrund der intensiven Hingabe seiner Schüler fortentwickelten. Denn seine Schüler, die er als seine Freunde betrachtete, konnte er immer begeistern. Auch sagte er immer, seine Dralafreunde brächten ihm Hilfe.

Die englische Sprache sprach er nicht nur flüssig, sondern beherrschte auch die feinsten Nuancen. Häufig gebrauchte er ein Wort in einer sehr ausgefallenen Bedeutung, die mir nicht geläufig war – aber später fand ich in einem Wörterbuch, daß er dem Wort eine Bedeutung gegeben hatte, die es vor der letzten Degenerationsphase unserer Sprache noch besessen hatte.

Von Gestalt war er eher klein und übergewichtig. Er hinkte ein wenig, da seine linke Seite durch den Autounfall, der sein Leben verändert hatte, teilweise gelähmt war. Doch wenn er einen Raum betrat, spürte ich immer eine unglaublich starke Ausstrahlung und Hochstimmung. Seine Liebe zu den Schülern war manchmal fast nicht mehr zu ertragen. Ein Freund erzählte mir einmal, daß er, nachdem er eine Weile weggewesen war, einen Raum betrat, in dem der Dorje Dradul mit ein paar Freunden saß. Mein Freund ging auf ihn zu, um ihn zu umarmen. »Da spürte ich eine solche vom Dorje Dradul ausgehende Herzlichkeit und Liebe, daß ich es wie einen Schock empfand, mich innerlich verschloß und zurückzog«, erzählte er. »Ich konnte es nicht ertragen, so sehr geliebt zu werden.« Eben wegen seiner so liebevollen Ausstrahlung und spontanen Authentizität wurde der Dorje Dradul von Tausenden seiner Schüler so geliebt und verehrt.

Susan beschreibt, wie sie dem Dorje Dradul zum erstenmal begegnete:

»Das Seltsamste, was ich in seiner Gegenwart fühlte, war seine Fähigkeit, mein ganzes Wesen durch und durch zu durchdringen. Ich hatte seine Bücher gelesen und schon seit einigen Monaten vor, von Chicago nach Boulder zu reisen. Ich war sehr aufgeregt wegen der bevorstehenden Begegnung, blieb aber selbstbewußt – ich war eine sehr beliebte und aufstrebende Schauspielerin, stand mit beiden Beinen im Leben und hatte eine Unmenge Freunde. Aber als ich ihm schließlich vorgestellt wurde, stand ich wie angewurzelt, als hätte ich einen elektrischen Schlag abgekriegt. Er streckte seine Hand aus, und als ich sie ergriff, spürte ich die unglaublichste Herzlichkeit. Im Gegensatz dazu kam mir meine eigene Energie schmerzhaft aggressiv vor. Dann schaute ich ihm in die Augen. Es lag eine Weichheit und Freundlichkeit darin, wie ich sie vorher niemals erlebt hatte, und darüber hinaus unergründliche Tiefe. Es war mir nicht möglich, das Ich hinter diesen Augen zu entdecken. Die Wirkung auf mich war ungeheuer. Es war, als ob mir dieser Mann mitten ins Herz blicken könnte, und doch akzeptierte er mich. Ich war von Röntgenaugen, aber liebevollen Augen durchdrungen worden – in der Wirklichkeit, die er ausstrahlte, fielen alle Masken von mir ab. Das alles dauerte nur einen Augenblick, es war nur ein kurzer Austausch. Ich konnte nicht begreifen, was passiert war, und begab mich sofort auf mein Zimmer, wo ich ganz erschüttert dasaß. Jetzt konnte ich mit niemandem reden. Es war, hätte ich vor einem unbestechlichen Spiegel gestanden, der die winzigste Einzelheit und den verstecktesten Winkel meines Denkens und Fühlens widerspiegelte. Wie war es möglich, daß jemand mich so deutlich widerspiegelte und gleichzeitig so vollständig liebte, und das auf einen einzigen Blick? Ich glaube, ich hatte mich auf der Stelle verliebt.«

Er verfügte über einen mutwilligen, aber charmanten Humor. Gern heiterte er Menschen auf, spielte seinen Schülern ab und zu Streiche und liebte es, Witze zu machen. Einmal fing er bei einer dreimonatigen Einkehr mit dreihundert Studenten, die Vajrayana-Buddhismus studierten und praktizierten, eine Schlacht mit Blasrohren und Wasserpistolen an, die tagelang anhielt. Aber sein Humor kam nicht so sehr darin zum Ausdruck, daß er selbst Witze erzählte, als daß er immer wieder auf die komischen Seiten des Lebens hinwies. Doch trotz seiner Fröhlichkeit konnte sein Humor mitunter auch Spitzen haben und Unehrlichkeit mitleidlos an den Pranger stellen. Er selbst war immer ehrlich – ob er mitten im scheußlichsten Schneesturm übers ganze Gesicht strahlte oder sich mit »dicker Luft« umhüllte, die jeden in seiner Nähe erstarren ließ. Über den Zustand der Welt empfand er ungeheure Traurigkeit und strahlte sie auch aus. Gespräche über den Aufbau einer echten menschlichen Gesellschaft pflegte er mit dem dringenden Appell zu beenden: »Laßt uns anderen helfen, *bitte*!«

Als ich dem Dorje Dradul 1970 zum ersten Mal in den Vereinigten Staaten begegnete, trug er ein Cowboyhemd und Jeans und lebte ganz normal mit seinen Schülern. Er nahm an ihren Parties teil, trank Bier, schlug die Bongo-Trommeln und versuchte sogar auf die Musik der Rolling Stones Rock'n'Roll zu tanzen, wobei er etwas maliziös übers ganze Gesicht grinste. Doch auch bei solchen Gelegenheiten blickten aus seinen Augen Offenheit, Wärme und kompromißlose Stärke – grenzenlose Intelligenz und spielerische Leichtigkeit, die weder selbstbewußt noch manipuliert, sondern einfach diszipliniert waren.

1974 lud der Dorje Dradul den 16. Gyalwa Karmapa ein, seine Schüler in Amerika zu besuchen. Der Karmapa ist Oberhaupt der Kagyu-Schule des tibetischen Buddhismus und gilt für viele, wie der Dalai Lama, als lebender Buddha. Um den Besuch des Karmapa richtig vorzubereiten, stellte der Dorje Dradul die Geduld seiner Schüler auf eine harte Probe. Tag und Nacht, Nacht um Nacht, hielt er sie auf Trab, ließ seidenüberzogene Throne und Gemälde anfertigen und alle Zimmer im Haus, wo der Karmapa wohnen sollte, herrichten. Wenn der Dorje Dradul hingebungsvoll seine Energie ausstrahlte, war das ein ungeheurer Ansporn für seine Schüler. Wir sahen, wie man einem weisen Menschen Liebe, verbunden mit Achtung und Würde, entgegenbringen konnte, statt ihn auf die zufällige und nachlässige Art zu behandeln, wie wir das gewohnt waren. Als der Karmapa wieder fort war, behandelten die Schüler den Dorje Dradul auf die gleiche Art, wie sie ihn zu ihrer großen Freude den Karmapa hatten behandeln sehen. Ihre Beziehung zum Dorje Dradul wurde dabei etwas förmlicher und nahm mehr den Charakter einer Meister-Schüler-Beziehung als der zwischen guten Kameraden an. Doch blieb er für Hunderte von Menschen weiterhin der gute Freund, der er auch vorher gewesen war.

Er ließ keinen Zweifel daran, daß der Weg des Kriegers nichts mit Ablehnung der Gesellschaft zu tun hatte. Im Gegenteil: Das Hauptziel war der Aufbau einer echten, guten Gesellschaft. Viele seiner Schüler der siebziger Jahre waren aus dem Hippie- und Drogenmilieu gekommen. Er hatte ein ziemlich zynisches, wenngleich intelligentes und gebildetes Völkchen von Ausge- flippten angezogen. Aber ermuntert vom Dorje Dradul gingen sie allmählich wieder auf ihre Schulen zurück, ergriffen Berufe, heirateten und tauchten in den Strom der Gesellschaft ein. Eine junge Frau erzählt, daß sie ihm eines Tages, noch in den An- fangsjahren, gesagt habe: »Ich würde alles für Sie tun. Bitte sa- gen Sie mir, was ich tun soll!« Seine Antwort war nur: »Seien Sie eine gute Bürgerin!«

Aber ein Kriegerschüler beim Dorje Dradul zu sein, bedeutete keineswegs, daß es einem immer gutging. Im Gegenteil, in seiner Anwesenheit lag immer eine starke Herausforderung, auch wenn wir ihn schon sehr lange kannten und gut zu kennen glaubten. Er war völlig unberechenbar. Ernste, gewichtige Fra- gen konnte er mit einem flüchtigen Lächeln und einem kleinen Scherz beantworten, so daß ich mich vor Verlegenheit krümmte. So trat ich einmal kurz nach unserer ersten Begegnung mit ern- ster Miene auf ihn zu: »Ich würde gern mit Ihnen darüber spre- chen, wie man in Tibet Kinder unterrichtet.« Ich war nämlich eine Zeitlang Schullehrer gewesen und dachte, das wäre ein gu- ter Anlaß, ein Gespräch mit ihm anzuknüpfen. Er lächelte nur und erwiderte: »Tja, ich glaube, wir saßen auf den Treppen.«

Seine einfache Freundlichkeit wurde aber nicht nur von sei- nen Schülern und Bekannten, sondern auch von völlig Fremden empfunden. Ein jetziger Shambhala-Schüler erzählte kürzlich folgende Geschichte, ein Beispiel für viele: »Ich befand mich seit einiger Zeit im Krankenhaus, doch die Ärzte waren zu dem Schluß gekommen, ich könnte wieder entlassen werden, allerdings nur unter der Bedingung, daß jemand die Verantwortung für mich übernahm. Aber keiner meiner Freunde oder Angehörigen wollte das tun. Also blieb mir offenbar nichts anderes übrig, als zu bleiben. Da hörte ich plötzlich, jemand, den ich noch gar nicht persönlich kannte, sei gekommen und habe für mich unterschrieben. Ich wurde entlassen. Es war der Dorje Dradul, der für mich unterschrieben hatte.«

Ein anderer Schüler erzählt, wie er einmal den Dorje Dradul chauffierte. Er öffnete die hintere Wagentür, und der Dorje Dradul, der sich wegen seiner Hüfte ziemlich langsam und unbeholfen bewegte, kletterte hinein, hob den Arm und faßte mit der Hand oben ans Wagendach, um sich auf den Sitz zu heben. In diesem Augenblick schlug der Fahrer die Tür zu und klemmte die Finger des Dorje Dradul ein. Zu Tode erschrocken riß er sie sofort wieder auf. Aber der Dorje Dradul schaute ihn nur an und sagte: »Alles in Ordnung? Das muß scheußlich für Sie sein. Tut mir leid, es war wirklich zu dumm von mir, meine Hand dorthinzulegen.«

Seine Einsatzfreudigkeit, seine Schüler trotz ihrer Vorbehalte mitzureißen, kannte offenbar keine Grenzen. Ein hochintelligenter Schüler, Joshua, ein sehr witziger, aber auch aggressiver, ja zynischer Mensch, erkrankte schwer und schrieb ein paar Tage vor seinem Tod einen langen Abschiedsbrief. Der Brief war an den Dorje Dradul adressiert, aber auch für die Mitschüler gedacht. Ein paar Abschnitte dieses Briefes seien hier zitiert, um den Humor und die Direktheit des Dorje Dradul aufzuzeigen:

»Lieber Rinpoche,

Sie setzen mich bis zum Ende in Erstaunen. Welch wunderbares Karma, daß ich Sie noch getroffen habe! All die Jahre bin ich gewiß kein guter Schüler gewesen... Und doch haben Sie mich niemals fallengelassen – niemals, nicht für einen Augenblick. Und irgendwie ist es mir gelungen, Sie immer im Herzen zu behalten...

Erinnern Sie sich, daß ich, als Sie zu mir sagten, zieh deine Socken hoch, antwortete: ›Ich trage keine Socken!‹ und Sie zurückgaben: ›Dann zieh eben die Hosen hoch!‹ In diesem Augenblick wußte ich, ich hatte meinen Meister gefunden.

Erinnern Sie sich, daß Sasaki Roshi mir ein ›sehr schwieriges Koan‹ gab, um mein Bewußtsein im ersten Seminar [eine dreimonatige Einkehr zur Einführung in den Vajrayana-Buddhismus] zu ›schützen‹ und daß Sie, als ich ankam, ohne irgend etwas davon erwähnt zu haben, sagten: ›Vergiß das Koan.‹

Erinnern Sie sich an den Augenblick – selbst jetzt noch bekomme ich Herzklopfen, wenn ich daran denke –, als Sie oben auf einer mörderischen Treppe standen und mich fragten: ›Bist du bereit (Sie meinten reif)?‹ Und als ich einen Moment zögerte, stürzten Sie sich selbst die Treppe hinab! Ich sprang Ihnen nach, um Sie einzuholen und zerriß mir meinen Trainingsanzug am Geländer. Ich war fassungslos und sehr niedergeschlagen und rief, hoffentlich würde ich eines Tages wieder eine Chance bekommen! ›Sicher‹, sagten Sie und sprangen zu meiner völligen Überraschung auch noch die restlichen Stufen hinab. O mein Lehrer – Lehrer um jeden Preis, selbst um den Preis des Körpers, des Lebens!

Wir hatten wirklich viel Spaß miteinander.«

Zu allen Freunden und Schülern war der Dorje Dradul ungeheuer loyal. Niemals vergaß er einen Schüler. Immer forderte er uns auf, auf alle zu achten, die Schwierigkeiten mit sich selbst oder mit der Sitz-Meditation hatten oder auch nur abzuschweifen drohten. Immer wieder fragte er nach Leuten, die vor vielen Jahren bei ihm in England oder Indien Schüler gewesen waren, und wollte wissen, wie es ihnen ging und ob sie noch übten. Als das Naropa-Institut 1974 eröffnete wurde, bestand er darauf, daß wir mit Leuten, die in England seine Schüler gewesen waren, Kontakt aufnahmen und sie baten, hierherzukommen und zu lehren. Wenn jemand nach mehrjähriger Abwesenheit zurückkam, hieß er ihn wie einen lang verlorenen Bruder oder eine Schwester willkommen.

Aber so herzlich und gütig der Dorje Dradul war, so überaus zornig konnte er auch werden. Dann schalt er seine Schüler plötzlich wie aus heiterem Himmel und mit durchdringender Schärfe. Oft provozierte er absichtlich Auseinandersetzungen und Streit zwischen seinen Schülern – Streit, der eine Flamme der Kraft und Energie entzündete –, so daß sie ein höheres Niveau des Verständnisses erklimmen konnten. Er quoll vor Mitgefühl über, das aber nichts mit konventioneller Nettigkeit zu tun hatte.

Ich saß einmal bei ihm in seinem Garten. Tagsüber hatte er das Sadhana des Vajrayogini gelehrt – eine Übung der tibetisch-buddhistischen Lehren. Die Übung hatte den ganzen Tag gedauert und war am Abend mit einem »Tri« abgeschlossen worden – einem Vortrag des Lehrers über das Vorgehen bei dieser Übung. Ich selbst hatte das Vajrayogini-Sadhana schon einige Jahre lang durchgeführt und fand dieses Tri besonders schön und hilfreich. Am nächsten Abend saß ich wieder beim Dorje Dradul und wandte mich nach längerem Stillschweigen, wie es oft zwischen ihm und mir vorkam, zu ihm: »Das war ein wundervolles Tri, das Sie gestern gehalten haben«, sagte ich, mit einer zuckersüßen Betonung auf dem »wundervoll«. Er sagte nur: »Hm.«

Etwa eine Stunde später gesellte sich ein anderes Mitglied seines Stabes zu uns, und nach kurzem Geplauder erhob sich der Dorje Dradul und schritt zwischen uns beiden langsam durch den Innenhof. Bei einem Blumenbeet, bepflanzt mit riesigen purpurnen Begonien, blieb er stehen, öffnete seinen Reißverschluß und pinkelte mitten in die Begonien hinein. Zu mir gewandt sagte er dabei: »Jeremy, sind sie nicht wundervoll?«, mit genau derselben zuckersüßen Betonung. Das war wieder eine Lektion – offenbar brauchte ich damals noch eine –, daß es auf dem Weg des Kriegers nicht darum geht, sich wundervoll zu fühlen, sondern die Realität zu entdecken.

Bewußtes Trinken

Der Dorje Dradul trank gern Sake. Deswegen genierte er sich aber überhaupt nicht, versuchte es nicht zu vertuschen und zeigte keinerlei Scham oder Skrupel, ebensowenig seine Schüler. Trotzdem versuchten seine älteren Schüler ihn aus Gesundheitsgründen immer zurückzuhalten. Darauf reagierte er immer nur mit: »Das versteht ihr nicht. Behindert meine Arbeit nicht.« Aber er machte im allgemeinen auch klar, daß seine Situation eine außergewöhnliche war, und warnte seine Schüler, es ihm nachzutun.

Einmal wurde ein tibetischer Lehrer auf Besuch, auch er ein großer Lehrer der Kagyu-Schule, zum Trinken des Dorje Dradul befragt. Er antwortete: »Er ist ein außergewöhnlicher Bodhisattva«, und fuhr fort, große Lehrer mit der Aufgabe, den über Ichbezogenheit und Konventionen hinausführenden Weg zu zeigen, verwendeten oft unkonventionelle Mittel. So sei zum Beispiel auch Marpa, der Bauer und Übersetzer, der den Buddhismus aus Indien nach Tibet brachte und dabei die Kagyu-Schule gründete, einer der vielen Lehrer der tibetischen Überlieferung gewesen, der sich auf diese Art des Alkohols bediente. Auch in der japanischen Zen-Überlieferung gibt es Geschichten über große Lehrer, wie zum Beispiel den Meisterschwertträger Yamaoka Tesshu, die gern große Quantitäten tranken – wobei sie kleine Geister schockierten und den Kokonschlaf ihrer Schüler mit ihren Scherzen und wilden Possen störten.

Den älteren Schülern gab der Dorje Dradul Trinkunterricht. Das geschah immer im Zusammenhang mit der rituellen Sadhana-Übung des tibetischen Buddhismus. Er forderte uns dann auf, einen Schluck Sake zu nehmen und darauf zu achten, welche Änderungen der Wahrnehmung und im Körper dabei auftraten. Manchmal tranken wir bei solchen Sitzungen ziemlich viel. Aber niemand wurde im üblichen Sinne betrunken. Im Gegenteil, zu solchen Zeiten herrschte in der Meditationshalle gesteigerte Achtsamkeit. Es kam darauf an, Achtsamkeit in jedem Stadium des Berauschtseins aufrechtzuerhalten und dadurch die Energie besser zu »reiten«, das Windpferd besser spornen zu lernen.

In einem Artikel mit dem Titel »Alkohol als Arznei oder Gift« schrieb der Dorje Dradul:

»Ob Alkohol Gift oder Arznei ist, hängt von der eigenen Achtsamkeit ab. Bewußtes Trinken – wenn sich der Trinker also seiner selbst bewußt bleibt – verändert die Wirkung des Alkohols. Hier wird das System durch Achtsamkeit gestählt. Alkohol wird zu einem intelligenten Schutzmechanismus. Er wirkt aber zerstörerisch, wenn man sich der Gemütlichkeit hingibt: Wer sich gehenläßt, läßt das Gift in den Körper eindringen... Die Kreativität des Alkohols beginnt dort, wo man gleichsam mit seinen Wirkungen tanzt, wo man die Wirkungen des Trinkens mit Humor auffängt. Für den bewußten Trinker, den Yogi, ist die segensreiche Wirkung des Alkohols, daß er ihn zur gewöhnlichen Wirklichkeit zurückbringt, so daß man sich nicht in die Meditation über die Nichtdualität verliert... Aber natürlich wird jeder gewöhnliche Trinker, der dieser transzendenten Art des Trinkens nacheifern oder sie nur nachahmen will, den Alkohol in Gift verwandeln.«

Ich möchte keinem empfehlen, diese Praxis des bewußten Trinkens auf eigene Faust, ja auch unter Aufsicht eines Lehrers, der behauptet zu wissen, wie man in diesem Sinne mit Alkohol umgeht, durchzuführen. Es ist einfach zu gefährlich. Unterdrücken Sie niemals Ihren kritischen Verstand, wenn Sie einem Lehrer begegnen. Verlangt der Lehrer blinden Gehorsam oder blinden Glauben an Lehren, die Sie noch gar nicht verstehen oder die Ihrem Gefühl nach schädlich für Sie sind? In diesem Fall ist es besser, sich von ihm fernzuhalten, wie charismatisch er auch sein mag. Oder lehrt der Lehrer einen Weg und eine Praxis, durch die Sie lernen, ihm auf seinen Spuren zu folgen, nicht nur ihn nachzuahmen? Ein Lehrer kann Sie nur führen, wenn Sie sich gegenseitig achten und Sie ihn wirklich auch lieben können. Der Wunsch, dem Weg eines Lehrers zu folgen, und Ihre Achtung für ihn sind die beiden Komponenten Ihrer Loyalität. Aber Sie müssen dann bei jedem Schritt Ihre Augen trotzdem immer noch weit offen halten. So machte es der Dorje Dradul: Ein echter Lehrer zeigt Ihnen, wie Sie Ihre innere Gesundheit und Integrität finden können – er stiehlt sie Ihnen nicht.

Der Dorje Dradul kam mit einem ganz bestimmten Ziel in den Westen – er wollte hier den echten Buddha-Dharma begründen. Diese Aufgabe hat er mehr als zufriedenstellend gelöst, wie sich an den Tausenden von Schülern zeigt, in denen er durch seine Lehren, vor und *nach* seinem Tod, Liebe zum *Dharma* erweckte. Überdies begründete er einen neuen Weg spiritueller Praxis für die moderne Welt – die Shambhala-Schulung. Viele tausend Menschen, die sich von der konventionellen Religiosität abgewandt hatten, wurden auf diese Weise zur Spiritualität zurückgeführt. Für den Dorje Dradul spielte es keine Rolle, wie sehr er sich selbst einsetzen mußte, um diese Aufgabe zu erfüllen. Jedenfalls trieb er sich und seine Studenten bis an die Grenzen des Erträglichen.

Warum will der Mensch nicht aufwachen?

In seiner Ablehnung von Heuchlern, wie berühmt, populär und »wichtig« sie auch sein mochten, war der Dorje Dradul sehr direkt und kompromißlos. Er konnte an einem Essen mit US-Senatoren oder an einem Wohltätigkeitsdinner mit reichen und berühmten Leuten teilnehmen und dabei den Anschein erwecken, total betrunken und desinteressiert zu sein. Sofort danach aber begab er sich auf ein Treffen mit wirklichen Schülern und demonstrierte klar und lebendig die Praxis des Blumenarrangements, ungeheuer präzise und einfach herrlich. Wenn sein Benehmen auch unkonventionell war, so paßte es andererseits immer zur jeweiligen Situation und brachte die Dinge auf den Punkt. Dadurch warf er die gewöhnlichen Vorstellungen der Menschen, die sie von sich hatten, immer über den Haufen. Scheinheiligkeit konnte er nicht ertragen. Sein Verhalten stellte die Feiglinge, die Unechten, die falschen Liberalen und Toleranten bloß. Er pflegte zu sagen: »Ich bin sehr stolz auf meine Schüler. Sie sind wahrhaftig. Sie sind furchtlos und freundlich und wirr und manchmal auch wach, aber sie geben niemals auf.«

Gewiß kamen auch mir, wie allen anderen seiner Schüler, manchmal Zweifel über den Dorje Dradul. Es wäre keine wirkliche Beziehung gewesen, wenn ich nicht auch Zweifel und Irritation empfunden hätte. Sein Verhalten war manchmal so sonderbar – fast bizarr –, daß es rational nicht mehr zu erklären war. Es spottete jeder Konvention. In seinem Buch über den Lehrer des Dorje Dradul, Khenpo Gangshar, sagt Reginald Ray:

»Seit er erwacht war, war Khenpo Gangshar von einer Aura umgeben, die jedermann erschreckte – einschließlich seiner Schüler und Anhänger. Er tat Dinge, die nach den konventionellen Maßstäben unmoralisch waren. Die Frage war nur, ob man in den Worten und Taten des Khenpo etwas Tiefes und Wertvolles finden konnte. Viele Menschen waren ihm völlig ergeben und sahen seine Worte und Taten als Ausdruck der Erleuchtung an. Andere mochten ihn gar nicht und wollten sich nicht in seiner Nähe aufhalten. Trungpa Rinpoche [der Dorje Dradul] verhält sich, soweit ich sehen kann, genauso wie sein Lehrer.«

Es gab Zeiten, da wollten wir alle, daß er endlich ging und uns in Ruhe ließ. Bei einigen Gelegenheiten steigerten sich meine Zweifel zu wahrer Angst um meine geistige Gesundheit. Eines Tages – der Dorje Dradul hatte uns kürzlich mit den Dralas bekanntgemacht – saß ich an meinem Schreibtisch und dachte über seine Lehren und den intensiven, gefährlichen Weg nach, den er uns gezeigt hatte. Er stellte unsere Vorstellungen von »normalem« Verhalten wirklich auf eine harte Probe. Mir wurde plötzlich kalt, als der Gedanke in mir aufstieg: »Ist das alles nicht der helle Wahnsinn? Werde ich vielleicht wahnsinnig, wenn ich so weitermache?« Dumpfheit breitete sich in mir aus, eine unausgesprochene Frage drängte nach oben, und Angst und Zweifel erfüllten den ganzen Körper.

Aber als ich so, von Zweifeln erfüllt, in meinem Stuhl saß, fielen mir die Augenblicke des Friedens wieder ein, die ich bei der Sitz-Meditation erlebt hatte. Ich begann im ganzen Körper wieder die Wärme und Stärke des prinzipiell Guten zu spüren. Dann wurde mir bewußt, daß ich während meiner Jahre mit dem Dorje Dradul, in denen ich die von ihm gelehrten Übungen praktizierte, aus einem bösen, sich selbst und die Welt hassenden Menschen zu einem Wesen geworden war, das immerhin Freude und Freundlichkeit, sich selbst und anderen gegenüber, empfinden konnte. Ich hatte auch gesehen, wie andere sich auf dieselbe Weise verwandelten. Und schließlich dachte ich an die nie nachlassende Freundlichkeit und Sanftheit des Dorje Dradul selbst. So kehrte mir allmählich das Vertrauen in Geist und Körper zurück, und neue Freude erfüllte mich, daß ich einen echten Weg gefunden hatte.

1977 verließ uns der Dorje Dradul auf eine einjährige Einkehrzeit. Er wollte prüfen, wie seine Schüler, sich selbst überlassen, sich verhielten und wie die schon groß gewordenen Organisationen, die er mit ihnen aufgebaut hatte, funktionierten. Das pflegte er überhaupt immer zu tun. Bei all seiner Lehrtätigkeit warf er die Studenten stets auf sich selbst zurück. Er erlaubte ihnen nicht, ihn als ihren »lieben Papa« zu betrachten. Er war für sie da als Freund und wilder Meisterkrieger, bei dem sie auf ihr eigenes Risiko lernten. Von jedem Schüler wurde erwartet, daß er sein eigenes Leben lebte und zu seiner eigenen Ursprünglichkeit fand.

Trotzdem hielt er sich niemals vornehm zurück und ließ sich ganz ins Leben seiner Schüler hineinziehen. »Ich könnte mich natürlich ohne weiteres auf mein hohes Podest als buddhistischer Lehrer zurückziehen«, sagte er einmal, »und wir könnten wunderbar miteinander spielen, wir wären alle wunderbare Buddhisten. Ihr wäret die großen Tantra-Übenden, und wir hätten die schönste Zeit miteinander. Aber dann bliebe ein wichtiger Bereich völlig unberücksichtigt – die tatsächliche Lebenssituation. Als buddhistischer Lehrer könnte ich euch immer nur als buddhistischen Schülern gegenübertreten. Doch die Shambhala-Vision, die unserem Handeln zugrunde liegt, ist, daß wir uns vollständig miteinander vermischen, daß wir durch und durch ineinander aufgehen und kein Privatleben übrigbleibt.«

In einem Vortrag vor Schülern, die dem buddhistischen und dem Shambhala-Weg folgten, verglich der Dorje Dradul einmal diese beiden Wege. »Unter Shambhala-Bedingungen«, sagte er, »entwickeln die Ichlosigkeit und die Abwesenheit jedes Bezugspunktes mehr Zündstoff, und wir sind mehr exponiert als im Buddhismus. Wir müssen sogar religiöse Übungen als Bezugspunkt für unsere Ichbezogenheit aufgeben. Solange wir uns noch an irgendeiner Ecke wie an einer Festung, einer kleinen Kapsel, festklammern, wird es schwierig, das Windpferd zu spornen... Das Ergebnis des Kriegerwegs ist die Erfahrung des ursprünglich Guten, also der bedingungslosen Natur des prinzipiell Guten. Diese Erfahrung ist gleichbedeutend mit der Verwirklichung der Ichlosigkeit, mit der absoluten Wahrheit ohne Bezugspunkte.«

Der Dorje Dradul achtete ungeheuer genau auf jede Einzelheit im Leben seiner Schüler. Er kümmerte sich darum, wie sie sich kleideten, was sie gern aßen und mit wem sie sich trafen. Er achtete sogar darauf, wie sie ihre Erbsen auf die Gabel nahmen. Er sagte, das bedingungslose, prinzipiell Gute könne nur entdeckt werden, wenn man unmittelbar speziell an den Bezugspunkten des Lebens arbeite, den ganz gewöhnlichen Lebensbedingungen und -situationen – Kleiderwaschen, Frühstücken, eine Tasse Tee trinken, Rechnungen bezahlen usw. »In erster Linie kommt es beim Weg des Kriegers darauf an, zu lernen, sich all diesen Vorgängen, diesen weltlichen Bezugspunkten, mit Liebe zu widmen.«

In seinem eigenen Leben war er fehlerlos. Mit keiner seiner persönlichen Habseligkeiten, und waren sie auch noch so winzig, ging er jemals oberflächlich oder nachlässig um. Jeder Gegenstand hatte seinen Platz in seiner Welt, und die Art und Weise, wie er damit umging, zeigte die Heiligkeit der Welt weit deutlicher, als es Worte vermochten. Sogar seinen Anzügen gab er Namen. Wie sehr er die Welt achtete, demonstrierte er in so einfachen Handlungen wie dem Heben einer Tasse, dem Aufsetzen eines Hutes oder einem freundlichen Händeschütteln. Jedem Aspekt der gewöhnlichen Welt trat er mit außerordentlicher Hochschätzung gegenüber, und die Würde, die er ihr damit verlieh, bewies fortwährend, daß allem das prinzipiell Gute innewohnt.

Er bewies auch, daß all diese weltlichen Aspekte unseres Lebens nicht als Bezugspunkte oder als Gegenstände, von denen man Besitz ergreift, benutzt werden dürfen. »Wenn Sie sich mit Ihren ganz normalen Lebensbedingungen befassen«, schrieb er, »können Sie eine schockierende Entdeckung machen. Beim Trinken Ihres Tees können Sie nämlich entdecken, daß Sie den Tee in einem Vakuum trinken. Ja, es sind nicht einmal Sie selbst, der da den Tee trinkt. Der hohle Raum trinkt den Tee. Während Sie also irgendeine gewöhnliche Sache verrichten, kann Ihnen der Bezug zu dieser Sache zeigen, daß hier gar kein Bezug vorliegt. Wenn Sie Ihre Hosen oder Ihren Rock anziehen, stellen Sie vielleicht fest, daß Sie diese Sachen dem Raum anziehen. Wenn

Sie Ihr Make-up auflegen, entdecken Sie vielleicht, daß Sie den Raum mit Kosmetika behandeln. Sie verschönern den Raum, das reine Nichts... Der Krieger ist im Grunde ein Mensch, der keine Angst vor dem Raum hat. Nur der Feigling lebt in dauerndem Schrecken vor dem Raum.«

Zwei Jahre vor seinem Tod zog sich der Dorje Dradul für eine zweite Einkehrzeit zurück. Bei dieser Einkehr blieb er manchmal mehrere Tage und Nächte hintereinander wach. Das erwartete er dann auch von seinem aus drei oder vier Personen bestehenden Stab und sogar von den wenigen Gästen, die vielleicht zu Besuch da waren. Einmal – ich selbst gehörte zu seinem persönlichen Stab – versuchten die übrigen Mitglieder des Stabes, um drei Uhr morgens ein paar Stunden zu schlafen. Da stürmte der Dorje Dradul durch das Haus, schlug mit einem Stock an einen Kochtopf und rief: »Warum will der Mensch nicht *aufwachen*?« Die Einkehr übte eine tiefe, langanhaltende Wirkung auf alle Besucher aus. Wir gelangten über Tag und Nacht, Frühstückszeit, Mittagszeit, Abendessenszeit, Hell und Dunkel, Schlaf und Wachen hinaus. Wir gelangten über die Grenzen unserer irdischen Wahrnehmung und über den Glauben an eine feste, rationale Welt hinaus.

Die Begegnung mit Gerald Red Elk

1984 hatte der Dorje Dradul eine außergewöhnliche Begegnung mit Gerald Red Elk, einem Oglala-Sioux-Schamanen und Häuptling, auch er ein Mensch von großer Leidenschaft und authentischer Gegenwärtigkeit.

Gerald Red Elks adoptierter amerikanischer Neffe, Roger La Borde, schrieb:

»So mancher würde sagen, in Geralds Haus herrsche heilloses Durcheinander. Alle möglichen Kleider, Decken, Bilder, Schachteln usw. lagen im Zimmer herum. Aber ich hatte diesen Eindruck nicht. Seine Wohnung strahlte Wärme aus wie ein bequemer alter Sessel, in dem man versinken und für immer ausruhen möchte...

Nach den Zeremonien der Adoption und der Namensgebung [bei denen Gerald Rogers Onkel wurde] begann eine große Geschenkorgie. Decken, Steppdecken, Geld, Lebensmittel, Gürtelschnallen und Uniformmützen wurden an alle Anwesenden verschenkt – und das waren nicht wenige. Das war das erste Mal, daß ich die ungeheure Freigebigkeit der Familie Geralds erlebte. Da wußte ich plötzlich, was er mit den in seiner Wohnung herumliegenden Dingen tat: Er verschenkte sie...

Es hatte eine Zeit gegeben, da er ein zorniger junger Mann gewesen war. Er haßte die Weißen und alles, was sie seinem Volk angetan hatten. Er wurde zum Alkoholiker. Doch vor etwa zwanzig Jahren, als er einmal dem Tode nahe war, betete er [zum Großen Geist] darum, noch verschont zu bleiben. Er versprach, er werde, wenn er am Leben bleiben dürfe, sein Leben ändern und seinem Volk helfen... Gerald hielt sein Versprechen. Er half seinem Volk, und in ›seinem Volk‹ waren alle anderen Menschen inbegriffen. Er erzählte mir einmal, er habe, als ihn der Große Geist am Leben gelassen hatte, erkannt, es gebe nur eine menschliche Rasse auf dieser Erde – die Menschheit.«

Gerald litt sehr unter dem entsetzlichen Chaos, das die moderne Zivilisation auf der Erde anrichtete, und fürchtete, es würde noch weit schlimmer kommen. Alle vier Jahre traf er sich mit anderen Stammesältesten an einem bestimmten Ort in den Rocky Mountains bei Denver, Colorado, um in die Felsen eingeritzte Botschaften der Götter – des Sternenvolkes, wie er sie nannte – abzulesen. In den letzten Botschaften waren die Götter weinend dargestellt, weinend über das entsetzliche Leiden der Erde. »Sie sprechen zu uns, für die Zukunft«, sagte er. »Es wird allerhand passieren, und die Menschen müssen in bester geistiger Verfassung und stark sein, um, ohne von Panik ergriffen zu werden, in Erfahrung bringen zu können, was es mit all diesen Gräsern, Bäumen und Pflanzen (die sie Unkraut nennen) auf sich hat. Denn all diese Pflanzen sind Medizin und eßbar.«

Auch 1980 kam Gerald Red Elk an den Ort bei Denver, um die Medizinfelsen zu lesen. Und während er dort war, bat er um eine Begegnung mit dem Dorje Dradul. »Ich wollte einmal einem tibetischen Lama begegnen«, sagte er später, »denn wir verstehen sehr genau, von welcher Art sie sind. Menschen in einem solchen Geisteszustand nennen wir ›Brüder der Erde‹, denn sie folgen den Gesetzen der Erde, sie begreifen, und wir verständigen uns ohne Worte.«

Da der Dorje Dradul damals Gerald nicht treffen konnte, sollte ich ihn vertreten. Eines Abends betrat Gerald mein Büro. Schlank und hochgewachsen, trug er weite Polyesterhosen und ein kurzärmeliges Hemd mit einer Reihe Kugelschreiber in der Brusttasche, alle an einer Plastikklammer befestigt. Er ähnelte ein wenig einem alternden Lastwagenfahrer. Wir setzten uns in meinem kleinen Büro einander gegenüber. Gerald eröffnete das Gespräch und sagte, er glaube, die Tibeter besäßen Kenntnisse über das Sternenvolk, die die Kenntnisse seines eigenen Volkes ergänzten. Er habe den Eindruck, die beiden Völker könnten der Welt in den kommenden schlechten Zeiten gemeinsam helfen.

Geralds Stimme war sehr sanft und leise. Ich verstand kaum, was er sagte. Ich hatte damals noch nichts von dem Sternenvolk gehört, doch irgendwie klang das sehr nach den Dralas, mit denen uns der Dorje Dradul vor kurzem vertraut gemacht hatte. Aber von der Gegenwart Geralds war ich vollkommen verblüfft. Das Zimmer schien in Freundlichkeit und Großmut, ja einer fast magischen Ausstrahlung zu vibrieren. Wie wir so dasaßen, spürte ich, daß er Liebe zu mir ausstrahlte, auch wenn er über mir fast unverständliche Dinge sprach. Als die Sonne unterging, wurde es dunkel im Zimmer, aber ich hatte keine Lust, aufzustehen und das Licht anzudrehen, aus Angst, ich könnte dadurch den Bann brechen.

Schließlich brach Gerald wieder auf, und ich begleitete ihn die Treppe hinunter. Mit ruhiger, trauriger Stimme sagte er wieder: »Ich würde so gern dem Tibeter begegnen!« Als er sich von mir abwandte und langsam durch die Tür ging, empfand ich einen Schmerz in der Brust, als ob mich jemand, den ich seit Jahren kannte und liebte, verließe. Auch diese Nacht war der Dorje Dradul noch nicht abkömmlich, und Gerald verließ am nächsten Morgen die Stadt. Erst nach vier Jahren kreuzten sich ihre Wege endgültig, als Gerald Red Elk wieder in Colorado war, um die Botschaften an den Medizinfelsen zu lesen.

Die Begegnung mit dem Dorje Dradul fand nur ein paar Monate vor Geralds Tod statt. Es war an einem hellen Sommernachmittag in den Rocky Mountains, in einem Trainingslager für den Shambhala-Kriegerweg. Zu Beginn ihres Treffens sprachen der Dorje Dradul und Gerald kurz über das Wetter. Der Dorje Dradul blickte zum Himmel auf und sagte: »Ich glaube, morgen regnet es.« Gerald antwortete: »Wahrscheinlich regnet es schon in ein paar Stunden.« Der Dorje Dradul erwiderte: »Ich glaube, es regnet erst morgen vormittag.« Gerald sagte: »Ich denke, es regnet schon sehr bald.« Während des ganzen Treffens hörte man Donnergrollen.

Gerald schenkte dem Dorje Dradul einen blauen Stein, der die Natur der Welt darstellte, einen roten Stein – er verkörperte die Natur der Götter –, einen grünen Stein als Sinnbild für die Erde und einen violetten Stein, Symbol für die Medizin. Sie sprachen etwa 40 Minuten miteinander, und Gerald zeigte dem Dorje Dradul Zeichnungen der Felsbotschaften. Beide empfanden sie die Ähnlichkeit mancher Zeichnungen mit den Tieren, die auf der Shambhala-Standarte des Dorje Dradul abgebildet waren: dem Tiger, dem Schneelöwen, dem Garuda und dem Drachen. »Ich glaube, wir können zusammenarbeiten«, sagte der Dorje Dradul. »Es steckt viel Magie darin!« Er überreichte Gerald sein Buch über den Weg des Kriegers, das gerade erschienen war. Gerald rief aus: »Der heilige Weg des Kriegers! Genau das ist es, woran wir glauben. Dort ist Ruhm und Ehre! Dort ist Ruhm und Ehre!« Später sagte der Dorje Dradul: »Er verstand das ganze Buch gleich vom Umschlag her«, während Gerald bemerkte: »Wir verstanden einander, ohne ein Wort wechseln zu müssen.«

Fast eine Stunde saßen die beiden schweigend beieinander. Am Ende des Treffens umarmten sie sich, und der Dorje Dradul sagte: »Ich glaube, aus dieser Begegnung wird etwas Außergewöhnliches entstehen!« Als Gerald Red Elk langsam durch das Tal zurückging, begann es leicht zu regnen. Roger La Borde erinnert sich:

»Riesige Regentropfen fielen, die größten, die ich jemals gesehen habe – und ich bin in einer sehr gewitterreichen Gegend aufgewachsen! Hundert Meter weiter schlug ein gewaltiger, elektrisch-blauer Blitz ein. Ich sah genau die Stelle, wo er die Erde traf. Während wir wegfuhren, begann ein Monsun oder so etwas Ähnliches zu wehen. Ich sagte zu Gerald, als wir auf die Hauptstraße hinausfuhren, ich hätte gewußt, daß während des Treffens Funken sprühen würden, aber Blitze hätte ich nicht erwartet! Gerald antwortete, die Nacht zuvor habe er einen Traum gehabt, daß es während des Treffens regnen und blitzen würde, was er für ein Zeichen dafür hielt, daß die Götter ihre Begegnung guthießen.«

Während Red Elk davonschritt, blieb der Dorje Dradul vor seinem Zelt sitzen und sagte: »Wie traurig, wie traurig.« Je weiter sich Red Elk entfernte, desto heftiger regnete es. Die Begleiter des Dorje Dradul forderten ihn auf, doch ins Zelt zu gehen, doch er blieb weiter draußen, unter der Zeltplane, sitzen. Als der Regen etwas nachzulassen schien, griff der Dorje Dradul nach seinem Stock und sagte: »Gut, ich glaube, es ist genug!« Der Regen hörte für eine Minute ganz auf.

Plötzlich fing der Dorje Dradul zu zittern, zu weinen und zu schluchzen an. Er ergriff wieder seinen Stock und schlug damit auf seine Knie. In diesem Augenblick ging ein Wolkenbruch, der schwerste, den man hier jemals erlebt hatte, im Tal nieder. Mein Neffe Carl erzählte mir später: »Wir standen mitten im Lager und wollten gerade die Flagge zum Abend niederholen. Es war ein schöner warmer, sonniger Nachmittag gewesen. Plötzlich zog eine große schwarze Wolke über dem Tal auf und blieb über uns stehen. Man sagte uns, wir sollten in die Zelte gehen – die nur zehn bis zwanzig Meter entfernt waren – und unsere Regenhäute holen. Aber schon fing es zu schütten an, und bevor wir in die Zelte gelangten, waren wir völlig durchnäßt. Die Wolke goß ihren Inhalt über das Lager aus und zog dann weiter.«

Immer noch wollte der Dorje Dradul nicht in sein Zelt gehen. Im Zelt und außerhalb stießen seine Begleiter mit Stangen unten an das Dach, um den Regen herunterzuschütteln, damit das Zelt nicht zusammenbrach. Der Wolkenbruch wurde zu einer wahren Sintflut, die reißend die Erde bedeckte, und der Dorje Dradul war von einem dichten Wasservorhang umgeben. Seine Begleiter flehten ihn an, er möge doch endlich ins Zelt kommen. Aber er schüttelte nur den Kopf. Und während er weiter so dasaß, erschien plötzlich ein Regenbogen im Tal. Es war, wie wenn die Elemente durch ihr Spiel von Regen und Hagel, Blitz und Sonnenschein eine magische Verbindung zwischen zwei echten Meisterkriegern hergestellt hätten.

Kurz nach dieser Begegnung erkrankte Gerald Red Elk an Krebs und starb einige Monate später. Er und der Dorje Dradul begegneten sich niemals wieder. Als Roger Gerald in seinem Krankenzimmer kurz vor seinem Tod besuchte, war das erste, was ihn Gerald fragte: »Und wie geht es Rinpoche?«

Das außergewöhnliche Vermächtnis des Dorje Dradul

Nach nur sechzehn Jahren aktiven Lebens in Nordamerika starb der Dorje Dradul. Als er das erste Mal herüberkam, hatte er seinen Schülern vorausgesagt, er würde nur zwanzig Jahre hier sein. Aber wir hatten ihm nicht geglaubt. Als ich das letzte Mal mit ihm sprach, im September 1986, sagte er: »Es kommt doch wohl schneller, als ich dachte.« Einen Monat später hatte er einen Herzstillstand und einen Schlaganfall, der ihm die Sprache raubte. Er starb am 4. April 1987.

Die Arbeit des Dorje Dradul hier ist von vielen großen tibetischen, buddhistischen Lehrern und Führern, die den Westen besuchten, anerkannt und gewürdigt worden, unter anderem vom Haupt der Kagyu-Schule, dem Gyalwa Karmapa, und Dilgo Khyentse Rinpoche, dem Haupt der Nyingma-Schule. Die Kagyu- und Nyingma-Schule sind zwei der großen noch existierenden Traditionen der tibetisch-buddhistischen Lehren. Der Dorje Dradul war in beiden Traditionen ausgebildet. Khyentse Rinpoche galt seinerseits schon zu Lebzeiten als Heiliger und Bodhisattva und einer der größten buddhistischen Lehrer Tibets. Sogyal Rinpoche, Schüler des Khyentse Rinpoche, sagt: »Die Arbeit Khyentse Rinpoches für die Menschheit und er selbst sind das große Geschenk Tibets an die Welt.«

Kurz nach dem Tod des Dorje Dradul kam Khyentse Rinpoche in die Vereinigten Staaten, um die Verbrennungsfeierlichkeiten für ihn zu leiten. Er bemerkte:

»Trungpa Rinpoche ist kein gewöhnlicher Mensch. Er ist ein Wesen, das im Wissen, was es zu tun hatte und wie es den Menschen ihren Bedürfnissen und Fähigkeiten entsprechend helfen konnte, auf diese Erde kam. Geboren wurde er in Tibet, verbrachte aber den größten Teil seines Lebens im Westen, um dort die Saat seiner Vision von einer neuen Gesellschaft zu säen.

Um diese Vision zu verwirklichen, verkündete Trungpa Rinpoche seine Lehren. Das Wichtigste ist es nun, sich all diese Lehren zu Herzen zu nehmen und in die Praxis umzusetzen. Wenn wir eine neue Gesellschaft aufbauen wollen, die das Licht des großen Friedens ausstrahlt, ist es wichtig, daß wir alle diese Vision im eigenen Innern zur Reife zu bringen. Sobald wir sie entwickelt haben, wird es sehr leicht sein, sie überall auf der Welt zum Ausdruck zu bringen.«

Im Jahre 1993 besuchte ein Lehrer mit starker und klarer persönlicher Ausstrahlung, Khenpo Jigme Phunsok, zum ersten Mal Nordamerika. Er ist einer der wenigen großen Lehrer, die nach der chinesischen Invasion in Tibet blieben. Der Gefangenschaft durch die Chinesen entging er, indem er sich in über 5000 Meter hoch gelegenen Höhlen verbarg. Dort lehrte er weiter Tausende von Tibetern, die ihr Leben riskierten, um ihn trotz der chinesischen Verfolgung aufzusuchen. Man erzählt sich die Geschichte, daß Jigme Phunsok, als ihn einmal chinesische Soldaten verhaften wollten, schreckliche Beulen auf seinem Körper hervortreten ließ und die Schüler den Soldaten erzählten, es seien Pocken. Daraufhin ließen die Soldaten von ihm ab, ohne ihn angerührt zu haben.

Bei seinen Vorträgen in den Vereinigten Staaten gab Jigme Phunsok seinem Erstaunen darüber Ausdruck, wie weitreichend des Dorje Dradul Vision gewesen sei und welche Leistungen er beim Aufpflanzen des Banners des Buddhismus und Shambhalas im Westen vollbracht habe. Er meinte, die Arbeit des Dorje Dradul im Westen sei weit härter gewesen als seine eigene in Tibet.

Wenn Schüler des Dorje Dradul in Indien, Bhutan, Nepal oder Sikkim reisen und den Namen Trungpa Rinpoche erwähnen, begrüßt man sie immer mit den Worten: »Was für ein Glück ihr gehabt habt, einem so großen Lehrer begegnet zu sein!«

In ganz Asien wird der Dorje Dradul als großer Bodhisattva und Mahasiddha (ein Erwachter, dessen Leben ganz dem Wohl anderer geweiht ist) betrachtet. Im Westen haben wir außerordentlich beschränkte und romantische Stereotype darüber, wie ein spiritueller Lehrer aussehen sollte. Wir halten nach jemandem Ausschau, der uns erlösen kann, eine Art lebender Gott für uns ist und uns erspart, die Probleme des Lebens zu meistern. Auch lehnt der Westen im allgemeinen, trotz seiner Verherrlichung des Genies und seines Kults des Andersseins, jeden ab, der frei von Stereotypen lebt. Es ist deshalb kein Wunder, daß das Leben des Dorje Dradul Kontroversen auslöste, zumindest bei Journalisten, Schriftstellern und Religionswissenschaftlern. Doch sein Werk lebt im Herzen und in den Taten seiner Schüler und all jener weiter, deren Leben sich durch die Begegnung mit einem authentischen Menschen verändert hat.

Elisabeth Lesser, Direktorin des Omega-Instituts für holistische Studien, schreibt: »Chögyam Trungpa war ein Mensch, der seine Erkenntnisse nicht nur durch Übungen in stillen, buddhistischen Klöstern, sondern auch dadurch gewann, daß er seinem Volk half, vor der chinesischen Invasion Tibets zu fliehen, daß er seine Familie und sein Land verließ und in die für ihn völlig fremde Umgebung der Oxford-Universität kam und daß er sich schließlich in den Vereinigten Staaten als Hüter und Lehrer des tibetischen Buddhismus niederließ. Er war ein Mensch, der ein so tiefes Vertrauen in die Botschaft seines eigenen Lebens entwickelte, daß er sein Exil zu einer Gabe der Weisheit für die ganze Welt umwandelte. Wo man Haß und Bitterkeit bei ihm hätte erwarten können, säte er die Samen des Verständnisses und Mitgefühls. Wo er verwirrt und resigniert hätte aufgeben können, arbeitete er, um Einsicht und Mut in anderen zu wecken. Er suchte nach dem großen Bild, in dem alle Einzelheiten des Lebens – Verlust und Gewinn, Verbannung und Rückkehr – sich als notwendige Teile des Ganzen zusammenfinden.«

Die unter der Leitung des Dorje Dradul gegründeten Institute werden jetzt von seinem ältesten Sohn, dem Sawang Osel Rangdrol Mukpo geleitet. 1979 hatte der Dorje Dradul den Sawang ermächtigt, als sein Nachfolger für die Verbreitung und Belebung der Shambhala-Lehren zu wirken. Die mündliche Übertragung, die Ermächtigung des ältesten Schülers durch den Lehrer, gehört zu den wichtigsten Vorgängen, um eine Lehre lebendig zu erhalten. In einer halböffentlichen Zeremonie hatte der Dorje Dradul im Januar 1986 Sawang auch zu seinem Nachfolger in einer der beiden buddhistischen Schulen ermächtigt. Osel Tendzin, Mitbegründer der Shambhala-Schulung, war sein Nachfolger in der anderen Schule. Osel Tendzin starb 1990, woraufhin Khyentse Rinpoche den Sawang als den einzigen Nachfolger des Dorje Dradul bestätigte. Im Mai 1995 wurde der Sawang in einer von Penor Rinpoche, Oberhaupt der (alten tibetischen) Nyingma-Schule und Nachfolger Khyentse Rinpoches, durchgeführten öffentlichen Zeremonie zum Sakyong, Leiter der Shambhala-Schule der spirituellen Kriegerschaft, bestellt.

Die Leistungen des Dorje Dradul während seiner wenigen Jahre im Westen hätten auch einem Menschen, der sein ganzes Leben dort verbrachte, zur Ehre gereicht. Außer seiner Gründung des internationalen Netzwerks der Shambhala-Schule, buddhistischer Meditationszentren und des Naropa-Instituts schrieb er viele tausend Gedichte, schuf Hunderte ausdrucksstarker Kalligraphien in durchaus eigenwilligem Stil, begründete eine Schule des japanischen Ikebana und zusammen mit Shibata Sensei eine Kyudo-Schule. Sein Leben war beispielhaft für seine Lehren. Er zeigte uns, wie man ein gewöhnliches Leben so magisch leben kann, daß jeder Augenblick, jeder Mensch und jedes Ding darin heilig werden.

14. Authentisches Handeln und erleuchtete Gesellschaft

Die Handlungen eines Kriegers sind Antworten, nicht Reaktionen

Eine segensreiche Handlung, sei sie individuell oder kollektiv, kann nur von der Liebe zur Heiligkeit der Welt und zum prinzipiell Guten ausgehen. Ein Großteil humanitärer Aktionen macht heute, obwohl sie gut gemeint sind, die Dinge nur schlimmer, weil sie aus Schuldgefühlen, Depressionen und Aggressionen geboren sind. Es ist unmöglich, in anderen die Liebe zum prinzipiell Guten in ihnen selbst und zur Heiligkeit unserer Heimat, der Erde, zu erwecken, wenn unsere eigenen Handlungen nicht von dieser Liebe getragen sind. Wirkliche Humanität kann nur entstehen, wenn der Handelnde freundlich und furchtlos ist, allen ichbezogenen Ehrgeiz losläßt und mit fröhlichem, ehrlichem Herzen hilft. Bei vielen Gelegenheiten sagte der Dalai Lama: »Hört zuerst auf, anderen zu schaden, dann könnt ihr anderen vielleicht helfen!«

Ein Krieger handelt, indem er Situationen beantwortet, nicht auf sie reagiert. Eine Reaktion ist unbewußt und automatisch und erzeugt immer wieder Situationen, die jener gleichen, auf die man reagiert. Reagiert man mit Aggression, wird man nur weitere Aggression erzeugen. Sieht man aber eine Situation deutlich vor sich und empfindet zugleich Sympathie dafür, so kann man richtig auf sie antworten und ihr zuführen, wessen sie bedarf: Bedarf sie des Friedens, kann man sie befrieden; bedarf sie des Reichtums, kann man sie bereichern; bedarf sie der Beendigung, kann man sie beenden.

Um wahrhaftig und als auf diese Art Antwortender in der Welt zu wirken, müssen Sie damit aufhören, Ihre Wahrnehmungen ständig zu manipulieren und das im Grunde sehr Einfache zu verkomplizieren. Sagt jemand zu Ihnen: »Sie haben einen Fehler gemacht. Es ist nicht so, sondern so!«, so können Sie die Sache schlicht und einfach richtigstellen. Sie können aber auch ungeheuer viel Wind machen: »Oje, immer sagt er mir, was ich tun soll. Nie kann man es ihm rechtmachen. Was ist nur mit mir los? Nichts mache ich in meinem Leben richtig! Keiner traut mir etwas zu.« Oder: »Der spinnt wohl – was für ein Recht hat er, mir Vorschriften zu machen?« Wenn Sie einmal genau und ehrlich hinschauen, werden Sie wahrscheinlich entdecken, daß ein Großteil Ihrer Handlungen in solchen Überreaktionen besteht. Sie brauchen aber diese Dinge nicht deshalb aufzugeben, weil sie schlecht oder sündig sind. Sie geben sie nur deshalb auf, weil Sie sich, wenn Sie Ihr Leben unnötig kompliziert machen und die Welt manipulieren, bis sie Ihrem Bild von ihr entspricht, nur selbst daran hindern, authentisch zu leben.

Statt alles unverhältnismäßig aufzubauschen, brauchen Sie nur freundlich zu sein, zu erkennen, was zu tun ist, es auch wirklich zu tun und dann loszulassen. Zu erkennen, welche Bedürfnisse erfüllt und welche unterdrückt werden müssen, ist etwas ganz anderes, als eine Situation zu Ihrem Nutzen zu manipulieren. Es ist auch etwas ganz anderes, als Urteile über Gut und Schlecht zu fällen. Es ist etwas sehr Subtiles, so wie wenn Sie wissen, wann Sie zu einem Kind ja oder nein sagen müssen. Wissen, wann Sie ja oder nein sagen müssen, können Sie nur, wenn Sie an dem Kind genügend Anteil nehmen, spüren, was es empfindet, und erkennen, was ihm guttut.

Um herauszufinden, was in Ihrem Leben zu tun ist und akzeptiert werden kann, müssen Sie herausfinden, was Sie für Ihre Gegenwart wachmacht, was das Windpferd in Ihnen und anderen spornt und was Sie zur Freude und Traurigkeit des ehrlichen Herzens und zur Vision der Großen Östlichen Sonne führt. Und ablehnen werden Sie dann immer alles, was Sie von diesem Weg abbringt und in den Kokon der untergehenden Sonne zurückholt. In der Vision der Großen Östlichen Sonne erkennen Sie, wie Sie auf dem Weg des Kriegers voranschreiten und sich der Sonne der Wachheit, die Frieden und Vertrauen ausstrahlt, nähern können. Sie geraten dann nicht auf Abwege, werden nicht von Wolken behindert oder schlafen nicht im dunklen Zwielicht der Feigheit wieder ein.

Die Handlung eines Kriegers enthält immer die vier Eigenschaften der Kriegerschaft. Sie läßt sich in vier Phasen einteilen, obwohl diese in Wirklichkeit immer ineinander übergehen:

1. Zurückhaltung

Spüren Sie den Erdboden unter Ihren Füßen. Erkunden Sie die jeweilige Situation. Nehmen Sie eine Haltung der Demut und Neugier ein, bevor Sie sich in eine Situation begeben. Geben Sie den Menschen Raum, ihre Bedürfnisse und Ängste auszudrükken, und halten Sie Ihr Bewußtsein dabei leer und frei von jeder vorgefaßten Meinung darüber, was sich gerade abspielt oder geschehen sollte. Seien Sie freundlich und demütig, aber wachsam.

2. Keckheit

Zeigen Sie ehrliches Interesse. Wenn Sie deutlich erkannt haben, was notwendig ist, gehen Sie gutgelaunt und frisch auf andere zu. Stellen Sie ehrlich Kontakt zu ihnen her. Sie sind noch nicht so weit, daß Sie handeln, schließen aber das prinzipiell Gute anderer in Ihr Herz ein. Dadurch spüren diese anderen ihr eigenes Gutes und ihren Reichtum und lassen ihre Zweifel und ihr Gefühl der Unzulänglichkeit los.

3. Kühnheit

Handeln Sie jetzt ohne Aufschub. Da Sie Interesse gezeigt haben, sind Sie inzwischen beteiligt. Sie schaffen eine Lücke in der Situation, da Sie sich nicht in Ihren eigenen oder in den Erwartungen und Ängsten anderer fangen lassen. Da Sie in den ersten beiden Phasen ein festes Fundament gelegt haben, können Sie jetzt ohne Zögern und unbesorgt, eventuell Fehler zu machen, in die Situation hineinspringen. Sie können auf eine Weise handeln, die die Energie der Situation eher verwandelt, als daß Sie ihr Ihre eigene Energie aufdrängen müßten.

4. Unbeirrbarkeit

Lassen Sie jede Vorstellung von einem Ergebnis los. Lassen Sie das Schauspiel sich entfalten – sich ganz natürlich entwickeln –, aber bleiben Sie mitten drin, im Vertrauen in Ihre Entschlußkraft und Ihr Handeln. Meiden Sie jeden Zweifel und alle schweifenden Gedanken, die sich noch im letzten Augenblick einstellen könnten, jede Bindung an ein eventuell gewünschtes Ergebnis Ihres Handelns und jede Selbstzufriedenheit, die aus einem Erfolg resultieren würde.

Es ist aber wichtig, daß Sie nicht absichtlich denken: »Jetzt bin ich bescheiden! Jetzt bin ich kühn!« Solche Gedanken würden Ihr Handeln gerade unbeweglich und schwerfällig machen, wie wenn Sie während des Liebesaktes ein Handbuch über die Technik der Liebe läsen. Beschreibungen dieser Art, wie man handeln sollte, sind immer abstrakt. Aber wer zum Beispiel einen Kampfsport wie Aikido praktiziert, ist mit solchen Schilderungen schon etwas vertrauter. Die Beschreibung sollte eher als Anleitung zur Besinnung denn als Handbuch betrachtet werden. Die wesentlichen Punkte sind: Lege sorgfältig und sanft das Fundament für deine Handlung. Nimm ein ehrliches Interesse daran. Forciere nichts, sondern handle, wenn sich ganz natürlich eine Lücke in der Situation ergibt. Und gehe dann weiter bis zum Ende, ohne dich an das Ergebnis zu binden.

Betrachten wir ein paar Beispiele: Vielleicht sind Sie mit einem wütenden Jugendlichen oder einem verärgerten Angestellten konfrontiert. Lassen Sie dann zuerst eine Pause eintreten und den anderen Distanz gewinnen. Sie können wachsam und aufmerksam sein – Sie brauchen sich nicht von irgendeinem Täuschungsmanöver überrumpeln zu lassen. Sie können weiterhin offen sein. Hören Sie zu, was der andere zu sagen hat, und sagen Sie sich, daß Sie vielleicht wirklich nicht wissen, was er auf dem Herzen hat.

Als nächstes beginnen Sie Interesse zu zeigen. Sie forschen nach, Sie stellen Fragen und finden schließlich heraus, was sich hinter dem Zorn oder dem Ärger verbirgt. Aber Sie lassen sich nicht von der Negativität und Depression des anderen gefangennehmen oder in Zweifel hineinziehen, ob Sie damit fertigwerden können. Die Situation ist wie elektrisch geladen und sprüht vor Energie. Das kann sehr erfrischend und eine Basis für eine gute Verständigung sein, sofern Sie nur weiter Ihr Windpferd spornen.

Seien Sie dann geduldig und warten Sie auf eine Lücke im Zorn oder Ärger des anderen. Eine solche Lücke taucht *immer* auf, irgendeine winzige Öffnung. Zum Beispiel wird der andere irgendwann erkennen lassen, daß er gar nicht zu hundert Prozent an seine Beschwerden glaubt. Dieser Punkt ist die Öffnung, wo Sie durchschlüpfen und ihm Ihre Freundlichkeit und Kraft anbieten können. Sie können durchaus wagemutig und direkt vorgehen, wenn Sie nur auf die Lücke warten und mit Freundlichkeit in sie eintreten. Sie können das Erforderliche sagen, ohne die Folgen bedenken zu müssen. Auch eine Prise Humor ist durchaus angebracht.

Wenn Sie so Ihre Fühler ausgestreckt haben, kehren Sie auf keinen Fall wieder um und flüchten nicht in Ihren Kokon zurück. Sie entschuldigen sich nicht oder verteidigen sich für Ihre Direktheit, auch versuchen Sie nicht, die Dinge in Ihrem Sinne zu lenken. Harren Sie nur aus, schon dadurch verwandelt sich die Energie. Auf diese Art kann sich Zorn in Scherz verwandeln und Ärger in Traurigkeit umschlagen.

Ein anderes Beispiel: Vielleicht fühlen Sie sich von jemandem angezogen. Wie gehen Sie vor, um eine schöne Beziehung mit ihm anzuknüpfen? Die erste Phase, die Phase der Zurückhaltung, besteht darin, daß Sie abwarten und mit weit geöffneten Augen empfinden, *wie* Sie angezogen werden und wie groß Ihr Interesse am anderen ist. Diese Phase ist entscheidend, wie bei der Aggression. Wenn Sie nicht abwarten und das Wesen der Situation erspüren, bevor Sie handeln, werden Ihre Handlung und die des anderen rein reaktiv sein. Machen Sie Ihre Augen auf, schauen Sie den anderen an und *sehen* ihn wirklich. Ist Ihr Interesse nur durch einen oberflächlichen Reiz geweckt oder empfinden Sie eine echte Verbundenheit? Es spielt keine Rolle, welche der beiden Möglichkeiten vorliegt, Hauptsache, Sie wissen es. Nehmen Sie die Haltung heiterer Gelassenheit, aber auch Neugier in bezug auf Ihren eventuellen neuen Freund ein und seien Sie wachsam.

Jetzt können Sie sich dem anderen zuwenden, eine einladende Geste machen und einen Satz sprechen. Rührt Ihr Interesse am anderen daher, daß Sie das Gute in ihm schätzen? Wenn Sie ihm das zeigen, wird er sich selbst bereichert und geweckt fühlen und Antwort geben. Damit haben Sie schon eine Beziehung mit ihm angeknüpft. Gehen Sie aber trotzdem noch nicht so schnell zum Handeln über. Sie warten noch mit der Zurückhaltung des Tigers und der Keckheit des Schneelöwen, bis sich Ihr Herz rein und ehrlich für den anderen geöffnet hat. Dann können Sie Ihrer Sympathie Ausdruck geben, ohne besorgt zu sein, wie sie aufgenommen wird, da Sie wissen, sie ist ehrlich und braucht keine Bestätigung.

Schließlich lassen Sie der Begegnung ihren Lauf. Vielleicht gibt der andere keine Antwort auf Ihr Interesse an ihm. Vielleicht entsteht auch eine dauernde Freundschaft. Es liegt nicht an Ihnen, das Ergebnis zu bestimmen oder zu manipulieren. Verharren Sie bei der neuen Beziehung, ohne sich von Ihren Erwartungen, wie sie verlaufen sollte, bestimmen zu lassen. Dann wird sie Ihnen Erfüllung bringen, gleichgültig, was im Endeffekt daraus wird. Und wenn die Zeit gekommen ist, sie zu beenden, können Sie sie auch ohne Bedauern beenden.

Das Ende einer Aktivität ist immer der Anfang eines Übergangs. Zeiten des Übergangs können gefährlich sein, weil das Bewußtsein dabei auf Wanderschaft geht und der Kokon dadurch die Chance erhält, sich wieder bemerkbar zu machen und Ihnen Ihre Achtsamkeit und Ihr Selbstvertrauen zu rauben. Vielleicht schreiben wir diese Äußerungen des Kokons dann unserer Erschöpfung oder einem Mangel an Konzentration zu. Doch zum Teil ereignen sie sich, weil wir immer meinen, wir müßten gleich zum nächsten Schritt übergehen. Wir geben uns nie die Gelegenheit, irgend etwas wirklich zu Ende zu führen. Sie arbeiten zum Beispiel an einer schwierigen Holzfigur. Und während Sie gerade die letzten Meißelschläge ausführen, denken Sie schon daran, was für ein herrliches Stück Sie da geschnitzt haben und was Sie als nächstes machen wollen. Dabei läßt Ihre

Aufmerksamkeit nach, Ihre Hand gleitet ab, und schon ist das Stück verdorben, ganz davon zu schweigen, daß Sie sich in die Hand geschnitten haben – hoffentlich muß es nicht genäht werden! Es ist also wichtig, immer bis zum Ende bei einer Aktion zu bleiben und bis zum Ende aufmerksam darauf zu sein.

Wenn dann die Handlung beendet ist, fällen wir normalerweise auch gern ein Urteil darüber. Ist es ein Erfolg oder ein Mißerfolg? Wir untersuchen die Dinge: Was habe ich gesagt? Was habe ich getan? Habe ich es richtig gemacht? Was denkt man jetzt von mir? All das hindert uns daran, loszulassen und uns für den nächsten Moment zu öffnen. Um eine Handlung zu beenden, müssen wir sie also wirklich vollständig abschließen, ohne noch im letzten Augenblick in unserer Achtsamkeit nachzulassen, und sie dann loslassen, so daß wir frei für einen neuen Beginn sind.

So drückt sich Unbeirrbarkeit aus, Unbeirrbarkeit in der Handlung. Der Dorje Dradul sagt:

»Der springende Punkt dabei ist, ein Projekt bis zum Ende durchzuführen und zugleich in gewisser Weise distanziert zu bleiben. Sie sind distanziert, weil Sie kein Interesse an einer Selbstbestätigung haben. Das bedeutet nicht, daß Sie Angst haben müßten, von Ihren Handlungen gefangengenommen zu werden, sondern Sie haben eben kein Interesse mehr daran, im Mittelpunkt der Ereignisse zu stehen. Doch zugleich verhalten Sie sich anderen gegenüber immer völlig loyal, so daß Sie Ihre Aufgabe abschließen, ohne in Ihrer Sympathie für die anderen nachzulassen.«

Diese Handlungsweise eines Kriegers kann sich in einem Augenblick manifestieren – zum Beispiel, wenn man auf einen zornigen Kollegen im Büro stößt. Es kann sich aber auch um eine Tätigkeit handeln, die viele Monate oder Jahre in Anspruch nimmt, zum Beispiel, wenn jemand ein Land regiert. Einmal fragte der Dorje Dradul eine Gruppe Schüler, was sie tun würden, wenn sie plötzlich ein Reich regieren müßten. Sie gaben ihre Antworten und fragten ihn dann, was er selbst tun würde. Seine Antwort war: »Ich würde zuerst verkünden lassen, daß alles so weitergehen solle wie bisher, und dann feststellen, was die

Leute wirklich tun.« Das ist die Phase der Zurückhaltung. Der Dorje Dradul wußte immer, was in den von ihm gegründeten Organisationen gerade vorging. Überall hatte er seine Freunde. Wenn er auf eine Gesellschaft oder zu einem Empfang ging oder Leute ganz inoffiziell traf, fragte er immer: »Wie geht es Ihnen? Was macht Ihre Arbeit? Was macht Ihr Liebesleben?« Er wußte auch immer, bis zu einem Grad, der seine Freunde manchmal schockierte, was in der Welt draußen vor sich ging. Bei einer Gelegenheit beschrieb er, lange vor dem Fall des Eisernen Vorhangs, das Innere eines russischen Panzers in allen Einzelheiten. Etwas später las jemand in einer Illustrierten dieselben Einzelheiten, von einem russischen Verräter beschrieben. So befand er sich stets in den Phasen der Zurückhaltung und Keckheit.

In seiner Anfangszeit geriet das Naropa-Institut einmal in besondere Schwierigkeiten. Im Vorstand gab es schreckliche Auseinandersetzungen, denn die zwei Geschäftsführer, der eine für die Verwaltung und der andere für die Ausbildung, lagen sich dauernd in den Haaren. Meine Aufgabe war es, das Institut zu leiten und den Dorje Dradul dadurch zu unterstützen. Aber immer wenn ich auf Besuch kam, stand ich vor einem Chaos der Zwietracht und wußte mir nicht zu helfen. Der Dorje Dradul unternahm monatelang nichts, außer sich offizielle und inoffizielle Berichte anzuhören. Er hatte den Vorstand aufgefordert, einen Reorganisationsplan zu entwerfen, doch war dieser Plan zu kompliziert und brachte keine wesentliche Verbesserung. Dann forderte er das Gremium der Geschäftsführer, dessen Vorsitzender er war, auf, die Dinge einer Lösung zuzuführen – er wollte immer, daß Entscheidungen aufgrund eines Konsensus fielen. Aber die Situation wurde nur immer schlimmer. Niemandem war ein Vorwurf zu machen. Es war, als ob das Institut als Ganzes in die Falle des Zweifels geraten wäre und alle Vorstandsmitglieder dazu.

Eines Abends besuchte der Dorje Dradul das Institut, um einen öffentlichen Vortrag zu halten. Vor Beginn des Vortrags saßen der Vorstand, ich eingeschlossen, die beiden Geschäftsführer und seine Begleiter mit ihm im Büro, und jeder hatte das Gefühl, dicke Luft herrsche im Raum. Plötzlich sagte der Dorje

Dradul ruhig und leise, doch mit einer gewissen Schärfe im Ton: »Ich denke, wir brauchen einen Führungswechsel im Institut. Ich denke, wir brauchen einen Verantwortlichen, und diese Aufgabe sollte XY übernehmen.« Er forderte uns dann auf, über diesen Vorschlag nachzudenken und ihm über das Ergebnis Mitteilung zu machen. Am nächsten Tag verließ er die Stadt für drei Monate.

Wir alle waren wie vom Donner gerührt. Es war wie ein Blitz aus heiterem Himmel. Noch mehrere Monate danach lagen die Leute dem Dorje Dradul in den Ohren, XY sei nicht der Richtige, oder einer der jetzigen Geschäftsführer solle allein weitermachen, oder sie präsentierten ihm einen anderen, von ihnen bevorzugten Kandidaten. Indessen hatte der Dorje Dradul die Phase der Zurückhaltung und Keckheit bereits hinter sich – er hatte alle notwendigen Informationen gesammelt und mit jedem gesprochen, der auch nur am Rande beteiligt war. Jetzt vollführte er einen kühnen Schlag und verwirklichte seine Vorstellung von den Bedürfnissen des Instituts, und zwar genau in der Lücke, die entstanden war, als wir durch unsere eigene Verwirrung, Eifersucht und Konkurrenz endgültig erschöpft waren. In den folgenden Monaten hörte er sich immer genau an, was jeder zu sagen hatte, und zeigte auch Interesse, blieb aber fest. Unmittelbar nachdem der neue Verantwortliche sein Amt übernommen hatte, lebte der Vorstand auf, und nach etwa einem Jahr trat das Institut in eine ganz neue Wachstumsphase ein. Die plötzliche Aktion des Dorje Dradul war genau das gewesen, was erforderlich war. Aber sie war nicht einer langen Planung entsprungen, sondern er hatte einfach deutlich erkannt, was dem Institut nottat. Bei authentischen Handlungen sind die anderen Menschen nicht weniger wichtig als man selbst. Das ist das Fundament zum Aufbau einer erleuchteten Gesellschaft.

Was ist eine erleuchtete Gesellschaft?

Eine erleuchtete Gesellschaft ist keineswegs eine Utopie. Sie ist kein Traumland, in dem jeder von vornherein vollkommen ist. Eine erleuchtete Gesellschaft ist eine Gesellschaft, in der die Leute bereit sind zu üben, ihre Angst loszulassen, ehrlich und freundlich zueinander zu sein. Sich mit der Energie der Dralas zu verbinden, würde außerdem gar nichts bedeuten, wenn die Leute ihre Entdeckung für sich behielten. Wir müssen also diese Energien in die Welt bringen und anderen Menschen helfen. Wir können das Windpferd in der guten, alten, soliden Alltagswelt unserer Freunde und Gesellschaft manifestieren. Die Shambhala-Lehren haben nicht nur den Zweck, einen neuen Pfad individueller spiritueller Entwicklung zu bahnen, sondern auch, die Mittel bereitzustellen, durch die wir gemeinsam eine Gemeinschaft von Kriegern aufbauen können. Wir alle brauchen die Gesellschaft von Mitreisenden auf dem Weg des Kriegers. Wir brauchen eine echte menschliche Gesellschaft.

Es hat schon oft und überall auf der Welt erleuchtete Gesellschaften, also keineswegs Utopien, gegeben, in verschiedenen Perioden der Geschichte, in großen Zivilisationen und kleinen Stammesgesellschaften. Ich habe weder die Absicht noch die Möglichkeit, in diesem Buch zu untersuchen, wie eine erleuchtete Gesellschaft politisch und sozial organisiert sein müßte. Es gibt keine festen Formen für eine solche Gesellschaft – sie entwickelt sich nach den Erfordernissen von Zeit und Raum. Ein paar Beispiele jedoch mögen Ihnen eine Vorstellung davon vermitteln, wie unsere erleuchtete Gesellschaft aussehen könnte. Spuren davon finden sich im Königreich Shambhala in der Frühzeit der Ming-Periode in China, in der Ära des Shotoku Taishi in Japan, zu gewissen Zeiten in Tibet, Thailand, Kambodscha, Indien, Bhutan und Bali (vor dem Tourismus-Boom natürlich), in den Kulturen der Ibo und Yoruba in Westafrika, in manchen Perioden des alten Griechenland und Rom, in Britannien zur Zeit des Königs Artus, in Europa im Mittelalter, bei vielen Stämmen der amerikanischen Ureinwohner, zum Beispiel den Navajo und den Huichol Mexikos, und bei Naturvölkern überall auf der

Welt, etwa den Buschmännern der Kalahari und den Xavante Brasiliens.

Viele meiner Freunde haben das Himalaja-Königreich Bhutan besucht und bei ihrer Rückkehr berichtet, wie sehr es einer Shambhala-Gesellschaft gleicht. Ich kenne das Land nicht, und der folgende Bericht beruht nur auf einem Bildband von Guy van Strydonck, Françoise Pommaret-Imaeda und Yoshior Imaeda über das Königreich Bhutan im Osthimalaja.

Bhutan besteht aus einer Mischung verschiedener Populationen, die in voneinander isolierten Tälern wohnen, von der Außenwelt durch hohe, gefährliche Gebirgsbarrieren abgeschnitten. Doch die eine Million Einwohner sind stolz darauf, Bhutanesen zu sein. Jeder achtet die Werte aller Stämme, die den Staat Bhutan bilden.

In einer Schilderung des bhutanesischen Volkes schrieb ein Reisender, der das Land 1774 besuchte: »Die Einfachheit ihrer Sitten, die Seltenheit ihrer Kontakte zu Fremden und ein starker Sinn für Religion bewahren die Bhutanesen vor vielen Fehlern, denen entwickeltere Völker erliegen. Falschheit und Undankbarkeit sind ihnen fremd. Diebstahl und andere aus Geldgier entstehende Vergehen gibt es kaum.« Alle Berichte stimmen darin überein, daß das auch heute noch so ist, obwohl sich Bhutan durch seine Kontakte mit Kulturen, die ebendiese Fehler entwickelterer Nationen aufweisen, zunehmend größeren Schwierigkeiten gegenübersieht.

Die Bhutanesen fallen durch die Einfachheit ihrer Sitten, ihren Common Sense, ihre ungewöhnliche Anteilnahme am Mitmenschen und ihren ruhigen Stolz auf ihre Eigenart auf. Ihre Gesellschaft ist komplex hierarchisch gegliedert und wird durch strenge Etikette regiert. Gegenüber ihren Oberhäuptern verhalten sie sich förmlich und respektvoll. Doch da jeder den gesellschaftlichen Ort des anderen akzeptiert, gibt es keinen Klassendünkel. Sie sind immer gut gelaunt, haben keine Hemmungen, sich mitzuteilen, und sind zu jedem Scherz bereit. Sie genießen es, das Beste aus ihrem Leben zu machen, und ergreifen jede Gelegenheit, zu tanzen, zu singen, Bogen zu schießen, Dart zu spielen und Steine zu schleudern.

Für neunzig Prozent der Bevölkerung besteht der Alltag aus der Arbeit auf den Feldern und der Viehzucht. Die landwirtschaftlichen Geräte sind sehr einfach. In den meisten Dörfern sind Elektrizität und fließendes Wasser noch unbekannt. Trotz dieses schweren und mühevollen Lebens lassen sich die Bhutanesen aber niemals ihre gute Laune rauben: Die Arbeit auf den Feldern und beim Bau von Häusern begleiten sie mit Liedern, und immer wieder sind neckisches Gelächter und spitzbübische Bemerkungen zu hören.

Die Bhutanesen leben hauptsächlich in aus mehreren Generationen und verschiedenen Verwandtschaftszweigen bestehenden Großfamilien. Männer und Frauen teilen sich die Arbeit, wobei auch die Frauen zum Einkommen der Familie beitragen. Die Männer sind sich nicht zu schade, auf die Kinder aufzupassen und ihre Liebe zu ihnen zu zeigen. Bei allen Entscheidungen spielt die Gesamtfamilie eine wesentliche Rolle. Sie sind im allgemeinen sehr religiös, und überall in der Landschaft finden sich Spuren des buddhistischen Glaubens: Schreine, Klöster, Stupas und Gebetsfahnen. Jedes größere Ereignis wird durch religiöse Zeremonien gefeiert, und selbst im ärmlichsten Haus steht mindestens ein Altar mit ein paar Bildern, Büchern, Blumen und Drala-Opfern.

Jahrhundertealte Überlieferungen und stetiger, aber bewußt kanalisierter ökonomischer und sozialer Fortschritt haben in den letzten Jahrzehnten dafür gesorgt, daß Bhutan zu dem eindrucksvollen Staat wurde, der er heute ist. Die Gesellschaft Bhutans hat einschneidende Veränderungen erlebt und schwere Erschütterungen erfahren, die durchaus Instabilität hätten erzeugen oder die Beziehung der Bhutanesen zum Erbe ihrer Vergangenheit hätten zerstören können. Dies ist aber nur in überraschend kleinem Umfang eingetreten, da die Regierung stets bestrebt war, auf die Wünsche des Volks Rücksicht zu nehmen und die alten Werte nicht anzutasten.

Bhutan ist aber keine ideale Gesellschaft. In jüngster Zeit hat sich wegen der schnellen Modernisierung so manche Einstellung in der Bevölkerung geändert. Die Monarchie ist ein dynamischer Faktor, der wirtschaftliche Innovationen und sozialen

Fortschritt in Gang setzt. Ihre Herrschaft ist milde und in keiner Weise diktatorisch – jeder Bürger Bhutans kann das Auto des Königs anhalten und ihm eine Petition überreichen, während er durchs Land fährt. Manchen Einwohnern freilich ist das Land doch zu traditionell, und ein paar Übereifrige wollen die Monarchie überhaupt abschaffen. Es gibt Gesetze, die bestimmen, daß Männer und Frauen in der Öffentlichkeit die traditionelle Tracht tragen müssen, und niemand darf fernsehen. Jeder darf zwar einen Fernseher besitzen, aber wenn man ihn anschaltet, sieht man nichts auf dem Schirm. Wer mit einer Satellitenschüssel erwischt wird, muß Strafe zahlen. Die Regierung, an der Spitze der König, legt größten Wert auf Umweltschutz, aber nicht alle Einwohner sind ähnlich eingestellt. Einige aus Nepal eingewanderte Arbeiter leben unter wesentlich schlechteren Bedingungen als die bhutanesischen Bürger. Die nepalesische Minorität weigert sich, die bhutanesischen Bräuche anzunehmen, und fordert entschiedene Reformen.

Das alles sind Anzeichen für die Probleme, denen sich die traditionelle bhutanesische Gesellschaft gegenübersieht. Sie bemüht sich, die überlieferten Sitten und traditionell milde Herrschaft beizubehalten, während sie andererseits gezwungen ist, sich der modernen Ära doch anzupassen. Das ist um so schwieriger, als Bhutan ringsum von Staaten, die den Verlockungen des Konsums bereits erlegen sind, umgeben ist.

Sicher, jedes unserer Beispiele für erleuchtete Gesellschaften besaß nicht nur seinen eigenen, vom damaligen Stand der Kultur und des Bewußtseins bestimmten Charakter und Lebensstil, sondern auch seine spezifische Art der Korruption und Ichbezogenheit. Aber jede dieser Gesellschaften erkannte doch oder erkennt das fundamental Gute im Menschen an, versuchte dieses Gute zu nähren und Werte wie Höflichkeit, Würde, Anmut und Tapferkeit im Volk zu fördern. Heute nun stehen die Dralas bereit, uns wiederum beim Aufbau einer erleuchteten Gesellschaft zu helfen. Dabei ist es jedoch nicht möglich, wieder in eine vorwissenschaftliche Ära zurückzugehen, und selbst wenn wir es könnten, wäre es nicht sinnvoll. Wir können nicht einfach vergessen, was wir gelernt haben, nicht unsere wissenschaftlichen

Errungenschaften und unsere Technik. Eine erleuchtete Gesellschaft muß auch in diesem modernen Rahmen möglich sein. Wir können nur in der Vision der Großen Östlichen Sonne vorwärtsschreiten, statt uns in die Dunkelheit der untergehenden Sonne hineinziehen zu lassen.

Der Dorje Dradul machte seine Shambhala-Schüler mit den Dralas ausdrücklich zu dem Zweck bekannt, daß sie, im Rahmen der modernen Welt und des modernen Wissens, wiederum zu einer guten Gesellschaft – einer erleuchteten Gesellschaft – auf Erden beitrügen. Er forderte seine Schüler unermüdlich auf, den Zustand der heutigen Welt ins Auge zu fassen und zu erkennen, wie verzweifelt notwendig eine Gesellschaft ist, die auf dem prinzipiell Guten beruht, in der die Menschen wissen, wie man das prinzipiell Gute nährt, in der sie füreinander sorgen und ehrlich zueinander sind.

Wie läßt sich eine erleuchtete Gesellschaft aufbauen?

Der Weg, auf dem sich eine erleuchtete Gesellschaft aufbauen läßt, ist gar nicht kompliziert oder schwierig zu verstehen. Wenn der Mensch das prinzipiell Gute in anderen erkennt, kann er auch selbst bescheiden und vertrauenswürdig sein. Wir müssen nicht unbedingt immer kämpfen und miteinander konkurrieren, die allerbesten Geschäfte machen, unseren Konkurrenten ausspionieren, ausschalten und vernichten. Wir brauchen gar nicht immer Angst um uns zu haben, gleichgültig, was unser Los ist. Wir können hier und jetzt aufwachen, zusammenarbeiten und uns um andere kümmern. Wir brauchen uns heute gar keine so großen Sorgen um unseren Lebensunterhalt zu machen. Wir brauchen wirklich nicht noch mehr Nahrung und Wohlstand, außer wir befinden uns in Äthiopien, Somalia oder einem anderen unglücklichen, armen Land. Wir haben schon genug und können diesen Ländern helfen, vorausgesetzt, wir haben den Wunsch, ihnen zu helfen. Haben wir diesen Wunsch, folgen ihm und halten unser Leben in Ordnung, so reicht das, was wir haben, allemal aus. Reichtum ist gar nicht nötig – sogar Mozart starb in Armut –, wir werden schon zurechtkommen.

Essentiell für eine erleuchtete Gesellschaft ist aber, daß es eine Art spiritueller Praxis gibt. In einer modernen Gesellschaft können viele Arten einer solchen Praxis nebeneinander existieren. Doch ist eine erleuchtete Gesellschaft nicht nur eine Schar Menschen, die zufällig den Weg des Kriegers gemeinsam gehen. Um das prinzipiell Gute zu nähren und Menschen Gelegenheit zu geben, es in sich zu erwecken, muß die Gesellschaft als ganze nach den Prinzipien der Kriegerschaft aufgebaut sein. Die Struktur einer Gesellschaft beginnt aber bei den Beziehungen von Mensch zu Mensch. Ihre Grundelemente sind Familie und Kleingruppe. In unseren persönlichen Beziehungen zu Hause, in der Familie und in Freundschaften können wir die erleuchtete Gesellschaft schon einüben. Hier müssen wir den Anfang machen, wenn unser Unternehmen ehrlich sein soll. Die Familie ist ein praktikabler und überschaubarer Bereich, in dem die Shambhala-Lehren eingeübt werden können. Wenn wir mit anderen mutig und furchtlos sprechen und zusammenarbeiten, werden die irdischsten Tätigkeiten, und wäre es das Reinigen der Toilettenschüssel, heilig. Wir können immer daran arbeiten, unseren Familiensinn zu fördern. Wir können uns auch als Teil einer größeren Familie – der Weltfamilie der Krieger – fühlen, zu der auch unsere Vorfahren, Nachbarn und künftige Generationen gehören.

Gute Shambhala-Bürger zu sein ergibt sich aus unserer Praxis und unserem hingebungsvollen Herzen. Unser Leben als Krieger ist sehr konkret, so konkret, daß wir unsere Schulden wenn möglich rechtzeitig bezahlen und Freunde, die gut zu uns waren, nicht enttäuschen. Kriegerschaft besteht auch darin, daß wir uns immer wieder entspannen und unserem natürlichen Humor freien Lauf lassen. Sie besteht darin, daß wir gut sprechen – gütig sprechen und alles leere Gerede vermeiden. Es bringt auch keinen Gewinn, von anderen schlecht zu sprechen. Alle anderen Menschen unserer Gesellschaft können wir achten, angefangen bei unseren Eltern, die uns das Leben geschenkt, und bei unseren Lehrern, die uns gezeigt haben, wie man mit Begeisterung und Tapferkeit vorwärtsschreitet. Jeden, der uns jemals etwas beigebracht hat, können wir schätzen, einschließlich kranker Führer-persönlichkeiten, von denen wir immerhin lernen können, wie wichtig es ist, seelisch gesund zu sein.

Führerschaft ist in einer guten menschlichen Gesellschaft etwas ganz Natürliches. Menschen, die die Kriegerübungen gemeinsam durchführen – die Übungen der Bewußtheit und Achtsamkeit, der Freundlichkeit und Furchtlosigkeit und des Wind-pferd-Spornens –, wissen, wer ihre Führer sind. Ein Führer mit authentischer Gegenwärtigkeit spornt die Menschen an – er macht ihnen Mut, dem Weg des Kriegers zu folgen, bis sie ihn als Führer dereinst sogar überholen. Wenn es echte Führerschaft gibt, die auf der seelischen Gesundheit und spirituellen Praxis des ganzen Volkes beruht, spiegelt die politische Struktur eine natürliche Hierarchie wider. Es herrscht dann nicht die untergehende Sonne, in deren Schein die Menschen ihr Möglichstes tun, um ihren gemeinsamen Schlaf im gemeinsamen Kokon nicht zu stören. Auch gibt es dann keine autoritäre Herrschaft mehr, beruhend auf Verwirrung, Gier und Unterdrückung. Denn die Menschen wollen furchtlos und gütig sein.

Die natürliche Hierarchie einer erleuchteten Gesellschaft ist wie eine Blume, die aus dem festen Erdengrund in den freien Himmelsraum hinaufragt, im Gegensatz zu einem Deckel, der die Menschen niederdrückt. Wir achten auf die natürliche Hierarchie von Sonne, Meer und Mond, von Blumen und Vögeln, Felsen und Erde, von Staubkörnchen und Abfall. Wenn wir ruhig werden, neugierig sind und uns Gefühle erlauben, können wir aus unserem Leben ein Kunstwerk machen. Vertrauen wir dem prinzipiell Guten, so bringen wir Freude und Lachen, Anteilnahme und Tränen in die Welt. Wir können in unserem Verhalten die Würde und Ganzheit des Kriegers demonstrieren. Wir können damit aufhören, die Umwelt mit unseren Neurosen zu verschmutzen. Wir können mit den Kriegen aufhören. *Wir* sind es, die das können. Wir brauchen uns nicht darum zu sorgen, ob andere es tun. Daraus entsteht eine gute Gesellschaft.

Viele Konventionen und Sitten der modernen Gesellschaft sind als Rituale entstanden, durch die die Menschen einander Achtung bezeigten, das Windpferd des andern anerkannten und

Dralas in ihre gemeinsame Welt integrierten. Menschen zogen voreinander den Hut, wenn sie sich auf der Straße begegneten. Männer betraten kein Restaurant ohne Kragen und Krawatte, Frauen nicht mit unbedeckten Schultern. Man hielt dem anderen die Tür auf, damit er als erster durchgehen konnte usw.

Sehr wenige Menschen legen heute zum Beispiel noch Wert auf den Brauch des Händeschüttelns, das als Ritual aus dem Mittelalter der Turniere und des Rittertums stammt. Die Ritter streckten ihre rechte Hand aus, um zu zeigen, daß sie keine Waffen trugen, als Friedensgeste also. So strecken auch wir heute wieder, wenn wir einen Freund auf der Straße treffen, die offene Hand aus, und unser Freund streckt seine Hand aus, wir vereinigen unsere Hände und schütteln sie auf rituelle Art.

All dies ist Ausdruck der Schicklichkeit und Etikette, Anerkennung des prinzipiell Guten im Menschen. In solchen einfachen, alltäglichen Ritualen stecken Jahrhunderte der Weisheit und Erfahrung, wie man zwischenmenschliche Beziehungen friedlich gestaltet. Die wilde Roheit des Urmenschen ist über Tausende von Jahren von unseren Vorfahren, die in ihrer Weisheit Rituale für alle zwischenmenschlichen Beziehungen entwikkelten, gezähmt worden. Nur dadurch existieren überhaupt menschliche Gesellschaften. In diesem Sinne praktizieren wir alle alten Rituale im Alltag, selbst bei den einfachsten Handlungen.

Aber auch über diese alltäglichen Verhaltensweisen hinaus spielen Ritual und Zeremoniell in allen menschlichen Gesellschaften eine wichtige Rolle. Sie binden die Menschen, aneinander, an die Natur und die Dralas. Man spürt die Kraft der Dralas im allgemeinen besser, wenn man sie in einer Gruppe für das Wohl aller aufruft. Durch Gruppenzeremonien, in denen die Dralas aufgerufen werden, erhält sich die Gesellschaft ihre Weisheit, ihr Mitgefühl und ihre Kraft.

Aufgrund der Trennung zwischen dem Profanen und dem Heiligen im Westen ist das Heilige in allen zwischenmenschlichen Beziehungen in Abhängigkeit zum Religiösen geraten. Beim Niedergang der Religion verloren dann die sozialen Verhaltensnormen und Zeremonien ihre echte magische, rituelle

Qualität und wurden zu bloßen Hüllen. In der Welt der untergehenden Sonne verabscheut man Etikette und Höflichkeit und mißversteht sie als Ausdruck von Repression und mangelnder Freiheit. Die Menschen versuchen, alle Höflichkeit über Bord zu werfen und unter allen Umständen »direkt« zu sein. Zeremonien gelten als bloßes Theater ohne echtes Gefühl. Das Ergebnis ist Depression und immer noch mehr Depression. Wenn das Windpferd und die Verbindung mit den Dralas verlorengehen, macht es natürlich kaum noch einen Unterschied, wie wir uns verhalten, und dann können solche Bräuche wirklich hohl und künstlich sein. Sie werden dann nur zu anderen Formen äußerlich auferlegter Moral oder autoritären Regelungen, die schließlich das wahre Gute lebendig begraben.

Wenn wir aber das Windpferd spornen, finden wir den echten Kern unserer Tradition wieder. Dann haben wir das Bedürfnis, unseren Körper und die Natur mit Zurückhaltung und Achtung zu behandeln und einander höflich zu begegnen. Wenn wir den echten Kern in einfachen Verhaltensmustern und Gruppenzeremonien wiederentdecken, werden sie Bestandteil des großen Lebensfestes und des echten Menschentums, statt nur Regeln und Theater zu sein, die wir uns aus Furcht oder Unwissenheit auferlegen.

Vereinigen wir uns

Können wir uns eine wirklich erleuchtete Gesellschaft vorstellen, wo jeder dem anderen traut und keiner sich verteidigen muß, weil alle sie selbst sind und sich selbst trauen? Wo alle lockerlassen können und nicht das Gefühl haben müssen, sie müßten sich vor den anderen in acht nehmen? Wo die Menschen einander helfen und sich umeinander und um die Welt kümmern? Wo jedermann heiter und vergnügt ist, auf Blumen, Felsen und Dralas hört und mit ihrer Energie tanzt? Können wir in einer magischen, kraftvollen Energiesphäre leben, wo wir spielen, tanzen und das Gute mit unseren Kriegerfreunden feiern, die ein gütiges Herz, sanftes Wesen und weit offene Augen besitzen?

Klingt das nicht allzusehr nach Alices Wunderland? Nein, das ist keine Phantasie! So etwas ist bereits verwirklicht worden, und wir können es auch jetzt wieder verwirklichen. Aber wir müssen einander dabei helfen. Wir alle sind hier, einschließlich der Dralas, und zusammen können wir es verwirklichen.

Die erleuchtete Gesellschaft scheint in weiter Ferne zu liegen. Aber mit Hilfe der Dralas können wir Anteil an der Energie der Erleuchtung erlangen und sie auf die Erde herabholen. Der Aufbau einer erleuchteten Gesellschaft ist zum großen Teil die Frage einer Beziehung zur wirklichen Erde, auf der wir wohnen. Wir müssen uns ihr mit Tapferkeit und Zärtlichkeit öffnen und für sie sorgen. Der Dorje Dradul sagte:

»Nur allzu häufig glauben die Leute, man könne die Weltprobleme nur lösen, indem man die Erde erobert, statt daß man die Erde berührt, den Boden berührt. Das ist wieder die Mentalität der untergehenden Sonne: Man versucht die Erde zu erobern, um sich vor der Realität abzuschotten. Es gibt alle möglichen Deosprays, durch die Sie sich vom Geruch der wirklichen Welt distanzieren können, und alle möglichen Konserven, die Ihnen den Geschmack frischer Nahrung vorenthalten. Die Shambhala-Vision bedeutet nicht, daß man sich eine Phantasiewelt aufbaut, in der niemand Blut sehen oder einen Alptraum haben darf. Die Shambhala-Vision beruht auf dem Leben auf dieser Erde, der wirklichen Erde, die ihre Früchte wachsen läßt, der Erde, die uns nährt. Man kann lernen, auf dieser Erde zu leben: Wie man campt, wie man ein Zelt aufschlägt, wie man reitet, eine Kuh melkt, ein Feuer macht. Auch wenn Sie in einer Großstadt des 20. Jahrhunderts leben, können Sie lernen, die Heiligkeit, die Jetztheit der Realität zu erfahren. Das ist die Grundlage zum Aufbau einer erleuchteten Gesellschaft.«

Wir beginnen bei Feld 1 und machen einen winzigen Schritt, dann noch einen, und plötzlich entdecken wir, daß wir in riesigen Sprüngen vorankommen. Wenn wir einen zarten Keimling setzen, pflegen und nähren wir ihn, gießen ihn und sorgen für ihn. Er treibt einen zarten Sproß, noch ganz unsicher und voller Zweifel – vielleicht hat er auch Angst, zertreten oder von der Katze gefressen zu werden. Aber ehe wir es uns versehen, ist wie im Nu ein wunderschöner, blühender Busch daraus geworden. Der Anfang ist immer langwierig, doch dann geht es mit Kraft und Energie weiter. So können wir ruhig und geduldig beginnen, müssen aber stets daran denken, daß die Zeit vergeht. Wir haben ja so wenig Zeit, unsere erleuchtete Gesellschaft aufzubauen! Wir dürfen, im Bann unseres Kokons, keine Zeit mehr verlieren. Die Zeit vergeht so schnell – wir glaubten, unser Baby brauche wirklich lange zum Laufenlernen, doch schon ist es erwachsen geworden und zieht von zu Hause weg. Solange wir noch sehr jung sind, glauben wir, über alle Zeit der Welt zu verfügen, doch als Erwachsene wissen wir es besser.

Andererseits ist die Zeit wirklich endlos. Sobald wir der Welt der untergehenden Sonne entsagen, entdecken wir, daß wir ja schon eine erleuchtete Gesellschaft haben. Plötzlich haben wir wirklich alle Zeit der Welt. Die Zeit ist *jetzt*. Schreiten wir *jetzt* mit der Energie der großen, herrlichen, heiligen Welt voran, die so fremd und so zauberhaft ist. Haubentaucher sind magisch, Elektrizität ist magisch, unser Beruf ist magisch, und auch unser Freund ist magisch, um die Wahrheit zu sagen. Verleugnen wir doch die Welt nicht, indem wir ständig planen und kalkulieren und alles ausrechnen! Wir brauchen nach keinem Haltegriff Ausschau zu halten, an dem wir uns festhalten müßten, damit unser Leben wertvoll wird. Wir brauchen nicht erst auf innere Festigkeit zu warten, um mit den Dingen spielen und Cha-Cha-Cha tanzen zu können. Wir brauchen auf niemanden zu warten, der Vertrauen verdient. Es genügt, wenn wir uns selbst vertrauen. Gewinnen Sie die Einstellung, daß die ganze Welt vertrauenswürdig und gut ist, weil wir selbst vertrauenswürdig und gut sind. Lächeln Sie verstohlen – wir wissen, Ihr Lächeln ist echt.

Wir leben in einer so riesigen, großartigen Welt – begrenzen und beschränken wir uns doch nicht immer selbst im Namen von Idealen wie »Weisheit der Konventionen«, »politische Linientreue«, »gutes Urteil«, »Wissenschaft«, »künstlerische Freiheit« oder sonst etwas. Wir könnten es so schön miteinander haben, wir könnten soviel Spaß miteinander haben. Aber echten Spaß, bei dem auch ein guter, herzhafter, aber freundschaftlicher

Streit nicht fehlen darf! Wir wissen, daß Gut und Böse, Glücklich und Traurig, Liebe und Ärger Teile des großen Festes sind. Wir können also alles auf der Grundlage des prinzipiell Guten geschehen lassen. Wir können uns mit anderen zusammentun, die genauso Anteil nehmen wie wir, und wir und sie können uns dann mit Dritten zusammentun usw. Und wenn wir dann einen Blick in die Runde werfen, werden wir sehen, daß wir uns gar nicht so groß anstrengen oder etwas aufbauen müssen – unsere Welt ist bereits erleuchtet.

Der Sohn und Nachfolger des Dorje Dradul als Oberhaupt der Shambhala-Gemeinschaft, Osel Rangdrol Mukpo, bemerkte einmal zu einer Gruppe Shambhala-Schüler:

»Wenn wir an eine erleuchtete Gesellschaft denken, glauben wir oft, wir müßten irgend etwas aufbauen. Ich glaube, es ist wichtig, sich klarzumachen, daß hier nichts aufzubauen ist. Es existiert alles schon. Die Erleuchtung der Gesellschaft existiert von vornherein. Es ist nur eine Frage der Abstimmung auf die Situation. Sie könnten natürlich in Länder gehen, die auf ähnlichen Prinzipien des Mitgefühls und den Lehren, wie man eine erleuchtete Gesellschaft aufbaut, beruhen, aber auch dort gibt es noch Korruption und Folter. Ich glaube also nicht, daß wir irgendwelche Vorbilder dieser Art nachahmen sollten. Statt dessen sollten wir versuchen, mit der inneren Würde des jeweils anderen in Verbindung zu treten. Erleuchtung und erleuchtete Gesellschaften existieren von sich aus. Wenn diese Realität zum Vorschein kommt, wird alles möglich.

›Erleuchtete Gesellschaft‹ bedeutet nicht, daß man Autos fährt, die den Boden nicht mehr berühren, oder etwas in der Art. ›Erleuchtete Gesellschaft‹ existiert schon hier, in diesem Zimmer, unter uns. Wenn wir wirklich das prinzipiell Gute in uns und unser gütiges Herz annehmen, wenn wir auch unsere Angst oder was wir sonst noch empfinden mögen annehmen, dann gibt es einen gemeinsamen Boden für gemeinsame Arbeit. Das ist es, was wir unter erleuchteter Gesellschaft verstehen.«

Wir müssen lernen, sanfte, zarte, traurige, ja sogar gebrochene Herzen zu haben. Können wir miteinander weinen, so können wir einander auch lieben. Aber wenn Sie lieben, fangen

Sie klein an und erweitern Sie dann ihren Radius. Lieben Sie einen Hund. Erweitern Sie Ihre Liebe dann auf Ihre Kinder, Ihren Ehepartner, Ihre Freunde, Ihre Kollegen, Ihre Regierung, die Dralas und alles übrige, einschließlich der Vögel und Bienen. Nichts hält uns davon ab, uns zu verlieben. Verlieben Sie sich in alles Mögliche, in einen Frosch, eine Baumrinde, eine Ameise oder Ihre beste Freundin. Es spielt wirklich keine Rolle. Indem wir lieben, schließen wir die Welt in eine größere Sphäre ein, in die wirklich alles eingeschlossen werden kann. Der buddhistische Lehrer Joseph Goldstein beschreibt echte Liebe als »universelle, keinen Unterschied machende Anteilnahme und Verbundenheit... Die Liebe schließt alles ein und ist allmächtig. Sie ist keine Bindung – Bindung ist schon fast der Feind der Liebe –, sondern etwas weit Tieferes. Sie durchdringt unsere Achtsamkeit, befähigt uns, uns der Wahrheit jedes Augenblicks zu öffnen und ihn zu akzeptieren. Und sie ist Dienstbarkeit, die unsere innige Verbindung mit allen Dingen erspürt und auf die Ganzheit des Lebens antwortet.«

Liebe – die echte Liebe der heiligen Welt – ist der Schlüssel. Ihre Kraft durchstrahlt alles. Die Naturvölker überall auf der Welt kennen die echte Liebe. Sie haben immer die Erde und die Wesen darauf geliebt, für sie gesorgt und sie geschützt. Die Buddhisten kennen sie. Sie kennen den Weg, wie man *maitri*, liebende Güte, entwickelt. Die Christen kennen sie und spüren sie. Sie verwirklichen die Liebe des prinzipiell Guten. Manche Wissenschaftler kennen sie. Die beste Forschung ist, wenn Wissenschaftler echte Sympathie für ihr Beobachtungsobjekt empfinden. Wir alle kennen die Kraft der echten Liebe. Wir alle können zusammenarbeiten, um die echte Gesellschaft aufzubauen.

Eine ganze Untergrundbewegung bildet sich jetzt in der Gesellschaft, in diesem Augenblick. Viele tüchtige, mit beiden Beinen auf der Erde stehende und himmelwärts orientierte Menschen empfinden auf diese Art und haben den Schwur abgelegt: »Wir werden die erleuchtete Gesellschaft auf Erden aufbauen.« Es gibt alle möglichen Strömungen – manche nennen es New Age, aber was heißt das schon, vielleicht ist es auch das Old Age –, einen endlosen Strom guter Krieger. Immer wieder werden neue Krieger in der heiligen Welt geboren. Ihr Schlachtruf zerstört jede Aggression und verheißt Freundschaft und wirkliche Liebe.

Lassen Sie uns gemeinsam gehen, welchen Weg wir auch wählen. Wir haben Ihnen den Shambhala-Weg des Kriegers gezeigt. Es ist ein guter Weg, ehrlich und wahr, real und praktikabel. Wir sähen es gern, wenn Sie mit uns gingen, aber wenn Sie einen anderen Weg haben, ist es auch in Ordnung. Arbeiten wir alle zusammen und leben wir vergnügt miteinander. *Jetzt* können wir uns freuen, andere lieben, ihnen helfen und noch in diesem Leben unsere erleuchtete Gesellschaft aufbauen.

DAS SHAMBHALA-PROGRAMM

Die Shambhala-Schulung wird öffentlich in Wochenendprogrammen und anderen Veranstaltungen angeboten. Die Schulung besteht aus Vorträgen, Gruppengesprächen, privaten Einzelgesprächen, Instruktionen und Führung bei Bewußtheits- und Achtsamkeitsübungen und Gelegenheiten für Gruppenübungen. Die Übungen des Windpferd-Spornens und des »Vertrauensstrichs« werden in der Kriegergemeinschaft in einer Fortgeschrittenenschulung unterrichtet.

Für weitere Informationen wenden Sie sich bitte an:

Shambhala Training International
1084, Tower Road
Halifax, Neuschottland
Kanada, B3H 2Y5
Telefon: (001 9 02) 4 23–32 66
Fax: (001 9 02) 4 23–27 50

Naropa Institute
2130 Arapahoe Avenue
Boulder, Colorado 80302
USA
Telefon: (001 3 03) 4 44-02 02

Die Shambhala-Schulung sowie andere Programme und auf die Shambhala-Lehren bezogene Veranstaltungen finden in Shambhala-Zentren statt. Shambhala-Zentren oder Studiengruppen gibt es in folgenden europäischen Städten:

Dänemark
Kopenhagen

Deutschland
Berlin
Bremen
Frankfurt
Freiburg
Hamburg
Marburg
München

Großbritannien
London

Frankreich
Marseille
Paris

Griechenland
Athen

Niederlande
Amsterdam

Italien
Mailand

Österreich
Wien

Polen
Krakau

Spanien
Madrid

Schweden
Stockholm

Schweiz
Bern
Lugano

Tschechische Republik
Prag

LITERATUR

Angelou, Maya: *Ich weiß, daß der gefangene Vogel singt,* Frankfurt am Main ⁵1995

Arden, Harvey und Steve Wall: *Hüter der Erde. Begegnungen mit Indianern Nordamerikas,* München ⁴1994

Assagioli, Roberto: *Typologie der Psychosynthese. Die 7 Grundtypen,* hrsg. v. Joan I. Evans, Zwillikon 1993

Bernbaum, Edwin: *Der Weg nach Shambhala. Auf der Suche nach dem sogenannten Königreich im Himalaya,* Freiburg ²1995

Black Elk, Wallace und William S. Lyon: *Black Elk. The Sacred Ways of a Lakota,* New York 1991

Borysenko, Joan: *Minding the Body, Mending the Mind,* New York 1987

Boyd, Doug: *Rolling Thunder. Erfahrungen mit einem Schamanen der neuen Indianerbewegung,* München 1986

Cheng, François: *Empty and Full. The Language of Chinese Brush Painting,* Boston 1994

Chodron, Pema: *The Wisdom of no Escape and the Path of Loving Kindness,* Boston 1991

Cleary, J. C. (Hrsg.): *Worldly Wisdom. Confucian Teachings of the Ming Dynasty,* Boston 1991

Coe, Stella Mathieu: *Ikebana,* Woodstock 1984

Csikszentmihalyi, Mihaly: *Flow. Das Geheimnis des Glücks,* Stuttgart ³1993

Devereux, Paul: *Symbolic Landscapes. The Dreamtime Earth and Avebury's Open Secrets,* Glastonbury 1992

Dong, Paul und Aristide H. Esser: *Chi Gong The Ancient Chinese Way to Health,* New York 1990

Dossey, Larry: *Heilende Worte. Die Kraft der Gebete und die Macht der Medizin,* Südergellersen 1995

Feuerstein, Georg: »Drukpa Kunley and the Crazy Wisdom Method of Teaching«, Einleitung in: Keith Dowman: *The Divine Madman,* Clearlake 1990

Fingarette, Herbert: *Confucius – The Secular as Sacred,* New York 1972

Forward, Nancy Wake: *The White Mouse,* Melbourne 1985

Frank, Frederick: *The Zen of Seeing,* New York 1973

Frank, Frederick: *Zen Seeing, Zen Drawing,* New York 1993

Fryba, Mirko: *The Art of Happiness. Teachings of Buddhist Psychology,* Boston 1989
Gersi, Douchan: *Faces in the Smoke,* Los Angeles 1991
Ghiselin, Brewster: *The Creative Process,* New York 1952
Goldstein, Joseph und Jack Kornfield: *Einsicht durch Meditation. Die Achtsamkeit des Herzens,* mit einem Vorwort des XIV. Dalai Lama, Bern/München 1989
Grudin, Robert: *The Grace of Great Things,* New York 1990
Guteson, David: »No Place Like Home«, in: *Harper's,* November 1992
Halifax, Joan: *Shamanic Voices,* New York 1979 (darin auch: Don José Matsuwa)
Harman, Willis und Howard Rheingold: *Higher Creativity,* Los Angeles 1984
Hayward, Jeremy: *Der Zauber der Alltagswelt. Ein tieferes Verständnis der Wirklichkeit durch Wissenschaft und intuitive Weisheit,* München 1986
Heinze, Ruth-Inge: *Shamans of the Twentieth Century,* New York 1991
Herrigel, Eugen: *Zen in der Kunst des Bogenschießens,* Bern/München [21]1983
Isozaki, Arata: »Ma: Space Time in Japan«, in: *Japan Today,* Nr. 36
Jahn, Robert und Brenda Dunne: *Margins of Reality. The Role of Consciousness in the Physical World,* New York 1987
Kabat-Zinn, Jon: *Full Catastrophe Living,* New York 1990
Katz, Nathan: *Buddhist and Western Psychology,* Boulder 1983
Knudtson, Peter und David Suzuki: *The Wisdom of the Elders,* New York 1992
Koestler, Arthur: *Die Wurzeln des Zufalls,* Zürich/Frankfurt am Main 1974
Kornfield, Jack: *Frag den Buddha – und geh den Weg des Herzens,* München 1995
La Borde, Roger: »Gerald Red Elk«, in: *Vajvadhata Sun,* Dezember 1984
LaChapelle, Dolores: *Geheiligtes Land – geheiligte Sexualität. Über die Wechselwirkung zwischen unserer Einstellung zur Erde und zu unserer Leiblichkeit,* Saarbrücken 1990
Langer, Ellen J.: *Fit im Kopf. Aktives Denken oder Wie wir geistig auf der Höhe bleiben,* Reinbek 1996
Lawlor, Robert: *Am Anfang war der Traum. Die Kulturgeschichte der Aborigines,* München 1993
Liu I-Ming: *Awakening to the Tao,* übers. v. Thomas Cleary, Boston 1988
Maclean, Dorothy: *Du kannst mit Engeln sprechen,* Grafing o. J.
Mathieu, W. A.: *The Listening Book,* Boston 1991
Matsuoka, Seigow: »Aspects of Kami«, in: *Japan Today,* Nr. 2
Maybury-Lewis, David: *Millenium. Tribal Wisdom and the Modern World,* New York 1992

McGaa, Ed (= Eagle Man): *Mother Earth Spirituality,* New York 1989
McNeley, J. K.: *Holy Wind in Navajo Philosophy,* Tucson 1981
Moore, Thomas: *Seel-Sorge. Tiefe und Spiritualität im täglichen Leben finden,* München 1993
Morgan, Marlo: *Mutant Message,* Lees Summit 1991
Moyers, Bill: *Healing and the Mind,* New York 1993
Moyne, John und Coleman Barks: *Open Secrets. Versions of Rumi,* Putney 1984
Nollman, Jim: *Die Botschaft der Delphine. Tiere lehren uns die Natur verstehen,* München ²1992
Ono, Sokyo: *Shinto. The Kami Way,* Rutland 1962
Patterson, Freeman: *Photography and the Art of Seeing,* Toronto 1979
Peat, F. David: *Synchronizität. Die verborgene Ordnung* Bern/München 1991
Ray, Reginald: »Gone Beyond Lhasa«, in: *Shambhala Sun,* September 1994
Rheingold, Howard: *They Have a Word For It,* Los Angeles 1988
Rowan, John: *Subpersonalities,* London 1990
Sacks, Oliver: *Der Mann, der seine Frau mit einem Hut verwechselte,* Reinbek 1995
Sagarn, Keith (Hrsg.): *D. H. Lawrence and New Mexico,* Salt Lake City 1982
Sen, Soshitsu: *Ein Leben auf dem Teeweg,* Berlin 1991
Seng-ts'an: »On Trust in the Heart«, in: *Buddhist Texts Through the Ages,* übers. u. hrsg. v. Edward Conze, I. B. Homer, David Snellgrove und Arthur Waley, New York 1954
Shallis, Michael: *On Time,* New York 1983
Sliker, Gretchen: *Multiple Mind,* Boston 1992
Sogyal Rinpoche: *Das tibetische Buch vom Leben und vom Sterben,* Bern/München 1993
Stevens, John: *The Sword of No-Sword,* Boston 1984
Stick, Gina Etra: *Dwelling in Oriental Architecture,* University of Washington 1989 (unveröffentlichte Magisterarbeit)
Suzuki, Shunryu: *Zen-Geist Anfänger-Geist. Unterweisungen in Zen-Meditation,* Berlin ⁶1993
Tendzin, Osel: *Buddha in the Palm of Your Hand,* Boston 1982
Thich Nhat Hanh: *Friede mit jedem Schritt,* Münsterschwarzach 1994 (Toncassette)
Thompson, Robert Farris: *Flash of the Spirit. African and Afro-American Art and Philosophy,* New York 1984
Thundup Rinpoche, Tulku: *Hidden Teachings of Tibet,* London 1986
Trungpa, Chögyam: *Born in Tibet,* Boulder 1988
Trungpa, Chögyam: *Glimpses of Abhidharmam,* Boulder 1975
Trungpa, Chögyam: *Das Herz des Buddha. Buddhistische Lebenspraxis im modernen Alltagsleben,* Bern/München 1993

Trungpa, Chögyam: *Journey Without Goal. The Tantric Wisdom of the Buddha,* Boulder 1981

Trungpa, Chögyam: *The Lion's Roar,* Boston 1992

Trungpa, Chögyam: *Der Mythos Freiheit. Und Der Weg der Meditation,* hrsg. v. John Baker und Marvin Caspar, Berlin ²1994

Trungpa, Chögyam: *Shambhala. The Sacred Path of the Warrior,* Boston 1988

Ugyen, Tulku Rinpoche: *Repeating the Words of the Buddha,* Kathmandu 1992

van der Post, Laurens: *The Lost World of the Kalahari,* New York 1986

van Struydonck, Guy, Françoise Pommaret Imaeda und Yoshiro Imaeda: *Bhutan. A Kingdom of the Eastern Himalayas,* Boston 1985

Varela, Francisco, Eleanor Rosch und Evan Thomson: *Der Mittlere Weg der Erkenntnis. Der Bürckenschlag zwischen Ich und Welt in der Kognitionswissenschaft,* München 1992

Walker, Susan (Hrsg.): *Speaking of Silence,* New York 1987

Wall, Steve und Harvey Arden: *Töchter der Weisheit. Gespräche mit indianischen Frauen,* München 1995

Wilber, Ken: *Quantum Questions,* Boulder 1984

Wilber, Ken, Jack Engler und Daniel P. Brown: *Transformations of Consciousness,* Boston 1986

Williams, William Carlos: *The Collected Poems,* Bd. 1, New York 1985

REGISTER